Le Moi-peau

Collection **Psychismes**

A. ANZIEU, *la Femme sans qualité*
D. ANZIEU, *le Groupe et l'Inconscient. L'Imaginaire groupal*
D. ANZIEU, *le Moi-peau*
D. ANZIEU, *le Penser. Du Moi-peau au Moi-pensant*
D. ANZIEU, *Créer, détruire*
C. ARBISIO-LESOURD, *l'Enfant de la période de latence*
J. BERGERET, *la Pathologie narcissique*
J. BERGERET, *la Personnalité normale et pathologique*
J. BERGERET, *la Violence fondamentale. L'Inépuisable Œdipe*
G. BLÉANDONU, W.R. BION. *La Vie et l'Œuvre, 1897-1979*
F. BRELET, *le T.A.T. Fantasme et Situation projective*
D. BRUN, *l'Enfant donné pour mort. Enjeux psychiques de la guérison*
C. CHABERT, *le Rorschach en clinique adulte. Interprétation psychanalytique*
C. CHABERT, *la Psychopathologie à l'épreuve du Rorschach*
A. CICCONE, M. LHOPITAL, *Naissance à la vie psychique*
F. COUCHARD, *Emprise et Violence maternelles*
A. EIGUER, *le Pervers narcissique et son Complice*
A. EIGUER, *la Folie de Narcisse. La Double Conflictualité psychique*
R. KAËS, *le Groupe et le Sujet du groupe*
R. KAËS, *la Parole et le Lien*
R. KAËS et al, *les Voies de la Psyché. Hommage à Didier Anzieu*
O. KERNBERG, *la Personnalité narcissique*
O. KERNBERG, *Les Troubles limites de la personnalité*
S. MIJOLLA-MELLOR, *Meurtre familier. Approche psychanalytique d'Agatha Christie*
M. MONJAUZE, *la Problématique alcoolique*
T. NATHAN, *la Folie des autres. Traité d'ethnopsychiatrie clinique*
N. NICOLAÏDIS, *la Théophagie. Oralité primaire et métaphorique*
B. PENOT, *Figures du déni. En deçà du négatif*
M. PERUCHON, A. THOME-RENAULT, *Destins ultimes de la pulsion de mort*
M. PERUCHON, *le Déclin de la vie psychique*
N. RAUSCH de TRAUBENBERG, M.-F. BOIZOU, *le Rorschach en clinique infantile*
SAMI-ALI, *Corps réel, corps imaginaire*
SAMI-ALI, *Penser le somatique. Imaginaire et Pathologie*
SAMI-ALI, *le Haschisch en Égypte. Essai d'anthropologie psychanalytique*
SAMI-ALI, *le Corps, l'Espace et le Temps*
SAMI-ALI, *le Rêve et l'Affect. Une Théorie du somatique.*
J.-C. STOLOFF, *les Pathologies de l'identification*
A. THOMÉ-RENAULT, *le Traumatisme de la mort annoncée. Psychosomatique et Sida*
Y. THORET, *la Théâtralité. Étude freudienne*
S. TISSERON, *la Honte. Psychanalyse d'un lien social*
S. TISSERON, *Psychanalyse de l'image*

psychismes
collection dirigée par Didier Anzieu

Didier Anzieu

Le Moi-peau

Préface de Évelyne SÉCHAUD

Nouvelle édition
revue et augmentée

DUNOD

En couverture :
Gérard David,
le Supplice du juge Sisamnès (1498-1499)
extrait du panneau de *la Justice de Cambyse*
Groeningemuseum, Bruges,
Ph. © du musée

ISBN 2-10-002793-X
ISSN 0335-492-X

TABLE DES MATIÈRES

Préface à la 2e édition :
Le Moi-peau dix ans après, par Évelyne Séchaud 1

1

DÉCOUVERTE

1. **Préliminaires épistémologiques** 25

Quelques principes généraux 25
1 Cerveau ou peau; 2 Genèse ou structure; 3 Développement logique ou renouveau métaphorique; 4 Malaise actuel dans la civilisation; 5 Écorce ou noyau; 6 Contenu ou contenant.

L'univers tactile ou cutané 34
1 Approche linguistique; 2 Approche physiologique; 3 Approche évolutionniste; 4 Approche histologique; 5 Approche psycho-physiologique; 6 Approche interactionniste; 7 Approche psychanalytique.

2. **Quatre séries de données** 43

Données éthologiques 44
Données groupales 50
Données projectives 53
Données dermatologiques 54

3. La notion de Moi-peau 57

Sein-bouche et sein-peau 57
L'idée du Moi-peau 61
Le fantasme d'une peau commune et ses variantes narcissiques et masochistes 62

4. Le mythe grec de Marsyas 67

Cadre socioculturel 67
Première partie du mythe 69
Seconde partie : les huit mythèmes 70

5. Psychogenèse du Moi-peau 77

Le double feed-back dans le système dyadique mère-enfant 77
Divergences entre les points de vue cognitif et psychanalytique 80
Particularités du Moi-peau considéré comme interface 84
Deux exemples cliniques 87
Observation de Juanito, le petit garçon aux papiers collés 87
Observation d'Éléonore, la fillette à la tête passoire 88

2

STRUCTURE, FONCTIONS, DÉPASSEMENT

6. Deux précurseurs du Moi-peau: Freud, Federn 93

Freud et la structure topographique du Moi 93
L'appareil du langage 94
L'appareil psychique 96
Les barrières de contact 98
Le Moi comme interface 104
Perfectionnement du schéma topographique de l'appareil psychique 108

Federn: sentiments du Moi, sentiments de fluctuation des frontières du Moi 110
Originalité de Federn 110
Les sentiments du Moi 113
Les sentiments des frontières du Moi 115
Observation d'Edgar, ou un état de dissociation au réveil 116
Les sentiments de fluctuation des frontières du Moi 116
Refoulement des états du Moi 117

7. Fonctions du Moi-peau 119

Les huit fonctions du Moi-peau 121
1 Maintenance; 2 Contenance; 3 Pare-excitation; 4 Individuation; 5 Intersensorialité ; 6 Soutien de l'excitation sexuelle; 7 Recharge libidinale; 8 Inscription des traces.
Les attaques contre le Moi-peau 129
Autres fonctions 131
Un cas de masochisme pervers
Observation de Monsieur M. 132

L'enveloppement humide, *le pack* 135
Trois remarques 136

8. Troubles des distinctions sensori-motrices de base 139

Sur la confusion respiratoire du plein et du vide 139
Observation de Pandora 141

9. Altérations de la structure du Moi-peau chez les personnalités narcissiques et les états limites 147

Différence structurale entre personnalité narcissique et état limite 147
Un exemple littéraire de personnalité narcissique,
L'invention de Morel de Bioy Casares 150
Le fantasme d'une double paroi 154
Troubles de la croyance et état limite 156
Observation de Sébastienne, ou un cas de communication oblique 157

10. Le double interdit du toucher, condition de dépassement du Moi-peau 161

Un interdit du toucher, implicite chez Freud 162
L'interdit christique explicite 166
Trois problématiques du toucher 169
Les interdits et leurs quatre dualités 170
1 Sexualité et/ou agressivité; 2 Interdiction exogène, interdit endogène; 3 Interdit de l'accolement, interdit du toucher manuel; 4 Bilatéralité.
Observation de Janette 174

Du Moi-peau au Moi-pensant 175
L'accès à l'intersensorialité et la constitution du sens commun 178

3

PRINCIPALES CONFIGURATIONS

11. L'enveloppe sonore 183

Observation de Marsyas 184
Audition et phonation chez le nourrisson 187
Le sonore selon Freud 191
La sémiophonie 192
Le miroir sonore 193
Observation de Marsyas, fin 196

12. L'enveloppe thermique 199

L'enveloppe de chaleur 199
L'enveloppe de froid 200
Observation d'Erronée, ou la disqualification du ressenti thermique 201

13. L'enveloppe olfactive 203

La sécrétion de l'agressivité par les pores de la peau 203
Observation de Gethsémani 203

14. La confusion des qualités gustatives 213

L'amour de l'amertume et la confusion des tubes digestif et respiratoire 213
Observation de Rodolphe 213

15. La seconde peau musculaire 219

La découverte d'Esther Bick 219
Observation d'Alice 220
Observation de Mary 220
Deux nouvelles de Sheckley 222
Observation de Gérard 224

16. L'enveloppe de souffrance 227

La psychanalyse et la douleur 227
Les grands brûlés 229
Observation d'Armand 230
Observation de Paulette 231
Du corps en souffrance au corps de souffrance, d'après M. Enriquez 232
Observation de Fanchon 234

17. La pellicule du rêve 237

Le rêve et sa pellicule 237
Retour sur la théorie freudienne du rêve 238
Observation de Zénobie: de l'enveloppe d'angoisse à la peau de mots par la pellicule des rêves 242
L'enveloppe d'excitation, fond hystérique de toute névrose 247
Neurophysiologie du sommeil et diversité du matériel onirique 249

18. Résumés et compléments 255

Aux origines des notions d'enveloppe et de peau psychiques 255
Le terme d'enveloppe chez Freud 255
Le concept de peau psychique selon Esther Bick 257
Le concept d'enveloppe psychique selon Didier Anzieu 257
Un modèle géométrique 260

Quelques énoncés concernant la théorie des enveloppes psychiques (Constitution - développement – transformations) 261

Troubles des enveloppes psychiques 264
Principaux troubles de l'emboîtement des deux enveloppes psychiques 264
Troubles spécifiques du pare-excitation et de la surface d'inscription 267
Continuité/discontinuité des deux enveloppes dans les états limites 268

Construction de l'enveloppe psychique 269
Les signifiants formels 269
Paliers de la construction de l'enveloppe psychique et du moi 271
La peau qui chante 273

Table des observations 277

Bibliographie 279

Index 287

Préface à la 2e édition

LE MOI-PEAU DIX ANS APRÈS

Le livre de Didier Anzieu, *Le Moi-Peau*, a dix ans. Invitée à cet anniversaire, je me souviens de ma première lecture sur le Moi-peau, il y a plus de vingt ans… À l'époque, l'idée d'un « Moi-peau » avait un parfum subversif : elle réhabilitait à la fois le Moi et le corps, le Moi dénoncé par Lacan et caricaturé par l'Ego-psychology, le corps dont on disait qu'il était négligé par la psychanalyse dans une attaque, cette fois, du courant lacanien. Ma propre formation était alors traversée par ces débats. C'est donc avec un vif intérêt que j'avais suivi l'exposé des idées de Didier Anzieu. Le livre, paru en 1985, avait été précédé en effet d'un article publié en 1974, dans la *Nouvelle Revue de Psychanalyse*[1]. Didier Anzieu y définissait ainsi le Moi-peau : « Une figuration dont le Moi de l'enfant se sert au cours des phases précoces de son développement pour se représenter lui-même comme Moi à partir de son expérience de la surface du corps. » Ce « Moi-peau » ainsi dénommé apparaît donc sous la forme d'une représentation primaire et métaphorique du Moi, étayée sur la sensorialité tactile. Il a des fonctions originales conçues sur le modèle des fonctions de la peau ; trois de ces fonctions sont alors distinguées : la contenance ; la limite entre le dehors et le dedans, limite qui constitue une barrière protectrice contre les stimuli externes ; la communication et les échanges avec l'environnement.

Dans le livre de 1985, le nombre de ces fonctions est augmenté ; neuf sont différenciées : maintenance, contenance, pare-excitation, individua-

1. Anzieu, D., Le Moi-Peau, *N.R.P.*, *Le dehors et le dedans*, n° 9, printemps 1974, 195-208.

tion, intersensorialité, soutien de l'excitation sexuelle, recharge libidinale, inscription des traces, autodestruction. Dans la présente édition, cette classification a été légèrement modifiée dans l'ordre de succession qui est maintenant : maintenance, contenance, constance, signifiance, correspondance, individuation, sexualisation, énergisation. La neuvième fonction, toxique, a été retirée de la liste, Didier Anzieu la considérant comme une anti-fonction qui relève du « travail du négatif ». Cette énumération de fonctions peut paraître impressionnante dans la globalisation qu'elle opère. Ambition de synthèse d'un Moi qui contrôlerait tous ses postes de commandes ? La pensée subirait-elle l'effet de ce qu'elle étudie ? Il y a effectivement dans l'étude du Moi-peau un effort de systématisation qui aboutit d'ailleurs à la grille proposée dans *Le penser*[1], grille qui transpose les huit fonctions de la peau en huit fonctions du Moi et huit fonctions de la pensée. Interrogé par René Kaës, en 1994, Didier Anzieu[2] disait : « Cette grille des huit fonctions vaut ce qu'elle vaut : ce qui est valable pour la peau et est déjà plus discutable pour le Moi, m'offre l'avantage d'un fil directeur ; certaine cases sont pleines, d'autres, il faut que je les remplisse [...] certaines resteront vides [...] il y aura peut-être plus de huit fonctions, peut-être des regroupements ; mais j'essaie... par moments, c'est fructueux, cela me permet de cultiver en ordre et en progrès mon champ de pensée. » Cette liste des fonctions du Moi-peau, liste ni exhaustive, ni définitive est donc peut-être plus à considérer comme un « objet de perspective » (Rosolato) qui garde ouverte une dimension d'inconnu.

À la première définition de 1974, Didier Anzieu a ajouté en 1985 que le Moi-peau sert à l'enfant à se représenter lui-même comme Moi « *contenant les contenus psychiques* » à partir de l'expérience de la surface du corps. Cette précision met l'accent sur cette différenciation entre contenant et contenu et indique la voie qu'il a de plus en plus explorée, celle des contenants, des enveloppes et de leur mode de fonctionnement.

La deuxième édition qui paraît aujourd'hui a été en effet augmentée de travaux plus récents portant sur la notion d'enveloppe psychique, sa construction et ses troubles. Du Moi-peau au concept d'enveloppe se déroule toute une évolution dont le dernier livre sur le Penser marque l'aboutissement.

1. Anzieu, D., *Le Penser, Du Moi-peau au Moi-pensant*, Dunod, 1994.
2. Kaës, R, Entretien avec Didier Anzieu, Hommage à Didier Anzieu, *Les Voies de la Psyché*, Dunod, 1994, p. 35.

Le Moi-peau a connu en effet depuis dix ans de nombreux développements tant dans la pensée de son « inventeur » que dans des recherches d'auteurs très divers. Ces différents travaux poursuivis dans des directions variées manifestent la fécondité de la notion proposée par Didier Anzieu.

L'ÉVOLUTION DE LA NOTION DE MOI-PEAU CHEZ DIDIER ANZIEU

La théorisation qu'il a progressivement élaborée au cours de ces vingt dernières années relève à la fois d'une métapsychologie et d'une psychologie psychanalytique. Du Moi-peau au concept d'enveloppe, les notions proposées s'offrent à un déploiement dans ces deux dimensions.

Métapsychologie et psychologie psychanalytique : la distinction de ces deux champs épistémologiques a été approfondie par Daniel Widlöcher dans un travail très récent consacré à la « Métapsychologie de l'écoute psychanalytique »[1] où il écrit : « La métapsychologie est la *théorie de l'expérience psychanalytique*[2] » alors que « la psychologie psychanalytique est une branche de la psychologie qui étudie les mécanismes des opérations observables dans la situation psychanalytique. » Il précise aussi que cette distinction « n'exprime pas une divergence théorique mais *interroge les événements psychiques à des niveaux d'observation différents* ». La métapsychologie met en forme ce qui naît dans la rencontre de la pensée de l'analyste avec celle de l'analysant. Elle est issue d'une pratique, elle permet la représentation des processus qui s'y déroulent. La psychologie psychanalytique vise au développement des connaissances sur la vie de l'esprit et s'ouvre à des confrontations méthodologiques interdisciplinaires. Lorsque la métapsychologie devient une psychologie psychanalytique, elle sort du champ de sa découverte. Elle perd sa position subjectivante, elle devient corpus théorique objectivé, voire objectivable par des méthodes appropriées et qui peuvent être diverses. Ce glissement, cette exportation des concepts a été réalisée en son temps par Daniel Lagache qui a ainsi donné à la psychologie clinique psychanalytique ses outils de pensée. Il me semble que Didier Anzieu s'inscrit dans cette filiation.

1. Widlöcher, D., Pour une métapsychologie de l'écoute psychanalytique, Communication au cinquante-cinquième Congrès des psychanalystes de langues françaises des pays romans, Paris, mai 1995.
2. C'est moi qui souligne.

Didier Anzieu a fondé l'existence du Moi-peau à la fois sur des données éthologiques, groupales, projectives, dermatologiques et sur une clinique psychanalytique. Mais c'est en tant qu'analyste confronté à la nécessité de penser l'expérience analytique qu'il a créé cette notion nouvelle. La référence à d'autres champs vient comme une épreuve de réalité qui permettrait de confirmer le jugement d'existence. C'est la pression interne suscitée par la rencontre analytique et ses difficultés qui pousse à donner des mots nouveaux à ce qui jusqu'alors n'était pas représentable. Et c'est dans l'analyse encore que peut se révéler la vérité de cette notion dans son opérationnalité psychique. En sortant du champ où elle s'origine, la métapsychologie peut trouver, à mon sens, un champ d'application plutôt que de découverte. Le Moi-peau est devenu un concept de psychologie psychanalytique dans l'après-coup de sa création métapsychologique.

Le Moi-peau : un concept métapsychologique

Le Moi-peau prend sens dans une certaine pratique analytique, et sa formulation métaphorique est caractéristique d'un mode de penser psychanalytique.

La source clinique... Dans les années soixante-dix, les psychanalystes se sont de plus en plus intéressés à de nouvelles organisations psychiques qu'ils rencontraient chez des sujets présentant une pathologie narcissique ou limite. Ces patients, en effet, posent des problèmes spécifiques tant pour la compréhension de leur fonctionnement psychique que pour la stratégie de la conduite de leur analyse. L'approche psychanalytique de ces sujets met en évidence des distorsions spécifiques du Moi caractérisées par un manque de limites qui fait redouter l'émergence pulsionnelle. Les troubles du Moi en tant qu'interface entre le dehors et le dedans s'accompagnent de troubles de la pensée. Troubles des limites du Moi et troubles de la pensée déterminent la perspective de recherche qui a abouti au Moi-peau, puis au Penser dont il est la suite[1]. L'étude du Moi-peau permet de saisir l'organisation particulière de certaines perturba-

1. Confronté à la même clinique, et dans une démarche de pensée comparable, André Green, de son côté, proposait en 1976 le concept de limite, puis de double limite en 1982. Sa notion des processus tertiaires me paraît d'ailleurs, comme l'a aussi suggéré François Duparc, constituer une sorte d'enveloppe psychique élaborée par le langage. Je les rapproche des signifiants de démarcation (Rosolato) et des signifiants formels (Anzieu), au chiasme de l'inconscient et du préconscient ainsi que du dehors et du dedans.

tions, de donner un sens nouveau aux difficultés psychiques actualisées dans le transfert et de trouver un mode de travail analytique adéquat. Didier Anzieu, en 1986, définissait ainsi ses recherches : « étudier les diverses configurations du Moi-peau [...] ; rattacher chaque déficit d'une fonction psychique à un type particulier d'empiètement pathogène réalisé par l'entourage sur le Moi-peau en cours de constitution et préciser le type de travail psychanalytique à entreprendre face à tel déficit[1]. » L'étude des différentes fonctions du Moi-peau a fourni au travail analytique ses objectifs : « instaurer, entretenir, consolider, la consistance, la contenance, la constance, la signifiance, la concordance, l'individuation, la sexualisation, l'énergisation du penser[2]. »

Progressivement, le champ clinique pouvant bénéficier de cette approche s'est élargi. Les fonctions du Moi-peau fournissent une grille[3] de lecture de tout fonctionnement psychique, proposant un modèle théorique qui dépasse alors le cadre de son origine pour s'inscrire à mon sens dans une psychologie psychanalytique.

Le Moi-peau : sa triple dérivation...

Didier Anzieu a précisé[4] qu'entre le moi et la peau fonctionne une triple dérivation : métaphorique (le Moi est une métaphore de la peau), métonymique (le Moi et la peau se contiennent mutuellement comme tout et partie), et en ellipse : le trait d'union entre Moi et peau marque une ellipse (figure englobante à double foyer : la mère et l'enfant).

Le Moi-peau est d'abord une métaphore et c'est là qu'il puise sa force créative ; il est aussi une métonymie et c'est là qu'il trouve son assurance et sa rigueur conceptuelle ; sa figuration en ellipse le fait sortir du solipsisme et l'engage dans la relation à l'autre. Jean Laplanche a naguère montré[5] que la généalogie du Moi chez Freud rassemble les deux lignes métaphorique et métonymique. La ligne métaphorique s'appuie sur la série d'identifications constitutives du Moi ; la ligne métonymique sur la continuité entre le Moi et l'organisme dont il dérive et dont il devient

1. Anzieu, D., *Une Peau pour les pensées*, entretiens avec Gilbert Tarrab, Paris, Clancier-Guenaud, 1986, p. 76.
2. Anzieu, D., *Le Penser*, Dunod, 1994, p. 15 (Huit fonctions du Moi-peau au Moi-pensant.)
3. Anzieu, D., ibid.
4. Anzieu, D., *L'Épiderme nomade et la peau psychique*, Paris, Éd. Aspygée, 1990, p. 40.
5. Laplanche, J., Dérivation des entités psychanalytiques, *Vie et Mort en Psychanalyse*, Paris, Flammarion, 1970, p. 197-214.

progressivement un appendice spécialisé dans une fonction adaptative. La double dérivation métaphoro-métonymique ou plutôt l'oscillation métaphoro-métonymique a été considérée par Guy Rosolato[1] comme le ressort du jeu et de l'art mais aussi d'une théorie qui conjugue créativité et rigueur de pensée.

Les métaphores sont nombreuses dans le vocabulaire freudien souvent constitué d'emprunts à des domaines bien différents, médecine, économie, architecture, archéologie, sciences de la nature, etc. La métaphore, fréquemment utilisée en poésie, est toujours une trouvaille, produite par l'imagination ; elle résulte de cette capacité que la langue allemande dénomme « phantasieren » et que Freud met en œuvre dans la pensée métapsychologique : « Sans spéculer, ni théoriser - pour un peu j'aurais dit fantasmer - métapsychologiquement, on n'avance pas d'un pas[2]. » Freud fait appel à cette nécessité de fantasmer métapsychologiquement en évoquant la difficulté de saisir comment le Moi peut dompter la pulsion. L'idée du Moi-peau constitue, à sa manière, une réponse originale à cette question si aiguë dans la pathologie limite. La découverte de la métaphore relève d'une intuition. Saisie immédiate d'un rapport inattendu, la métaphore est ouverture de sens, elle fait surprise comme un « Witz », ce mot d'esprit qui dévoile dans le langage un sens inconscient. La métaphore est soutenue par « la relation d'inconnu » (Rosolato) qu'elle ne suture pas, mais laisse au contraire ouverte. Elle est intimement liée à tout processus de création, car elle témoigne d'une liberté de penser… et d'associer. Le Moi-peau est exemplaire de l'apport métaphorique. Le rapprochement du Moi et de la peau entraîne la superposition des significations attachées à chacun ; le champ sémantique de l'un se superpose au champ sémantique de l'autre sans le recouvrir ; de cette rencontre naît un nouvel espace, transitionnel au sens de Winnicott. Le Moi-peau devient création originale, invention autant que découverte.

En se déplaçant, le mot véhicule une comparaison implicite. Il est de la nature de la métaphore d'être liée à l'imaginaire (et non plus seulement à l'imagination) caractérisé, au sens lacanien, par une perception de ressemblances. Certes depuis Lacan, l'imaginaire a pris une connotation plutôt péjorative qui ne convient pas ici ; je veux seulement pointer que la métaphore joue dans le langage comme un miroir réfléchissant qui donne une nouvelle identité. Le Moi-peau est ainsi une métaphore de la

---

1. Rosolato, G., *Éléments de l'interprétation*, Paris, Gallimard, 1985.
2. Freud, S., (1937) Analyse avec fin et analyse sans fin, *Résultats, idées, problèmes*, Paris, PUF, tome II, p. 240.

surface cutanée avec laquelle il entretient une ressemblance ; sa constitution est aussi réflexive par introjection de la fonction maternelle. Pour Didier Anzieu cependant, le rapport entre la peau et le Moi, puis le penser, est fondé sur une véritable analogie. L'analogie, comme il le souligne, désigne « un rapport d'identité de structures et de fonctions[1]. » Mais en définissant la ressemblance comme analogie, la métaphore ne devient-elle pas métonymie ? Plus encore, s'il y a analogie, stricte analogie entre le Moi et la peau, ne prend-on pas le risque de réifier le Moi ? L'analogie ne suture-t-elle pas l'écart entre l'image et la chose même ?

Dans sa dimension métaphorique, le Moi-peau fait image. La métaphore suggère des images psychiques. Celles-ci, comme l'a développé récemment Serge Tisseron[2], font appel à la sensorialité et à la motricité. Le Moi-peau évoque à la fois le sens du toucher, mais aussi le mouvement actif qui met en contact le sujet avec une partie de lui-même aussi bien qu'avec l'autre. En outre, la métaphore sollicite la participation active, elle entraîne l'autre dans son transport, dans l'illusion créatrice d'une expérience commune et partagée. Comme son étymologie le révèle, la métaphore est transfert, d'un lieu à un autre, intrapsychique et intersubjectif. La figuration du Moi-peau redouble ainsi le procès de sa découverte dans le cadre analytique, mais à condition de lui laisser son ouverture, créatrice de sens. De fait, le Moi-peau, en tant que métaphore, parle à chacun, même si précisément il ne dit pas à chacun la même chose ! Il sert de stimulation à l'imaginaire et il arrive que chacun file la métaphore dans une direction différente, ce qui s'observe dans un certain nombre d'écrits se référant au Moi-peau. Didier Anzieu disait en 1993[3] dans un entretien avec René Kaës : « Le mot [Moi-peau] fait *tilt*, il pousse à avoir des pensées nouvelles, ou à repenser d'une façon vivante des pensées qui s'étaient affadies. »

Si le Moi-peau a cet effet vivant et stimulant, c'est aussi du fait de son étayage corporel c'est-à-dire pour moi, de son ancrage pulsionnel. Didier Anzieu a, en effet, repris et élargi la notion freudienne d'étayage. Freud, on le sait, utilise le terme d'étayage pour désigner la relation entre les pulsions d'auto-conservation et la pulsion libidinale : la libido trouve sa voie et ses objets en s'étayant sur la satisfaction des besoins vitaux. C'est dans ce sens que Jean Laplanche, de son côté, a repris et développé cette

1. Anzieu, *Le Penser*, p. 13
2. Tisseron, S., *Psychanalyse de l'image*, Paris, Dunod, 1995.
3. Kaës R., Entretien avec Didier Anzieu, *Les Voies de la psyché*, Hommage à Didier Anzieu, Dunod, 1994, p. 45.

notion de l'étayage. Pour Didier Anzieu, en accord avec René Kaës, l'étayage est le modèle d'un lien dialectique entre le psychisme et le corps : lien mutuel où la psyché s'appuie sur le corps autant que le corps s'appuie sur la pyché. René Kaës y ajoute le corps social. Nous pourrions dire que ce corps social est représenté à l'origine par l'environnement de l'enfant et essentiellement la mère qui fournit l'étayage indispensable au développement du sujet. Le Moi-peau se constitue par étayage sur les fonctions de la peau et par l'illusion que lui fournit la mère d'une peau commune avec lui. Ce double étayage sur le corps et sur l'objet constitue la base du travail de mise en représentation à l'œuvre dans une analyse. L'originalité de Didier Anzieu est de donner à la sensorialité une place prépondérante et de faire de la sensorialité tactile le modèle organisateur du Moi et de la pensée. Mais dans cette extension de l'étayage, que devient le sexuel ? Je reviendrai un peu plus loin sur cette question pour moi essentielle, en reprenant le problème de la pulsion.

Du Moi-peau à l'enveloppe

Le terme d'enveloppe est apparu très tôt dans la pensée de Didier Anzieu : dès 1976, il écrivait sur l'enveloppe sonore du Moi[1], et le mot d'enveloppe apparaît très souvent dans la première édition du *Moi-peau*, mais dans un sens surtout descriptif. Le concept lui, reste en quelque sorte en latence pendant plusieurs années, avant de s'affirmer avec les enveloppes psychiques en 1986[2]. Ce travail est intégré à la présente édition du *Moi-peau*.

Le concept d'enveloppe est une notion abstraite générale, qui s'inscrit elle-aussi dans une métapsychologie, en même temps qu'elle concourt au développement d'une psychologie psychanalytique. C'est la situation analytique qui fournit à Didier Anzieu l'incitation à porter son attention sur le cadre comme projection des deux principales enveloppes psychiques. Le cadre analytique[3] présente en effet, selon lui, une homologie avec la structure de l'appareil psychique. La règle d'abstinence et la règle des associations libres correspondent la première au pare-excita-

1. Anzieu, D., L'enveloppe sonore du Moi, *Nouvelle Revue de Psychanalyse, Narcisses*, Gallimard, n° 13, Printemps 1976, p. 161-179.
2. Anzieu, D., Introduction à l'étude des enveloppes psychiques, *Revue de Médecine Psycho-somatique*, n° 8, déc. 1986, p. 9-22.
3. Anzieu, D., Cadre psychanalytique et enveloppes psychiques, *Journal de la psychanalyse de l'enfant*, *Le Cadre*, Paris, Bayard, 1986, n° 2, p. 12-24.

tion, la seconde à la surface d'inscription. « L'emboîtement des deux consignes au sein même d'une règle fondamentale reflète l'emboîtement originaire des enveloppes constitutives de la psyché qui font de celle-ci un appareil à penser les pensées, à contenir les affects et à transformer l'économie pulsionnelle. »

L'enveloppe cutanée qui fonde le Moi-peau est structuralement la plus importante, mais elle n'exclut pas d'autres types d'enveloppes s'étayant sur d'autres modalités sensorielles (enveloppe sonore, visuelle, olfactive) ou sur d'autres fonctions (enveloppe du rêve, enveloppe de mémoire...). Le concept d'enveloppe porte la recherche sur l'étude des contenants opposés aux contenus. L'enveloppe va permettre de décrire une topographie et une topologie et non plus seulement une topique. Elle interroge aussi sur la nature de la pulsion qui l'investit.

La théorie des enveloppes s'appuie sur des précurseurs : Freud avec l'idée du pare-excitation et des barrières de contacts, Federn avec celle de « frontière du Moi », Bion avec celle de contenant. La théorisation que propose Didier Anzieu à partir de ce concept d'enveloppe me paraît l'aspect le plus original de sa pensée mais aussi celui qui pose le plus de questions métapsychologiques.

L'étude des enveloppes oriente vers l'étude d'une topographie et d'une topologie. Cette étude est féconde et originale car elle ouvre à la connaissance un matériel psychique jusque-là méconnu : l'espace psychique, la délimitation d'un territoire psychique. Elle permet à Didier Anzieu de décrire des signifiants formels qui sont « des représentations des configurations du corps et des objets dans l'espace ainsi que de leurs mouvements » et d'en appréhender différentes modalités pathologiques. Le terme de « signifiant » pour ces représentations est discutable dans la mesure où il ne s'agit pas d'un registre verbal, mais Didier Anzieu s'en est expliqué longuement et s'est rallié à la position de Guy Rosolato concernant les signifiants de démarcation. Les signifiants formels sont des représentations des contenants psychiques. Ils donnent sens aux éprouvés ressentis dans les échanges de nature analogique avec la mère. Ils ont pour caractéristique d'être conscients ou préconscients, donc accessibles si l'attention se porte sur eux. Mais, par contre, ce qui est inconscient, c'est leur constitution révélatrice des failles des relations précoces.

Cette approche portant sur les enveloppes n'est pas exclusive d'une étude des contenus psychiques, mais elle la complète. À travers des exemples cliniques, Didier Anzieu différencie plusieurs niveaux de compréhension et d'interprétation : pulsionnel, objectal ou topologique. Par exemple, il souligne : « Le travail psychanalytique sur les contenants psychiques et leur auto-destruction ne doit pas faire perdre de vue le travail parallèle sur le besoin de l'objet primordial et sur les effets de son manque[1]. » Dans la pratique analytique, il peut passer selon le cas, le moment ou la stratégie de la cure, d'un mode d'interprétation à un autre. La complexité de l'ensemble du fonctionnement psychique se trouve mobilisée dans la situation analytique, mais il appartient à l'analyste, en fonction de sa capacité à changer de « vertex » au sens de Bion, de trouver et de choisir les voies d'analyse les plus pertinentes. La créativité de l'analyste, dont Winnicott a fourni en son temps un exemple, est particulièrement sollicitée dans la clinique située aux limites de l'analysable. Didier Anzieu nous a ouvert un mode d'approche original avec l'étude de la topologie des enveloppes. Chacun est à même d'en apprécier la pertinence. Mais il me semble qu'un débatteur imaginaire (celui que Freud convoque dans l'Analyse profane) pourrait interroger notre auteur sur certains points : la topique freudienne met en tension le rapport entre les différentes instances. L'accent mis sur la topologie ne risque-t-il pas d'annuler le conflit intrapsychique ? Que deviennent la perspective dynamique et surtout économique ? Quelle place est donnée à la pulsion ? Et quelles pulsions ?

Dans *Le Moi-peau*, Didier Anzieu a certes privilégié l'étude du Moi, et de ses enveloppes. Mais ces contenants servent précisément à contenir des représentations, des affects, en un mot des représentants pulsionnels. N'oublions pas que le Moi-peau s'étaye sur le corps où s'enracine la pulsion. « Dans une première phase, la pulsion prend corps. Dans une phase finale, elle prend nom. Entre les deux, elle prend place[2]. » Par cette formule lapidaire, Didier Anzieu résumait en 1984 sa position sur la pulsion. Il maintenait avec Freud que la pulsion a une source corporelle liée aux expériences sensorielles et motrices précoces. Puis l'appareil psychique se représente la pulsion en la localisant imaginairement dans un organe des sens, dans tel orifice de la surface du corps. Le double interdit du toucher délimite l'espace imaginaire où va pouvoir se déployer la pulsion. Enfin, la langage permet d'inclure la pulsion dans un scénario fantasmatique qui agence la source et le but dans un espace et une temporalité. Le Moi-peau et les enveloppes permettent de localiser dans un espace imaginaire l'excitation pulsionnelle. Si la pulsion reste tout à fait liée à la notion de Moi-peau, quelle en est sa nature ?

---

1. Anzieu, D., Les Signifiants formels et le Moi-peau, *Les enveloppes psychiques*, Dunod, 1987, p. 17.
2. Anzieu, D., Le corps de la pulsion, *La pulsion pour quoi faire ?* Colloque de l'APF du 12 mai 1984, p. 64.

Pour Didier Anzieu, les enveloppes psychiques sont investies par deux types de pulsions : celle d'attachement et celle d'auto-destruction. Ce dualisme me paraît pour le moins étonnant, qui fait disparaître la libido. En effet, la pulsion d'attachement décrite par Bowlby, reprise dans les travaux de Harlow, n'est pas une pulsion sexuelle. Elle est une forme des pulsions d'auto-conservation. Si Freud a dit, comme le rappelle Didier Anzieu, que la liste des pulsions n'était pas close, il l'a dit à un moment très précis de sa pensée, alors que les pulsions partielles sont démultipliées en autant de zones érogènes, de même que les pulsions d'auto-conservation peuvent être aussi nombreuses qu'il existe de besoins vitaux. Mais la deuxième théorie des pulsions rassemble et unifie ces diverses pulsions. Dans l'*Abrégé*, Freud écrit : « On peut distinguer une multitude de pulsions. Il importe de savoir si ces nombreuses pulsions ne pourraient pas se réduire à quelques pulsions fondamentales. Nous avons appris que les pulsions peuvent changer de but (par déplacement) et aussi qu'elles sont capables de se substituer les unes aux autres, l'énergie de l'une pouvant se transférer à une autre… Après de longues hésitations, nous avons résolu de n'admettre l'existence que de deux instincts fondamentaux : l'Éros et l'instinct de destruction[1]. » L'Éros, pulsion de vie, amour, œuvre à la liaison d'unités toujours plus grandes ; l'instinct de destruction, pulsion de mort, est au service de la déliaison. On sait que dans cette deuxième théorie des pulsions, Freud, après une certaine hésitation, rattache les pulsions d'auto-conservation à l'Éros. Dans cette perspective, les enveloppes psychiques sont investies par la pulsion de vie et/ou la pulsion de destruction qui attaque les liens. Cette claire opposition apparaît dans un texte de Didier Anzieu de 1993 où il intitule deux chapitres : *Les investissements des contenants par les pulsions de vie*, et l'autre : *Dépôts, attaques, destructions des contenants psychiques par la pulsion de mort*. Pourtant, il maintient l'affirmation d'une pulsion différenciée d'attachement. Les critères de satisfaction du besoin d'attachement sont, selon Bowlby (1969) : l'échange de sourire, l'échange de communications sensorielles pendant la tétée, la solidité du portage, la chaleur du contact, les gestes caressants, auxquels Didier Anzieu ajoute la concordance des rythmes. La pulsion d'attachement satisfait aussi au besoin de sécurité, reposant sur la fiabilité des objets, la possibilité d'entrer en relation avec eux. Lorsqu'il aborde le chapitre sur les fonctions du Moi-peau, Didier Anzieu, qui jusque-là rattachait la pulsion d'attachement aux pulsions d'autoconservation semble éprouver la nécessité

1. Freud, S., (1938) *Abrégé de Psychanalyse*, Paris, PUF, 1973, p. 8.

de nuancer. Il écrit : « Nous sommes là, non plus dans le registre de la satisfaction des besoins vitaux d'autoconservation (nourriture, respiration, sommeil) sur lesquels les désirs sexuels et agressifs vont se constituer par étayage, mais dans celui de la communication (préverbale et infralinguistique) sur laquelle l'échange langagier trouve le moment venu à s'étayer. » Une communication non verbale, dans un registre analogique, qui caractérise les échanges précoces. Le terme de signifiant pour les signifiants formels y trouve là toute sa justification puisqu'il s'agit effectivement d'une sorte de langage, gestuel, mimique, postural, etc. Comment concevoir que les échanges entre la mère et l'enfant ne soient pas saturés de sexuel compte tenu de l'investissement de l'enfant dans le désir maternel et parental ? L'étayage suppose deux temps, sinon chronologiques du moins logiques (le temps de l'autoconservation et le temps du sexuel), mais la communication est d'emblée saturée de sexuel inconscient et énigmatique. Les signifiants sexuels énigmatiques que propose Jean Laplanche permettent de rendre compte de la place de l'inconscient parental dans la communication précoce et dans les échanges ultérieurs. En revanche, il ne me paraît pas possible de suivre Jean Laplanche lorsqu'il affirme que la pulsion vient de l'autre ; la pulsion certes mobilisée par l'autre est pour moi liée au sujet. Mais peut-on suivre pour autant Didier Anzieu dans la voie de cette désexualisation des échanges constitutifs des enveloppes psychiques ?

Tous ces aspects de la communication me paraissent pouvoir être subsumés sous… l'amour. Le mot amour en effet, dit Freud[1], rassemble toutes les formes de l'amour, du plus au moins sexualisé. Freud distingue ainsi l'amour sensuel et l'amour non sensuel, la tendresse, et toutes ces formes d'amour où le but sexuel de la pulsion est inhibé. Mais alors, tout en rendant compte de la diversité des formes d'amour, il les considère comme l'expression multiple d'une pulsion commune. La pulsion d'attachement désexualise les échanges entre la mère et l'enfant, désexualisation anté-freudienne. Il me semble que le Moi-peau et les enveloppes psychiques ne seraient pas dénaturés par l'investissement de la pulsion de vie en tant qu'amour. Didier Anzieu lui-même ne conclut-il pas ses entretiens avec Gilbert Tarrab par les mots suivants : « *L'amour*[2] fait preuve d'intelligence quand il *contribue à construire chez l'enfant, chez l'ami, chez la compagne ou le compagnon, une enveloppe souple* et ferme qui le délimite et l'unifie… une peau vivante pour ses pensées. »…?

---

1. Freud, S., (1921) Psychologie des masses et analyse du Moi, *O.C.P.*, PUF, tome XVI, p. 49-50
2. C'est moi qui souligne !…

LES ENVELOPPES PSYCHIQUES ABORDÉES PAR D'AUTRES AUTEURS

Le Moi-peau et les enveloppes psychiques ont suscité beaucoup de travaux qui se situent soit dans un champ strictement psychanalytique, soit dans le champ psychologique.

Les enveloppes psychiques sont plurielles, affirme Jean Guillaumin[1] dans un article sur les enveloppes psychiques du psychanalyste. De fait, les travaux qui se sont développés sur ce thème, ces dernières années, sont multiples et abordent des aspects très différents. Le Moi-peau et les enveloppes constituent donc un modèle ouvert en pleine expansion. Je ne retiendrai, à titre d'exemples de la diversité des recherches, que quelques travaux menés par des psychanalystes ou par des psychologues-psychothérapeutes, et d'abord ceux concernant les enveloppes sensorielles

L'enveloppe visuelle

Didier Anzieu n'a pas spécifiquement étudié l'enveloppe visuelle ; mais il s'est intéressé au rêve depuis les rêves de l'auto-analyse de Freud, jusqu'à la pellicule du rêve. Les images du rêve sont généralement visuelles même si elles incluent d'autres modalités sensorielles, sonores en particulier et aussi motrices. Selon lui, le rêve est une pellicule impressionnable qui réactive une fonction du Moi-peau, la fonction de surface sensible et d'inscription des traces. Pour Didier Anzieu, il faut qu'un Moi-peau soit constitué pour que le sujet rêve mais, réciproquement, le rêve permet la reconstitution des enveloppes du Moi-peau attaquées dans la vie diurne. Cependant, le visuel qui est projeté sur l'écran du rêve n'est en rien du visible. Il n'est pas une perception. Il n'est que la figuration interne de représentations animées par la pulsion. Le visuel du rêve donne à voir dans une figuration secondaire la trace des perceptions lorsqu'elles sont précisément perdues de vue[2].

Quelle est la place de la représentation dans la perception ? Ou encore, comment concevoir le trajet de la pulsion dans la perception ? Telles sont les questions auxquelles tente de répondre le travail de Guy Lavallée.

---

1. Guillaumin, J., Les enveloppes psychiques du psychanalyste, *Les Enveloppes psychiques*, Dunod, 1987, p. 138-180.
2. Pontalis, J.B., *Perdre de vue,* Gallimard, 1988.

Guy Lavallée[1] poursuit l'étude de l'enveloppe visuelle en s'appuyant sur son expérience d'animation d'un atelier vidéo proposé à des adolescents psychotiques dans un hôpital de jour. Il est inspiré à la fois par les travaux d'André Green sur la perception et l'hallucination négative et par les recherches de Didier Anzieu sur le Moi-peau et les enveloppes psychiques. Il s'est attaché à décomposer les différentes opérations implicites à la vision. Il est ainsi parvenu à décrire une « boucle contenante et subjectivante de la vision » qui peut être assimilée à une enveloppe psychique.

Guy Lavallée part de la spécificité de la vision par rapport aux autres systèmes sensoriels. La vision, en effet, permet un toucher à distance, elle prolonge le domaine du Moi au delà du tactile. Contrairement donc aux autres sens, la perception se fait à distance du corps et sans produire de plaisir d'organe. Le plaisir des yeux est plaisir du regard percevant et non pas de l'organe de la vision, l'œil n'est pas une zone érogène. L'image visuelle, le produit du regard, n'est pas sentie à l'intérieur de l'œil, elle est « décorporée ». Ce mot fait référence à un concept d'André Green pour désigner un éloignement des sensations corporelles et du corps en général constituant un paramètre essentiel des processus de sublimation. La « décorporation » fait de la vision le sens le plus proche de la sublimation nécessaire à la pensée mais lie aussi perception et représentation. Suivons le schéma de la boucle que propose Guy Lavallée…

– Le stimulus visuel est du réel à l'état brut. Il produit des éléments *bêta* selon la terminologie de Bion. L'image formée sur la rétine n'a encore aucune signification. La signification, c'est l'impact du stimulus sur l'inconscient qui va commencer à la créer. En effet, le stimulus visuel entre en contact, sans aucun filtrage à ce niveau, avec les représentations inconscientes.

– Normalement, les représentations éveillées par le stimulus sont alors projetées sur l'image perçue. Elle fournissent une grille de lecture à l'image purement optique : la perception est symbolisée. Mais tout le visible n'est pas perçu ; une partie en est négativée, refoulée ou mise sur les bords dans une opération comparable à un cadrage. Cette mise en forme restrictive du stimulus a valeur de dénotation, de « signifiant visuel », « signifiant de démarcation » selon la théorisation de Guy Rosolato.

1. Lavallée, G., La boucle contenante et subjectivante de la vision, *Les Contenants de pensée*, Dunod, 1994, p. 87-126 ; et L'écran hallucinatoire négatif de la vision, *L'Activité de la pensée*, Dunod, 1994, p. 69-143.

De plus, le processus de symbolisation implique l'existence d'un écran psychique, constitué par l'hallucination négative du visage maternel. Guy Lavallée reprend l'idée de Didier Anzieu du fantasme d'une peau commune entre la mère et l'enfant, fantasme nécessaire à la constitution du Moi-peau et le transpose dans la vision. Il fait donc l'hypothèse d'une « peau visuelle » commune entre la mère et l'enfant : l'enfant au sein qui fixe les yeux de sa mère est *dans* les yeux de sa mère, sans distance, dans une identification bidimensionnelle. Cette illusion constituera ultérieurement l'écran psychique visuel lors de l'hallucination négative de la mère et de son visage. Cet écran invisible est semi-opaque ou semi-transparent et sur cet écran s'opère la symbolisation de l'image. L'écran a aussi une fonction réflexive qui permet l'instauration de la boucle.

– La dernière opération, essentielle, est l'introjection dans le Moi de la perception symbolisée. Le stimulus s'est transformé en matériau psychique préconscient disponible pour la mise en mots.

Ainsi, la boucle contenante permet le passage de l'image au mot, de la pensée inconsciente (image visuelle) à la pensée consciente (mot). Le tactile est le modèle sensoriel de la réflexivité psychique mise en œuvre dans la boucle visuelle. Cette boucle peut être assimilée à une enveloppe psychique. En effet, elle constitue un pare-excitation entre les stimuli visuels et l'excitation interne qui leur est associée ; elle a une fonction de contenant (que René Kaës dénomme conteneur) c'est-à-dire qu'elle contient et transforme activement les éléments *bêta* en éléments *alpha* pensables ; elle établit aussi une barrière de contact en permettant la liaison et la différenciation de l'interne et de l'externe, du conscient et de l'inconscient.

Les ruptures pathologiques de l'enveloppe visuelle vont se produire là où se situe l'essentiel de sa fonction contenante : au niveau des boucles contenantes et de l'écran psychique :

– l'inhibition de l'activité projective par hallucination négative de représentations éveillées par une perception qui en interdirait la projection ; dans ce cas, l'écran devient trop opaque par excès de polarité hallucinatoire négative ; psychose blanche, autisme, fugacement inquiétante étrangeté ;

– l'excès de projection rompt la seconde boucle (introjective), et introduit la confusion dedans/dehors. Perception et représentations tendent à se confondre dans les phénomènes hallucinatoires positifs. L'écran est trop transparent par excès de polarisation hallucinatoire positive. C'est l'excorporation psychotique.

L'élaboration faite par Guy Lavallée, appuyée sur une fine connaissance clinique de la psychose, lui permet de proposer un modèle général de l'enveloppe visuelle.

L'enveloppe sonore

Didier Anzieu a proposé l'idée d'une enveloppe sonore dès 1974, et il y consacre un chapitre du présent livre. Édith Lecourt a repris l'étude du sonore en s'appuyant sur son expérience de musicothérapeute[1].

Pour Didier Anzieu, l'enveloppe sonore est composée alternativement des sons émis par l'environnement et par le bébé. Ce bain de sons préfigure ainsi la double face du Moi-peau tourné à la fois vers le dedans et le dehors. La mère fournit à l'enfant un miroir sonore qui lui renvoie une image réfléchie de ses cris ou vocalisations. Le miroir sonore n'est structurant qu'à condition que la mère exprime à l'enfant quelque chose d'elle et de lui, et quelque chose qui concerne la qualité des éprouvés psychiques de l'enfant. Enfin, il considère que l'espace sonore est le premier espace psychique, espace dont il propose la visualisation sous la forme d'une caverne, caverne sonore donc.

Édith Lecourt pose deux conditions à l'établissement d'une enveloppe sonore.

1. Le vécu sonore doit pouvoir s'étayer sur un vécu visuel et tactile. Elle insiste en particulier sur l'importance de l'association toucher-audition ; la participation du toucher et de la motricité est en effet déterminante pour distinguer les sons produits des sons externes, le dehors du dedans. Le rapport auditivo-tactile de l'expérience buccale est mis à l'épreuve dans l'expression orale, parole (prononciation, articulation, phrasé...) ou chant.

2. Ensuite, il faut qu'il y ait une élaboration mentale du vécu sonore à partir d'un Moi-peau. L'élaboration mentale du vécu sonore s'opère par l'intégration de différentes composantes : le bain sonore, les échanges bilatéraux, la cavité sonore, l'intégration des « sons de derrière ». S'établissent alors les liaisons inter-sensorielles, tactiles, visuelles, sonores. Édith Lecourt considère que la qualité d'enveloppe n'est envisageable que par étayage sur l'expérience du Moi-peau. Cette enveloppe sonore est composée selon elle de deux faces : une face verbale et une face musicale. « La face verbale, plus linéaire (dans le temps), univocale,

1. Lecourt É., L'enveloppe musicale, *Les Enveloppes psychiques*, Dunod, 1987, p. 199-222.

fil apparent de la trame est tournée vers l'extérieur. La face musicale, en épaisseur, tissée de voix (dans l'espace comme dans le temps), plurivocale, est plus tournée vers l'intérieur. » L'une et l'autre sont indissociables et complémentaires : parole et musique sont les deux faces de la communication humaine. Certaines pathologies, psychotiques, révèlent une dissociation de ces deux faces de l'enveloppe sonore.

La clinique sur laquelle s'appuie Édith Lecourt semble être celle de sujets psychotiques pour lesquels la musicothérapie trouve peut-être sa meilleure application.

À côté des enveloppes sensorielles ont été étudiées diverses enveloppes qui correspondent à une organisation ou une fonction de la psyché. Ainsi Annie Anzieu a-t-elle décrit l'enveloppe d'excitation de l'hystérique, travail déjà évoqué dans la première édition du Moi-peau. Micheline Enriquez avait elle aussi déjà proposé dans un travail antérieur l'idée d'une enveloppe de souffrance[1], forme particulière de Moi-peau, que Didier Anzieu a reprise au chapitre 10 de son livre.

l'enveloppe de mémoire

Micheline Enriquez s'est intéressée à l'enveloppe de mémoire en 1987[2]. Dans ce texte, elle aborde la mémoire et sa pathologie à partir d'une situation clinique singulière, celle où des sujets viennent se plaindre d'une expérience analytique qui leur laisse un souvenir douloureux. Plutôt que de penser cette situation en terme de transfert négatif, Micheline Enriquez considère cette souffrance comme un reste transférentiel d'une « blessure de mémoire » (Michel Schneider) ancienne, non élaborée par la première analyse. Elle pose comme hypothèse que :

– « le fantasme d'une mémoire commune entre l'analyste et l'analysant est une des conditions de la fécondité du travail de remémoration dans la cure et de l'accès à l'expérience de l'histoire ;

– le déni de la réalité historique, le désinvestissement sont les fossoyeurs de la représentation fantasmatique d'une mémoire commune. »

Cette « mémoire commune » nécessaire à l'établissement d'une enveloppe de mémoire est conçue sur le modèle du fantasme de peau commune qui permet la constitution du Moi-peau.

---

1. Enriquez, M., *Aux carrefours de la haine*, Du corps de souffrance au corps en souffrance, 2e partie, chap. 4, Épi, 1984.
2. Enriquez, M., L'enveloppe de mémoire et ses trous, *Les Enveloppes psychiques*, Dunod, 1987, p. 90-113.

Deux formes de mémoire et d'oubli rencontrées dans l'expérience de l'analyse vont permettre de définir les fonctions de l'enveloppe de mémoire.

1. Une mémoire non mémorable, répétitive et inaltérable au temps qui donne lieu à une amnésie inorganisée, non liée. Elle est constituée par les traces d'impressions laissées par des « influences réelles exercées sur la vie pulsionnelle et fantasmatique». Ces impressions désignent « la réceptivité passive du dispositif pulsionnel à l'égard du vécu infantile » ; elles sont d'emblée inconscientes mais j'ajouterai qu'elles sont néanmoins mises en mémoire sous la forme de signifiants de démarcation (Rosolato) ou de signifiants formels (Anzieu). Cette mémoire compose une « surface d'inscription, distincte de l'écran pare-excitation auquel elle est, pour sa protection, accolée. » (D. Anzieu) ; elle fait l'objet d'une amnésie totale. Elle ne peut être restituée au patient que par l'analyste faisant appel à « l'imaginaire déductif ». Travail de construction qui tire son efficacité de son pouvoir de figurabilité. « L'accès à la mémoire immémorable passe par la mise en figuration des impressions qui la constitue. » Il s'agit de proposer l'image d'un vécu du corps relié à un affect. L'amnésie n'est certes pas levée, mais l'image permet de penser l'inconnaissable jusque-là irreprésentable et de l'intégrer ainsi au système mnésique qui obéit aux processus secondaires. En d'autres termes, je dirais qu'il s'agit de traduire ces éprouvés sensori-moteurs, inscrits sous formes de signifiants analogiques énigmatiques, en signifiants verbaux.

2. Une mémoire « oublieuse et mémorable». Là, l'oubli est le produit du refoulement secondaire, déclenché par le conflit psychique. Cette mémoire effectue un travail permanent de transformations qui donne au sujet à la fois le sentiment de sa permanence et de ses changements. Elle travaille sur des représentations fantasmatiques. Micheline Enriquez attribue une importance particulière au souvenir-écran dans la constitution d'une enveloppe de mémoire comprise cette fois comme une *surface de transcription.* Le souvenir-écran sert de membrane protectrice à une mémoire inconsciente et inavouable, que cependant il évoque en particulier par sa vivacité sensorielle (*überdeutlich*).

Le refoulement secondaire permet de garder en réserve des éléments disponibles pour constituer une mémoire historisante. Cependant, Micheline Enriquez insiste sur le fait que : « les trous de mémoire consécutifs au refoulement ne sont structurants que s'ils présentent une arête commune (une peau commune) avec une instance refoulante parentale qui a elle-même refoulé dans le passé les mêmes désirs, les mêmes représentations pulsionnelles et fantasmatiques. » La transmission d'un refoulé de génération en génération assure une enveloppe d'amnésie organisée qui relie chaque sujet à une mémoire culturelle collective.

Enfin, de même qu'il existe une fonction toxique du Moi-peau, il existe aussi une fonction toxique de l'enveloppe de mémoire « tunique empoisonnée, auto-destructrice, incitant à fuir toute remémoration et rencontre avec la mémoire et le souvenir d'un autre.»

Ce texte de Micheline Enriquez s'appuie sur l'analyse d'une jeune femme dont elle dégage avec beaucoup de finesse les mouvements de pensée.

Les schèmes de transformation et les schèmes d'enveloppe

Didier Anzieu a décrit et défini des signifiants formels qui sont des représentations des contenants psychiques. Ils permettent de repérer les enveloppes psychiques et leurs déformations. Serge Tisseron[1] a cherché à étudier comment ces signifiants organisent les images mentales et peuvent y être représentés. Mais plutôt que de garder ce terme de signifiant, Serge Tisseron a préféré adopter celui de schème, en référence aux « schèmes de base de l'activité psychique » proposés par Kant. Les schèmes ne sont pas des images, mais des modèles organisateurs des expériences corporelles vécues par le fœtus, puis le nourrisson en rapport avec son environnement et ses relations précoces. Ces expériences conjuguent sensations, motricité et affects. Tisseron distingue deux sortes de schèmes : des schèmes d'enveloppe et des schèmes de transformation qui se constituent en parallèle et sont en relation dialectique. Les schèmes de transformation correspondent aux opérations mentales d'union et de désunion qui permettent l'appropriation symbolique ; ils permettent aussi de penser le mouvement de séparation d'avec la mère. Les schèmes d'enveloppe correspondent aux opérations de contenance. Cependant, ce sont les schèmes de transformation qui opèrent la constitution des limites, donc des enveloppes. Ce sont donc eux qui activent les images des schèmes d'enveloppe qu'ils rendent ainsi opératoires. Normalement, les deux séries de schèmes sont stimulés conjointement par les mêmes situations ; dans la relation à sa mère, l'enfant trouve un

1. Tisseron, S., Schèmes d'enveloppe et schèmes de transformation dans le fantasme et dans la cure, *Les Contenants de pensée*, Dunod, 1993, p. 61-85 ; Schèmes d'enveloppes et de transformations à l'œuvre dans l'image, *L'Activité de la pensée*, Dunod, 1994, p. 41-68 ; *Psychanalyse de l'image*, Dunod, 1995.

contenant, mais aussi la confirmation qu'il peut avoir une action sur elle, comme elle en a sur lui. En tant que modèles organisant les possibilités de penser la contenance et les transformations, les schèmes sont évidemment actifs dans la constitution de toutes les images psychiques. L'image psychique en effet contient et transforme autant qu'elle représente. Le plus souvent, les schèmes ne sont plus repérables dans le fantasme : les schèmes d'enveloppe sont relayés par la fonction contenante du fantasme et les schèmes de transformation s'effacent dans la représentation des transformations mises en œuvre dans le scénario fantasmatique. Mais il arrive que les schèmes eux-mêmes soient l'objet de la représentation. Pour Serge Tisseron, il s'agit alors d'une opération de la psyché qui tente ainsi de suppléer aux difficultés d'introjection des schèmes, difficultés liées à des défaillances dans les premiers échanges. Les schèmes d'enveloppe et de transformation peuvent alors apparaître sous une forme imagée dans les représentations et dans les rêves.

Pour Serge Tisseron, les schèmes d'enveloppe ou de transformation donnent lieu à des pathologies spécifiques. Le défaut d'intégration des schèmes de transformation se manifeste par une pauvreté de l'activité fantasmatique ; ce sont des patients dont l'univers psychique est proche de celui décrit par Marty dans la pensée opératoire, mais sans somatisations. Ils souffrent d'une inertie psychique générale et d'une déficience de la fonction imaginante dans des rêves ou des rêveries. Tisseron propose d'introduire dans l'analyse, pour ces types d'organisation, un mode de communication interactif. Il écrit : « Je veux dire que le psychanalyste ne doit pas hésiter à informer le patient des effets produits sur lui-même par les communications de celui-ci… Il participe ainsi à la mise en place de schèmes psychiques de transformation… Le psychanalyste fonctionne alors moins comme un miroir qui reflète qu'un écho qui amplifie.»

Le défaut d'investissement des schèmes de transformation peut entraîner un surinvestissement des schèmes d'enveloppe qui caractérise la névrose obsessionnelle avec sa carapace caractérielle et son intolérance au changement. Réciproquement, le défaut d'investissement des schèmes d'enveloppe peut s'accompagner d'un surinvestissement des schèmes de transformation et donner le tableau de l'hystérie. Le défaut d'investissement des deux séries de schèmes caractériserait la psychose.

Il me semble que les schèmes décrits par Serge Tisseron essaient de rendre compte du travail fondamental de l'activité psychique qui est de transformer les sensations en représentations, les représentants pulsionnels en représentations de choses et de mots, les processus primaires en processus secondaires. À tous les niveaux du psychisme s'effectue un travail de transformation, travail qui porte sur les matériaux tant dans leurs formes que dans leurs contenus.

Le Moi-peau et les enveloppes n'ont pas fini de stimuler des recherches et de fournir des modes de compréhension au travail clinique avec les pathologies difficiles, dont les enveloppes psychiques tordues, trouées, ou rigidifiées exigent de l'analyste un travail psychique particulier. Il y a un certain nombre d'années, lorsque je travaillais avec Didier Anzieu, je sortais souvent de nos rencontres avec l'impression d'avoir saisi quelque chose de nouveau, d'avoir entrouvert une perspective insoupçonnée, avec le bouillonnement interne d'une curiosité éveillée, pleine de questions, d'interrogations... Je souhaite au lecteur du *Moi-peau* une telle rencontre de pensée avec l'auteur.

Évelyne Séchaud

1

DÉCOUVERTE

1

PRÉLIMINAIRES ÉPISTÉMOLOGIQUES

QUELQUES PRINCIPES GÉNÉRAUX

1. La dépendance de la pensée et de la volonté au cortex, la dépendance de la vie affective au thalamus sont connues et prouvées. La recherche psychopharmacologique contemporaine complète, voire renouvelle, nos connaissances en ces domaines. Les succès obtenus ont toutefois entraîné un rétrécissement du champ de l'observation comme du champ théorique : le psychophysiologiste tend à réduire le corps vivant au système nerveux et le comportement aux activités cérébrales qui le programmeraient par recueil, analyse et synthèse des informations. Ce modèle, qui s'est avéré fécond pour les biologistes, est de plus en plus imposé, dans les organismes étatiques de recherche, à la psychologie, vouée à devenir la parente pauvre de la neurophysiologie cérébrale, – et il est souvent imposé, avec autoritarisme par des « scientifiques » qui, dans leur domaine, défendent avec une ardeur inverse la liberté de la recherche, et d'abord de la recherche fondamentale. En mettant l'accent sur la peau comme donnée originaire à la fois d'ordre organique et d'ordre imaginaire, comme système de protection de notre individualité en même temps que comme premier instrument et lieu d'échange avec autrui, je vise à faire émerger un autre modèle, à l'assise biologique assurée, où l'interaction avec l'entourage trouve sa fondation et qui respecte la spécificité des phénomènes psychiques par rapport aux réalités organiques comme aux faits sociaux, – bref un modèle qui me semble apte à enrichir la psychologie et la psychanalyse dans leur théorie et dans leur pratique.

2. Le fonctionnement psychique conscient et inconscient a ses lois propres. L'une d'entre elles est qu'une part de lui vise à l'indépendance

alors qu'il est, dès l'origine, doublement dépendant : du fonctionnement de l'organisme vivant qui lui sert de support ; des stimulations, des croyances, des normes, des investissements, des représentations émanant des groupes dont il fait partie (à commencer par la famille, à continuer par le milieu culturel). Une théorie du psychisme a à faire tenir ensemble ces deux fils, en évitant de se contenter d'une juxtaposition de déterminismes simplistes. Je postulerai donc avec René Kaës (1979 b ; 1984) d'une part un double étayage du psychisme : sur le corps biologique, sur le corps social ; d'autre part, un étayage mutuel : la vie organique et la vie sociale, au moins chez l'homme, ont l'une et l'autre autant besoin d'un appui quasi constant sur le psychisme individuel (comme le montrent l'approche psychosomatique des maladies physiques et l'étude de la fomentation des mythes ou de l'innovation sociale) que celui-ci a besoin d'un appui réciproque sur un corps vivant et sur un groupe social vivant.

Toutefois, la perspective psychanalytique se distingue foncièrement des perspectives psychophysiologique et psychosociologique en ce qu'elle prend en considération l'existence et l'importance permanentes du fantasme individuel conscient, préconscient et inconscient et son rôle de pont et d'écran intermédiaire entre la psyché et le corps, le monde, les autres psychés. Le Moi-peau est une réalité d'ordre fantasmatique : à la fois figurée dans les fantasmes, les rêves, le langage courant, les attitudes corporelles, les troubles de pensée ; et fournisseur de l'espace imaginaire constituant du fantasme, du rêve, de la réflexion, de chaque organisation psychopathologique.

La pensée psychanalytique est marquée par un conflit interne entre une orientation empiriste, pragmatiste, psychogénétique (plus active chez les Anglo-Saxons), pour laquelle l'organisation psychique résulte des expériences enfantines inconscientes (notamment celles des relations d'objet) et une orientation structuraliste (dominante en France lors des dernières décennies) qui contredit que la structure soit un produit de l'expérience, affirmant au contraire qu'il n'y a pas d'expérience qui ne soit organisée par une structure préexistante. Je me refuse à prendre parti dans ce conflit. Ce sont là deux attitudes complémentaires dont l'antagonisme doit être préservé tant qu'il féconde la recherche psychanalytique. Le Moi-peau est une structure intermédiaire de l'appareil psychique : intermédiaire chronologiquement entre la mère et le tout-petit, intermédiaire structurellement entre l'inclusion mutuelle des psychismes dans l'organisation fusionnelle primitive et la différenciation des instances psychiques correspondant à la seconde topique freudienne. Sans les expériences adéquates au moment opportun, la structure n'est pas acquise ou, plus généralement, se trouve altérée. Mais les diverses configurations du Moi-peau (que je décris dans la troisième partie) sont des variantes d'une structure topographique de base, dont le caractère universel peut faire penser qu'elle est inscrite sous forme virtuelle (préprogrammée) dans le psychisme naissant et dont l'actualisation se trouve implicitement proposé à ce psychisme comme un but à atteindre (en ce sens, je me rapproche de la théorie dite de l'épigénèse ou de la spirale interactive).

Freud a proposé un « modèle » (non formalisé) de l'appareil psychique comme système de sous-systèmes respectivement régis par des principes de fonctionnement distincts : principe de réalité, principe du plaisir-déplaisir, contrainte de répétition, principe de constance, principe de Nirvâna. Le Moi-peau oblige à prendre supplémentairement en considération un principe de différenciation interne et un principe de contenance, l'un et l'autre entrevus par Freud (1895). Les pathologies les plus graves du Moi-peau (les enveloppes autistiques par exemple) me semblent même offrir la possibilité d'importer en psychanalyse le principe d'auto-organisation des systèmes ouverts face aux « bruits », popularisé par les théoriciens des systèmes (cf. H. Atlan, 1979). Toutefois ce principe qui favorise l'évolution des êtres vivants me semble s'inverser quand on passe de la biologie à la psychologie, où il apparaît surtout créateur d'organisations psychopathologiques.

3. Les sciences progressent par va-et-vient entre deux attitudes épistémologiques, variables selon la personnalité des savants et selon les besoins ou les impasses d'une science à un moment donné. Tantôt une science dispose d'une bonne théorie dont les confirmations, les applications, les développements stimulent l'ingéniosité des travailleurs de laboratoire, théorie qui reste utile tant que sa fécondité ne se dément pas et que ses énoncés majeurs ne sont pas réfutés. Tantôt une science se renouvelle par l'illumination d'un chercheur (venu quelquefois d'une autre discipline), qui met en question les énoncés qu'on tient pour acquis ; son intuition relève plus de l'imagination créatrice[1] que de raisonnements ou de calculs ; il est mû par une sorte de mythe intérieur, qu'il débarrasse de ses scories fantasmatiques (quitte à projeter celles-ci dans des croyances religieuses, dans une réflexion philosophique, dans des activités connexes de création littéraire ou artistique) et d'où il tire des concepts énonçables en formules simples, vérifiables sous certaines

1. Cf. Verlet L., *La Malle de Newton*, Gallimard, 1993. Holton G., *L'Imagination scientifique*, Gallimard, 1973, trad. fr. 1981.

conditions, transformables et transportables dans d'autres domaines. Dans l'étude du fonctionnement psychique individuel, Freud a concrétisé cette seconde attitude (ce n'est pas par hasard si je me suis dans ma jeunesse intéressé aux démarches de son imagination créatrice au cours de l'auto-analyse – cf. D. Anzieu, 1975*a* – par laquelle il a, dans sa propre jeunesse, découvert la psychanalyse). Dans le cadre, défini par Freud, de cette nouvelle discipline, les deux tendances épistémologiques ont continué de s'opposer. M. Klein, Winnicott, Bion, Kohut, par exemple, ont inventé des concepts nouveaux (positions paranoïde-schizoïde et dépressive, phénomènes transitionnels, attaques contre les liens, transferts en miroir et grandiose), spécifiques de domaines nouveaux : l'enfant, le psychotique, les états limites, les personnalités narcissiques, auxquels ils permettaient d'étendre la théorie et la pratique psychanalytiques. Mais la majorité des psychanalystes se rattachent de plus en plus à la première attitude : retour à Freud, commentaires inlassables, quasi talmudiques, de ses textes, applications mécaniques de ses vues, ou leurs remaniements à la lumière non pas d'un champ nouveau de la pratique, mais des « progrès » de la philosophie et des sciences de l'homme et de la société, en particulier de celles du langage (Lacan en a été en France un exemple typique). En ces dernières décennies du XXe siècle, la psychanalyse me semble avoir davantage besoin de penseurs par images que d'érudits, de scoliastes, d'esprits abstraits et formalisateurs. Avant d'être un concept, mon idée du Moi-peau est, volontairement, une vaste métaphore – plus exactement elle me semble relever de cette oscillation métaphoro-métonymique judicieusement décrite par Guy Rosolato (1978). J'espère cette idée susceptible de stimuler la liberté de penser des psychanalystes et d'enrichir la palette de leurs interventions auprès de leurs patients dans leurs cures. Cette métaphore peut-elle déboucher sur des énoncés opératoires dotés d'une cohérence régionale, vérifiables en fait, réfutables en droit ? À ce livre il appartient d'en convaincre le lecteur.

4. Toute recherche s'inscrit dans un contexte personnel et se situe dans un contexte social, qu'il convient maintenant de préciser. Les Idéologues ont apporté à la France et à l'Europe, à la fin du XVIIIe siècle, l'idée de progrès indéfini : de l'esprit, de la science, de la civilisation. Ce fut longtemps une idée force. Il a fallu déchanter. Si je devais résumer la situation des pays occidentaux et peut-être de l'humanité entière en ce XXe siècle finissant, je porterai l'accent sur la nécessité de mettre des limites : à l'expansion démographique, à la course aux armements, aux explosions nucléaires, à l'accélération de l'histoire, à la croissance économique, à une consommation insatiable, à l'écart grandissant entre pays riches et tiers monde, au gigantisme des projets scientifiques comme des

entreprises économiques, à l'envahissement de la sphère privée par les moyens de communication de masse, à l'obligation de battre sans cesse les records au prix du surentraînement, du dopage, à l'ambition d'aller toujours plus vite, plus loin, toujours plus cher au prix des encombrements, de la tension nerveuse, des maladies cardio-vasculaires, du déplaisir à vivre. De mettre des limites à la violence exercée sur la nature aussi bien que sur les humains, à la pollution de l'air, de la terre, des eaux, au gaspillage de l'énergie, au besoin de fabriquer tout ce dont on est techniquement capable, fût-ce des monstres mécaniques, architecturaux, biologiques, à l'affranchissement des lois morales, des règles sociales, à l'affirmation absolue des désirs individuels, aux menaces que les avancées technologiques font courir à l'intégrité des corps, à la liberté des esprits, à la reproduction naturelle des humains, à la survie de l'espèce.

Pour m'en tenir à un domaine qui ne me touche plus seulement comme simple citoyen mais dont je fais l'expérience professionnelle quasi quotidienne, le changement dans la nature de la souffrance des patients qui demandent une psychanalyse est significatif depuis trente ans que j'exerce cette thérapeutique et il m'est confirmé par mes collègues. Du temps de Freud et des deux premières générations de ses continuateurs, les psychanalystes avaient à faire à des névroses caractérisées, hystériques, obsessionnelles, phobiques, ou mixtes. Actuellement, plus de la moitié de la clientèle psychanalytique est constituée par ce qu'on appelle des états limites et/ou des personnalités narcissiques (si l'on admet avec Kohut la distinction de ces deux catégories). Étymologiquement, il s'agit d'états à la limite de la névrose et de la psychose et qui conjoignent des traits relevant de ces deux catégories traditionnelles. En fait ces malades souffrent d'un manque de limites : incertitudes sur les frontières entre le Moi psychique et le Moi corporel, entre le Moi réalité et le Moi idéal, entre ce qui dépend de Soi et ce qui dépend d'autrui, brusques fluctuations de ces frontières, accompagnées de chutes dans la dépression, indifférenciation des zones érogènes, confusion des expériences agréables et douloureuses, indistinction pulsionnelle qui fait ressentir la montée d'une pulsion comme violence et non comme désir (ce que F. Gantheret appelle les *Incertitudes d'Éros*, 1984), vulnérabilité à la blessure narcissique en raison de la faiblesse ou des failles de l'enveloppe psychique, sensation diffuse de mal-être, sentiment de ne pas habiter sa vie, de voir fonctionner son corps et sa pensée du dehors, d'être le spectateur de quelque chose qui est et qui n'est pas sa propre existence. La cure psychanalytique des états limites et des personnalités narcissiques requiert des aménagements techniques et un renouvellement conceptuel qui en permettent une meilleure compréhension clinique et auxquels l'expression de psychanalyse transitionnelle, empruntée à R. Kaës (1979a), me semble convenir (D. Anzieu, 1979).

Rien d'étonnant qu'une civilisation qui cultive des ambitions démesurées, qui flatte l'exigence d'une prise en charge globale de l'individu par le couple, la famille, les institutions sociales, qui encourage passivement l'abolition de tout sentiment des limites dans les extases artificielles demandées aux drogues chimiques et autres, qui expose l'enfant de plus en plus unique à la concentration traumatisante sur lui de l'inconscient de ses parents dans le cadre d'un foyer de plus en plus restreint en nombre de participants et en stabilité, – rien d'étonnant donc qu'une telle culture favorise l'immaturité et suscite une prolifération de troubles psychiques limites. À quoi s'ajoute l'impression pessimiste qu'à ne plus mettre de limites nulle part, les humains s'acheminent vers des catastrophes, que penseurs et artistes contemporains s'évertuent, dans une sorte de surenchère du pire, à représenter comme inévitables.

Ainsi, une tâche urgente, psychologiquement et socialement, me semble-t-elle être celle de reconstruire des limites, de se redonner des frontières, de se reconnaître des territoires habitables et vivables – limites, frontières à la fois qui instituent des différences et qui permettent des échanges entre les régions (du psychisme, du savoir, de la société, de l'humanité) ainsi délimitées. Sans avoir une claire conscience du but d'ensemble, des savants ici et là ont commencé cette tâche en la localisant dans leur champ de compétence propre. Le mathématicien René Thom (1972) a étudié les interfaces qui séparent abstraitement des régions différentes de l'espace et ce n'est pas par hasard s'il a nommé « théorie des catastrophes » la description et la classification des brusques changements de forme de ces interfaces : je lui dois beaucoup. L'œil et l'oreille de l'astronome à travers des instruments de plus en plus perfectionnés, essaient de rejoindre les confins de l'univers : celui-ci aurait des limites dans l'espace, limites en expansion continuelle où la matière composant les quasars, s'approchant de la vitesse de la lumière, deviendrait énergie ; limites dans le temps, avec le *big bang* originel dont l'écho persisterait dans le bruit de fond de l'univers et dont la déflagration aurait produit la nébuleuse primitive. Les biologistes reportent leur intérêt du noyau de la cellule sur la membrane dans laquelle ils découvrent comme un cerveau actif qui programme les échanges d'ions entre le protoplasma et l'extérieur, les ratés du code génétique pouvant expliquer la prédisposition à des maladies graves de plus en plus répandues : l'hypertension artérielle, le diabète, peut-être certaines formes de cancer. La notion de Moi-peau, que je propose en psychanalyse, va dans le même sens. Comment se forment les enveloppes psychiques, quelles en sont les structures, leurs emboîtements, leurs pathologies, comment, par une démarche psychanalytique « transitionnelle », peuvent-elles être réinstaurées chez l'individu (voire étendues aux groupes et aux institutions), telles sont les questions que je me pose et auxquelles cet ouvrage amorce des réponses.

5. Depuis la Renaissance, la pensée occidentale est obnubilée par un thème épistémologique : connaître, c'est briser l'écorce pour atteindre le noyau. Ce thème arrive à épuisement, après avoir produit quelques réussites et aussi de graves dangers : la physique du noyau n'a-t-elle pas conduit savants et militaires jusqu'à l'explosion atomique ? La neurophysiologie a, dès le XIXe siècle, marqué un coup d'arrêt, qui n'a pas été tout de suite remarqué. Le cerveau est en effet la partie supérieure et antérieure de l'encéphale. À son tour, le cortex – mot latin qui veut dire écorce, passé en 1907 dans le langage de l'anatomie – désigne la couche externe de substance grise qui coiffe la substance blanche. Nous voici en présence d'un paradoxe : le centre est situé à la périphérie. Le regretté Nicolas Abraham (1978) a esquissé, dans un article puis dans un livre qui porte ce titre, la dialectique qui s'établit entre « l'écorce et le noyau ». Son argumentation m'a confirmé dans ma propre recherche et a étayé mon hypothèse : et si la pensée était autant une affaire de peau que de cerveau ? Et si le Moi, défini alors comme Moi-peau, avait une structure d'enveloppe ?

L'embryologie peut nous aider à nous déprendre de certaines habitudes de notre pensée dite logique. Au stade de la gastrula, l'embryon prend la forme d'un sac par « invagination » d'un de ses pôles et présente deux feuillets, l'ectoderme et l'endoderme. C'est d'ailleurs là un phénomène biologique quasi universel : toute écorce végétale, toute membrane animale, sauf exceptions, comporte deux couches, l'une interne, l'autre externe. Revenons à l'embryon : cet ectoderme forme à la fois la peau (incluant les organes des sens) et le cerveau. Le cerveau, surface sensible protégée par la boîte crânienne, est en contact permanent avec cette peau et ses organes, épiderme sensible protégé par l'épaississement et le durcissement de ses parties les plus superficielles. Le cerveau et la peau sont des êtres de surface, la surface interne (par rapport au corps pris dans son ensemble) ou cortex étant en rapport avec le monde extérieur par la médiation d'une surface externe ou peau, et chacune de ces deux écorces comportant au moins deux couches, l'une protectrice, c'est la plus extérieure, l'autre, sous la précédente ou dans les orifices de celles-ci, susceptible de recueillir de l'information, de filtrer des échanges. La pensée, à suivre le modèle de l'organisation nerveuse, apparaît non plus comme une ségrégation, une juxtaposition et une association de noyaux, mais comme une affaire de relations entre des surfaces, avec entre elles un jeu d'emboîtements, comme l'avait bien vu N. Abraham, qui les fait prendre, l'une par rapport à une autre, tantôt une position d'écorce et tantôt une position de noyau.

Invagination, dit le langage de l'anatomo-physiologie. C'est nous rappeler judicieusement que le vagin est non pas un organe d'une contexture particulière mais un repli de la peau, comme les lèvres, comme l'anus, comme le nez, comme les paupières, sans couche durcie ou cornée protectrice jouant le rôle de pare-excitation, et où la muqueuse est à vif et la sensibilité, l'érogénéité sont à fleur de peau et culminent au frottement contre une surface elle aussi sensible, celle du gland masculin à la pointe de l'érection. Et chacun sait bien que, sauf s'il s'amuse à réduire l'amour au contact de deux épidermes, ce qui n'aboutit pas toujours au plein plaisir escompté, l'amour présente ce paradoxe d'apporter à la fois avec le même être le contact psychique le plus profond et le meilleur contact épidermique. Ainsi, les trois soubassements de la pensée humaine, la peau, le cortex, l'accouplement des sexes, correspondent à trois configurations de la surface : l'enveloppe, la coiffe, la poche.

Toute cellule est entourée d'une membrane cytoplasmique. La cellule végétale possède en plus une membrane cellulosique percée de pores pour les échanges ; cette membrane double la précédente et assure une certaine rigidité à la cellule et par voie de conséquence aux plantes (par exemple, la noix possède une écorce externe dure et une peau fine qui entoure le cerneau). La cellule animale est souple ; elle se déforme facilement au contact d'un obstacle ; elle assure aux animaux la mobilité. C'est à travers la membrane cytoplasmique que s'effectuent les échanges physico-chimiques nécessaires à la vie.

Les recherches récentes ont mis en évidence la structure en double feuillet de cette membrane (ce qui rejoint l'intuition de Freud (1925), dans « Notice sur le Bloc magique », sur la double pellicule du Moi, l'une comme pare-excitation, l'autre comme surface d'inscription). Au microscope électronique, les deux feuillets apparaissent distincts et, peut-être, séparés par un vide intermédiaire. On a distingué deux sortes de champignons, les uns à peau difficile à dédoubler, les autres à double peau distincte. Une autre structure observable est une superposition de membranes *emboîtées* en peau d'oignon, thème repris par Annie Anzieu (1974).

6. La psychanalyse se présente, ou est généralement présentée, comme une théorie des contenus psychiques inconscients et préconscients. Il en découle une conception de la technique psychanalytique qui vise à

rendre ces contenus respectivement préconscients et conscients. Mais un contenu ne saurait exister sans un rapport à un contenant. La théorie psychanalytique du psychisme comme contenant, sans être inexistante, reste plus fragmentaire, approximative, éparse. Pourtant les formes contemporaines de pathologie auxquelles le psychanalyste est de plus en plus confronté dans sa pratique relèvent en grande partie d'un trouble de la relation contenant-contenu et le développement des réflexions post-freudiennes sur la situation psychanalytique amène à prendre davantage en considération la relation entre le cadre analytique et le processus analytique et à examiner quand et comment les variables du cadre sont susceptibles d'aménagements par le psychanalyste, quand et comment elles sont substituées par le patient à la possibilité d'un processus et transformées en non-processus (cf. J. Bleger, 1966). Les conséquences techniques de ce retournement épistémologique sont importantes : le psychanalyste a alors non seulement à interpréter dans le transfert les failles et les surinvestissements défensifs du contenant et à « construire » les empiétements précoces, les traumatismes cumulatifs, les idéalisations prothétiques responsables de ces failles et de ces surinvestissements, mais à offrir à son patient une disposition intérieure et une façon de communiquer qui témoignent à celui-ci de la possibilité d'une fonction contenante et qui lui en permettent une suffisante intériorisation. Pour ma part, j'ai centré ce remaniement théorique autour de la notion de Moi-peau et le réajustement qui s'ensuit autour de la notion, déjà citée, d'analyse transitionnelle.

Ainsi la théorie psychanalytique requiert-elle des compléments et des élargissements. Voici cinq points, entre autres, sur lesquels ils me semblent souhaitables.

– Compléter la perspective topique sur l'appareil psychique par une perspective plus strictement topographique, c'est-à-dire en rapport avec l'organisation spatiale du Moi corporel et du Moi psychique.

– Compléter l'étude des fantasmes relatifs aux contenus psychiques par celle des fantasmes concernant les contenants psychiques.

– Compléter la compréhension du stade oral comme reposant sur l'activité de succion par la prise en considération du contact corps à corps entre le bébé et la mère ou la personne maternante, c'est-à-dire élargir la relation sein-bouche à la relation sein-peau.

– Compléter le double interdit œdipien par un double interdit du toucher, qui en est le précurseur.

– Compléter le *setting* psychanalytique type non seulement par des aménagements éventuels (cf. la psychanalyse transitionnelle), mais par la prise en considération de la disposition du corps du patient et de sa représentation de l'espace analytique au sein du dispositif analytique.

Un sixième point est la question de la pulsion. Les conceptions de Freud sur la pulsion, on le sait, ont varié. Il a successivement opposé les pulsions d'autoconservation aux pulsions sexuelles, puis la libido d'objet à la libido du Moi, enfin les pulsions de vie aux pulsions de mort. Il a hésité sur la manière d'articuler la pulsion avec le principe de constance puis avec le principe d'inertie ou de Nirvâna. S'il a toujours conservé les quatre paramètres de la pulsion (la source, la poussée, le but, l'objet), il a toujours répété que la liste des pulsions n'était pas close et qu'on pourrait en découvrir de nouvelles. Cela m'autorise à prendre en considération une pulsion d'attachement (d'après Bowlby) ou d'agrippement (d'après Hermann), non comme une chose prouvée mais comme une hypothèse de travail utile. S'il fallait la situer à tout prix par rapport aux classifications freudiennes, je la rattacherais plutôt aux pulsions d'autoconservation. Freud a également décrit une pulsion d'emprise, au statut ambigu et intermédiaire par rapport aux couples d'opposés rappelés plus haut. Dans la mesure où elle s'étaie sur la musculature et plus particulièrement sur l'activité de la main, la pulsion d'emprise me semble devoir compléter la pulsion d'attachement, qui vise la constitution d'une image de la peau comme surface contenante et passivement sensible. On comprend que ces difficultés théoriques (que je n'ai pas toutes évoquées) conduisent les analystes à s'interroger de plus en plus sur l'opportunité de conserver ou non le concept de pulsion[1].

L'UNIVERS TACTILE ET CUTANÉ

Les sensations cutanées introduisent, dès avant la naissance, les petits de l'espèce humaine dans un univers d'une grande richesse et d'une grande complexité, univers encore diffus mais qui éveille le système perception-conscience, qui sous-tend un sentiment global et épisodique d'existence et qui fournit la possibilité d'un espace psychique originaire. La peau reste un sujet de recherches, de soins et de discours quasi inépuisable. Commençons par une synthèse des connaissances la concernant.

1. Cf. les actes, édités par l'Association Psychanalytique de France, du colloque *La Pulsion, pour quoi faire ?* (1984), notamment l'article critique de D. Widlöcher, « Quel usage faisons-nous du concept de pulsion ? ». Cf. également Denis P. (1992) et Dorey R. (1992) sur la pulsion d'emprise.

1. Le langage, courant ou savant, est particulièrement prolixe en ce qui concerne la peau. Examinons d'abord le domaine lexical. Tout être vivant, tout organe, toute cellule, a une peau ou une écorce, tunique, enveloppe, carapace, membrane, méninge, armure, pellicule, cloison, plèvre... Quant à la liste des synonymes de *membrane*, elle est considérable : amnios, aponévrose, blastoderme, chorion, coiffe, couenne, crépine, diaphragme, endocarde, endocarpe, épendyme, filet, fraise, hymen, manteau, opercule, péricarde, périchondre, périoste, péritoine... Un cas significatif est celui de la « pie-mère », qui enveloppe immédiatement les centres nerveux ; c'est la plus profonde des méninges ; elle contient les vaisseaux destinés à la moelle et à l'encéphale : étymologiquement le terme désigne la « mère-peau » : le langage véhicule bien la notion préconsciente que la peau de la mère est la peau première. Dans le grand dictionnaire français *Robert*, les articles *peau, main, toucher, prendre*, sont parmi les plus fournis, en concurrence (dans l'ordre quantitatif décroissant) avec *faire, tête* et *être*. L'article *toucher* est le plus long de l'*Oxford English Dictionary*.

Abordons maintenant le domaine sémantique. De nombreuses expressions du langage parlé font référence à la plupart des fonctions conjointes de la peau et du Moi. En voici une petite sélection :

– « Caresser quelqu'un dans le sens du poil », « Il a eu la main heureuse » (fonction de plaisir tactile)
– « Tu me fais suer » (fonction d'élimination)
– « C'est une peau de vache », « Se faire crever la peau » (fonction défensive-agressive)
– « Entrer dans la peau d'un personnage », « Faire peau neuve » (fonction d'identification)
– « Toucher la réalité du doigt » (fonction d'épreuve de la réalité)
– « Entrer en contact », « Mon petit doigt me l'a dit » (fonction de communication)

Deux mots ayant des sens flous et multiples désignent la résonance subjective des choses en nous, ils réfèrent à l'origine un contact avec la peau : sentir et impression.

Je renonce à procéder à une étude des représentations de la peau dans les arts plastiques ou dans les sociétés différentes de la nôtre. L'ouvrage richement illustré de Thevoz (1984) *Le Corps peint*, ébauche cette recherche.

2. Par sa structure et par ses fonctions, la peau est plus qu'un organe, c'est un ensemble d'organes différents. Sa complexité anatomique, physiologique et culturelle anticipe sur le plan de l'organisme la complexité du Moi sur le plan psychique. De tous les organes des sens, c'est le plus vital : on peut vivre aveugle, sourd, privé de goût et d'odorat. Sans l'in-

tégrité de la majeure partie de la peau, on ne survit pas. La peau a plus de poids (20 % du poids total du corps chez le nouveau-né ; 18 % chez l'adulte) et occupe une plus grande surface (2 500 cm^2 chez le nouveau-né, 18 000 chez l'adulte) que tout autre organe des sens. Elle apparaît chez l'embryon avant les autres systèmes sensoriels (vers la fin du deuxième mois de gestation, précédant dans l'ordre les deux autres systèmes proximaux, olfactif et gustatif, le système vestibulaire et les deux systèmes distaux, auditif et visuel) en vertu de la loi biologique selon laquelle plus une fonction est précoce, plus elle a de chances d'être fondamentale. Elle comporte une grande densité de récepteurs (50 pour 100 millimètres carrés).

La peau, système de plusieurs organes de sens (toucher, pression, douleur, chaleur...) est elle-même en étroite connexion avec les autres organes des sens externes (ouïe, vue, odorat, goût) et avec les sensibilités kinesthésique et d'équilibration. La sensibilité complexe de l'épiderme (tactile, thermique, algique) reste longtemps diffuse et indifférenciée chez le tout-petit. Elle transforme l'organisme en un système sensible, capable d'éprouver d'autres types de sensations (fonction d'initiative), de les relier à des sensations cutanées (fonction associative) ou de les différencier et de les localiser à titre de figures émergeant sur la toile de fond d'une surface corporelle globale (fonction d'écran). Une quatrième fonction apparaît ensuite, dont la peau fournit le prototype et la base de référence mais qui s'étend à la plupart des organes des sens, de la posture et, le moment venu, de la motricité : l'échange de signaux avec l'entourage, sous la forme d'un double *feed-back* que j'examinerai plus loin.

La peau apprécie le temps (moins bien que l'oreille) et l'espace (moins bien que l'œil) mais elle seule combine les dimensions spatiales et temporelles. La peau évalue les distances sur sa surface plus précisément que l'oreille ne situe la distance des sons éloignés.

La peau réagit à des stimuli de nature différente : on a pu coder l'alphabet sous forme de pulsions électriques sur la peau et l'enseigner à des aveugles. La peau est presque toujours disponible pour recevoir des signes, apprendre des codes, sans qu'ils interfèrent avec d'autres. La peau ne peut pas refuser un signe vibrotactile ou électrotactile : elle ne peut ni fermer les yeux ou la bouche ni se boucher les oreilles ou le nez. La peau n'est pas non plus encombrée d'un verbiage excessif comme le sont la parole et l'écriture.

Mais la peau n'est pas qu'organe(s) des sens. Elle remplit des rôles annexes de plusieurs autres fonctions biologiques : elle respire et perspire, elle sécrète et élimine, elle entretient le tonus, elle stimule la respiration, la circulation, la digestion, l'excrétion et bien sûr la reproduction ; elle participe à la fonction métabolique.

À côté de ses rôles sensoriels spécifiques et de ce rôle d'auxiliaire tous terrains par rapport aux divers appareils organiques, la peau remplit une série de rôles essentiels par rapport au corps vivant considéré maintenant dans son ensemble, dans sa continuité spatio-temporelle, dans son individualité : maintien du corps autour du squelette et de sa verticalité, protection (par sa couche cornée superficielle, par son vernis de kératine, par son coussinet de graisse) contre les agressions extérieures, captage et transmission d'excitations ou d'informations utiles.

3. Chez de nombreux mammifères, notamment les Insectivores, on retrouve, dans les descriptions des physiologistes, l'existence de deux organes distincts et complémentaires réunis dans le même appareil :

– La fourrure, qui recouvre la quasi-totalité du corps et qui assure ce qu'après Freud on peut appeler la fonction de pare-excitation ; elle a le même rôle que le plumage chez les oiseaux ou les écailles chez les poissons, mais elle possède en plus des qualités tactiles, thermiques et olfactives qui en font un des supports anatomiques de la pulsion d'agrippement ou d'attachement si importante chez les mammifères ; qui font aussi des endroits où survit le système pileux une des zones érogènes favorites de la pulsion sexuelle chez les humains.

– Des follicules pileux, ou vibrisses (c'est-à-dire un long poil ou une touffe de ces poils plantée sur un mamelon charnu, par exemple les « moustaches » du chat), en relation directe avec une terminaison nerveuse qui les dote d'une grande sensibilité tactile. Leur répartition sur le corps varie avec les espèces, les individus, les stades du développement. Chez les primates, les vibrisses sont en régression ; elles disparaissent chez l'homme, du moins à l'état adulte, mais on en trouve chez le fœtus ou le nouveau-né ; dans ces espèces, c'est l'épiderme qui assure la double fonction de pare-excitation et de sensibilité tactile, grâce à une *anastomose* avec la couche durcie ou cornée, protectrice des terminaisons nerveuses. « L'étude de la structure de la peau, notamment à l'intérieur de l'ordre des Primates, permet d'attribuer une valeur phylogénétique certaines à plusieurs caractères : l'implantation des poils, l'épaisseur de l'épiderme, l'état de développement des rides épidermiques et la plus ou moins grande complexité des capillaires sous-épidermiques » (Vincent F., 1972).

La peau d'un être humain présente à un observateur extérieur des caractéristiques physiques variables selon l'âge, le sexe, l'ethnie, l'histoire personnelle, etc., et qui, ainsi que les vêtements qui la redoublent, facilitent (ou brouillent) l'identification de la personne : pigmentation ; plis, ride, sillons ; quadrillage de pores ; poils, cheveux, ongles, cicatrices, boutons, « grains de beauté » ; sans parler du grain de la peau, de son odeur (renforcée ou modifiée par les parfums), de son velouté ou de sa rugosité (accentuée par les crèmes, les baumes, le genre de vie)...

4. L'analyse histologique fait apparaître une complexité plus grande encore, un enchevêtrement considérable de tissus de structures différentes, dont l'étroit emboîtement contribue à assurer le maintien global du corps, le pare-excitation et la richesse de la sensibilité.

a) L'épiderme superficiel, ou couche cornée, se compose d'un *fusionnement compact* (analogue aux moellons d'un mur) de quatre couches de cellules où la kératine produite par certaines d'entre elles encapsule les autres, réduites à devenir des coques vides d'autant plus solides.

b) L'épiderme sous-jacent, ou corps muqueux, est une stratification de six à huit couches de grandes cellules polyédriques à protoplasme épais, reliées entre elles par de nombreux filaments (structure en *réseau maillé*), la dernière couche ayant une structure en *palissade*.

c) Le derme superficiel comprend des papilles abondantes, richement vascularisées, et qui absorbent activement certaines substances qu'on retrouve dans le foie, les surrénales... : elles s'articulent au corps muqueux précédent par une structure en *engrenage*. L'ensemble b et c (corps muqueux et corps capillaire) assure une fonction régénératrice des blessures et de lutte contre le vieillissement (en se vidant de leur protoplasme, elles repoussent sans cesse vers l'extérieur les couches sous-jacentes qui s'usent).

d) Le derme ou chorion est un tissu de soutènement très charpenté. Il présente une structure en *feutrage* résistant et élastique, « ciment amorphe » fait de faisceaux entrecroisés de fibrilles.

e) L'hypoderme est un isolant ; il a une structure en *éponge*, permettant le passage des vaisseaux sanguins et des nerfs vers le derme et séparant (sans ligne de démarcation nette) les téguments des tissus sous-jacents.

La peau compte également différentes glandes (qui sécrètent respectivement des odeurs, la sueur et le sébum lubrificateur) ; des nerfs sensitifs à terminaisons libres (douleur, contact) ou aboutissant à des corpuscules spécialisés (chaud, froid, pression...) ; des nerfs moteurs (qui commandent la mimique) et des nerfs vaso-moteurs (qui commandent le fonctionnement glandulaire).

5. Si l'on considère maintenant sa psycho-physiologie, non plus son anatomie, la peau fournit de nombreux exemples d'un fonctionnement

paradoxal, au point qu'on peut se demander si la paradoxalité psychique ne trouve pas sur la peau une partie de son étayage. La peau soustrait l'équilibre de notre milieu interne aux perturbations exogènes, mais dans sa forme, sa texture, sa coloration, ses cicatrices, elle conserve des marques de ces perturbations. À son tour, cet état intérieur qu'elle est censée préserver, elle le révèle en grande partie au-dehors ; elle est aux yeux des autres un reflet de notre bonne ou mauvaise santé organique et un miroir de notre âme. À leur tour, ces messages non verbaux émis spontanément par la peau sont intentionnellement infléchis ou inversés par les cosmétiques, le bronzage, les fards, les bains, voire par la chirurgie esthétique. Peu d'organes appellent les soins ou les intérêts d'un si grand nombre de spécialistes : coiffeurs, parfumeurs, esthéticiennes, kinésithérapeutes, physiothérapeutes, sans compter les publicistes, les hygiénistes, les chiromanciens, les guérisseurs, les dermatologues, les allergologues, les prostituées, les ascètes, les ermites, les policiers de l'identité judiciaire (à cause des empreintes digitales), le poète en quête d'une peau de mots à tisser sur sa page blanche ou le romancier dévoilant la psychologie de ses personnages d'après la description des visages et des corps, et – si l'on ajoute les peaux animales – les tanneurs, les fourreurs, les fabricants de parchemin.

Autres paradoxes. La peau est perméable et imperméable. Elle est superficielle et profonde. Elle est véridique et trompeuse. Elle est régénératrice, en voie de dessèchement permanent. Elle est élastique mais un morceau de peau détaché de l'ensemble se rétrécit considérablement. Elle appelle des investissements libidinaux autant narcissiques que sexuels. Elle est le siège du bien-être et aussi de la séduction. Elle nous fournit autant en douleurs qu'en plaisirs. Elle transmet au cerveau les informations provenant du monde extérieur, y compris des messages « impalpables » qu'une de ses fonctions est justement de « palper » sans que le Moi en soit conscient. La peau est solide et fragile. Elle est au service du cerveau mais elle se régénère alors que les cellules nerveuses ne le peuvent pas. Elle matérialise, par sa nudité, notre dénuement mais aussi notre excitation sexuelle. Elle traduit par sa minceur, sa vulnérabilité, notre détresse originaire, plus grande que celle de toutes les autres espèces, et en même temps notre souplesse adaptive et évolutive. Elle sépare et unit les différentes sensorialités. Elle a, dans toutes ces dimensions que je viens de passer incomplètement en revue, un statut d'intermédiaire, d'entre-deux, de transitionnalité.

6. Dans son ouvrage très documenté *La Peau et le toucher*, Montagu (1971) met principalement en évidence trois phénomènes généraux.

1. L'influence précoce et prolongée des stimulations tactiles sur le fonctionnement et le développement de l'organisme. D'où les étapes suivantes, au cours de l'évolution des mammifères, du contact tactile des mères sur les petits comme stimulation organique et comme communication sociale : léchage avec la langue, peignage de la fourrure avec les dents, épouillage avec les doigts, attouchements et caresses humains. Ces stimulations favorisent le déclenchement de ces activités nouvelles que sont à la naissance la respiration, l'excrétion, les défenses immunitaires, la vigilance, puis la sociabilité, la confiance, le sentiment de sécurité.

2. Les effets des échanges tactiles sur le développement sexuel (recherche du partenaire, disponibilité à l'excitation, plaisirs préliminaires, déclenchement de l'orgasme ou de l'allaitement).

3. Le grand éventail des attitudes culturelles envers la peau et le toucher. Le bébé esquimau est porté nu contre le milieu du dos de la mère, ventre contre sa chaleur, entouré par le vêtement en fourrure de celle-ci, soutenu par une écharpe nouée autour des deux corps. La mère et l'enfant se parlent par la peau. Lorsqu'il a faim, le bébé gratte le dos de sa mère et tète sa peau ; elle le passe par-devant et lui donne le sein. Le besoin de bouger est satisfait par l'activité de la mère. L'élimination urinaire et intestinale se fait sans quitter le dos de la mère ; elle le retire et le nettoie pour éviter l'inconfort plus à lui qu'à elle. Elle va au-devant de tous ses besoins qu'elle devine tactilement. Il pleure rarement. Elle lui lèche le visage et les mains pour les nettoyer, l'eau glacée étant coûteuse à faire fondre. D'où la sérénité ultérieure de l'Esquimau face à l'adversité ; sa capacité de vivre, avec une confiance de base fondamentale, dans un milieu physique hostile ; son comportement altruiste ; ses aptitudes spatiales et mécaniques exceptionnelles.

Dans de nombreux pays, des tabous du toucher sont mis en place pour protéger de l'excitation sexuelle, pour obliger à renoncer au contact épidermique global et tendre, en même temps que sont valorisés la rudesse des contacts manuels et musculaires, les bourrades, les châtiments physiques appliqués sur la peau. Certaines sociétés infligent même systématiquement sur la peau des enfants des pratiques douloureuses (dont Montagu donne une liste impressionnante) soit au titre de rituels initiatiques, soit pour provoquer un accroissement de la taille et/ou un embellissement du corps, ce qui, dans tous les cas, entraîne une élévation du statut social.

7. La peau a relativement peu intéressé les psychanalystes. Un article très documenté de l'Américaine Barrie B. Biven (1982), « The role of skin in normal and abnormal development, with a note on the poet Sylvia

Plath », recense utilement les publications psychanalytiques sur ce sujet. Il n'apporte pas une véritable idée directrice mais il énumère bon nombre de données, d'interprétations ou de remarques, dont je vais résumer dans les pages qui suivent les plus intéressantes.

– La peau fournit un noyau fantasmatique à des patients ayant souffert de privations précoces. Par exemple, le suicide peut être recherché par eux comme rétablissement d'une enveloppe commune avec l'objet d'amour.

– La bouche sert, pour le tout-petit, autant à toucher les objets qu'à absorber la nourriture, contribuant ainsi au sens de l'identité et à la distinction de l'animé et de l'inanimé. L'incorporation de l'objet par la peau est peut-être antérieure à son absorption par la bouche. Le désir d'être incorporé de cette façon est aussi fréquent que le désir de s'incorporer par la peau.

– Le Soi ne coïncide pas nécessairement avec l'appareil psychique : chez de nombreux patients, des parties de leur corps et/ou de leur psychisme sont vécues comme étrangères.

– La peau que le nouveau-né apprend à connaître le mieux est celle des mains et des seins de sa mère.

– La projection de la peau sur l'objet est un processus courant chez le tout-petit. Il se retrouve en peinture, quand la toile (souvent surchargée ou hachurée) fournit une peau symbolique (souvent fragile) qui sert à l'artiste de barrière contre la dépression. L'investissement auto-érotique de leur propre peau apparaît plus précocement chez les bébés trop tôt séparés de leur mère.

– La Bible signale les plaies suppurantes de Job, expression de sa dépression, et la supercherie de Rebecca qui recouvre avec de la peau de chevreaux les mains et la nuque de son fils imberbe, Jacob, pour qu'il se fasse passer pour son frère poilu, Esau, auprès d'Isaac, leur père aveugle.

– Hélène Keller et Laura Bridgman, sourdes-aveugles coupées du monde, ont pu apprendre à communiquer par la peau.

– Le thème de la peau est dominant dans l'œuvre de la poétesse et romancière américaine Sylvia Plath, qui s'est suicidée en 1963 à l'âge de 31 ans. Voici le souvenir d'enfance qu'elle évoque quand sa mère est revenue à la maison avec un bébé :

> « Je détestais les bébés. Moi qui, pendant deux ans et demi, avais été le centre d'un univers de tendresse, j'ai ressenti comme un coup de poignard, et un froid polaire a immobilisé mes os… étreignant ma rancune… vilaine et pleine de remords, comme un petit ourson triste, je suis partie en traînant la jambe tristement toute seule, vers une direction opposée, vers la prison de l'oubli. J'ai ressenti alors, froidement et

> sobrement, comme si j'étais au loin sur une étoile, la séparation de toute chose... J'ai ressenti le mur de ma peau. Je suis Moi. Cette pierre est une pierre : la fusion merveilleuse qui avait existé entre moi et les choses du monde n'était plus. »

Et encore : « La peau se pèle facilement, comme si l'on enlevait du papier. »

– En ce qui concerne les affections de la peau, le grattage est une des formes archaïques du retournement de l'agressivité sur le corps (au lieu de la retourner sur le Moi, ce qui suppose l'instauration d'un Surmoi plus évolué). La honte consécutive vient de ce qu'on sent que si l'on commence à se gratter, on ne pourra pas s'arrêter, qu'on est mené par une force incontrôlable et cachée, qu'on est en train d'ouvrir une brèche dans la surface de la peau. La honte[1] à son tour tend à être effacée par le retour de l'excitation érotique trouvée dans le grattage, selon une réaction circulaire de plus en plus pathologique.

– Les mutilations de la peau – parfois réelles, le plus souvent imaginaires – sont des tentatives dramatiques de maintenir les limites du corps et du Moi, de rétablir le sentiment d'être intact et cohésif. L'artiste viennois Rudolf Schwarzhogler qui percevait son propre corps comme objet de son art, s'amputa de sa propre peau, morceau par morceau jusqu'à en mourir. Il fut photographié tout au long de cette opération et les photos firent l'objet d'une exposition à Kassel en Allemagne.

– Les fantasmes de mutilation de la peau s'expriment librement dans la peinture occidentale à partir du XVe siècle, sous couvert d'art anatomique. Un personnage de Jean Valverde porte sa peau à bout de bras. Un de Joachim Remmelini (1619) porte sa peau enroulée autour du ventre comme un pagne. Celui de Felice Vicq d'Azy (1786) a le scalp pendant sur le visage. Celui de Van Der Spieghel (1627) détache la peau de ses fémurs pour s'en faire des guêtres. Celui de Benetini est aveuglé par des lambeaux de sa propre peau. La femme peinte par Bidloo (1685) a les poignets ceinturés par des lambeaux de peau provenant de son dos.

Je termine mon compte rendu de l'article de B.B. Biven en soulignant que, bien avant les écrivains et les chercheurs, les peintres ont appréhendé et représenté le lien spécifique entre le masochisme pervers et la peau.[2].

1. Cf. Tisseron S., *La Honte, psychanalyse d'un lien social*, Dunod 1992.
2. Cf. Anzieu D. et Montjauze M., *Francis Bacon,* Lausanne, L'Aire/Archimbaud, 1993.

2

QUATRE SÉRIES DE DONNÉES

Ce qui était refoulé du temps de Freud, dans les discours individuels et dans les représentations collectives, c'était le sexe ; ce fut la raison d'origine externe (l'autre fut son auto-analyse) qui amena l'inventeur de la psychanalyse à mettre l'accent sur la sexualité. Presque tout au long du troisième quart du XXe siècle, le grand absent, le méconnu, le dénié dans l'enseignement, dans la vie quotidienne, dans l'essor du structuralisme, dans le psychologisme de beaucoup de thérapeutes et parfois même dans la puériculture, ce fut, cela reste pour une grande part le corps, comme dimension vitale de la réalité humaine, comme donnée globale présexuelle et irréductible, comme ce sur quoi les fonctions psychiques trouvent toutes leur étayage. Ce n'est pas par hasard si la notion d'image du corps, inventée par le psychanalyste viennois P. Schilder (1950), manque dans le *Vocabulaire de la psychanalyse* de Laplanche et Pontalis (1968), fort bien documenté par ailleurs, et si la civilisation occidentale contemporaine est marquée par le massacre des équilibres naturels, la détérioration de l'environnement, l'ignorance des lois de la vie. Ce n'est également pas par hasard si le théâtre d'avant-garde des années soixante s'est voulu un théâtre de geste non plus de texte, si le succès des méthodes de groupe aux États-Unis depuis ces mêmes années et en Europe par la suite tient non plus aux échanges verbaux inspirés de la démarche psychanalytique des associations libres, mais aux contacts corporels et aux communications préverbales qui y sont instaurés. Pendant cette période, quels progrès dans sa remontée vers l'origine du fonctionnement psychique le savoir psychanalytique a-t-il accompli ?

L'interrogation psychanalytique sur les effets psychiques des carences maternelles est le fait de chercheurs qui, avant d'être analystes ou en même temps que de l'être, étaient, sont restés ou sont devenus psychiatres d'enfants ou pédiatres : Bowlby à partir de 1940 ; Winnicott à partir de 1945, Spitz à partir de 1946, pour m'en tenir aux dates de leurs premières publications sur ce thème (sans parler des travaux antérieurs, dus aux deux premières analystes d'enfants – des non-médecins –, Mélanie Klein et Anna Freud). Dès ces dates, il leur apparaît que la manière dont un enfant se développe dépend pour une bonne part de l'ensemble des soins qu'il reçoit pendant son enfance, non de la seule relation de nourrissage ; que la libido ne parcourt pas la série des stades décrits par Freud quand le psychisme du bébé a subi des violences ; et qu'une dislocation majeure des premières relations mère-enfant provoque chez ce dernier de graves altérations de son équilibre économique et de son organisation topique. La métapsychologie freudienne ne leur suffit plus pour soigner les enfants carencés. Spitz aux États-Unis décrit du terme peu heureux d'hospitalisme les régressions graves et rapidement irréversibles survenant chez des enfants qu'une hospitalisation précoce sépare de leur mère, et qui sont l'objet de soins routiniers, voire scrupuleux de la part du personnel, mais sans chaleur affective, sans le libre jeu des communications olfactives, auditives, tactiles, habituellement exercées au titre des manifestations de ce que Winnicott a appelé la « sollicitude primaire » maternelle.

La constatation des faits dans un domaine ne peut amener un progrès scientifique que si l'on dispose d'une grille d'observation permettant le repérage des aspects essentiels (souvent méconnus jusque-là) de ces faits et que si les conjectures tirées de ce domaine d'une part se recoupent avec certains savoirs déjà acquis ailleurs et, d'autre part, trouvent des applications ou des transpositions fécondes dans des domaines nouveaux. Quatre séries de données ont alors alimenté, orienté, questionné la recherche psychanalytique sur la genèse et les altérations précoces de l'appareil psychique.

DONNÉES ÉTHOLOGIQUES

C'est vers 1950 que sont publiées en anglais les œuvres majeures des éthologistes Lorenz (1949) et Tinbergen (1951). Bowlby (1961), psychanalyste anglais, prend alors connaissance du phénomène de l'empreinte : chez la plupart des oiseaux et chez quelques mammifères, les petits sont génétiquement prédisposés à maintenir la proximité avec un individu particulier, différencié dès les heures ou les jours qui suivent sa naissance et préféré entre tous. C'est généralement la mère mais l'expérimentation montre que ce peut être une mère d'une autre espèce, un ballon en mousse, une boîte en carton, ou Lorenz lui-même. L'intérêt de l'expérience, pour le psychanalyste, est que le petit ne fait pas que rester près de sa mère ou la suivre dans ses déplacements, mais qu'il la cherche quand elle n'est pas là et qu'il l'appelle alors dans le plus grand désarroi. Ce désarroi du petit oiseau ou du petit mammifère est analogue à l'angoisse de la séparation de la mère chez le petit humain et il cesse dès le rétablissement du contact avec la mère. Bowlby est frappé par le caractère primaire de cette manifestation et par le fait qu'elle ne se rattache pas à la problématique orale entendue au sens étroit (nourrissage, sevrage, perte puis hallucination du sein) auquel les psychanalystes s'en tenaient généralement depuis Freud quant aux tout-petits. Il estime que Spitz, Mélanie Klein, Anna Freud, restés prisonniers de l'appareil théorique freudien, n'ont pas pu ou su assumer cette conséquence et c'est en se référant aux travaux de l'école hongroise sur l'instinct filial et la pulsion d'agrippement (I. Hermann, 1930, repris en France par Nicolas Abraham, 1978) et sur l'amour primaire (A. et M. Balint, 1965) qu'il propose sa théorie d'une pulsion d'attachement. Je rappelle sommairement l'idée d'Hermann. Les petits des mammifères s'agrippent aux poils de leur mère pour trouver une double sécurité physique et psychique. La disparition à peu près complète de la fourrure sur la surface du corps humain facilite les échanges tactiles primaires signifiants entre la mère et le bébé et prépare l'accès des humains au langage et aux autres codes sémiotiques, mais rend plus aléatoire la satisfaction de la pulsion d'agrippement chez le petit homme. C'est en se cramponnant au sein, aux mains, au corps entier et aux vêtements de sa mère qu'il déclencherait en réponse chez elle des conduites jusque-là attribuées à un utopique instinct maternel. La catastrophe qui hanterait le psychisme naissant du bébé humain serait celle du décramponnement : sa survenue – précise plus tard Bion dont je reprends l'expression – le plonge dans « une terreur sans nom ».

La clinique psychanalytique se trouve, depuis ces dernières décennies, confrontée à la nécessité d'introduire de nouvelles catégories nosologiques, parmi elles, celle d'états limites étant la plus prudente et la plus courante. On peut considérer qu'il s'agit là de patients, mal décramponnés, plus précisément de patients ayant éprouvé des alternances contradictoires – précoces et répétées – de cramponnement excessifs et de décramponnements brusques et imprévisibles qui ont fait violence à leur Moi corporel et/ou à leur Moi psychique. De là découlent certaines caractéristiques de leur fonctionnement psychique : ils ne sont pas sûrs de ce qu'ils ressentent ; ils sont beaucoup plus préoccupés par ce qu'ils supposent être les désirs et les affects des autres ; ils vivent dans l'ici et maintenant et communiquent sur le mode de la narration ; ils n'ont pas la disposition d'esprit permettant, selon l'expression de Bion (1962), d'apprendre par l'expérience vécue personnelle, de se représenter cette expérience, d'en tirer une perspective nouvelle, dont l'idée reste toujours inquiétante pour eux ; ils ont du mal à se décramponner intellectuellement de ce vécu flou, mixte d'eux-mêmes et d'autrui, à abandonner le contact par toucher, à restructurer leurs rapports au monde autour de la vue, à accéder à une « vision » conceptuelle des choses et de la réalité psychique et au raisonnement abstrait ; ils restent collés aux autres dans leur vie sociale, collés aux sensations et aux émotions dans leur vie mentale ; ils redoutent la pénétration, que ce soit celle de la vue ou du coït génital.

Revenons à Bowlby. Dans un article de 1958, *The nature of the child ties to his mother,* il présente l'hypothèse d'une pulsion d'attachement, indépendante de la pulsion orale et qui serait une pulsion primaire non sexuelle. Il distingue cinq variables fondamentales dans la relation mère-enfant : la succion, l'étreinte, le cri, le sourire et l'accompagnement. Ceci stimule les travaux des éthologistes qui s'acheminaient de leur côté vers une hypothèse analogue et qui venaient d'aboutir à la célèbre et élégante démonstration expérimentale d'Harlow aux États-Unis publiée également en 1958 dans un article intitulé *The nature of the love*. Comparant les réactions de bébés-singes à des mères artificielles constituées par un support revêtu de chiffons doux, allaitantes ou non (c'est-à-dire présentant ou non un biberon) et à des mères artificielles également allaitantes ou non, mais faites seulement de fils métalliques, il constate que si on élimine la variable allaitement, la mère-fourrure est toujours préférée à la mère-fil-de-fer comme objet d'attachement et que si on prend en considération la variable allaitement, celle-ci n'introduit pas une différence statistiquement significative.

À partir de là, les expériences de Harlow et de son équipe vers les années 1960 s'essayent à jauger le poids respectif des facteurs dans l'attachement du tout-petit à sa mère. Le réconfort apporté par le contact avec la douceur d'une peau ou d'une fourrure s'avère le plus important. Le réconfort n'est trouvé que de façon secondaire dans les trois autres facteurs : l'allaitement, la chaleur physique éprouvée dans le contact, le bercement du bébé par les mouvements de sa mère quand elle le porte ou qu'il se tient accroché à elle. Si le réconfort du contact leur est maintenu, les enfants-singes préfèrent une mère artificielle les allaitant à celle n'allaitant pas, et ce pendant cent jours ; ils préfèrent également un substitut à bascule à un substitut stable pendant cent cinquante jours. Seule la recherche de la chaleur s'est avérée dans quelques cas plus forte que celle du contact : un bébé rhésus mis en contact d'une mère artificielle en chiffons doux mais sans chaleur ne l'a étreinte qu'une fois et a fui à l'autre extrémité de la cage pendant tout le mois de l'expérience ; un autre a préféré une mère fil-de-fer chauffée électriquement à une mère en chiffons à la température de la pièce (cf. également Kaufman I.C., 1961).

L'observation clinique des enfants humains normaux ayant constaté depuis longtemps des phénomènes analogues, Bowlby (1961) s'engage alors dans une réélaboration de la théorie psychanalytique susceptible d'en rendre compte. Il adopte comme modèle la théorie du contrôle, née en mécanique et développée en électronique puis en neurophysiologie. La conduite est définie non plus en termes de tension et de réduction des tensions mais de buts fixés à atteindre, de processus conduisant à ces buts et de signaux activant ou inhibant ces processus. L'attachement lui apparaît dans cette perspective comme une forme d'homéostasie. Le but est pour l'enfant de maintenir la mère à une distance qui la laisse accessible. Les processus sont ceux qui conservent ou augmentent la proximité (se déplacer vers, pleurer, étreindre) ou qui encouragent la mère à le faire (sourire et autres amabilités). La fonction est une fonction de protection du tout-petit, particulièrement vis-à-vis des prédateurs. Une preuve en est que le comportement d'attachement s'observe à l'égard non seulement de la mère mais aussi du singe mâle qui défend le groupe contre les prédateurs et protège les petits singes contre les plus grands. L'attachement de la mère pour l'enfant se modifie au fur et à mesure que celui-ci grandit mais la réaction de désarroi quand il l'a perdue reste inchangée. L'enfant supporte des absences de plus en plus longues de la mère mais il est toujours bouleversé de la même façon si elle ne revient pas au moment attendu par lui. L'adolescent conserve cette réaction en l'intériorisant, car il a tendance à la cacher à autrui, voire à lui-même.

Bowlby a consacré sous le titre général *Attachement and Loss* trois volumes au développement de sa thèse. Je viens de donner un résumé sommaire du premier, *L'Attachement* (1969). Le second, *La Séparation* (1973), explique la surdépendance, l'anxiété et la phobie. Le troisième, *La Perte, tristesse et dépression* (1975), est consacré aux processus inconscients et aux mécanismes de défense qui les gardent inconscients.

Winnicott (1951) n'a ni comparé les petits des humains aux petits des animaux, ni cherché à théoriser de façon aussi systématique, mais les phénomènes transitionnels qu'il a décrits et l'espace transitionnel que la mère établit pour l'enfant entre elle et le monde pourraient très bien être entendus comme des effets de l'attachement. L'observation d'Hélène, rapportée par Monique Douriez-Pinol (1974), est illustrative : Hélène cligne des yeux et fronce le nez avec un air de contentement comblé quand, près de l'endormissement, elle explore du doigt ses cils, puis elle étend cette réaction à l'exploration des cils de sa mère, de sa poupée, au frottement sur son nez de l'oreille de l'ours en peluche et enfin au contact ou à l'évocation verbale de sa mère de retour après une absence ou à l'approche d'autres bébés, d'un chat, de chaussures fourrées, d'un pyjama moelleux. L'auteur décrit là, à juste titre, un phénomène transitionnel. J'ajoute pour ma part que le dénominateur commun à tous ces comportements d'Hélène est la recherche du contact avec des parties du corps ou des objets caractérisés par la présence de poils particulièrement doux à toucher ou composés d'une matière procurant une sensation tactile analogue. Ce contact la plonge dans un ravissement dont il paraît difficile d'affirmer la nature érogène : le plaisir trouvé dans la satisfaction de la pulsion d'attachement semble bien d'une autre qualité que le plaisir de satisfaire la pulsion sexuelle orale et il est manifeste qu'il aide Hélène d'abord à s'endormir avec confiance, puis à avoir confiance dans le retour de sa mère et enfin à procéder à une classification des êtres et des objets dans lesquels elle peut avoir confiance.

Winnicott a préféré travailler dans une perspective étiologique et articuler avec plus de précisions que ses prédécesseurs la gravité du trouble mental avec la précocité de la carence maternelle. Citons le résumé qu'il en donne dans « l'Enfant en bonne santé et l'enfant en période de crise. Quelques propos sur les soins requis » (1962*b*, p. 22-23) : si la carence survient avant que le bébé ne soit devenu une personne, elle entraîne la schizophrénie infantile, les troubles mentaux non organiques, la prédisposition à des troubles cliniques mentaux ultérieurs ; si la carence engendre un traumatisme chez un être assez évolué pour se trouver susceptible d'être traumatisé, elle produit la prédisposition aux troubles affectifs et des tendances antisociales ; si elle survient quand l'enfant cherche à conquérir son indépendance, elle provoque la dépendance pathologique, l'opposition pathologique, les crises de colère.

Winnicott (1962*a*) a également précisé la diversité des besoins du nourrisson, qui subsiste d'ailleurs chez tout être humain. À côté des besoins du corps, le tout-petit présente des besoins psychiques qui sont satisfaits par une mère « suffisamment bonne » ; l'insuffisance des réponses de l'entourage à ces besoins psychiques entraîne des troubles de la différenciation du Moi et du non-Moi ; l'excès de réponse prépare un hyper-développement intellectuel et fantasmatique défensif. À côté du besoin de communiquer, le tout-petit éprouve le besoin de ne pas communiquer et de vivre épisodiquement le bien-être de la non-intégration du psychisme et de l'organisme.

Après ce rappel historique, essayons de réfléchir. Commençons par inventorier les faits établis. En ce qui concerne l'éthologie, ils peuvent se résumer comme suit.

1. La recherche du contact corporel entre la mère et le petit est un facteur essentiel du développement affectif, cognitif et social de ce dernier.

2. C'est un facteur indépendant du don de la nourriture : un jeune singe auquel on laisse libre accès à un biberon disposé sur un support métallique ne s'en approche pas et paraît effrayé ; si l'on dispose sur le support des chiffons ou de la fourrure (pas forcément une fourrure de singe), il s'y blottit et son comportement manifeste calme et assurance.

3. La privation de la mère ou de son substitut entraîne des perturbations qui peuvent devenir irréversibles. Ainsi le jeune chimpanzé privé du contact physique avec ses compagnons n'arrive pas à s'accoupler plus tard. Les singes de toutes espèces ne prennent pas l'attitude adéquate en présence des stimuli sociaux émis par les congénères, ce qui déclenche chez eux toutes sortes de brutalités et chez lui des accès de violence.

4. Les troubles du comportement peuvent être prévenus en grande partie si le bébé-singe privé de sa mère est en contact avec des congénères eux aussi privés de leurs mères : le groupe des compagnons est un substitut maternel. La recherche ethnologique sur les civilisations négro-africaines était déjà parvenue au même résultat : la classe d'âge remplace et relaie la mère. Chez le singe, le développement de l'individu est le plus favorisé pour les petits qui bénéficient successivement du contact maternel et du contact groupal.

5. À l'âge convenable, le bébé-singe – sur le terrain aussi bien qu'en laboratoire – quitte sa mère et explore le monde environnant. Il est soutenu et guidé par elle dans ce comportement. Au moindre danger réel ou imaginaire, il se précipite dans ses bras ou s'accroche à ses poils. Le plaisir du contact du corps maternel et de l'agrippement est donc à la base à la fois de l'attachement et de la séparation. Si les stimuli externes sont faiblement hostiles, le bébé se familiarise avec eux et a de moins en moins besoin de la consolation maternelle. S'ils sont terrifiants (dans une expérience de Harlow, il s'agit d'un chien mécanique ou d'un ours mécanique battant du tambour), le bébé-singe continue toujours de rechercher le réconfort maternel même quand il est parvenu à toucher et à explorer ces monstres. Une fois établie la confiance de l'enfant dans le monde environnant, la séparation définitive de la mère a lieu soit du fait de la mère soit du fait de l'enfant.

6. Chez les singes, l'accès à la vie sexuelle se fait en trois étapes. La première est une expérience d'attachement satisfaisante – à caractère non

sexuel – dans l'enfance avec la mère. Puis vient la possibilité de pratiquer, dans le groupe des compagnons, des manipulations du corps du partenaire à caractère de plus en plus sexuel (découverte de la sexualité infantile). Cet attachement puis ces jeux préparent et, dans certaines espèces, conditionnent l'accès à la sexualité adulte. Chez les singes, chez beaucoup de mammifères et d'oiseaux, la mère n'est *jamais* l'objet de manifestations sexuelles de la part de ses fils. Les éthologues expliquent ce tabou de l'inceste par le fait que la mère est – et reste – l'animal dominant pour le jeune mâle. Le macaque qui devient chef d'une troupe dont sa mère continue de faire partie a droit d'en posséder toutes les femelles ; aussi préfère-t-il généralement quitter la troupe que copuler avec elle. L'entrée dans la sexualité adulte est marquée par la fin de l'éducation très permissive donnée par la troupe en matière de jeux sexuels enfantins, et par l'introduction de restrictions brutales de la part des dominants qui se réservent, en se les répartissant, la possession des femelles de la troupe[1].

DONNÉES GROUPALES

L'observation des groupes humains occasionnels en vue de la formation ou de la psychothérapie a fourni une seconde série de faits, depuis que cette observation s'est portée sur le groupe large de trente à soixante personnes (non plus sur le seul groupe restreint) et qu'elle a envisagé la façon dont le groupe habite son lieu et quel espace imaginaire les membres du groupe projettent sur ce lieu. Déjà dans le petit groupe on observe la tendance des participants à remplir le vide (ils se resserrent dans une partie de la pièce si celle-ci est vaste, ils disposent des tables au milieu s'ils ont adopté une disposition circulaire) et à boucher les trous (ils n'aiment pas avoir de chaises vides entre eux, ils entassent les sièges excédentaires dans un coin du local, la chaise vide d'une personne absente est mal supportée, les portes et fenêtres sont fermées, quitte à rendre l'atmosphère physiquement étouffante). Dans le groupe large, où l'anonymat est accentué, où les angoisses de morcellement sont ravivées, où la menace de perte de l'identité moïque est forte, l'individu se sent

1. Les deux premières vues de cette question publiées par des auteurs de langue française sont dues à F. Duyckaerts, « l'Objet d'attachement : médiateur entre l'enfant et le milieu », in *Milieu et Développement* (1972) et à R. Zazzo, « L'Attachement. Une nouvelle théorie sur les origines de l'affectivité » (1972). Deux volumes collectifs rassemblent des contributions françaises et étrangères sur divers problèmes en rapport avec l'attachement : *Modèles animaux du comportement humain*, Colloque du CNRS dirigé par R. Chauvin (1970) ; *L'Attachement*, volume dirigé par R. Zazzo (1974).

perdu et a tendance à se préserver en se repliant sur lui-même et dans le silence. Les trois principaux mécanismes de défense de la position paranoïde-schizoïde se retrouvent. Le clivage de l'objet : le mauvais objet est projeté sur le groupe large dans son ensemble, sur les moniteurs ou sur un participant traité en victime émissaire ; le bon objet est projeté sur les petits groupes où il favorise l'instauration de l'illusion groupale. La projection de l'agressivité : les autres sont perçus par moi comme dévorateurs quand ils parlent sans que je puisse identifier qui parle, ou qu'ils me regardent sans que je les voie me regarder. La recherche du lien : si on laisse les participants libres de s'asseoir sans disposition préétablie des sièges, la majorité d'entre eux a tendance à s'agglutiner. C'est plus tard, ou défensivement, qu'ils adoptent une disposition en un ou plusieurs cercles ovales concentriques : œuf clos, sécurité reconstituée d'une enveloppe narcissique collective. Turquet (1974) a noté que la possibilité pour un participant d'émerger comme sujet hors de l'état d'individu anonyme et isolé passe par l'établissement d'un contact (visuel, gestuel, verbal) avec son voisin ou ses deux voisins les plus immédiats. Ainsi se constitue ce que Turquet dénomme « la frontière relationnelle du Je avec la peau de mon voisin ». « Dans le groupe large, la rupture de la frontière de "la peau de mon voisin" est une menace toujours présente et ceci, non seulement à cause de l'action des forces centrifuges déjà mentionnées qui causent le retrait du Je, en le tirant à être dans ses relations de plus en plus isolé, idiosyncrasique et aliéné. La continuité avec la peau de son voisin est aussi en danger, car le groupe large soulève de nombreux problèmes comme : où ? qui ? de quelle sorte ? sont les voisins du Je, surtout quand leurs places personnelles changent dans l'espace, comme cela arrive constamment, tel autre participant étant proche, puis éloigné, tantôt devant, tantôt derrière, auparavant sur la gauche, maintenant sur la droite et ainsi de suite. Ces changements de places répétés font naître des questions : pourquoi ce changement ? Sur quelle base ? Dans quelle direction est parti mon voisin ? Vers quoi ? Où aller ? etc. Une des caractéristiques du groupe large est l'absence de stabilité ; à celle-ci se substitue une expérience kaléidoscopique. Le résultat pour le Je est l'expérience d'une peau distendue, rattachée au dernier voisin qui a parlé mais qui est loin de là. Une telle extension peut atteindre le seuil d'éclatement de la peau ; pour l'éviter, le Je se désolidarise et abandonne, il devient alors un "singleton" et ainsi un déserteur. »

Bien que Turquet n'y fasse pas référence, sa description vient appuyer la théorie de Bowlby en montrant comment la pulsion d'attachement opère chez les humains : par la recherche d'un contact (au double sens corporel et social du terme) qui assure une double protection contre les dangers extérieurs et contre l'état psychique interne de détresse, et qui rend possibles des échanges de signes dans une communication réciproque où chaque partenaire se sent reconnu par l'autre. Le développement, dans les groupes, des techniques de contacts corporels, d'expression physique, de massages mutuels va dans le même sens. Comme dans les variables annexes de Harlow pour les singes, la recherche de la chaleur et du mouvement berceur joue également un rôle. Les stagiaires se plaignent du « froid » – physique et moral – qui règne dans le groupe large. Dans le psychodrame ou les exercices corporels, vient toujours un mime collectif de plusieurs participants serrés les uns contre les autres, balançant ensemble leurs corps. Leur fusion s'achève parfois en simulation d'une explosion volcanique, figuration de la décharge commune de la tension tonique accumulée en chacun, à l'image du nourrisson caressé rythmiquement, dont aimait à parler Wallon, qui décharge l'excès de tonus dans des rires de plus en plus aigus, lesquels peuvent, dépassé un certain seuil, devenir des sanglots.

Turquet indique que la principale conséquence de l'établissement, par le Moi psychique en voie de reconstitution, d'une peau-frontière avec son voisin est la possibilité de vivre par délégation : le sujet ré-émergeant comme tel « désire qu'un autre membre du groupe large parle pour lui afin d'entendre dire quelque chose qui lui semble pareil à ce qu'il pense ou ressent et d'observer ou d'apprendre, en substituant l'autre à soi, quel destin peut avoir dans le groupe ce que l'autre a dit pour mon compte ». La même évolution joue pour le regard. Un participant rapporte qu'il était assis en face d'un « doux visage » et que cela l'a rassuré sur lui-même. Douceur d'un visage, douceur du regard, douceur aussi de la voix : « La qualité de la voix des moniteurs a plus d'effet que le contenu de ce qu'ils essaient de dire, l'accent doux, calme, apaisant de celle-ci étant introjecté pendant que les mots eux-mêmes sont laissés de côté. » On reconnaît là la qualité typique visée par la pulsion d'attachement : la douceur, le moelleux, la fourrure, le velu, qualité à l'origine tactile et métaphoriquement étendue ensuite aux autres organes des sens.

Rappelons que, dans la théorie de Winnicott (1962*a*, p. 12-13), l'*intégration* du Moi dans le temps et l'espace dépend de la façon pour la mère de « tenir » (*holding*) le nourrisson, que la *personnalisation* du Moi dépend de la façon de le « soigner » (*handling*) et que l'instauration par le moi de la relation d'objet dépend de la présentation par la mère des objets (sein, biberon, lait…) grâce auxquels le nourrisson va pouvoir trouver la satisfaction de ses besoins. C'est le second processus qui nous intéresse ici : « Le Moi se fonde sur un Moi corporel, mais c'est seulement lorsque tout se passe bien que la personne du nourrisson commence à se rattacher au corps et aux fonctions corporelles, la peau étant la membrane-frontière. » Et Winnicott d'apporter une preuve *a contrario* : la dépersonnalisation illustre « la perte d'une union solide entre le moi et le corps, y compris les pulsions du ça et les plaisirs instinctuels. »

DONNÉES PROJECTIVES

J'emprunte une troisième série de données à des travaux concernant les tests projectifs. Au cours de recherches sur l'image du corps et la personnalité, les Américains Fischer et Cleveland (1958) ont isolé, dans les réponses au test de taches d'encre de Rorschach, deux variables nouvelles qui n'ont cessé depuis de faire leurs preuves, celles d'Enveloppe et de Pénétration. La variable *Enveloppe* est cotée pour toute réponse impliquant une surface protectrice, membrane, coquille ou peau, qui pourrait symboliquement être mise en rapport avec la perception des frontières de l'image du corps (habillements, peaux animales où l'accent est mis sur le caractère granuleux, duveteux, tacheté ou rayé de la surface, creux dans la terre, ventres proéminents, surfaces protectrices ou surplombantes, objets dotés d'un blindage ou d'une forme de contenant, êtres ou objets couverts par quelque chose ou cachés derrière quelque chose). La variable *Pénétration* s'oppose à la précédente en ce qu'elle se rapporte à toute réponse qui peut être l'expression symbolique d'un sentiment subjectif selon lequel le corps n'a qu'une faible valeur protectrice et peut être facilement pénétré. Fischer et Cleveland ont précisé trois types de représentations de la pénétration :

a) percement, éclatement ou dépouillement d'une surface corporelle (blessure, fracture, écorchure, écrasement, saignement) ;

b) voies et modes de pénétration à l'intérieur ou d'expulsion de l'intérieur vers l'extérieur (bouche ouverte, orifice du corps ou de la maison, ouverture dans la terre laissant jaillir des substances liquides, radiographies ou sections d'organes permettant de voir directement l'intérieur) ;

c) représentation de la surface d'une chose comme perméable et fragile (choses inconsistantes, molles, sans frontières palpables ; transparences ; surfaces flétries, fanées, détériorées, en dégénérescence).

En administrant le test de Rorschach à des malades psychosomatiques, Fischer et Cleveland ont établi que ceux dont le symptôme touchait la partie externe du corps imaginaient un corps bien délimité par une paroi défensive, tandis que ceux dont le symptôme concernait les viscères se représentaient leur corps comme aisément pénétrable et dépourvu de barrière protectrice. Les auteurs estiment prouvé le fait que ces représentations imaginaires préexistaient à l'apparition des symptômes et ont donc valeur étiologique. Ils considèrent que des traitements mobilisant le corps (massages, relaxation, etc.) peuvent aider à libérer ces représentations imaginaires.

Ainsi définie par ces deux variables, la notion d'image du corps ne saurait se substituer à celle du Moi, tout en présentant l'avantage de mettre l'accent, en ce qui concerne la connaissance du corps propre, sur la perception des frontières de celui-ci. Les limites de l'image du corps (ou l'image des limites du corps) sont acquises au cours du processus de défusion de l'enfant par rapport à sa mère et elles présentent quelque analogie avec les frontières du Moi dont Federn (1952) a montré qu'elles sont désinvesties dans le processus de dépersonnalisation. Si l'on veut bien prendre l'image du corps non pour une instance ou une fonction psychiques mais seulement pour une représentation élaborée assez précocement par le Moi lui-même en pleine structuration, on peut soutenir avec Angelergues (1975) qu'il s'agit d'un « processus symbolique de représentation d'une limite qui a fonction d'"image stabilisatrice" et d'enveloppe protectrice. Cette démarche pose le corps comme l'objet d'investissement et son image comme produit de cet investissement, un investissement qui conquiert un objet non interchangeable, sauf dans le délire, un objet qui doit être à tout prix maintenu intact. La fonction des limites rejoint l'impératif d'intégrité. L'image du corps est située dans l'ordre du fantasme et de l'élaboration secondaire, représentation agissant sur le corps ».

DONNÉES DERMATOLOGIQUES

Un quatrième ensemble de données est fourni par la dermatologie. Hormis les causes accidentelles, les affections de la peau entretiennent d'étroites relations avec les stress de l'existence, avec les poussées émotionnelles et, ce qui concerne davantage mon propos, avec les failles narcissiques et les insuffisances de structuration du Moi. Ces affections, spontanées à l'origine, sont souvent entretenues et aggravées par des compulsions de grattage qui les transforment en symptômes dont le sujet ne peut plus se passer. Quand ceux-ci sont localisés aux organes correspondant aux divers stades de l'évolution libidinale, il est évident que le symptôme conjoint un plaisir érotique à la douleur physique et à la honte morale nécessaires à l'apaisement du besoin de punition émanant du Surmoi. Mais il arrive, dans les pathomimies, que la lésion de la peau soit volontairement provoquée et développée, par exemple, par un raclage quotidien avec des tessons de bouteille (cf. l'ouvrage de Corraze, 1976, sur cette question). Ici, le bénéfice secondaire est l'obtention d'une pension d'invalidité ; le bénéfice primaire, non sexuel, consiste en la tyrannie exercée sur l'entourage par l'infirme censé incurable, et en la mise en échec prolongée du savoir et du pouvoir médical ; la pulsion d'emprise est donc à l'œuvre mais elle n'est pas la seule. L'agressivité inconsciente est sournoisement sous-jacente à cette conduite, agressivité réactionnelle à un besoin constant de dépendance dont le simulateur ressent la présence en lui comme insupportable. Il essaie de retrouver ce besoin en rendant dépendantes de lui les personnes qui reproduisent les objets premiers visés par sa pulsion d'attachement, objets jadis frustrants et qui, depuis lors, appellent sa vengeance. Cet intense besoin de dépendance est corrélatif de la fragilité et de l'immaturité de l'organisation psychique du pithiatique, ainsi que d'une insuffisance de la différenciation topique, de la cohésion du Soi et du développement du Moi par rapport aux autres instances psychiques. Ces malades relèvent eux aussi de la pathologie de la pulsion d'attachement. En raison de la fragilité de leur Moi-peau, les pathomimes oscillent entre une angoisse d'abandon si l'objet d'attachement n'est plus au contact proche, et une angoisse de persécution s'il y a trop grande proximité avec lui.

L'approche psychosomatique des dermatoses a généralisé ce résultat. Le prurit n'est pas lié qu'à des désirs sexuels culpabilisés dans un jeu circulaire entre l'auto-érotisme et l'auto-punition. C'est aussi et d'abord une façon d'attirer l'attention sur soi, plus spécialement sur la peau en tant qu'elle n'a pu rencontrer dans la petite enfance, de la part de l'environnement maternel et familial, les contacts doux, chauds, fermes et rassurants, et surtout signifiants, évoqués ci-dessus. La démangeaison est celle d'être compris par l'objet aimé. Par l'effet de l'automatisme de répétition, le symptôme physique ravive, sous la forme primaire du « langage » cutané, les frustrations anciennes, avec leurs souffrances exhibées et leurs colères rentrées : l'irritation de l'épiderme se confond, en raison de l'indifférenciation somato-psychique à laquelle ces patients restent fixés, avec l'irritation mentale, l'érotisation de la partie blessée du corps survenant après coup pour rendre tolérables la douleur et la haine et pour tenter d'inverser le déplaisir en plaisir. L'érythème dit pudique n'est pas angoissant seulement parce que la peau du malade, jouant son rôle de « miroir de l'âme » au détriment de celui de frontière, permet à l'interlocuteur de lire directement les désirs sexuels et agressifs dont le malade se sent honteux, mais aussi parce que la peau se révèle alors à l'autre comme une enveloppe fragile invitant aux pénétrations physiques et aux intrusions psychiques.

L'eczéma généralisé pourrait traduire une régression à l'état infantile de complète dépendance, une conversion somatique de l'angoisse d'effondrement psychique, l'appel muet et désespéré à un Moi auxiliaire fournissant un appui total. L'eczéma d'enfants de moins de deux ans signerait le manque d'un contact physique tendre et enveloppant de la part de la mère. Spitz (1965) hésite sur l'interprétation : « Nous nous sommes demandé si les troubles cutanés étaient une tentative d'adaptation ou au contraire une réaction de défense. La réaction de l'enfant sous forme d'eczéma peut être soit une demande adressée à la mère pour l'inciter à le toucher plus souvent, soit un mode d'isolement narcissique en ce que, par l'eczéma, l'enfant se procure lui-même dans le domaine somatique les stimuli que la mère lui refuse. Nous ne pouvons pas savoir. » Je reste moi-même sur cette hésitation, depuis mon premier stage de jeune psychologue, vers les années cinquante, au service de dermatologie du professeur de Graciansky, à l'Hôpital Saint-Louis à Paris. Y aurait-il des affections de la peau typiques de patients ayant à la fois bénéficié et souffert précocement, dans leur enfance, d'une surstimulation de la peau à l'occasion des soins maternels, par opposition à d'autres atteintes qui répéteraient les résultats ou les traces d'une carence ancienne des contacts avec le corps et la peau de la mère ? Dans les deux cas toutefois, la problématique inconsciente se jouerait autour de cet interdit primaire du toucher dont je parlerai plus loin : la carence de la caresse et de l'étreinte maternelles serait inconsciemment vécue par le psychisme naissant comme l'application excessive, prématurée et violente de l'interdit de se coller au corps de l'autre ; la surstimulation en matière de contacts maternels serait désagréable physiquement dans la mesure où elle déborde le pare-excitation encore peu assuré de l'enfant, et dangereuse inconsciemment en ce qu'elle transgresse et met hors circuit l'interdit du toucher dont l'appareil psychique éprouve la nécessité pour se constituer une enveloppe psychique qui lui appartienne en propre.

L'hypothèse la plus simple et la plus sûre, à la lumière des observations cliniques rassemblées, est pour le moment la suivante : « La profondeur de l'altération de la peau est proportionnelle à la profondeur de l'atteinte psychique[1]. »

Je préfère pour ma part reformuler cette hypothèse en introduisant ma notion du Moi-peau que je vais présenter maintenant : la gravité de l'altération de la peau (qui se mesure à la résistance croissante offerte par le malade aux traitements chimiothérapiques et/ou psychothérapiques) est en rapport avec l'importance quantitative et qualitative des failles du Moi-peau.

1. Cf. Les articles de Danièle Pomey-Rey, dermatologue, psychiatre, psychanalyste, attachée de consultation de psychodermatologie à l'Hôpital Saint-Louis, notamment « Pour mourir guérie », *Cutis*, *3*, février 1979, qui expose un cas tragique, celui de Mlle P. Voir également son livre *Bien dans sa peau, bien dans sa tête*, Centurion, 1989.

3

LA NOTION DE MOI-PEAU

Les quatre séries de données – éthologiques, groupales, projectives et dermatologiques – que je viens de passer en revue, m'ont amené à l'hypothèse, publiée dès 1974, dans la *Nouvelle Revue de Psychanalyse*, du Moi-peau. Avant de la reprendre et de la compléter, il m'apparaît souhaitable de repenser la notion de stade oral.

SEIN-BOUCHE ET SEIN-PEAU

Freud ne limitait pas la phase qu'il qualifiait d'orale à l'expérience de la zone bucco-pharyngée et au plaisir de la succion. Il a toujours souligné l'importance du plaisir consécutif de la réplétion. Si la bouche fournit la première expérience, vive et brève, d'un contact différenciateur, d'un lieu de passage et d'une incorporation, la réplétion apporte au nourrisson l'expérience plus diffuse, plus durable, d'une masse centrale, d'un plein, d'un centre de gravité. Rien d'étonnant si la psychopathologie contemporaine a été amenée à attacher de plus en plus d'importance au sentiment, chez certains malades, d'un vide intérieur, ni si une méthode de relaxation comme celle de Schulz suggère de ressentir en premier lieu et simultanément dans son corps la chaleur (= le passage du lait) et la lourdeur (= la réplétion).

À l'occasion de la tétée et des soins, le bébé fait une troisième expérience concomitante des deux précédentes : il est tenu dans les bras, serré contre le corps de la mère dont il sent la chaleur, l'odeur et les mouvements, porté, bercé, frotté, lavé, caressé, le tout généralement accompagné d'un bain de paroles et de fredonnements. On retrouve là ensemble les caractéristiques de la pulsion d'attachement décrites par Bowlby et Harlow et celles qui, chez Spitz et Balint, évoquent l'idée de cavité primitive. Ces activités conduisent progressivement l'enfant à différencier une surface comportant une face interne et une face externe, c'est-à-dire une interface permettant la distinction du dehors et du dedans, et un volume ambiant dans lequel il se sent baigné, surface et volume qui lui apportent l'expérience d'un contenant.

Le sein est le vocable couramment utilisé par les psychanalystes pour désigner la réalité complète alors vécue par l'enfant où se mêlent quatre caractéristiques qu'à l'instar du bébé le psychanalyste est parfois tenté de confondre : sein d'une part nourricier, d'autre part remplissant, peau chaude et douce au contact, réceptacle actif et stimulateur. Le sein maternel global et syncrétique est le premier objet mental, et le double mérite de Mélanie Klein est d'avoir montré qu'il est apte aux premières substitutions métonymiques : sein-bouche, sein-cavité, sein-fèces, sein-urine, sein-pénis, sein-bébés rivaux, et qu'il appelle les investissements antagonistes des deux pulsions fondamentales. La jouissance qu'il apporte aux pulsions de vie – jouissance de participer à sa créativité – appelle la gratitude. Par contre, l'envie destructrice vise ce sein dans sa créativité même, quand il frustre le bébé en donnant à un autre que lui la jouissance. Mais, à mettre ainsi l'accent exclusivement sur le fantasme, Mélanie Klein néglige les qualités propres à l'expérience corporelle (c'est en réaction contre cette négligence que Winnicott (1962*a*) a privilégié le *holding* et le *handling* de la mère réelle), et à insister sur les rapports entre certaines parties du corps et leurs produits (lait, sperme, excréments) dans une dynamique créatrice-destructrice, elle néglige ce qui relie ces parties entre elles dans un tout unificateur, la peau. La surface du corps est absente de la théorie de Mélanie Klein, absence d'autant plus surprenante qu'un des éléments essentiels de cette théorie, l'opposition de l'introjection (sur le modèle de l'allaitement) et de la projection (sur le modèle de l'excrétion) présuppose la constitution d'une limite différenciant le dedans du dehors. On comprend mieux, à partir de là, certaines réserves suscitées par la technique kleinienne : le bombardement interprétatif risque d'ôter au Moi non seulement ses défenses mais son enveloppe protectrice. Il est vrai qu'en parlant de « monde intérieur » et d'« objets internes », Mélanie Klein présuppose la notion d'un espace interne (*cf.* D. Houzel, 1985*a*).

Plusieurs de ses disciples, sensibles à ce manque, ont élaboré, pour le pallier, de nouveaux concepts (dans la lignée desquels le Moi-peau trouve tout naturellement sa place) : introjection par le tout-petit de la relation mère-nourrisson en tant que relation contenant-contenu et constitution consécutive d'un « espace émotionnel » et d'un « espace de la pensée » (la première pensée, celle de l'absence du sein, rend tolérable la frustration due à cette absence), aboutissant à un appareil à penser les pensées (Bion, 1962) ; représentations respectives d'un Moi-poulpe mou et flasque et d'un Moi-crustacé rigide dans les deux formes, primaire anormale et secondaire à carapace, de l'autisme infantile (Frances Tustin, 1972) ; seconde peau musculaire comme cuirasse défensive-offensive chez les schizophrènes (Esther Bick, 1968) ; constitution de trois frontières psychiques, avec l'espace interne des objets externes, avec l'espace interne des objets internes, avec le monde extérieur, mais qui laissent subsister un « trou noir » (par analogie avec l'astrophysique) où s'engloutit tout élément psychique qui s'en approche (délire, tourbillon autistique) (Meltzer, 1975).

Je me dois également de citer ici sans plus attendre quatre psychanalystes français (d'origine hongroise pour les deux premiers, italienne et égyptienne pour les derniers) dont les intuitions cliniques et les élaborations théoriques, convergentes avec les miennes, m'ont éclairé, stimulé, conforté. Tout conflit psychique inconscient se déploie non seulement par rapport à un axe œdipien mais en même temps par rapport à un axe narcissique (B. Grunberger, 1971). Chaque sous-système de l'appareil psychique et le système psychique dans son ensemble obéissent à une interaction dialectique entre écorce et noyau (N. Abraham, 1978). Il existe un fonctionnement originaire, de nature pictogrammatique, de l'appareil psychique, plus archaïque que les fonctionnements primaire et secondaire (P. Castoriadis-Aulagnier, 1975). Un espace imaginaire se développe à partir de la relation d'inclusion mutuelle des corps de la mère et de l'enfant, par un double processus de projection sensorielle et fantasmatique (Sami-Ali, 1974).

Toute figure suppose un fond sur lequel elle apparaît comme figure : cette vérité élémentaire est aisément méconnue car l'attention se trouve normalement attirée par la figure qui émerge et non par le fond sur lequel celle-ci se détache. L'expérience vécue par le bébé des orifices permettant le passage dans le sens de l'incorporation ou dans celui de l'expulsion est assurément importante mais il n'y a d'orifice perceptible que par rapport à une sensation, fût-elle vague, de surface et de volume. L'*infans* acquiert la perception de la peau comme surface à l'occasion des expériences de contact de son corps avec le corps de la mère et dans le cadre d'une relation sécurisante d'attachement avec elle. Il parvient ainsi non seulement à la notion d'une limite entre l'extérieur et l'intérieur mais aussi à la confiance nécessaire à la maîtrise progressive des orifices, car il ne peut se sentir en confiance quant à leur fonctionnement que s'il possède, par ailleurs, un sentiment de base qui lui garantisse l'intégrité de son enveloppe corporelle. La clinique confirme là ce que Bion (1962) a théorisé avec sa notion d'un « contenant » psychique[1] (*container*) : les risques de dépersonnalisation sont liés à l'image d'une enveloppe perforable et à l'angoisse – primaire selon Bion – d'un écoulement de la substance vitale par des trous, angoisse non pas de morcellement mais de vidage, assez bien métaphorisée par certains patients qui se décrivent comme un œuf à la coquille percée se vidant de son blanc, voire de son jaune. La peau est d'ailleurs le siège des sensations proprioceptives, dont Henri Wallon a souligné l'importance dans le développement du caractère et de la pensée : c'est un des organes régulateurs du tonus. Penser en termes économiques (accumulation, déplacement et décharge de la tension) présuppose un Moi-peau.

La surface de l'ensemble de son corps et de celui de sa mère fait l'objet, chez le bébé, d'expériences aussi importantes, pour leur qualité émotionnelle, pour leur stimulation de la confiance, du plaisir et de la pensée, que les expériences liées à la succion et à l'excrétion (Freud) ou à la présence fantasmatique d'objets internes représentant les produits du fonctionnement des orifices (M. Klein). Les soins de la mère produisent des stimulations involontaires de l'épiderme, à l'occasion des bains, des lavages, des frottements, du portage, des étreintes. De plus, les mères connaissent bien l'existence des plaisirs de peau chez le nourrisson – et chez elles – et, par leurs caresses, leurs jeux, elles les provoquent volontairement. Le tout-petit reçoit ses gestes maternels d'abord comme une excitation puis comme une communication. Le massage devient un message. L'apprentissage de la parole requiert notamment l'établissement préalable de telles communications préverbales précoces. Le roman et le film *Johnny s'en va-t-en guerre* l'illustrent bien : un soldat grièvement atteint a perdu la vue, l'ouïe et le mouvement ; une infirmière parvient à établir le contact en dessinant avec sa main des lettres sur la poitrine et l'abdomen du blessé – puis en lui procurant, en réponse à une demande muette, par une masturbation bienveillante, le plaisir de la décharge sexuelle. L'infirme retrouve ainsi le goût de survivre, parce qu'il se sent successivement reconnu et satisfait dans son besoin de communication et dans son désir viril. Qu'il y ait, avec le développement de l'enfant, érotisation de la peau, est un fait indéniable ; les plaisirs de peau sont intégrés sous forme de préliminaires à l'activité sexuelle adulte ; ils

1. Je dois à R. Kaës la distinction du contenant et du conteneur ; mais je l'entends à l'inverse de lui : pour moi, le conteneur est passif ; le contenant, actif.

conservent un rôle de premier plan dans l'homosexualité féminine. Il n'en reste pas moins que la sexualité génitale, voire auto-érotique, n'est accessible qu'à ceux qui ont acquis le sentiment minimum d'une sécurité de base dans leur propre peau. De plus, comme l'a suggéré Federn (1952), l'érotisation des frontières du corps et du Moi frappe de refoulement et d'amnésie les étapes psychiques originaires du Soi.

L'IDÉE DU MOI-PEAU

L'instauration du Moi-peau répond au besoin d'une enveloppe narcissique et assure à l'appareil psychique la certitude et la constance d'un bien-être de base. Corrélativement, l'appareil psychique peut s'essayer aux investissements sadiques et libidinaux des objets ; le Moi psychique se fortifie des identifications à ces objets et le Moi corporel peut jouir des plaisirs prégénitaux puis génitaux.

Par Moi-peau, je désigne une figuration dont le Moi de l'enfant se sert au cours des phases précoces de son développement pour se représenter lui-même comme Moi contenant les contenus psychiques, à partir de son expérience de la surface du corps. Cela correspond au moment où le Moi psychique se différencie du Moi corporel sur le plan opératif et reste confondu avec lui sur le plan figuratif. Tausk (1919) a particulièrement bien montré que le syndrome de l'appareil à influencer ne se comprenait que par la distinction de ces deux Moi ; le Moi psychique continue d'être reconnu comme sien par le sujet (aussi ce Moi met-il en œuvre des mécanismes de défense contre les pulsions sexuelles dangereuses et interprète-t-il logiquement les données perceptibles qui lui parviennent), tandis que le Moi corporel n'est plus reconnu par le sujet comme lui appartenant et les sensations cutanées et sexuelles qui en émanent sont attribuées à la machinerie d'un appareil à influencer, commandé par les machinations d'un séducteur-persécuteur.

Toute activité psychique s'étaie sur une fonction biologique. Le Moi-peau trouve son étayage sur les diverses fonctions de la peau. En attendant de procéder plus loin à leur étude systématique, j'en signale ici brièvement trois (auxquelles je me limitais dans mon article princeps de 1974). La peau, première fonction, c'est le sac qui contient et retient à l'intérieur le bon et le plein que l'allaitement, les soins, le bain de paroles y ont accumulés. La peau, seconde fonction, c'est l'interface qui marque la limite avec le dehors et maintient celui-ci à l'extérieur, c'est la barrière qui protège de la pénétration par les avidités et les agressions en provenance des autres, êtres ou objets. La peau enfin, troisième fonction, en même temps que la bouche et au moins autant qu'elle, est un lieu et un moyen primaire de communication avec autrui, d'établissement de relations signifiantes ; elle est, de plus, une surface d'inscription des traces laissées par ceux-ci.

De cette origine épidermique et proprioceptive, le Moi hérite la double possibilité d'établir des barrières (qui deviennent des mécanismes de défense psychiques) et de filtrer les échanges (avec le Ça, le surmoi et le monde extérieur). C'est, selon moi, la pulsion d'attachement, si elle est tôt et suffisamment satisfaite, qui apporte au nourrisson la base sur laquelle peut se manifester ce que Luquet (1962) a appelé l'élan intégratif du Moi. Conséquence ultérieure : le Moi-peau fonde la possibilité même de la pensée.

LE FANTASME D'UNE PEAU COMMUNE ET SES VARIANTES NARCISSIQUES ET MASOCHISTES

La notion, discutée, de masochisme primaire, trouverait ici des arguments pour l'appuyer et la préciser. La souffrance masochiste, avant d'être secondairement érotisée et de conduire au masochisme sexuel ou moral, s'explique d'abord par des alternances brusques, répétées et quasi traumatiques, avant la marche, le stade du miroir et la parole, de surstimulations et de privations du contact physique avec la mère ou ses substituts, et donc de satisfactions et de frustrations du besoin d'attachement.

La constitution du Moi-peau est une des conditions du double passage du narcissisme primaire au narcissisme secondaire et du masochisme primaire au masochisme secondaire.

Dans les cures psychanalytiques de patients présentant soit des comportements sexuels masochiques, soit une fixation partielle à une position masochique perverse, j'ai en effet souvent rencontré l'élément suivant : ils ont présenté, dans leur petite enfance, un épisode d'atteinte physique réelle de leur peau, épisode qui a fourni un matériel décisif à leur organisation fantasmatique. Ce peut être une intervention chirurgicale superficielle : j'entends par là qu'elle s'est principalement jouée à la surface du corps. Ce peut être une dermatose, une pelade. Ce peut être un choc ou une chute accidentels où une partie importante de la peau a été arrachée. Ce peuvent être enfin des symptômes précoces de conversion hystérique.

Le fantasme inconscient que ces diverses observations m'ont permis de mettre à jour n'est pas celui du corps « démembré », comme certains psychanalystes en ont émis l'hypothèse : ce dernier fantasme m'apparaît plutôt typique des organisations psychotiques. Selon moi, c'est le fantasme du corps « écorché » qui sous-tend la conduite du masochiste pervers.

Freud évoque, à propos de l'homme aux rats, « l'horreur d'une jouissance ignorée ». La jouissance du masochiste atteint le degré maximum d'horreur quand le châtiment corporel appliqué à la surface de la peau (fessée, flagellation, piqûres) est poussé au point où des morceaux de peau sont déchirés, troués, arrachés. La volupté masochique, on le sait, requiert la possibilité pour le sujet de se représenter que les coups ont laissé une trace à la surface de son corps. Parmi les plaisirs prégénitaux qui accompagnent normalement la jouissance sexuelle génitale, se trouve assez souvent celui de laisser sur la peau du partenaire des traces par morsure ou par griffure : c'est là l'indice d'un élément fantasmatique annexe qui, chez le masochiste, passe au premier plan.

Comme nous allons le voir au chapitre suivant, consacré au mythe grec de Marsyas, le fantasme originaire du masochisme est constitué par la représentation : 1°) qu'une même peau appartient à l'enfant et à sa mère, peau figurative de leur union symbiotique, et 2°) que le processus de défusion et d'accès de l'enfant à l'autonomie entraîne une rupture et une déchirure de cette peau commune. Ce fantasme d'être dépiauté est renforcé par les observations faites sur des animaux domestiques tués et préparés pour la consommation ou sur soi-même à l'occasion de fessées ou de soins apportés à des plaies ou à des croûtes.

La plupart des patients chez qui j'ai trouvé une fixation masochiste notable présentaient des fantasmes plus ou moins conscients de fusion cutanée avec la mère. Le rapprochement du fantasme inconscient de corps écorché et du fantasme préconscient de fusion me paraît éclairant. L'union symbiotique avec la mère est figurée dans le langage de la pensée archaïque par une image tactile (et vraisemblablement olfactive) où les deux corps de l'enfant et de la mère ont une interface commune. La séparation de la mère est figurée par l'arrachement de cette peau commune. Des éléments de réalité donnent crédit à cette représentation fantasmatique. Lorsque, à l'occasion d'une maladie, d'une opération ou d'un accident qui a provoqué une plaie, le pansement colle à la chair, la mère ou son substitut arrache ou est imaginée pouvoir arracher des morceaux d'épiderme avec le pansement : celle qui donne les soins est aussi celle qui écorche. Mais celle qui a déchiré l'enveloppe commune est aussi celle qui peut la réparer.

Dans le fantasme masochiste, la fourrure (*cf. La Vénus à la fourrure* de Sacher-Masoch) apporte la représentation figurée du retour à un contact de peau à peau, velouté, voluptueux, et odorant (rien n'est si fort que l'odeur d'une fourrure neuve), à cet accolement des corps qui constitue un des plaisirs annexes de la jouissance génitale. Que la Vénus flagellante de Sacher-Masoch – dans sa vie comme dans son roman – soit nue sous une fourrure confirme la valeur primaire de la peau-fourrure comme objet d'attachement avant qu'elle n'acquière une valeur dénotative de l'objet sexuel. Faut-il rappeler qu'une fourrure est dans la réalité une peau d'animal et que sa présence renvoie à un animal écorché et dépiauté ? L'enfant Séverin, fasciné par Vénus ou Wanda habillée de fourrures, voit en imagination sa mère couverte d'une peau qui signifie en même temps la fusion et l'arrachement. Cette fourrure représente la douceur physique, la tendresse sensuelle vécue au contact d'une mère dispensant amoureusement ses soins à l'enfant. Mais la Vénus à la fourrure figure aussi la mère que l'enfant a cherché à voir nue ou qu'il a tenté de séduire en lui exhibant réellement ou imaginairement son pénis, la mère qui l'a puni dans la réalité en le battant, dans l'imaginaire en l'écorchant vif jusqu'à le dépiauter, et qui se drape maintenant, triomphale, dans la peau du vaincu, comme les héros chasseurs de la mythologie ancienne où des sociétés dites primitives se vêtent de la peau des animaux sauvages ou des ennemis qu'ils ont tués.

Il est temps d'introduire une distinction fondamentale entre les deux types de contacts exercés par la mère et l'entourage maternant sur le corps et la peau du bébé. Certains contacts communiquent une excitation (par exemple une excitation fortement libidinalisée de la mère pendant les soins corporels qu'elle donne à l'enfant peut transmettre à celui-ci une stimulation érogène si prématurée et si excessive par rapport à son degré de développement psychique qu'il la vit comme une séduction traumatique). D'autres contacts communiquent une information (en rapport par exemple avec les besoins vitaux du nourrisson, avec les affects éprouvés par les deux partenaires, avec les dangers provenant du monde extérieur, avec la manipulation des objets, manipulation différente selon qu'ils sont animés ou inanimés…). Ces deux types de contacts sont d'abord indifférenciés pour le bébé et ils tendent à le rester d'autant plus longtemps que la mère et l'entourage maternant les intervertissent, les mélangent, les brouillent. Chez l'hystérique, leur confusion tend à subsister en permanence : il (ou elle) émet à l'intention du partenaire, sous couvert d'excitations, des informations tellement voilées que le partenaire a toutes les chances de chercher à répondre à l'excitation, non à l'information, provoquant ainsi la déception, la rancune, les plaintes de l'hystérique. Dans certaines formes de dépression, il s'agit de la dynamique inverse : le bébé a reçu des soins corporels nécessaires et suffisants, avec leur cortège d'excitations pulsionnelles ; mais la mère, accaparée par le deuil d'un proche parent, par le désarroi d'une rupture conjugale, par une dépression *post partum*, ne s'est pas suffisamment intéressée à saisir le sens des signaux émis par le bébé ni à lui en renvoyer à son tour. Devenu adulte, la personne se déprime chaque fois qu'elle a reçu une nourriture matérielle ou spirituelle non accompagnée d'échanges signifiants et dont l'absorption lui fait ressentir d'autant plus intensément son vide intérieur.

Les destins de ces deux types de contacts – excitants et signifiants – concernent respectivement le masochisme et le narcissisme.

Le paradoxe des contacts excitants consiste en ce que la mère, qui sert au bébé de pare-excitation originaire contre les agressions du milieu extérieur, provoque chez lui, par la qualité et l'intensité libidinales de ses soins corporels, une surexcitation pulsionnelle d'origine interne dont l'excès s'avère plus ou moins rapidement désagréable. La construction du Moi-peau se trouve alors handicapée par l'instauration durable d'une enveloppe psychique, à la fois enveloppe d'excitation et enveloppe de souffrance (au lieu d'un Moi-peau à la fois pare-excitation et enveloppe de bien-être). C'est là la base économique et topographique du masochisme, avec la compulsion à répéter les expériences qui réactivent à la fois l'enveloppe d'excitation et celle de souffrance.

Le paradoxe des contacts signifiants tient en ce que la mère attentive aux besoins non seulement corporels, mais aussi psychiques du bébé, ne fait pas que satisfaire ces besoins, elle montre, par les échos sensoriels qu'elle renvoie autant que par les actions concrètes qu'elle accomplit, qu'elle a correctement interprété ces besoins. Le bébé est satisfait dans ses besoins, et il est surtout rassuré quant à son besoin qu'on comprenne ses besoins. D'où la construction d'une enveloppe de bien-être, narcissiquement investie, support de l'illusion, nécessaire à fonder le Moi-peau, qu'un être accolé de l'autre côté de cette enveloppe réagit immédiatement en symétrie complémentaire à ses signaux : illusion sécurisante d'un double narcissique omniscient à sa disposition permanente.

Sous-jacent aux deux cas, du narcissisme secondaire comme du masochisme secondaire, se trouve le fantasme d'une surface de peau commune à la mère et à l'enfant : surface où domine, ici l'échange direct des excitations, là l'échange direct des significations.

Quand le Moi-peau se développe surtout sur le versant narcissique, le fantasme originaire d'une peau commune se transforme en fantasme secondaire d'une peau renforcée et invulnérable (caractérisée par sa double paroi accolée, cf. p. 154). Quand le Moi-peau se développe davantage sur le plan masochique, la peau commune est fantasmée comme peau arrachée et blessée. Les divers fantasmes de la peau, tels que la mythologie permet d'en dresser un inventaire (*cf.* D. Anzieu, 1984), jalonnent ces deux versants : peau bouclier (l'égide de Zeus), peau oripeau (les robes célestes et le survêtement animal de Peau d'Âne) pour le premier versant ; peau meurtrie, peau écorchée, peau meurtrière pour le second versant.

S. Consoli[1] a exposé le cas d'un patient (masochiste) qui se complaît à s'imaginer victime des humiliations imposées par une femme dans les conditions suivantes : elle se tient debout, revêtue d'une peau de mouton, ou de vache, et lui-même, à quatre pattes aux pieds de la femme, s'identifie au mouton ou à la vache. Il y a donc représentation d'une peau commune à l'homme (transformé en animal) et à la femme qui le dompte, porteuse de la peau du même animal, dans une complémentarité des rôles qui accentue l'illusion d'une continuité narcissique. Dans leur corps à corps, chacun est, plutôt que le « prolongement » de l'autre (comme le pense S. Consoli), une des deux faces respectives de cette interface cutanée commune que je viens de mettre en évidence. Il convient d'ajouter que dans de nombreux scénarios pervers ou dans de simples fantaisies érotiques, la fourrure joue un rôle fétiche, par similitude aux poils qui masquent la perception des organes génitaux et donc la reconnaissance de la différence des sexes.

1. Exposé à la journée *Peau et Psychisme* (Hôpital Tarnier, 19 février 1983).

4

LE MYTHE GREC DE MARSYAS

CADRE SOCIOCULTUREL

Le mythe de Marsyas (ce nom, qui dérive étymologiquement du verbe grec *marnamaï*, désigne « celui qui combat ») fait écho, selon les historiens des religions, aux combats des Grecs pour soumettre la Phrygie et sa citadelle Céléné (état d'Asie mineure situé à l'est de Troie) et pour imposer aux habitants le culte des dieux grecs (représentés par Apollon) en contrepartie de la conservation de leurs cultes locaux, notamment ceux de Cybèle et de Marsyas. La victoire d'Apollon avec sa lyre sur Marsyas (qui joue de la flûte à deux tuyaux) est suivie et redoublée par la victoire du dieu grec en Arcadie sur Pan (l'inventeur de la flûte à un seul tuyau ou syrinx)[1]. « Les victoires d'Apollon sur Marsyas et Pan commémorent les conquêtes helléniques de la Phrygie et de l'Arcadie ainsi que le remplacement des instruments à vent par des instruments à

1. Marsyas aurait eu un frère, Babys, qui jouait de la flûte à un seul tuyau mais si mal qu'il aurait été épargné par Apollon : on retrouve là le thème des paysans montagnards, étrangers, grossiers et ridicules, auxquels les Grecs civilisés et conquérants tolèrent de conserver leurs antiques croyances à condition qu'ils honorent également les dieux grecs. Pan, avec sa flûte et son rameau de pin, est un doublet mythologique de Marsyas : c'est un dieu d'Arcadie, région montagneuse au centre du Péloponnèse ; Pan en symbolise les bergers agiles et velus, aux mœurs rudes et brutales comme celles de leurs troupeaux, aux formes bestiales, aux goûts simplistes pour des siestes ombragées, pour une musique naïve, pour une sexualité polymorphe (Pan veut dire « tout » en grec ; le dieu Pan est réputé goûter indifféremment aux plaisirs homosexuels, hétérosexuels et solitaires ; une légende tardive suppose que Pénélope aurait couché successivement avec tous les prétendants avant le retour d'Ulysse et que Pan serait né de ces amours multiples).

corde dans ces régions, excepté chez les paysans. Le châtiment de Marsyas se rapporte peut-être au roi sacré qu'on écorchait rituellement – de même Athéna retire à Pallas son égide magique – ou à l'écorce d'une pousse d'aune que l'on découpe pour fabriquer un pipeau de berger, l'aune étant la personnification d'un dieu ou d'un demi-dieu. » (Graves R., 1958, p. 71.)

La compétition musicale entre Marsyas et Apollon condense toute une série d'oppositions : celle des Barbares et des Grecs ; celle de bergers montagnards aux mœurs à demi animales et des habitants cultivés de la Cité ; celle des instruments à vent (la flûte à un ou deux tuyaux) et des instruments à cordes (la lyre en possède sept) ; celle d'une succession monarchique et cruelle du pouvoir politique (par la mise à mort périodique du roi ou du grand prêtre et par son écorchage) et d'une succession démocratique ; celle des cultes dionysiaques et des cultes apolliniens ; celle de l'arrogance de la jeunesse ou des croyances périmées de la vieillesse appelées l'une et l'autre à s'incliner devant la maîtrise et la loi de la maturité. Marsyas est en effet représenté tantôt comme un silène, c'est-à-dire un satyre vieux, et tantôt comme un jeune compagnon de la grande déesse-mère de la Phrygie, Cybèle, inconsolable de la mort de son serviteur et sans doute fils et amant Attis[1]. Marsyas apaise son chagrin en jouant de la flûte. Ce pouvoir réparateur-séducteur de Marsyas sur la mère des dieux le rend ambitieux et prétentieux, ce qui provoque Apollon à le défier pour savoir lequel des deux produira avec son instrument la plus belle musique. Cybèle a donné son nom au mont Cybélé, d'où jaillit le fleuve Marsyas et au sommet duquel était construite la citadelle phrygienne de Céléné.

Un mythe – j'ai déjà énoncé ce principe (Anzieu D., 1970) – obéit à un double codage, un codage de la réalité externe, botanique, cosmologique, socio-politique, toponymique, religieuse, etc., et un codage de la réalité psychique interne par sa mise en correspondance avec les éléments codés de la réalité externe. Dans ma pensée, le mythe de Marsyas est un codage de cette réalité psychique particulière que j'appelle le Moi-peau.

Ce qui retient en effet mon attention dans le mythe de Marsyas et qui fait sa spécificité par rapport aux autres mythes grecs, c'est premièrement le passage de l'enveloppe sonore (fournie par la musique) à l'en-

1. C'est Frazer dans *Le Rameau d'or* (1890-1915, tr. fr., tome 2, ch. V) qui a eu l'idée de rapprocher Marsyas d'Attis (et aussi d'Adonis et d'Osiris). Le thème commun est celui du destin tragique du fils trop chéri d'une mère qui veut le garder amoureusement tout à elle.

veloppe tactile (fournie par la peau) ; et deuxièmement le retournement d'un destin maléfique (s'inscrivant sur et par la peau écorchée) en un destin bénéfique (cette peau conservée préserve la résurrection du Dieu, le maintien de la vie et le retour de la fécondité dans le pays). Je ne retiendrai, dans mon analyse de ce mythe grec, que les éléments de base, ou mythèmes se rapportant directement à la peau (et qu'on retrouve figurés dans des expressions courantes de la langue actuelle : on triomphe complètement d'un adversaire quand on a sa peau ; on est bien dans sa peau quand on la conserve entière ; et encore les femmes peuvent être le mieux ensemencées par les hommes qu'elles ont dans la peau). La comparaison avec d'autres mythes grecs où la peau intervient seulement de façon accessoire me permettra de vérifier et compléter la liste des mythèmes fondamentaux de la peau et de faire entrevoir la possibilité d'une classification structurale de ces mythes selon la présence ou l'absence de tel ou tel de ces mythèmes et selon leur succession et combinaison.

PREMIÈRE PARTIE DU MYTHE

Je rappelle d'abord brièvement l'histoire de Marsyas avant que la peau n'entre en scène, histoire assez commune de rivalité ouverte et de désirs incestueux voilés : cela me semble manifester le fait que les fonctions originaires du Moi-peau sont, dans l'ontopsychogenèse, recouvertes, occultées et altérées par les processus primaires puis secondaires liés au développement prégénital et génital et à l'œdipification du fonctionnement psychique.

Un jour, Athéna fit une flûte à deux tuyaux avec des os de cerf et en joua à un banquet des dieux. Elle se demandait pourquoi Héra et Aphrodite riaient en silence, le visage caché derrière leurs mains, alors que les autres dieux étaient ravis par la musique. Elle se retira seule dans un bois de Phrygie au bord d'une rivière et elle regarda son image dans l'eau pendant qu'elle soufflait dans la flûte : ses joues gonflées et son visage congestionné lui donnaient un aspect grotesque[1]. Elle jeta la flûte en lançant une malédiction sur qui la ramasserait. Marsyas trébucha sur cette flûte et il ne l'eut pas plus tôt portée à ses lèvres que la flûte, se sou-

1. Cet épisode illustre ce que, par contraste avec l'envie du pénis, il conviendrait d'appeler l'horreur du pénis chez la femme. La vierge et guerrière Athéna est horrifiée à la vue de son visage transformé en une paire de fesses avec un pénis qui pend ou qui se dresse au milieu.

venant de la musique d'Athéna, se mit à jouer toute seule. Il parcourut ainsi la Phrygie comme suivant de Cybèle, qu'il consolait du deuil d'Attis, enchantant les paysans qui s'exclamaient que même Apollon sur sa lyre n'aurait pu jouer mieux. Marsyas eut l'imprudence de ne pas les contredire. D'où la colère d'Apollon, qui lui proposa le concours évoqué plus haut, concours dont le vainqueur infligerait au vaincu le châtiment de son choix. L'orgueilleux Marsyas accepta. Le jury était composé des Muses[1].

Le concours se déroulait sans qu'un vainqueur s'imposât ; les Muses étaient charmées par l'un et l'autre instrument. Alors Apollon défia Marsyas de faire comme lui, tourner son instrument à l'envers, en jouer et chanter en même temps. Marsyas évidemment échoua tandis qu'Apollon jouait de sa lyre renversée et chantait des hymnes si merveilleux en l'honneur des dieux de l'Olympe que les muses ne purent que lui donner le prix (Graves, *op. cit.*, p. 67-68). Là commence la deuxième partie du mythe, celle qui concerne spécifiquement la peau. Ici, je suis le récit donné par Frazer (*op. cit*, p. 396-400) dont je dégage au fur et à mesure les mythèmes sous-jacents.

SECONDE PARTIE : LES HUIT MYTHÈMES

Premier mythème : Marsyas est pendu à un pin par Apollon. Il ne s'agit pas de pendaison par le cou provoquant la mort par strangulation, mais de suspension par les bras à une branche d'arbre, permettant de découper ou de saigner facilement la victime. Frazer a réuni une série impressionnante d'exemples de dieux pendus (voire de prêtres ou de femmes qui se pendent volontairement ou rituellement). Ces sacrifices, humains à l'origine, furent peu à peu remplacés par des sacrifices d'animaux puis d'effigies.

Ce mythème me semble en rapport avec la verticalité de l'homme, par opposition à l'horizontalité de l'animal. Sorti de l'enfance et de l'anima-

1. Selon certaines versions, le jury était présidé par le dieu du mont Tmolos (lieu du concours) et il comprenait également Midas, le roi de Phrygie, introducteur du culte de Dionysos dans ce pays. Quand Tmolos eut donné le prix à Apollon, Midas aurait contesté la décision. Pour le punir, Apollon lui aurait fait pousser les fameuses oreilles d'âne (châtiment approprié à quelqu'un qui avait manqué d'oreille musicale !); en vain cachées sous le bonnet phrygien, celles-ci finirent par être cause d'une honte mortelle pour leur porteur (Graves, *op. cit.*, p. 229). Selon d'autres versions, c'est le concours suivant, entre Apollon et Pan, que Midas aurait arbitré.

lité, l'homme se tient debout en s'appuyant sur le sol (comme le bébé s'appuie sur la main de sa mère pour se redresser). C'est la verticalité positive (redoublée par le pin, arbre le plus vertical qui soit). Le châtiment consiste à infliger la verticalité négative : la victime reste verticale mais suspendue en l'air (parfois la tête en bas), position douloureuse et humiliante qui expose sans défense à tous les sévices et qui reproduit la détresse originaire du nourrisson non ou mal tenu par sa mère.

Second mythème : La victime suspendue nue a sa peau entaillée ou percée à coups de lance, afin qu'elle se vide de son sang (soit pour fertiliser la terre, soit pour attirer les vampires en les détournant de s'attaquer aux proches, etc.). Ce mythème, absent du mythe de Marsyas, est universellement répandu en conjonction avec le précédent : Œdipe nouveau-né a les chevilles trouées et il est suspendu horizontalement à un bâton ; Œdipe Roi se crève les yeux à la vue du cadavre de Jocaste qui pend étranglée à une corde ; le Christ est cloué à une croix ; saint Sébastien, ligoté à un arbre, est percé de flèches ; telle sainte, dans la même position, a les seins coupés ; les prisonniers des Aztèques sont renversés le dos contre une grosse pierre et leur cœur est arraché, etc.

Ce mythème me semble en rapport avec la capacité de la peau de contenir le corps et le sang, le supplice consistant à détruire la continuité de la surface contenante en la criblant d'orifices artificiels. Cette capacité contenante est donc respectée chez Marsyas par le dieu grec.

Troisième mythème : Marsyas est écorché vivant et entièrement par Apollon et sa peau vide reste suspendue ou clouée au pin. Le propriétaire du prisonnier sacrifié par les prêtres aztèques revêtait pendant vingt jours la peau de celui-ci. Saint Barthélemy fut écorché vivant mais sa peau ne fut pas conservée. Octave Mirbeau a décrit dans *Le Jardin des supplices* (1899) un homme dépiauté traînant derrière lui sa peau comme une ombre, etc.

À mon sens la peau arrachée au corps, si son intégrité est conservée, figure l'enveloppe protectrice, le pare-excitation, qu'il faut fantasmatiquement prendre à l'autre pour l'avoir à soi ou pour redoubler et renforcer le sien propre, mais au risque d'une retaliation.

Cette peau pare-excitation est précieuse. Telle est la Toison d'or gardée par un redoutable dragon et que Jason a mission de conquérir, peau d'or d'un bélier sacré et ailé offert autrefois par Zeus à deux enfants menacés de mort par leur marâtre ; Médée, la sorcière, protège son amant en lui fournissant un baume dont il s'enduit tout le corps et qui le met pour vingt-quatre heures à l'abri des flammes et des blessures. C'est encore la peau d'Achille rendue invulnérable par sa mère, une déesse, qui suspend l'enfant par un talon (premier mythème) et le plonge dans l'eau infernale du Styx (*cf.* D. Anzieu, 1984).

C'est avec ce mythème que le destin jusque-là maléfique de Marsyas s'inverse en bénéfique, grâce au maintien de l'intégrité de sa peau.

Quatrième mythème : La peau intacte de Marsyas était, encore à l'époque historique, conservée au pied de la citadelle de Céléné ; elle pendait dans une grotte d'où jaillissait le fleuve Marsyas, un affluent du Méandre. Les Phrygiens y voyaient le signe de la résurrection de leur dieu pendu et écorché. Il y a sans doute là l'intuition qu'une âme personnelle – un Soi psychique – subsiste tant qu'une enveloppe corporelle en garantit l'individualité.

L'égide de Zeus condense les mythèmes un, trois, quatre, cinq, six. Sauvé par une ruse de sa mère de la dévoration paternelle, Zeus est allaité par la chèvre Amalthée, qui le cache en le suspendant à un arbre et qui, en mourant, lui lègue sa peau pour s'en faire une armure. Protégée à son tour par cette égide, sa fille Athéna vainc le géant Pallas et lui prend sa peau. L'égide fait non seulement un bouclier parfait dans les combats mais permet à la force de Zeus de s'épanouir et de lui faire accomplir son destin singulier qui est de devenir le maître de l'Olympe.

Un *cinquième mythème*, fréquent dans les rites et les légendes de diverses cultures apparaît, à une première lecture, absent du mythe de Marsyas. C'est en quelque sorte le complément en négatif du quatrième mythème. La tête de la victime est coupée du reste du corps (lequel peut être brûlé, mangé, enterré) ; la tête est précieusement conservée soit pour effrayer les ennemis, soit pour s'attirer les faveurs de l'esprit du mort en multipliant les soins à tel ou tel organe de cette tête, la bouche, le nez, les yeux, les oreilles…

Ce cinquième mythème me semble construit sur l'antinomie suivante : ou la tête seule est conservée après avoir été retranchée du corps, ou la peau globale est conservée, visage et crâne compris. Ce n'est pas seulement le lien entre la périphérie (la peau) et le centre (le cerveau) qui est ici détruit ou reconnu, c'est d'abord le lien entre la sensibilité tactile, éparse sur toute la surface du corps, et les quatre autres sens externes localisés au visage. L'individualité de la personne, énoncée par le mythème quatre qui met l'accent sur sa résurrection (c'est-à-dire par exemple le retour régulier de la conscience de soi au réveil), cette individualité requiert la mise en rapport des différentes qualités sensorielles sur ce continuum de fond fourni par la représentation de la peau globale.

Si la tête coupée est gardée prisonnière, alors que le reste du corps est jeté ou détruit, l'esprit du mort perd toute volonté propre ; il est aliéné à la volonté du propriétaire de sa tête. Être soi-même, c'est en premier lieu avoir une peau à soi et en second lieu s'en servir comme d'un espace où mettre en place ses sensations.

L'égide de Zeus non seulement l'abritait des ennemis, mais la tête horrible de la Gorgone fixée sur elle les médusait. Guidé par un bouclier de bronze poli qu'Athéna tenait au-dessus de sa tête, Persée avait pu vaincre la hideuse Gorgone et la décapiter ; il avait donné en remerciement la tête à Athéna, qui l'avait utilisée pour renforcer le pouvoir de l'égide.

Sixième mythème : Sous l'emblème de cette peau suspendue et immortelle du dieu flûtiste Marsyas, jaillit, impétueux et bruyant, le fleuve Marsyas aux eaux abondantes, promesses de vie pour la région et dont les grondements répercutés par les parois de la caverne produisent une musique qui enchante les Phrygiens.

La métaphore est claire. D'une part, ce fleuve représente les pulsions de vie, avec leur force, leurs charmes. D'autre part, l'énergie pulsionnelle n'apparaît disponible qu'à quiconque a préservé l'intégrité de son Moi-peau, étayé à la fois sur l'enveloppe sonore et sur la surface cutanée.

Septième mythème : Le fleuve Marsyas est également une source de fécondité pour la région : il assure la germination des plantes, la reproduction des animaux, l'enfantement des femmes.

Là aussi la métaphore est explicite : l'accomplissement sexuel requiert l'acquisition d'une sécurité narcissique de base, d'un sentiment de bien-être dans sa peau.

Le mythe de Marsyas reste muet sur les qualités de la peau qui stimulent le désir sexuel. D'autres mythes, contes ou récits de fictions nous renseignent : la peau de la mère désirable pour le garçon est vécue comme *Vénus à la fourrure* (Sacher-Masoch) ; la peau du père qui a des projets incestueux est vécue par la fille comme *Peau d'Âne* (Perrault).

L'excès de désir sexuel est aussi dangereux pour la fécondité que sa carence. Œdipe, qui a eu la démesure de faire quatre enfants à sa mère, plonge Thèbes dans la stérilité.

Huitième mythème : La peau de Marsyas pendue dans la grotte de Céléné restait sensible à la musique du fleuve et aux chants des fidèles ; elle tressaillait au son des mélodies phrygiennes, mais elle demeurait sourde et immobile aux airs joués en l'honneur d'Apollon.

Ce mythème illustre le fait que la communication originaire entre le bébé et l'environnement maternel et familial est un miroir à la fois tactile et sonore. Communiquer, c'est d'abord entrer en résonance, vibrer en harmonie avec l'autre.

Le mythe de Marsyas s'arrête là, mais d'autres mythes m'amènent à proposer un ultime mythème négatif.

Mythème final négatif : La peau se détruit elle-même ou est détruite par une autre peau. Le premier cas a pour allégorie *La Peau de chagrin* (Balzac) ; la peau individuelle se rétrécit symboliquement d'une façon proportionnelle à l'énergie qu'elle rend possible de dépenser pour vivre et paradoxalement son bon fonctionnement se rapproche et nous rapproche de la mort par un phénomène d'auto-usure. Le second cas est celui de la peau meurtrière, illustrée par deux mythes grecs célèbres : la robe et les bijoux volontairement empoisonnés que Médée fait porter à sa rivale brûlent celle-ci dès qu'elle en recouvre sa peau et avec elle son père accouru à son secours et tout le palais royal ; la tunique involontairement empoisonnée par Déjanire dans le sang et le sperme du perfide centaure Nessos (qui a abusé d'elle physiquement et moralement), cette tunique colle à la peau de son infidèle mari Héraklès et le poison ainsi réchauffé pénètre l'épiderme du héros et le ronge ; en essayant d'arracher cette seconde peau corrosive, Héraklès enlève des lambeaux de sa propre chair ; fou de douleur, il n'a pas d'autre solution pour se délivrer de cette enveloppe autodestructrice que de s'immoler par le feu, sur un bûcher que par miséricorde son ami Philoctète accepte d'allumer.

Quel est le correspondant psychologique de ce mythème ? Aux attaques fantasmatiques éventuellement accompagnées de passage à l'acte contre les contenus du corps et de la pensée, il convient d'ajouter les notions d'attaques contre le contenant, de retournement sur le contenant des attaques contre le contenu, voire de retournement du contenant contre lui-même, notions sans lesquelles la problématique masochiste ne peut pas être expliquée. Les huit premiers mythèmes, dont l'enchaînement constitue le mythe particulier de Marsyas sont, chacun à leur façon, le lieu d'un combat analogue, d'un conflit interne dont le concours entre Apollon et Marsyas fournit une figuration.

Ce retournement destructeur me semble avoir pour pendant un retournement créateur, qui consiste, comme l'a montré Guillaumin (1980), à retourner imaginairement la peau comme un gant, en faisant du contenu un contenant, de l'espace du dedans une clé pour structurer le dehors, du ressenti interne une réalité connaissable.

Revenons au roman de Sacher-Masoch. L'épisode final de la *Vénus à la Fourrure* présente une variante du premier mythème de Marsyas. Séverin a assisté, caché, au commerce sexuel entre sa maîtresse, Wanda, et l'amant de celle-ci, le Grec : ainsi, c'est le désir voyeuriste qui va être puni chez Séverin, comme le désir exhibitionniste l'a été chez Marsyas. Wanda livre alors Séverin, solidement attaché à une colonne, aux coups de cravache du Grec, tout comme Athéna, par son imprécation, a remis Marsyas pour écorchage à Apollon. Il est d'ailleurs sous-entendu par les textes grecs qu'elle assiste au supplice. L'analogie est renforcée par deux autres détails. Sacher-Masoch décrit la beauté du Grec en le comparant à une statue d'éphèbe antique ; c'est une façon indirecte de dire qu'il est beau comme Apollon. Les dernières phrases du roman explicitent le renoncement de Séverin à son rêve masochiste : être fouetté par une femme, même déguisée en homme, passe encore ; mais « être écorché par Apollon » (telle est l'avant-dernière ligne du texte), par un Grec robuste sous une apparence ambiguë de femme travestie, par un Grec qui y va trop fort, cela ne va plus. La jouissance a atteint son point d'horreur insoutenable.

Les huit mythèmes du mythe grec de Marsyas apportent une confirmation indirecte à la théorie (que j'expose au chapitre 7) des huit fonctions du Moi-peau.

Freud, dès 1905, a mis en évidence la peau comme zone érogène : [...] « dans le plaisir de regarder-et-s'exhiber, l'œil correspond à une zone érogène, tandis que, dans le cas de composantes de la pulsion sexuelle comme la douleur et la cruauté, c'est la peau qui tient ce rôle ; la peau qui, en certains endroits du corps, s'est différenciée en organes des sens et s'est transformée en muqueuse, autrement dit, la zone érogène *par excellence.* » (S. Freud, *Trois essais sur la théorie sexuelle*, trad. fr., p. 85.)

5

PSYCHOGENÈSE DU MOI-PEAU

LE DOUBLE FEED-BACK DANS LE SYSTÈME DYADIQUE MÈRE-ENFANT

Depuis les années 70, un intérêt scientifique considérable s'est porté sur les nouveau-nés. Notamment les recherches du pédiatre Berry Brazelton (1981), qui se sont déroulées en Angleterre puis aux États-Unis, parallèlement à mes propres réflexions sur le Moi-peau et indépendamment d'elles, apportent une intéressante confirmation et des précisions complémentaires. Afin d'étudier le plus précocement et le plus systématiquement possible la dyade nourrisson-entourage (que je préfère appeler maternant plutôt que maternel pour ne pas limiter l'entourage à la mère biologique), Brazelton a mis au point en 1973 une *Échelle d'évaluation du comportement du nouveau-né*, largement appliquée ensuite aux États-Unis. Il en a tiré les résultats suivants :

1. À la naissance et dans les jours qui suivent, l'enfant présente une ébauche du Moi, en raison des expériences sensorielles déjà faites vers la fin de sa vie intra-utérine, en raison sans doute aussi du code génétique qui prédéterminerait son développement en ce sens. Pour survivre, le nouveau-né a besoin non seulement de recevoir les soins répétés et ajustés d'un entourage maternant, mais aussi a) d'émettre à l'égard de cet entourage des signaux susceptibles de déclencher et d'affiner ces soins ; b) d'explorer l'environnement physique à la recherche des stimulations nécessaires pour exercer ses potentialités et activer son développement sensori-moteur. D'où les deux enveloppes, d'excitation et d'inscription.

2. Le bébé dans la situation de dyade est un partenaire non pas passif, mais actif (*cf.* M. Pinol-Douriez, 1984) ; il est en interaction constante avec l'environnement en général, avec l'entourage maternant en particu-

lier, dès que celui-ci est présent ; le bébé développant vite des techniques pour rendre cet entourage présent quand il en éprouve le besoin.

3. Le bébé sollicite les adultes qui l'entourent (et en premier lieu sa mère) autant que l'adulte sollicite le bébé. Cette sollicitation double (qui correspondrait à des déterminismes épigénétiques eux-mêmes prévus ou préparés par le code génétique) se déroule selon un enchaînement que Brazelton compare au phénomène physique du feed-back, c'est-à-dire, en cybernétique, à la boucle d'autorégulation propre aux systèmes assistés. La sollicitation mutuelle permet au bébé d'agir sur l'entourage humain (et par son intermédiaire sur l'environnement physique), d'acquérir la distinction fondamentale de l'animé et de l'inanimé, d'imiter les imitations de certains de ses gestes que lui renvoient les adultes et de se préparer ainsi à l'acquisition de la parole. Cela présuppose – ce que je discuterai plus loin – de considérer la dyade mère-nourrisson comme un seul système formé d'éléments interdépendants se communiquant des informations entre eux et dans lequel le feed-back fonctionne dans les deux sens, de la mère vers le bébé et du bébé vers la mère.

4. Si l'entourage maternant n'entre pas dans ce jeu de la sollicitation réciproque et n'alimente pas ce double feed-back ou si un déficit du système nerveux prive le bébé de la capacité de prendre des initiatives sensori-motrices à l'égard de son entourage et/ou de répondre aux signaux émis à son intention, le bébé présente des réactions de retrait et/ou de colère, qui sont passagères si la froideur, l'indifférence, l'absence de l'entourage maternant sont elles-mêmes passagères (comme Brazelton l'a expérimentalement observé en demandant à des mères habituellement communicatives de maintenir un visage impassible et de s'abstenir volontairement pendant plusieurs minutes de quelque manifestation que ce soit à l'égard de leur bébé). Ces réactions tendent à devenir durables, intenses et pathologiques si la non-réponse de l'entourage maternant persiste.

5. Les parents sensibles au feed-back renvoyé par le bébé se guident sur lui pour agir, pour changer éventuellement d'attitude, pour se sentir assurés dans l'exercice de leur fonction parentale. Un bébé passif et indifférent (par suite d'un traumatisme intra-utérin ou d'un raté du code génétique) plonge dans l'incertitude et le désarroi ceux qui s'occupent de lui ; il arrive même, comme l'a noté M. Soulé (1978), qu'il rende sa mère folle, alors que celle-ci n'a eu aucun problème de cet ordre avec ses autres enfants.

6. Des modèles de comportement psychomoteur se constituent précocement chez le bébé à l'occasion de ces interactions ; s'ils sont réussis, répétés et appris, ils deviennent des comportements préférés et des précurseurs des modèles cognitifs ultérieurs. Ils assurent le développement d'un style et d'un tempérament propres au nourrisson, lesquels fournis-

sent à leur tour une grille qui devient pour l'entourage un moyen de prévoir les réactions du bébé (par exemple ses cycles de nourriture, de sommeil, d'activité de tel type) et qui détermine le niveau d'attente de ceux qui le maternent (*cf.* Ajuriaguerra : l'enfant est « créateur de mère »). Les membres de l'entourage commencent alors à le considérer comme une personne, c'est-à-dire comme ayant un Moi individuel. Ils l'entourent de ce que Brazelton appelle une « enveloppe de maternage » constituée par un ensemble de réactions adaptées à sa personnalité singulière. Brazelton parle aussi d'une « enveloppe de contrôle », réciproque de la précédente : les réaction du bébé entourent d'une enveloppe de contrôle son entourage humain qu'il oblige à tenir compte de ses réactions. Brazelton parle également du système de double feed-back comme d'une « enveloppe » qui englobe la mère et le nourrisson (ce qui correspond à ce que j'appelle le Moi-peau).

7. L'étude expérimentale des nourrissons a précisé la nature de quelques-unes des boucles de feed-back spécifiques rendues possibles par les étapes successives de la maturation nerveuse et dont le bébé fait l'expérience si l'entourage lui en offre l'occasion :

– Le regard prolongé du bébé fixant le regard de la mère, « yeux dans les yeux », entre 6 semaines et 4 mois environ (avant 3-4 mois le bébé attire l'attention de l'adulte par le regard ; après 3-4 mois, par les contacts corporels puis les vocalises).

– L'identification précoce par le bébé (de quelques jours ou de quelques semaines) de la mélodie habituelle de la voix maternelle, avec des effets d'apaisement de l'agitation et de stimulation de certaines activités.

– Les mêmes effets lors de la présentation au bébé d'une étoffe imprégnée de l'odeur maternelle.

– La distinction réflexe par le bébé, six heures après la naissance, d'une saveur bonne (sucrée), d'une saveur neutre (l'eau insipide) et d'une saveur mauvaise (avec trois degrés croissants, le salé, l'acide, l'amer) ; et les modulations progressives de ces distinctions réflexes au cours des mois qui suivent, selon les encouragements, les interdits, les exhortations de l'entourage maternant, le bébé apprenant à lire sur la mimique de la mère ce qu'elle considère comme bon ou comme mauvais pour lui et qui ne correspond pas toujours exactement (voire pas du tout) au schéma réflexe originaire du bébé (Chiva, 1984).

– La perception des sons verbaux comme distincts des autres sons, et leur différenciation d'après les mêmes catégories que les adultes dès deux mois.

8. La réussite du bébé à mener à bien, en interaction avec l'entourage maternant, telle et telle de ces boucles de feed-back successifs, ajoute à

ses capacités de discrimination sensorielle, d'effectuation motrice et d'émission signifiante, une force qui le pousse à expérimenter d'autres boucles, à tenter de nouveaux apprentissages. Le bébé acquiert un pouvoir de maîtrise endogène qui va d'un sentiment de confiance dans ses entreprises à un sentiment euphorisant de toute-puissance illimitée ; à mesure que chaque pas est maîtrisé, l'énergie, loin de se dissiper par décharge dans l'action, est au contraire accrue par la réussite (phénomène de recharge libidinale, selon la psychanalyse) et investie dans l'anticipation de l'étape suivante ; ce sentiment d'une force intérieure est indispensable au bébé pour accomplir les réorganisations de ses schèmes sensori-moteurs et affectifs rendues nécessaires par sa maturation et par ses expériences.

La réussite du bébé dans ses entreprises sur l'environnement physique et sur l'entourage humain suscite de la part de celui-ci non seulement une approbation mais des marques annexes gratifiantes dont le bébé cherche à provoquer le retour pour son plaisir : à la force du désir de se lancer dans des entreprises nouvelles s'ajoute la force du désir d'aller au-devant des attentes des grandes personnes.

DIVERGENCES ENTRE LES POINTS DE VUE COGNITIF ET PSYCHANALYTIQUE

Il y a accord entre la psychologie expérimentale et la psychanalyse en ce qui concerne l'existence chez le nouveau-né d'un pré-Moi corporel, doté d'un élan intégrateur des diverses données sensorielles, d'une tendance à aller à la rencontre des objets, à mettre en œuvre à leur égard des stratégies, à établir avec les personnes de l'entourage maternant des relations d'objet (dont l'attachement est un cas particulier), doté d'une capacité de réglage par l'expérience des fonctions corporelles et psychiques que le code génétique et le développement intra-utérin ont mises à sa disposition, parmi elles, celle de discerner des bruits et des sons non verbaux et de reconnaître, à l'intérieur de ceux-ci, les distinctions phonologiques pertinentes dans la langue parlée autour de lui, doté de la capacité d'émettre des signaux à l'intention de l'entourage (mimique et cri d'abord, et peut-être émission d'odeurs, puis regard et posture, puis gestes et vocalises). Ce pré-Moi corporel est un précurseur du sentiment de l'identité personnelle et du sens de la réalité, qui caractérisent le Moi psychique proprement dit. Il rend compte de deux faits objectivement autant que subjectivement constatables : d'une part, assez vite après la naissance, l'être humain est un individu, possédant son style particulier et vraisemblablement le sentiment d'être un Soi unique ; d'autre part, sa réussite dans les expériences ci-dessus énumérées remplit son pré-Moi d'un dynamisme qui le pousse à entreprendre de nouvelles expériences et qui s'accompagne d'un sentiment vraisemblable de jubilation.

Il n'en subsiste pas moins des différences importantes entre une théorie de type cognitiviste et une théorie de type psychanalytique. La première accentue la symétrie entre l'entourage maternant et le nourrisson, dont elle fait un couple tendant vers un système homéostatique. Il ne m'étonne pas que l'étude des bébés mobilise chez l'observateur des illusions à travers le verre déformant derrière lequel il effectue ses observations. S'avère maintenant périmée l'illusion d'un bébé passif, au psychisme table rase ou cire molle. Elle est remplacée par l'illusion d'un bébé compétent, dynamique, partenaire quasi à égalité dans l'interaction, formant avec sa mère, si elle-même est une partenaire compétente et dynamique, un couple parfaitement adapté et heureux, plus proche de la paire de jumeaux que de la dyade complémentaire mais dissymétrique composée d'un adulte au développement supposé achevé et d'un être, sinon prématuré, du moins inachevé. La même illusion gémellaire est également ravivée chez l'adulte par l'énamoration : Berenstein et Puget (1984) ont montré qu'elle fonde le couple amoureux. Or, il ne peut y avoir de symétrie que par rapport à un plan (ou à un axe). Je constate que ce plan est fourni par un fantasme – méconnu des expérimentalistes –, celui d'une peau commune à la mère et à l'enfant ; ce fantasme a une structure d'interface ; il s'agit d'une interface particulière, qui sépare deux régions de l'espace ayant même régime et entre lesquelles il instaure donc une symétrie (si les régimes sont différents, ou s'ils sont plus de deux, la structure de l'interface se modifie, elle s'enrichit par exemple de poches ou de points de fractures).

Les psychanalystes insistent (*cf.* notamment Piera Aulagnier, 1979) sur la dissymétrie entre le patient et le psychanalyste, entre le nourrisson et son entourage, sur la dépendance première et la détresse originaire (nommée comme telle par Freud, 1895) auxquelles, sous l'effet du processus psychanalytique, le patient régresse. Winnicott a constaté qu'à côté d'états d'intégration du Moi physique et du Moi corporel, le bébé expérimente des états de non-intégration qui ne sont pas nécessairement douloureux et qui peuvent s'accompagner du sentiment euphorique d'être un Soi psychique illimité ; ou encore qu'il peut désirer ne pas communiquer, parce qu'il se trouve trop bien ou trop mal. Le tout-petit acquiert peu à peu une ébauche de compréhension du langage humain mais qui se limite à la seconde articulation et sans avoir lui-même la possibilité de s'en servir pour émettre des messages ; la première articulation lui échappe ; il ressent ce mystère sonore et son impuissance sémiotique entre douleur et colère comme une violence psychique fondamentale exercée sur lui – ce que Piera Castoriadis-Aulagnier (1975) a appelé la « violence de l'interprétation » –, sans compter la brutalité des agressions physiques et chimiques auxquelles son corps est exposé, sans parler de la « violence fondamentale » (Bergeret, 1984) de la haine, du rejet, de l'indifférence, des mauvais soins et des coups en provenance de l'entourage humain. Cette dépendance de plus en plus mal supportée à une mère qui est le « porte-parole » (Piera Castoriadis-Aulagnier, 1975) nécessaire à ses besoins, cette violence actualisent dans son Moi psychique naissant l'imago de la mère persécutrice qui suscite des fantasmes effrayants et l'oblige à mobiliser des mécanismes de défense inconscients qui vont freiner, arrêter ou détruire l'heureux développement esquissé plus haut : le démantèlement stoppe le dynamisme intégrateur des sensations ; l'identification projective empêche le feed-back de se constituer en boucle ; le clivage multiple éparpille dans un espace nébuleux qui n'est ni interne ni externe des agglomérats de parties du Soi et de parties de l'objet ; une ceinture de rigidité musculaire ou d'agitation motrice ou de souffrance physique vient constituer une seconde peau psychotique ou une carapace autistique, ou une enveloppe masochique qui suppléent en le masquant au Moi-peau défaillant.

Une seconde divergence découle du fait que Brazelton travaille sur des comportements, et selon le schéma stimulus-réponse, alors que le psychanalyste travaille sur des fantasmes, eux-mêmes corrélés à des conflits inconscients et à des organisations particulières de l'espace psychique. Brazelton va jusqu'à considérer, à juste titre, que les multiples feed-back ponctuels qui interviennent dans la relation nourrisson-entourage maternant, constituent un système dynamique, voire économique, et créent une réalité psychique nouvelle de nature topographique qu'il appelle « enveloppe », sans plus préciser de quoi il s'agit. Enveloppe est une notion abstraite qui exprime le point de vue d'un observateur minutieux mais extérieur. Or le bébé a de cette enveloppe une représentation concrète, qui lui est fournie par ce dont il fait l'expérience sensorielle fréquente, à savoir la peau, une expérience sensorielle infiltrée de fantasmes. Ce sont ces fantasmes cutanés qui habillent son Moi naissant d'une figuration, imaginaire certes, mais qui mobilise, pour reprendre une expression de Paul Valéry[1], ce qu'il y a de plus profond en nous et qui est notre surface.

1. *L'Idée fixe : « Ce qu'il y a de plus profond dans l'homme, c'est la peau. »* « Et puis moelle, cerveau, tout ce qu'il faut pour sentir, pâtir, penser… *être profond* […], ce sont des inventions de la *peau* !… Nous avons beau creuser, docteur, nous sommes… ectoderme. » (P. Valéry, La Pléiade, tome 2, p. 215-216.)

Ce sont eux qui jalonnent les niveaux de structuration du Moi et qui en traduisent les ratés. Le développement des autres sens est rapporté à la peau, surface fantasmée « originaire » (au sens où P. Castoriadis-Aulagnier, 1975, entend l'originaire, comme précurseur et fondement du fonctionnement psychique primaire).

Je rencontre là, en tant que psychanalyste, une troisième divergence dans l'interprétation des résultats expérimentaux. Selon les psychologues cognitivistes, le sens tactile ne serait pas parmi les tout premiers à se développer. Les sensibilités gustative, olfactive, auditive, dont l'existence est prouvée dès la naissance, permettraient au bébé l'identification *de* sa mère (et l'identification consécutive *à* sa mère), ainsi qu'une ébauche de différenciation entre ce qui lui est bon et ce qui lui est mauvais. Par la suite, quand le tout-petit entre dans l'univers des communications intentionnelles, les échopraxies, les écholalies, les échorythmies joueraient un rôle plus décisif que ce que j'ai proposé d'appeler les échotactilismes, ou échanges signifiants de contacts tactiles.

J'ai plusieurs objections à opposer à cette minimisation du rôle de la peau dans le développement du psychisme. Chez l'embryon, sinon chez le nouveau-né, la sensibilité tactile apparaît la première (*cf.* p. 13) et c'est là, sans doute, la conséquence du développement de l'ectoderme, source neurologique commune de la peau et du cerveau. L'événement de la naissance apporte à l'enfant en train de naître une expérience de massage de tout le corps et de frottement généralisé de la peau au cours des contractions maternelles et de l'expulsion hors de l'enveloppe vaginale dilatée aux dimensions du bébé. On sait que ces contacts tactiles naturels stimulent le déclenchement des fonctions respiratoires et digestives ; en cas d'insuffisance, ils sont remplacés par des contacts artificiels (secousses, bains, enveloppements chauds, massages manuels). Le développement des activités puis des communications sensorielles par l'ouïe, la vue, l'odorat, le goût est à son tour favorisé par la façon dont les personnes de l'entourage portent l'enfant, le rassurent en serrant son corps contre le leur, soutiennent sa tête ou sa colonne vertébrale. Comme le langage courant le montre, qui parle de « contact » pour tous les sens (on contacte au téléphone quelqu'un qu'on entend à distance, sans le voir ; on a bon contact avec quelqu'un qu'on voit mais qu'on ne touche pas), la peau est le référent de base auquel sont spontanément rapportées les diverses données sensorielles. La peau, à supposer qu'elle ne détienne pas l'antériorité chronologique, possède un primat structural sur tous les autres sens, pour trois raisons au moins. Elle est le seul sens à recouvrir tout le corps. elle-même contient plusieurs sens distincts (chaleur, douleur, contact, pression…) dont la proximité physique entraîne la contiguïté psychique.

Enfin, comme Freud (1923) le signale allusivement, le toucher est le seul des cinq sens externes à posséder une structure réflexive : l'enfant qui touche du doigt les parties de son corps expérimente les deux sensations complémentaires d'être un morceau de peau qui touche, en même temps que d'être un morceau de peau qui est touché. C'est sur le modèle de la réflexivité tactile que se construisent les autres réflexivités sensorielles (s'entendre émettre des sons, humer sa propre odeur, se regarder dans le miroir) puis la réflexivité de la pensée.

PARTICULARITÉS DU MOI-PEAU CONSIDÉRÉ COMME INTERFACE

Je peux préciser maintenant ma conception du Moi-peau. L'entourage maternant est appelé ainsi parce qu'il « entoure » le bébé d'une enveloppe externe faite de messages et qu'il s'ajuste avec une certaine souplesse, en laissant un écart disponible, à l'enveloppe interne, à la surface du corps du bébé, lieu et instrument d'émission de messages : être un Moi, c'est se sentir la capacité d'émettre des signaux entendus par d'autres.

Cette enveloppe sur mesure achève d'individualiser le bébé par la reconnaissance qui lui apporte la confirmation de son individualité : il a son style, son tempérament propre, différent des autres sur un fond de ressemblance. Être un Moi, c'est se sentir unique.

L'écart entre le feuillet externe et le feuillet interne laisse au Moi, quand il sera davantage développé, la possibilité de ne pas se faire comprendre, de ne pas communiquer (Winnicott). Avoir un Moi, c'est pouvoir se replier sur soi-même. Si le feuillet externe colle trop à la peau de l'enfant (*cf.* le thème de la tunique empoisonnée dans la mythologie grecque), le Moi de l'enfant est étouffé dans son développement, il est envahi par un des Moi de l'entourage ; c'est une des techniques pour rendre l'autre fou mise en évidence par Searles (1965).

Si le feuillet externe est trop lâche, le Moi manque de consistance. Le feuillet interne tend à former une enveloppe lisse, continue, fermée, tandis que le feuillet externe a une structure en réseau maillé (*cf.* le « tamis » des barrières de contact selon Freud, que j'exposerai plus loin p. 98). Une des pathologies de l'enveloppe consiste en une inversion des structures : le feuillet externe proposé/imposé par l'entourage devient rigide, résistant, clôturant (seconde peau musculaire) et c'est le feuillet interne qui s'avère troué, poreux (Moi-peau passoire).

Le double feed-back observé par Brazelton aboutit, à mon avis, à constituer une interface, figurée sous la forme d'une peau commune à la mère et à l'enfant, interface d'un côté de laquelle se tient la mère, l'enfant étant de l'autre côté. La peau commune les tient attachés ensemble mais selon une symétrie qui ébauche leur séparation à venir. Cette peau commune, en les branchant l'un sur l'autre, assure entre les deux partenaires une communication sans intermédiaire, une empathie réciproque, une identification adhésive : écran unique qui entre en résonance aux sensations, aux affects, aux images mentales, aux rythmes vitaux des deux.

Avant la constitution du fantasme de peau commune, le psychisme du nouveau-né est dominé par un fantasme intra-utérin, qui nie la naissance et qui exprime le désir propre au narcissisme primaire d'un retour au sein maternel, – fantasme d'inclusion réciproque, de fusion narcissique primaire dans laquelle il entraîne plus ou moins sa mère elle-même vidée par la naissance du fœtus qu'elle portait ; fantasme, ravivé plus tard par l'expérience amoureuse, selon lequel chacun des deux, en le tenant dans ses bras, envelopperait l'autre tout en étant enveloppé par lui. Les enveloppes autistiques (*cf.* p. 267) traduisent la fixation au fantasme intra-utérin et l'échec d'accéder au fantasme d'une peau commune. Plus précisément, en raison de cet échec (que celui-ci soit dû à un raté de son programme génétique, à un feed-back déficient de l'entourage, à une incapacité de fantasmatisation), le bébé, par une réaction prématurée et pathologique d'auto-organisation négative, échappe au fonctionnement en système ouvert, se protège dans une enveloppe autistique et se retire dans un système fermé, celui d'un œuf qui n'éclôt pas.

L'interface transforme le fonctionnement psychique en système de plus en plus ouvert, ce qui achemine la mère et l'enfant vers des fonctionnements de plus en plus séparés. Mais l'interface maintient les deux partenaires dans une dépendance symbiotique mutuelle. L'étape suivante requiert l'effacement de cette peau commune et la reconnaissance que chacun a sa propre peau et son propre Moi, ce qui ne s'effectue pas sans résistance ni sans douleur. Ce sont alors les fantasmes de la peau arrachée, de la peau volée, de la peau meurtrie ou meurtrière qui sont agissants (*cf.* Anzieu D., 1984).

Si les angoisses liées à ces fantasmes arrivent à être surmontées, l'enfant acquiert un Moi-peau qui lui est propre selon un processus de double intériorisation :

a) de l'interface, qui devient une enveloppe psychique contenante des contenus psychiques (d'où la constitution, selon Bion, d'un appareil à penser les pensées) ;

b) de l'entourage maternant qui devient le monde intérieur des pensées, des images, des affects.

Cette intériorisation a pour condition ce que j'ai appelé le double interdit du toucher (*cf.* ch. 10). Le fantasme en jeu, typique du narcissisme secondaire, est celui d'une peau invulnérable, immortelle, héroïque.

La fixation à tel ou tel de ces fantasmes, particulièrement à celui de la peau arrachée, les mécanismes de défense mis en jeu pour les refouler, les projeter, les renverser en leur contraire, les surinvestir érotiquement jouent un rôle particulièrement évident dans les deux domaines des affections dermatologiques et du masochisme.

Résumant les travaux post-kleiniens, D. Houzel (1985*a*) décrit des stades de plus en plus complexes de l'organisation de l'espace psychique qui convergent avec l'évolution que je viens d'esquisser du Moi-peau. Au premier stade (qu'Houzel dénomme amorphe de façon discutable et qui est en fait marqué par la tétée du sein-lait et par la fermentation intestinale), le nourrisson vit sa substance psychique comme liquide (d'où l'angoisse du vidage) ou comme gazeuse (d'où l'angoisse de l'explosion) ; la frustration provoque dans le pare-excitation qui s'ébauche des fissures ouvrant la porte au vidage ou à l'explosion ; le manque de consistance interne du Soi me semble devoir être mis en rapport avec la non-constitution de la première fonction du Moi-peau (soutènement par appui sur un objet support).

Au second stade, l'apparition des premières pensées (qui sont des pensées de l'absence, du manque) rend tolérable les déhiscences ouvertes dans l'enveloppe par les frustrations. « La pensée est comme une charpente interne. » Mais – ajouté-je – ce sont des pensées dont l'exercice requiert l'assurance d'une continuité du contact avec l'objet support, devenu de plus un objet contenant (*cf.* ma notion du sein-peau), continuité du contact qui trouve sa figuration dans le fantasme d'une peau commune. La relation d'objet repose sur l'identification adhésive (Meltzer, 1975). Le Soi, encore mal distingué du Moi, est éprouvé comme surface sensible, qui permet la constitution d'un espace interne distinct de l'espace externe. L'espace psychique est bi-dimensionnel. « La signification des objets y est expérimentée comme inséparable des qualités sensuelles que l'on peut percevoir à leur surface. » (Meltzer, *ibid.*).

Au troisième stade, avec l'accès à la tridimensionnalité et à l'identification projective, apparaît l'espace interne des objets, semblable à mais distinct de l'espace interne du Soi, espaces dans lesquels des pensées peuvent être projetées ou introjectées ; le monde intérieur commence à s'organiser grâce à des fantasmes d'exploration de l'intérieur du corps de la mère ; l'appareil à penser les pensées se constitue ; « la naissance psychique se produit » (M. Mahler, *in* F. Tustin, 1972). Mais la symbiose subsiste ; le temps est figé, répétitif ou oscillant, cyclique.

Au stade suivant, l'identification introjective aux bons parents combinés dans la scène primitive, fantasmés féconds et créateurs, entraîne l'acquisition du temps psychique. Il y a maintenant un sujet qui a une histoire intérieure et qui peut passer de la relation narcissique à une relation objectale. Les six autres fonctions positives que j'attribue au Moi-peau (après la maintenance et la contenance) peuvent se développer ; la fonction, négative, d'autodestruction du contenant devient moins redoutable.

DEUX EXEMPLES CLINIQUES

Observation de Juanito

Une collègue latino-américaine, qui a écouté une de mes conférences sur le Moi-peau, me rapporte ce cas. Juanito, atteint d'une malformation congénitale, avait dû être opéré aux États-Unis peu après la naissance. Sa mère avait interrompu ses activités familiales et professionnelles pour l'accompagner mais, pendant plusieurs semaines, elle n'avait pu le voir qu'à travers une vitre, sans le toucher ni lui parler. L'opération avait réussi. La convalescence, grâce à ces conditions draconiennes, s'était bien déroulée. Après le retour au pays d'origine, l'acquisition de la parole s'était effectuée normalement voire même assez précocement. Mais le petit garçon, on s'en doute, avait conservé d'importantes séquelles psychiques qui motivèrent sa prise en charge psychothérapique vers cinq-six ans.

Le tournant décisif de celle-ci est une séance où Juanito décolle du mur une vaste plaque encore vierge de papier adhésif lavable, appliqué à dessein pour que les enfants puissent peindre sur le mur en toute liberté. Il découpe cette plaque en menus morceaux. Il se déshabille entièrement et demande à sa psychothérapeute de coller ces morceaux sur tout son corps, les yeux exceptés, en insistant bien sur la double nécessité, d'une part, d'utiliser tous les morceaux et, d'autre part, de recouvrir la totalité de son corps sans laisser d'interstices (sauf pour le regard). Lors des séances suivantes, il répète ce jeu de l'enveloppement intégral de sa peau par sa psychothérapeute puis il administre la même opération à un baigneur en celluloïd.

Juanito a ainsi réparé les failles de son Moi-peau, dues à la carence, inévitable lors d'une telle hospitalisation, de contacts tactiles et sonores et de manipulations corporelles de la part de la mère et de l'entourage maternant. Le maintien du lien visuel quotidien avec celle-ci avait permis la sauvegarde du Moi naissant : d'où la nécessité, dans le jeu du collage avec sa psychothérapeute, de garder les yeux ouverts. Ce petit garçon intelligent, et ayant une bonne maîtrise du langage, a su verbaliser auprès de sa psychothérapeute les deux besoins de son Moi corporel : le besoin de sentir sa peau comme une surface continue, le besoin d'enregistrer toutes les stimulations reçues de l'extérieur et de les intégrer en un *sensorium commune* (un sens commun).

Observation d'Éléonore

Colette Destombes, qui connaît mon intérêt pour le Moi-peau, me communique une séquence de la psychothérapie psychanalytique de cette fillette de neuf ans environ, dont l'échec scolaire est patent. L'enfant, d'intelligence apparemment normale, comprend sur le moment les explications de la maîtresse, mais elle est incapable de les retenir d'un jour à l'autre. Elle apprend ses leçons et les oublie aussitôt. Le symptôme se répète dans la cure, rendant celle-ci de plus en plus difficile : la fillette ne se souvient pas de ce qu'elle a dit ou dessiné à la séance précédente. Elle s'en montre sincèrement désolée : « Vous voyez bien qu'on ne peut rien faire avec moi. » Sa psychothérapeute est sur le point d'abandonner, pensant avoir à faire à une débilité sous-jacente.

À une séance où le symptôme est plus flagrant que jamais, elle tente son va-tout et dit à la fillette : « En somme, tu as une tête-passoire. » L'enfant change de mine et de ton : « Comment l'avez-vous deviné ? » Pour la première fois, au lieu des reproches explicites ou implicites de son entourage, Éléonore reçoit en retour une formulation juste de l'image qu'elle a de son Moi et de son fonctionnement psychiques. Elle explique qu'elle se sent exactement comme ça, qu'elle a peur que les autres ne s'en aperçoivent et qu'elle fait tout pour le cacher, épuisant son énergie mentale à cette dissimulation. À partir de cette reconnaissance et de cet aveu, elle se souvient de ses séances. Au rendez-vous suivant, c'est elle qui propose spontanément à sa psychothérapeute de dessiner. Elle dessine un sac. À l'intérieur du sac, un couteau fermé, qu'elle ouvrira au cours des dessins faits aux séances suivantes.

Ainsi, Éléonore a-t-elle pu révéler à quelqu'un, qu'elle a enfin trouvé disposé à la comprendre, la pulsion qui lui faisait problème. Le sac, c'est l'enveloppe désormais continue de son Moi-peau et qui lui garantit le sentiment de la continuité de Soi. Le couteau, c'est son agressivité inconsciente, déniée, refermée, retournée sur elle-même, et qui perfore son enveloppe psychique de part en part. Par les multiples trous son envie haineuse et destructrice peut s'écouler sans trop de danger en étant clivée, fragmentée et projetée en de nombreux morceaux. En même temps, par les mêmes trous, son énergie psychique se vide, sa mémoire se perd, la continuité de son Soi s'effrite, sa pensée ne peut rien contenir.

À partir de là, la psychothérapie s'est déroulée normalement, ce qui ne veut pas dire sans difficultés. La fillette a libéré une agressivité de plus en plus ouverte et violente, attaquant et menaçant sa psychothérapeute, mais d'une façon devenue interprétable et qui constituait un progrès par rapport à la phase précédente de réaction thérapeutique négative où elle détruisait en silence et sa psychothérapie et son appareil à penser les pensées. Cette observation d'Éléonore met en évidence une configuration fréquente du Moi-peau qui résulte des attaques haineuses inconscientes contre l'enveloppe psychique contenante : le Moi-peau passoire.

2

STRUCTURE, FONCTIONS, DÉPASSEMENT

6

DEUX PRÉCURSEURS DU MOI-PEAU : FREUD, FEDERN

FREUD ET LA STRUCTURE TOPOGRAPHIQUE DU MOI

À relire Freud, je suis frappé, comme l'ont été la plupart de ses successeurs, de voir combien les innovations qu'ils ont proposées se trouvent souvent en germe chez lui, à l'état de pensées encore figuratives ou de concepts prématurément ébauchés puis abandonnés. Je vais essayer de montrer en quoi la première description donnée en 1895 par S. Freud de ce qu'il nomme en 1896 l'« appareil psychique » [1], fournit une anticipation du Moi-peau, grâce à la notion, non reprise ultérieurement par lui et restée inédite de son vivant, des « barrières de contact ». Je suivrai l'évolution de Freud jusqu'à une de ses toutes dernières descriptions de l'appareil psychique, celle de la « Notice sur le bloc magique » (1925), et je m'efforcerai de mettre là en évidence le passage à un modèle topographique de plus en plus épuré de références anatomiques et neurologiques, et qui requiert un étayage implicite et peut-être originaire du Moi sur les expériences et les fonctions de la peau.

Sans doute en raison de sa culture et de son esprit scientifiques, Freud pense en termes d'appareil, mot qui, en allemand comme en français, désigne aussi bien un assemblage naturel que fabriqué de pièces ou d'organes en vue de remplir un usage pratique ou une fonction biologique. Dans les deux cas, l'appareil en question (en tant que réalité matérielle) est organisé par un système sous-jacent, réalité abstraite qui préside à l'agencement des parties, qui commande le fonctionnement de l'ensemble et qui permet

1. Lettre à Fliess du 06-XII-1896, in Freud S., 1887-1902, tr. fr., p. 157.

de produire les effets recherchés. Tels sont, pour reprendre à Freud des exemples sur lesquels il s'appuie volontiers, un appareil électrique ou un appareil optique dans le cas d'appareils conçus par l'homme, l'appareil digestif ou l'appareil uro-génital dans le cas d'appareils appartenant à l'organisme vivant. Une des idées neuves de Freud a été d'étudier le psychisme comme un appareil et de concevoir cet appareil comme articulant des systèmes différents (c'est-à-dire comme un système de sous-systèmes).

L'appareil du langage

En 1891, dans son premier ouvrage publié, *Contribution à la conception des aphasies*, Freud forge l'idée et l'expression d'*appareil du langage*[1]. Critiquant la théorie des localisations cérébrales alors régnante, il s'inspire explicitement des vues évolutionnistes de Hughlings Jackson : le système nerveux est un « appareil » hautement organisé qui, à l'état normal, intègre des « modes de réactions » correspondant « à des étapes antérieures de son développement fonctionnel » et qui, sous certaines conditions pathologiques, libère des modes de réaction selon une « involution fonctionnelle » (trad. fr. p. 137). L'appareil du langage connecte deux systèmes (Freud parle de « complexes », non de systèmes), celui de la représentation de mot et celui qu'il dénomme à partir de 1915 la représentation de choses et qu'il appelle en 1891 les « associations de l'objet » ou la « représentation de l'objet ». Le premier de ces « complexes » est fermé (ou clos), tandis que le second est ouvert.

Je reproduis ci-dessous la figure 8 du livre avec le commentaire de Freud (*ibid.* p. 127) :

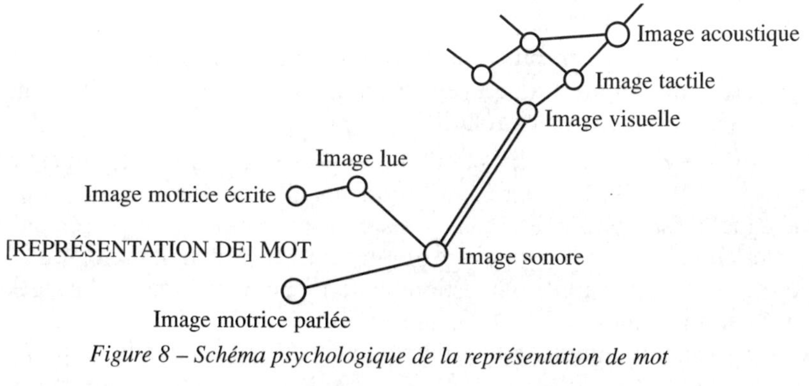

Figure 8 – Schéma psychologique de la représentation de mot

1. *Sprache apparatus.* « Appareil à langage » est la traduction de J. Nassif (Freud, *L'Inconscient,* éditions Galilée, 1977, p. 266 et sq. Le chapitre III est entièrement consa-

« La représentation de mot apparaît comme un complexe représentatif clos, la représentation d'objet par contre comme un complexe ouvert. La représentation de mot n'est pas reliée à la représentation d'objet par toutes ses parties constituantes, mais seulement par l'image sonore. Parmi les associations d'objet, ce sont les visuelles qui représentent l'objet de la même façon que l'image sonore représente le mot. Les liaisons de l'image sonore verbale avec les autres associations d'objet ne sont pas indiquées[1]. »

L'appareil du langage repose évidemment aussi sur un schéma neurologique. « Pour nous représenter la construction de l'appareil du langage, nous nous basons sur l'observation que lesdits centres du langage sont contigus, vers l'extérieur (en bordure), à d'autres centres corticaux importants pour la fonction du langage, alors qu'ils délimitent, vers l'intérieur (nucléairement), une région non prouvée par la localisation et qui est probablement aussi un champ du langage. L'appareil du langage se révèle à nous comme une partie continue du cortex dans l'hémisphère gauche, entre les terminaisons corticales des nerfs acoustiques et optiques, et celle des faisceaux moteurs du langage et du bras. Les parties du champ du langage contiguës à ces aires corticales acquièrent – avec une limitation nécessairement indéterminée – la signification de centres du langage, au sens de l'anatomie pathologique et non au sens de la fonction » (*ibid.*, p. 153).

Les lésions situées à cette périphérie coupent un des éléments associés à la parole de ses connexions avec les autres, ce qui n'est pas le cas des lésions situées au centre.

C'est le schéma psychologique qui permet à Freud de voir clair dans le schéma neurologique et de classer les aphasies en trois types :

– l'aphasie verbale où seules sont perturbées les associations entre des éléments de la représentation de mot (c'est le cas de lésions périphériques avec destruction complète d'un des centres supposés du langage) ;

---

cré au commentaire du livre de Freud sur l'aphasie). M. Vincent et G. Diatkine proposent « appareil de langage » (traduction ronéotée, Institut de Psychanalyse, Paris). C. Van Reeth s'en tient à « appareil du langage » dans sa traduction française (parue en 1983) de l'ouvrage de Freud sur l'aphasie ; mes citations suivent cette traduction.

1. Les associations (acoustiques, visuelles, tactiles...) de l'objet constituent la *représentation d'objet*. En 1915, dans la dernière partie de son article sur *L'Inconscient*, Freud modifie sa terminologie et parle désormais de *représentation de chose*, toujours par opposition à la représentation du mot, réservant l'expression de *représentation d'objet* à l'ensemble combinant *représentation de chose* et *représentation de mot*.

– l'aphasie asymbolique qui coupe la représentation de mot de la représentation d'objet (la lésion périphérique entraîne là une destruction incomplète) ;

– l'aphasie agnosique qui atteint la reconnaissance des objets et où l'agnosie perturbe par contrecoup l'incitation à parler (c'est un désordre purement fonctionnel de l'appareil du langage consécutif à une lésion située au centre).

Du travail théorique de Freud sur l'appareil du langage, je retiens trois traits importants de sa démarche de pensée : l'effort pour dégager l'étude du langage d'une étroite corrélation terme à terme avec les données anatomiques et neurophysiologiques et pour chercher la spécificité de la pensée verbale et du fonctionnement psychique en général ; le besoin de classification ternaire (les trois types d'aphasie préludent aux trois instances de l'appareil psychique) ; et une intuition topographique originale et riche d'avenir : ce qui fonctionne comme « centre supposé » se trouve situé à la « périphérie ».

L'appareil psychique

En 1895, dans les *Études sur l'hystérie*, écrites en collaboration avec Breuer, Freud utilise encore les termes courants d'« organisme » et de « système nerveux »[1]. Dans l'« Esquisse d'une psychologie scientifique » en 1895, il différencie le « système nerveux »[2], en trois systèmes correspondant à trois types fictifs de neurones, les « systèmes » φ, ψ, ω, avec le rôle clef des « barrières de contact » entre les systèmes φ et ψ ; l'ensemble forme l'« appareil φ, ψ, ω », lui-même protégé vers l'extérieur par un écran pare-quantités constitué par les « appareils des terminaisons nerveuses ».

Dans *L'Interprétation des rêves*, publiée en 1899 mais datée de 1900, Freud introduit l'expression originale d'« appareil psychique »[3]. Il a déjà communiqué celle-ci à Fliess le 6 décembre 1896, en la rattachant explicitement à son travail antérieur sur l'aphasie, plus précisément à l'idée que la mémoire relève d'un système psychique différent de la perception

1. Dans la dernière phrase de ce livre, trente ans plus tard, lors de la réédition de 1925, il remplace significativement *Nervensystem* par *Seelenleben* (vie psychique).
2. La traduction française publiée indique « système neuronique ».
3. Freud écrit indifféremment *psychischer* ou *seelischer Apparat* (appareil psychique ou mental).

et qu'elle possède non pas un seul mais plusieurs enregistrements des événements (le « ré-arrangement » des traces constituant une « re-transcription »). Cet appareil psychique est composé de trois systèmes que Freud appelle généralement des instances[1] (*Instanz*) : le conscient, le préconscient, l'inconscient, dont les interactions particulières découlent d'un fait topographique, à savoir qu'ils sont séparés par les deux censures, et d'une différence de finalité, à savoir qu'ils obéissent à des principes de fonctionnement distincts.

La propriété essentielle de cet appareil – appareil du langage ; appareil φ, ψ, ω ; appareil psychique – est d'établir des associations, des connexions, des liaisons. Le terme d'« association » revient fréquemment dans la monographie sur l'aphasie, texte ardu où il n'est pas toujours facile de distinguer entre son emploi au sens de connexions nerveuses et celui, cher à la psychologie empiriste anglaise, des associations d'idées[2].

L'évolution théorique de Freud est concomitante non seulement de l'évolution de ses intérêts cliniques mais de celle de ses techniques thérapeutiques à l'égard de ses patients névrosés. À l'époque de l'appareil du langage, il pratique l'électrothérapie et la contre-suggestion hypnotique. L'appareil φ, ψ, ω est contemporain du passage de la méthode cathartique (exposée dans les *Études sur l'hystérie*) à celle de la concentration mentale avec imposition éventuelle des mains sur le front du patient éveillé. L'appareil psychique est conçu à peu près en même temps que le mot – et la notion – de « psycho-analyse » qui instaure la méthode des associations libres et qui introduit comme un des ressorts de la cure l'interprétation des rêves et des formations inconscientes analogues. Je suis frappé de voir combien la double arborescence dessinée par le schéma psychologique de la représentation de mot de 1891 pourrait servir à figurer le réseau des libres associations verbales dans le préconscient et le déploiement de celles-ci dans les deux directions, de la conscience (où elles deviennent un système ouvert) et de l'inconscient (où elles composent un système fermé).

Pendant trente ans, ce schéma d'une double arborescence dissymétrique reste pour Freud un des modèles implicites de ses conceptualisa-

1. La *Standard Edition* a choisi pour la traduction anglaise le terme *agency* (agence) pour des raisons qui sont exposées après la Préface générale (*SE*, I, XXIII-XXIV).

2. À ma connaissance, il n'existe pas d'étude solide sur la notion d'association chez Freud. Une telle étude pourrait montrer comment Freud est passé des conceptions neurologique et psychologique du terme à la notion proprement psychanalytique des associations libres. René Kaës a consacré un ouvrage aux processus associatifs dans les groupes : *La Parole et le lien*, Dunod, 1994.

tions et de sa pratique. « Au-delà du principe du plaisir » (1920), « Le Moi et le Ça » (1923) marquent la rupture avec ce schéma : pour représenter l'appareil psychique, la double arborescence cède la place à l'image et à la notion d'une vésicule, d'une enveloppe. L'accent est déplacé des contenus psychiques conscients et inconscients sur le psychisme comme contenant. La « Notice sur le Bloc magique » (1925) achève de préciser la structure topographique de cette enveloppe et de confirmer implicitement l'étayage du Moi sur la peau. Dans l'intervalle, le manuscrit envoyé à Fliess en 1895 a poursuivi le retournement épistémologique ébauché par Freud dans sa monographie sur l'*Aphasie* : l'appareil psychique (sur le point d'être dénommé comme tel) n'est pas qu'un système de transformation de forces ; la disposition relative des sous-systèmes qui le composent définit un espace psychique, dont les configurations particulières restent encore, dans l'esprit et dans l'imagination de Freud, très dépendantes des schémas anatomiques et neurologiques, avant de trouver leur assise topographique dans la projection de la surface du corps, sur le fond de laquelle les expériences sensorielles émergent comme figures signifiantes.

Les barrières de contact

Dans l'« Esquisse d'une psychologie scientifique », envoyée à Fliess le 8 octobre 1895 et restée inédite jusqu'à sa mort, Freud élabore une notion nouvelle, celle de « barrière de contact » (*Kontaktsschrank*) qu'il n'utilise ensuite dans aucun de ses textes publiés et que, seul jusqu'à présent parmi les psychanalystes, Bion a repris avec de notables modifications[1]. Le concept en est surprenant : c'est le paradoxe d'une barrière qui ferme le passage parce qu'elle est en contact et qui, pour cette raison, permet en partie le passage. Bien que Freud ne l'explicite pas, il semble s'inspirer du modèle de la résistance électrique. Ce concept appartient à la spéculation neurophysiologique qui lui a été chère pendant sa période de jeunesse scientifique et qu'il abandonne quasi définitivement avec la découverte du complexe d'Œdipe en octobre 1897. Dès 1884, Freud a

1. Au chapitre 8 de *Aux sources de l'expérience* (1962), Bion désigne par barrière de contact la frontière entre l'inconscient et le conscient. Le rêve en est le prototype mais elle se produit aussi à l'état de veille. Elle est en perpétuel processus de formation. Elle consiste en un rassemblement et une multiplication d'éléments alpha. Ceux-ci peuvent être simplement agglomérés, ou avoir une cohésion ou être ordonnés chronologiquement, logiquement, géométriquement. L'écran bêta en est la contrepartie pathologique.

affirmé que la cellule et les fibres nerveuses constituent une unité anatomique et physiologique, s'avérant ainsi un précurseur de la théorie du neurone, élaborée en 1891 par Waldeyer. Semblablement la notion de barrière de contact, en 1895, anticipe celle de synapse, énoncée en 1897 par Sherrington. Elle est inventée pour répondre à des nécessités théoriques.

La psychologie scientifique, telle que Freud rêve alors de la fonder sur le modèle des sciences physico-chimiques, part des deux notions fondamentales de quantité et de neurone. Elle est la science des quantités physiques et des processus qui les affectent, par exemple la conversion hystérique, les représentations hyperintenses des névrosés obsessionnels. Quant aux neurones, ils obéissent au principe d'inertie, c'est-à-dire qu'ils tendent à se débarrasser des quantités. La crise hystérique est un exemple d'abréaction quasi réflexe d'une importante quantité d'excitations d'origine sexuelle non déchargée autrement. « Le processus de décharge constitue la fonction primaire du système neuronique » (Freud S., 1895a ; *SE*, I, p. 297 ; tr. fr., p. 317)[1]. Mais l'organisme élabore des activités :

– qui sont plus complexes que les simples réponses réflexes aux stimulations extérieures ;

– qui répondent aux grands besoins vitaux internes (faim, respiration, sexualité) ;

– et dont la mise en œuvre requiert un stockage préalable de certaines quantités.

Cette complexité croissante au service de la satisfaction des besoins vitaux s'appelle la vie psychique. Elle repose sur la fonction secondaire du système nerveux qui est de « supporter une quantité emmagasinée ». Comment ce système y parvient-il[2] ?

Alors que les neurones φ sont perméables (ils transmettent les quantités reçues du monde extérieur, ils laissent passer le courant), les neurones ψ sont imperméables ; ils peuvent être vides ou pleins ; leur extrémité qui les met en contact les uns avec les autres est dotée d'une barrière de contact qui inhibe la décharge, retient la quantité, ou ne lui laisse qu'un « passage partiel ou difficile » : ce sont « les points de *contact* qui reçoivent par là la valeur de barrières » (*SE*, I, p. 298 ; tr. fr., p. 318). Les pro-

1. Dans la suite de ce chapitre les références à la traduction française renvoient à *La Naissance de la psychanalyse*, Paris, PUF, 1956.
2. Je remercie Jean-Michel Petot qui, par une étude minutieuse des textes, m'a aidé à rédiger le passage qui suit sur les barrières de contact.

priétés des barrières de contact sont nombreuses et capitales pour le fonctionnement psychique.

1) Ce sont des rétenteurs de quantité. Ou, pour employer un terme de Bion, des « conteneurs » d'énergie, laquelle est ainsi rendue disponible au sujet.

2) Ce sont des organes souples et malléables ; les barrières de contact acceptent un frayage, qui fait qu'à la fois suivante une excitation plus petite peut les traverser ; elles deviennent ainsi de plus en plus perméables.

3) Elles rétablissent la résistance après le passage du courant ; même quand un frayage total s'est établi, une certaine résistance persiste, identique dans toutes les barrières de contact ; ainsi toute la quantité présente ne circule pas ; une partie reste retenue ; elles sont des détendeurs d'énergie.

4) En conséquence, elles peuvent répartir la quantité ainsi contrôlée selon différentes voies de conduction : ce sont des répartiteurs d'énergie : « Une excitation forte emprunte d'autres voies qu'une excitation faible... Ainsi chaque voie φ sera débarrassée de sa charge et la quantité plus grande en φ se manifestera par le fait que plusieurs *neurones*, au lieu d'un seul, se trouveront investis en ψ... Ainsi la quantité en φ se manifeste par une complication en ψ » (*SE*, I, 314-315 ; tr. fr. 333-334). Et Freud d'évoquer allusivement, comme cas particulier de cette propriété générale, la loi de Fechner (qui établit que la sensation varie comme le logarithme de l'excitation). Un accroissement quantitatif se traduit par des changements qualitatifs qui amortissent les augmentations de l'intensité primitive et qui produisent des qualités sensibles de plus en plus complexes.

5) La résistance des barrières de contact a une limite. Elles sont abolies temporairement, voire durablement par l'irruption de quantités élevées. C'est le cas de la douleur qui, par suite d'une excitation sensorielle de quantité élevée, met en branle le système φ et qui se transmet sans « aucun obstacle » au système ψ. Cette douleur, « à la manière de l'éclair de la foudre (*Blitz*) », laisse derrière elle des frayages permanents, voire supprime définitivement la résistance des barrières de contact (*SE*, I, 307 ; tr. fr., 327).

6) Mais « une douleur peut survenir là même où les stimuli extérieurs sont *faibles*. S'il en est ainsi, c'est qu'elle se trouve régulièrement associée à une solution de continuité. Je veux dire qu'une douleur se produit quand une certaine quantité (Q) externe vient agir directement sur les extrémités des neurones φ et non en traversant les appareils des termi-

naisons nerveuses » (*ibid.*). Les barrières de contact sont donc des protections de seconde ligne qui supposent, pour fonctionner, l'intervention en première ligne, du moins par rapport à l'extérieur, d'un « pare-quantités » (*Quantitätsschirme*) dont la rupture ouvre la voie au débordement quantitatif des barrières de contact. En effet :

> « Les neurones φ ne se terminent pas librement à la périphérie mais dans les structures cellulaires. Ce sont ces dernières et non les neurones φ qui reçoivent les stimuli exogènes. Ces « appareils de terminaisons nerveuses » (pour employer ce terme dans son sens le plus général) pourraient bien servir à empêcher les quantités exogènes (Q) d'agir dans la plénitude de leur force sur φ, jouant ainsi le rôle d'écrans à l'égard de certaines quantités (Q) et ne laissant passer que des fractions de quantités exogènes (Q).
>
> « Tout cela concorderait avec le fait que l'autre sorte de terminaison nerveuse – l'espèce libre, dépourvue de tout organe terminal – est de loin la plus commune, à la périphérie interne du corps. Nul écran s'opposant aux quantités Q n'est ici nécessaire, probablement parce que les quantités à recevoir (Qη) n'exigent pas d'être ramenées au niveau intercellulaire étant donné qu'elles sont déjà, de prime abord, à ce niveau » (*SE*, I, 306 ; tr. fr., 325-326).

Il s'agit là d'une structure dissymétrique. Bien que Freud ne parle pas encore d'enveloppe psychique, celle-ci est pressentie et elle est décrite comme un emboîtement de deux couches, une couche externe («pare-quantités » ; cf. la membrane cellulosique des végétaux, le cuir et la fourrure des animaux), une couche interne (le réseau des « barrières de contact » ; cf. les organes sensoriels de l'épiderme, ou la coiffe corticale). La couche interne est protégée des quantités exogènes mais ne l'est pas des quantités endogènes.

7) Le pare-quantités (que Freud dénomme « pare-excitation » (*Reizschutz*) à partir d'« Au-delà du principe du plaisir » en 1920) protège l'appareil nerveux (que Freud appellera bientôt psychique) de l'intensité des excitations d'origine externe ; il constitue un écran. Les barrières de contact reçoivent d'une part ce que cet écran a laissé passer des excitations externes et d'autre part, elles reçoivent directement les excitations d'origine interne (liées aux besoins fondamentaux). Leur fonction est non plus de protection quantitative, mais de fractionnement de la quantité et de filtrage de la qualité. Leur structure est non plus celle d'un écran mais d'un « tamis » (*Sieb*). L'articulation entre l'écran et le tamis offre la configuration, pour recourir à une terminologie plus moderne, d'un réseau à mailles. La figure 13, dessinée par Freud dans le manuscrit de l'« Esquisse d'une psychologie scientifique » ébauche cette configuration, que Freud désigne explicitement comme une structure de ramification et qui se présente comme une variante de la partie de droite du schéma de la représentation de mot de 1891.

Voici le passage du texte de Freud qui se rapporte à cette figure :

> « Un aménagement particulier semble ici exister de façon à maintenir la quantité (Q) loin de φ. Les voies de conduction sensorielles en φ ont une structure particulière : elles se ramifient sans cesse et offrent des voies plus épaisses ou plus ténues qui ont de nombreuses terminaisons. La figure ci-après (fig. 13) va probablement permettre de le comprendre. »

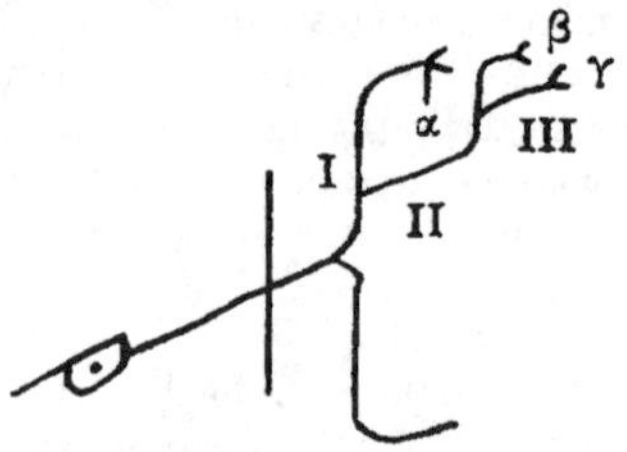

Figure 13

> « Une excitation forte emprunte d'autres voies qu'une excitation plus faible. Par exemple, Qη I ne passe que par la voie I et transmet une fraction en ψ à un point terminal α. Qη 2 (c'est-à-dire une quantité deux fois plus forte que Qη I) ne va pas transférer une fraction double à α, mais sera capable de parcourir la voie II, plus étroite que I, et d'y ouvrir une deuxième terminaison ψ (en β). Qη 3 ouvrira la voie la plus étroite et opérera la transmission à travers la terminaison γ (voir la figure). Ainsi, chaque voie φ sera débarrassée de sa charge et la quantité *plus grande* en φ se manifestera par le fait que *plusieurs* neurones, au lieu d'un seul, se trouveront investis en ψ » (*SE*, I, 314-315 ; tr. fr. 333-354).

Tout ceci concerne le traitement de la quantité. Mais les barrières de contact ont également pour fonction de traiter la qualité, ce qui est à proprement parler leur fonction de filtrage. Les stimulations externes possèdent, outre la quantité, une période caractéristique (*SE*, I, 313, note 2 ; tr. fr., 332, note 1), qui traverse les appareils des terminaisons nerveuses, qui est véhiculée par les investissements en φ et ψ et qui, à l'arrivée en ω (troisième type de neurones dont Freud forge la fiction pour servir de support aux processus de perception-conscience), devient qualité. Cette notion de période est à la fois un hommage à Fliess (qui distinguait la masculinité et la féminité ou qui repérait les moments critiques de l'existence d'après leurs périodes), une transposition à la psychologie d'un phénomène familier aux physiciens et la prise en considération d'une variable temporelle de l'appareil psychique. (J'ajoute que c'est l'intuition du rôle de la résonance ou de la dissonance rythmique dans l'instauration du Moi-peau ou dans celle de ses failles.) La quantité, qui forme un continuum à l'extérieur, est « d'abord réduite puis limitée par coupure ». Les qualités sont par contre discontinues, « de telle sorte que certaines périodes n'agissent nullement comme des stimuli » (*SE*, I, 313, tr. fr. 332-333). « La quantité d'excitations φ se manifeste en ψ par une complication et la qualité par la topographie puisque, d'après les rapports anatomiques, les différents organes sensoriels ne communiquent que par des neurones ψ bien déterminés » (*SE*, I, 315 ; tr. fr., 334). On pourrait résumer cette sixième fonction des barrières de contact en disant qu'elles servent à séparer la quantité de la qualité et à amener à la conscience la perception des qualités sensibles, notamment du plaisir et de la douleur.

8) Il résulte de leurs propriétés relatives à la quantité que l'ensemble des neurones ψ, à la différence des neurones φ, peuvent enregistrer des modifications et servir de support à la mémoire. C'est l'altération par le passage qui « donne une possibilité de se représenter la mémoire » (*SE*, I, 299 ; tr. fr., 319). « La mémoire est représentée par les différences de frayage existant entre les neurones ψ » (*SE*, I, 300 ; tr. fr., 320). « Il existe une loi fondamentale d'association par simultanéité et cette loi [...] donne le fondement de toutes les connexions entre neurones ψ. Nous trouvons que le conscient (c'est-à-dire la charge quantitative) passe d'un neurone α à un neurone β lorsque α et β ont simultanément reçu une charge venue de φ (ou d'ailleurs), ainsi la charge simultanée α–β a entraîné le frayage d'une barrière de contact » (*SE*, I, 319 ; tr. fr., 337).

En dehors du cas très particulier de l'expérience de satisfaction, il y a une séparation entre la mémoire et la perception. Freud a postulé, pour fonder cette séparation, deux types de neurones, les uns altérables durablement, c'est-à-dire frayables (les neurones ψ), les autres inaltérables, toujours prêts à recevoir de nouvelles excitations, ou plutôt passagèrement altérables, car ils se laissent traverser par les quantités mais ils reviennent à leur état antérieur après le passage de l'excitation (les neurones φ). Cette séparation de la mémoire et de la perception, sans se ramener intégralement à l'action des barrières de contact, est cependant impossible sans elles.

Le réseau maillé des barrières de contact constitue ainsi ce que je propose d'appeler une surface d'inscription, distincte de l'écran pare-quantités auquel elle est, pour sa protection, accolée.

En conclusion, les barrières de contact ont une fonction de triple séparation de l'inconscient et du conscient, de la mémoire et de la perception, de la quantité et de la qualité.

Leur topographie est celle d'une enveloppe biface dissymétrique (mais la notion d'enveloppe n'est pas encore affirmée par Freud), une face tournée vers les excitations du monde extérieur, transmises par les neurones φ, et qui est à l'abri d'un écran pare-quantités ; une face interne tournée vers la *Körperinnerperipherie* (la périphérie interne du corps). Les excitations endogènes ne peuvent être reconnues qu'en étant ramenées au cas précédent, c'est-à-dire projetées dans le monde extérieur, associées à des représentations visuelles, auditives, tactiles, etc. (*cf.* les « restes diurnes » du rêve), et enfin enregistrées par le réseau des barrières de contact. Il s'ensuit que les pulsions ne sont identifiables qu'à travers leurs représentants psychiques.

Le système psychique n'est cependant pas autonome, Freud le note bien : il est voué, au début, à l'*Hilflosigkeit* (à la détresse originaire) et il nécessite l'intervention de la mère comme source de la vie psychique.

Le Moi comme interface

En 1923, au chapitre 2 de « Le Moi et le Ça » (chapitre lui-même sous-titré « Le Moi et le Ça »), Freud redéfinit la notion de Moi pour en faire une des pièces maîtresses de sa nouvelle conception de l'appareil psychique.

Cette définition est illustrée par un schéma, longtemps négligé par les traducteurs français et par les commentateurs de Freud, et elle s'appuie sur une comparaison de nature géométrique. Dessin du diagramme et texte de la comparaison vont dans le même sens : l'appareil psychique n'est plus essentiellement pensé dans une perspective économique (c'est-à-dire de transformation de quantités d'énergie psychique) ; la perspective topographique gagne en importance ; l'ancienne topique (conscient, préconscient, inconscient) est conservée mais profondément renouvelée par l'adjonction du Moi et du Ça, figurés en surimpression dans le schéma. L'appareil psychique devient représentable d'un point de vue topographique et conceptualisable en termes de topique subjective.

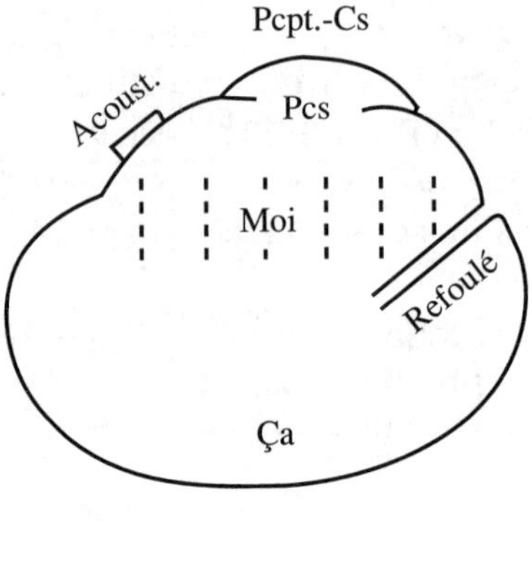

Les abréviations utilisées ci-dessus sont des traductions de celles de Freud :

Pcpt.-Cs	: Perception-conscience	(W-BW)	(*Wahrnehmung-Bewusstsein*)
Pcs.	: Préconscient	(Vbw)	(*Vorbewusste*)
Acoust.	: (Perceptions) acoustiques	(Akust)	(*Akustischen Wahrnehmungen*)
Moi		(Ich)	
Ça		(Es)	
Refoulé		(Vdgt)	(*Verdrängte*)

Ce schéma est ainsi présenté par Freud dans « Le Moi et le Ça » (*GW*, 13, 252 ; *SE*, 19, 24-25 ; nouv. tr. fr., 237).

> « Nous nous apercevons aussitôt que presque toutes les distinctions que la pathologie nous a amené à décrire ne se rapportent qu'aux couches superficielles de l'appareil psychique, les seules qui nous soient connues. Nous pourrions esquisser un dessin montrant ces rapports, dessin dont les contours, bien entendu, ne sont là que pour permettre la figuration, sans pouvoir prétendre à une interprétation particulière[1]. Peut-être ajouterons-nous que le Moi porte une « calotte acoustique » (*Hörkappe*) et, comme en témoigne l'anatomie du cerveau, d'un seul côté ? Elle est posée sur lui, pourrait-on dire, de travers. »

La comparaison de nature topographique revient plusieurs fois dans le texte de Freud qui précède et qui suit ce schéma :

> « Nous savons déjà à quel maillon nous rattacher ici. Nous avons dit[2] que la conscience est la surface de l'appareil psychique, c'est-à-dire que nous l'avons attribuée comme fonction à un système qui, spatialement, est le premier en partant du monde extérieur. Spatialement, non seulement d'ailleurs dans le sens de la fonction, mais, cette fois, dans le sens aussi du découpage anatomique. Notre recherche, elle aussi, doit prendre cette surface perceptive comme point de départ. » (*GW*, *13*, 246 ; *SE*, *19*, 19 ; nouv. tr. fr., 230.)

---

1. Les commentateurs ont eu tort, à mon avis, de prendre au pied de la lettre cette déclaration de prudence. Freud a trop souligné le rôle médiateur des pictogrammes entre les représentants de chose et la pensée verbale s'appuyant sur l'écriture alphabétique (ne serait-ce qu'afin de déchiffrer le rébus du rêve) pour ne pas « voir » dans ce schéma des préconceptions qu'il ne peut pas encore verbaliser et qui en restent au stade de la pensée figurative. Pour ma part, j'ai pu tester la validité de ce schéma en le déployant dans l'espace du psychodrame en groupe large et en facilitant ainsi la construction d'un appareil psychique groupal (Anzieu D., 1982*a*).
2. Freud renvoie à *Au-delà du principe du plaisir* (1920), chapitre 4, où il introduit la comparaison décisive de l'appareil psychique avec la vésicule protoplasmique. Le système Pcpt.-Cs, analogue à l'ectoderme cérébral, y est décrit comme en étant l'écorce. Sa position « à la limite qui sépare le dehors du dedans » lui permet de « recevoir les excitations des deux côtés » (*GW*, 13, 29 ; *SE*, 18, 28-29 ; nouv. tr. fr., 65). L'« écorce » consciente du psychisme apparaît donc comme ce que les mathématiciens appellent maintenant une « interface ».

Après cette description de la conscience comme interface vient l'articulation de l'« écorce » et du « noyau » ; le Moi est explicitement désigné comme « enveloppe » psychique. Cette enveloppe n'est pas seulement un sac contenant ; elle joue un rôle actif de mise au contact du psychisme avec le monde extérieur et de recueil et de transmission de l'information.

> « Un individu, donc, est selon nous un Ça psychique, inconnu et inconscient, à la surface duquel est posé le Moi qui s'est développé à partir du système Pc comme de son noyau. Si nous cherchons à figurer les choses graphiquement, nous ajouterons que le Moi n'enveloppe pas complètement le Ça, mais seulement dans les limites où le système Pc constitue sa surface, donc à peu près comme le disque germinatif est posé sur l'œuf. Le Moi n'est pas nettement séparé du Ça, il fusionne avec lui dans sa partie inférieure[1]. » (*GW, 13*, 251 ; *SE, 19*, 243 ; nouv. tr. fr., 236.)

Freud n'a pas besoin de rappeler ici un des principes fondamentaux de la psychanalyse, selon lequel tout ce qui est psychique se développe en constante référence à l'expérience corporelle. Allant droit au résultat d'une façon si condensée qu'elle peut paraître elliptique, il précise de quelle expérience corporelle provient spécifiquement le Moi : l'enveloppe psychique dérive par étayage de l'enveloppe corporelle. Le « toucher » est nommément désigné par lui et la peau l'est indirectement sous l'expression de « surface » du « corps propre » :

> « Dans l'apparition du Moi et dans sa séparation d'avec le Ça, un autre facteur que l'influence du système Pc semble encore avoir joué un rôle. Le corps propre, et avant tout sa surface, est un lieu dont peuvent provenir simultanément des perceptions externes et internes. Il est *vu* comme un objet étranger, mais en même temps il livre au *toucher* des sensations de deux sortes, dont l'une peut être assimilée à une perception interne[2] » (*GW, 13*, 253 ; *SE, 19*, 25 ; nouv. tr. fr., 238.)

Le Moi, en son état originaire, correspond donc bien chez Freud à ce que j'ai proposé d'appeler le Moi-peau. Un examen plus serré de l'expérience corporelle sur laquelle s'étaie le Moi pour se constituer amènerait à prendre en considération au moins deux autres facteurs négligés par Freud : les sensations de chaud et de froid, qui sont également fournies par la peau ; et les échanges respiratoires, qui sont concomitants des échanges épidermiques et qui en sont peut-être même une variante particulière. Par rapport à tous les autres registres sensoriels, le tactile possède une caractéristique distinctive qui le met non seulement à l'origine

1. Freud dit ailleurs que le Moi est une différenciation interne du Ça. La clinique confirme bien l'idée freudienne d'un espace intermédiaire fusionnel entre le Moi et le Ça (cf. l'aire transitionnelle de Winnicott).
2. Freud souligne *vu* et *toucher*, précision omise par la nouvelle traduction française.

du psychisme mais qui lui permet de fournir à celui-ci en permanence quelque chose qu'on peut aussi bien appeler le fond mental, la toile de fond sur laquelle les contenus psychiques s'inscrivent comme figures, ou encore l'enveloppe contenante qui fait que l'appareil psychique devient susceptible d'avoir des contenus (dans cette seconde perspective, pour parler comme Bion (1967), je dirais qu'il y a d'abord des pensées et ensuite un « appareil à penser les pensées » : j'ajouterai à Bion que le passage des pensées au penser, c'est-à-dire à la constitution du Moi, s'opère par un double étayage, sur la relation contenant-contenu que la mère exerce dans son rapport au tout-petit, comme cet auteur l'a bien vu, et sur la relation, qui me paraît décisive, de contenance par rapport aux excitations exogènes, relation dont sa propre peau – stimulée assurément en premier lieu par sa mère – apporte l'expérience à l'enfant). Le tactile en effet fournit à la fois une perception « externe » et une perception « interne ». Freud fait allusion au fait que je sens l'objet qui touche ma peau en même temps que je sens ma peau touchée par l'objet. Très vite d'ailleurs – on le sait et ça se voit – cette bipolarité du tactile fait l'objet d'une exploration active de la part de l'enfant : avec son doigt, il touche volontairement des parties de son corps, il porte le pouce ou le gros orteil à la bouche, expérimentant simultanément ainsi les positions complémentaires de l'objet et du sujet. On peut penser que ce dédoublement inhérent aux sensations tactiles prépare le dédoublement réflexif du Moi conscient venu s'étayer sur l'expérience tactile.

Freud saute ce chaînon, que je viens de rétablir, pour énoncer la conclusion qui s'impose : « Le Moi est avant tout un Moi corporel (*körperliches*), il n'est pas seulement un être de surface (*Oberflächenwesen*) mais il est lui-même la projection d'une surface » (*GA, 13*, 253 ; *SE, 19*, 26 ; nouv. tr. fr., 238). C'est à ce passage que se trouve ajoutée avec l'autorisation de Freud, à partir de 1927, dans l'édition anglaise, la note suivante, dont je reproduis entre parenthèses les termes anglais importants et dont je donne une traduction personnelle :

> « Autrement dit, le Moi dérive en dernier ressort des sensations corporelles, principalement de celles qui ont leur source dans la surface du corps. On peut le considérer comme la projection mentale de la surface (*surface*) du corps, en plus de le considérer, comme nous l'avons vu plus haut, comme représentant la superficie (*superficies*) de l'appareil psychique » (*SE, 19*, 26, note I ; nouv. tr. fr., 238, note 5).

La dernière ligne du chapitre II de « Le Moi et le Ça » répète en le condensant le même énoncé fondamental : « Le Moi conscient est avant tout un Moi-corps (*Körper-Ich*) » (*GW, 13*, 255 ; *SE, 19*, 27 ; nouv. tr. fr., 239). Commentons : ainsi la conscience apparaît-elle à la surface de l'appareil psychique ; mieux encore, elle est cette surface.

Perfectionnements du schéma topographique de l'appareil psychique

Le schéma de 1923 est repris avec quelques modifications en 1932-1933 dans la 31e des *Nouvelles Conférences d'introduction à la psychanalyse* (*GW, 15*, 85 ; *SE, 22*, 78 ; nouv. tr. fr., « La décomposition de la personnalité psychique », p. 108).

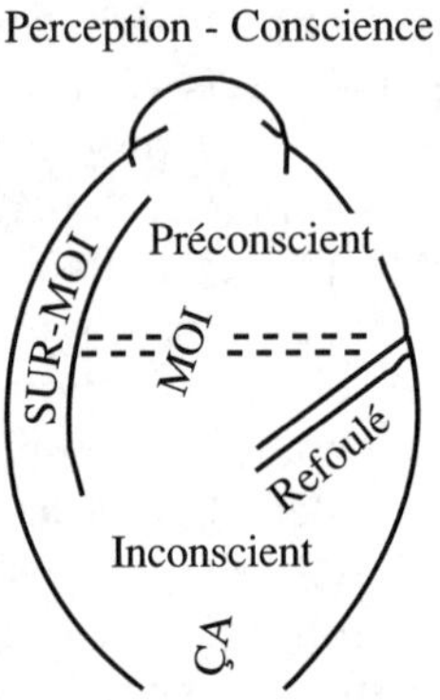

Les deux principales modifications qui apparaissent ont d'importantes conséquences. La première est l'introduction du *Surmoi*, lequel est placé à l'*intérieur* du Moi, à la place de la « calotte acoustique » qui était située en 1923 au même endroit mais à l'extérieur. Le Surmoi est, dans les deux cas, attenant à la périphérie du Moi mais tantôt à la face externe et tantôt à la face interne. Bien que l'idée en reste implicite chez Freud, encore qu'elle soit suggérée à la fois par le texte et par le schéma, l'exterritorialité du Surmoi ou son intériorisation périphérique correspondent à des phases d'évolution différentes de l'appareil psychique et aussi à des formes psychopathologiques distinctes ; elles commandent donc, dans la cure psychanalytique, des formes diversifiées d'interprétation. Notons aussi un autre aspect du statut topographique du Surmoi, qui est d'occuper seulement un arc de cercle de l'appareil psychique ; d'où la possibilité (et la nécessité), pour prolonger l'intuition de Freud, de décrire un type différent d'organisation psychopathologique, dans lequel le Surmoi tend à se faire coextensif de toute la surface du Moi et à se substituer à lui comme enveloppe psychique.

La seconde modification observable sur ce nouveau schéma est l'ouverture vers le bas de l'enveloppe, qui entourait complètement l'appareil psychique en 1923. Cette ouverture matérialise la continuité du Ça et de ses pulsions avec le corps et les besoins biologiques, mais au prix d'une discontinuité dans la surface. Elle confirme l'échec du Moi à se constituer en enveloppe totale du psychisme (échec déjà noté en 1923). Ce qui implique une tendance antagoniste et sans doute plus archaïque de la part du Ça à se proposer lui aussi comme enveloppe globale. Cette double tension (entre la continuité et la discontinuité de la surface psychique, entre les propensions respectives du Surmoi, du Moi et du Ça à constituer cette surface) se résout en une pluralité de configurations cliniques et appelle des stratégies interprétatives appropriées à l'excès ou au défaut de continuité ou de discontinuité et à l'expansivité de l'une ou l'autre instance. Ces considérations ne figurent pas explicitement dans le texte de Freud mais elles me paraissent contenues en puissance dans ce nouveau schéma.

Chemin faisant, j'ai indiqué plusieurs des caractéristiques de l'appareil psychique que le modèle d'une invention technique matérielle – le bloc ou ardoise magique – permet à Freud, en 1925, de noter. Résumons ces caractéristiques :

– La structure en double feuillet du Moi ; le feuillet superficiel en celluloïd figurant le pare-excitation (*cf.* la carapace, le cuir, la fourrure) ; le feuillet du dessous, en papier ciré, figurant la réception sensorielle des excitations exogènes et l'inscription de leurs traces sur le tableau de cire.

– La différenciation, interne au Moi, de la perception (consciente) comme surface vigilante et sensible (le feuillet de celluloïd) mais qui ne conserve pas, et de la mémoire (préconsciente) qui enregistre et conserve les inscriptions (le tableau de cire).

– L'investissement endogène, c'est-à-dire pulsionnel, du système du Moi par le Ça ; cet investissement qui est « périodique », « allume et éteint » la conscience, voue celle-ci à la discontinuité et fournit au Moi une représentation primaire du temps.

Je propose de compléter cette dernière intuition de Freud en suggérant que le Moi acquiert le sentiment de sa continuité temporelle dans la mesure où le Moi-peau se constitue comme une enveloppe suffisamment souple aux interactions de l'entourage et suffisamment contenante de ce qui devient alors des contenus psychiques. Les cas dits états limites souffrent essentiellement de troubles dans le sentiment de la continuité du Soi, tandis que les psychotiques sont atteints dans le sentiment de l'unité du Soi et que les névrosés se sentent plutôt menacés dans leur identité sexuelle. Les configurations topographiques correspondantes demandent à être repérées et explicitées, en partant du schéma freudien fourni par

« Le Moi et le Ça » et par la « Notice sur le Bloc magique » et en lui apportant les développements et aussi les remaniements rendus nécessaires par la clinique.

FEDERN : SENTIMENTS DU MOI, SENTIMENTS DE FLUCTUATION DES FRONTIÈRES DU MOI

Originalité de Federn

Chaque psychanalyste a un ou deux domaines privilégiés pour l'exercice de son auto-analyse. Pour Sigmund Freud, c'étaient ses rêves nocturnes, ou plutôt les récits qu'il en faisait pour lui-même ou pour Fliess pendant la journée et par écrit : il les reconstruisait ainsi, puis, par ses associations d'idées, il les déconstruisait. Le rêve est la voie royale qui mène à la connaissance de l'inconscient : Freud l'a affirmé car c'était vrai singulièrement pour lui. À Vienne, trente ans environ après que Freud ait pris son essor, Paul Federn (1871-1952) met en branle l'enchaînement de ses découvertes en s'intéressant sur lui-même aux états de passage : non plus aux rêves qu'on fait endormi ou aux lapsus, aux actes manqués qu'on commet éveillé, mais aux transitions entre la veille et le sommeil, entre le sommeil et la veille, et plus largement entre les niveaux de vigilance du Moi. Quelles images du corps alors se forment ou se déforment dans l'appareil psychique ? Quel sentiment de lui-même le Moi psychique éprouve-t-il ? Comment se distingue-t-il, se confond-il avec le Moi corporel ? L'observation de ses propres hallucinations hypnagogiques au cours de l'endormissement et du réveil quotidiens, ou à l'occasion d'expériences exceptionnelles comme une anesthésie préopératoire, ou encore (bien qu'il n'en fasse pas explicitement état) une régression créatrice, la comparaison avec le matériel rapporté par les patients non seulement quand ils se sont trouvés dans des situations analogues mais au cours de l'hypnose ou à des moments critiques de dépersonnalisation et d'aliénation, ont progressivement ouvert à Federn une autre voie, peut-être moins « royale », vers une compréhension et un traitement psychanalytiques des psychoses.

Cette dernière entreprise était considérée comme impossible par Freud : aussi Federn ne peut-il s'y consacrer qu'après la mort du maître et l'émigration aux États-Unis. L'effort de Freud avait consisté à comparer le rêve et la névrose. Or, le rêve nocturne est une hallucination, c'est-à-dire un moment psychotique. Comment cette hallucination se prépare et s'installe au fur et à mesure des paliers d'entrée dans le sommeil, quelle dissociation elle suppose à l'intérieur du Moi et entre le Soi et le monde extérieur, par quelles étapes le sujet en émerge au réveil, voilà le champ singulier d'expérience de lui-même que Federn s'est assigné entre 1924 et 1935[1]. Il a pressenti comment un être humain peut devenir psychotique si ce que Bion appellera la part psychotique de la personne devient dominante dans son fonctionnement psychique ; comment également il peut redevenir normal, si la part non psychotique est rétablie et affermie. Déjà, toujours à Vienne, Victor Tausk avait manifesté un vif intérêt pour une extension de la théorie psychanalytique aux psychoses. Dans son étude intitulée « De la genèse de "l'appareil à influencer" au cours de la schizophrénie », Tausk (1919) avait deviné la distinction capitale du Moi psychique et du Moi corporel. Mais le délire le préoccupait plus que l'hallucination, et l'entrée dans la psychose retenait plus sa réflexion que les processus d'un éventuel dégagement. Cet intérêt s'enracinait sans doute dans des raisons personnelles, qui l'ont finalement mené à un suicide horrible en 1919, quelques mois après la parution de l'article en question.

Paul Federn est un penseur des limites. Il pense la limite non comme un obstacle, une barrière, mais comme la condition qui permet à l'appareil psychique d'établir des différenciations à l'intérieur de lui-même, ainsi qu'entre ce qui est psychique et ce qui en l'est pas, entre ce qui relève du Soi et ce qui provient des autres. Federn anticipe la notion physico-mathématique d'interface. Il faut la séparation due à cette interface pour que les régimes locaux demeurent distincts. Selon le nombre de ces régions et selon la nature de ces régimes, la forme de l'interface change. Certains changements peuvent être des « catastrophes » (dont René Thom a défini sept types mathématiques). À partir de ces effets d'interface, une science générale de l'origine, du développement et des transformations des formes – une morphogenèse – devient (toujours selon

1. Federn publie son article sur le sentiment du Moi simultanément en anglais et en allemand en 1926. Ses articles sur le narcissisme, sur les variations du sentiment du Moi dans les rêves et au réveil paraissent entre 1927 et 1935. Ils ont été réunis en 1952 à ses articles ultérieurs sur le traitement de la psychose en un ouvrage traduit en français en 1979 sous le titre *La Psychologie du Moi et les psychoses*, d'où sont extraites les citations qui suivent. – Federn s'intéresse à une forme très particulière d'affects, les sentiments du Moi (ce sont des états psychiques plutôt que des affects). Parallèlement, un autre psychiatre viennois, venu plus tardivement à la psychanalyse, Paul Schilder (1886-1940), se penche sur les troubles de la conscience du Soi (1913), sur la notion neurologique de schéma corporel (1923) et, après son émigration rapide aux États-Unis en 1930, publie en 1933 son article bien connu « L'Image du corps » (cf. Schilder P., 1950). Leurs deux recherches à la fois s'ignorent et se complètent : Schilder met en évidence des représentations inconscientes ; Federn, des sentiments préconscients.

Thom) possible. Federn a anticipé ce modèle épistémologique en ce qui concerne la structure du Moi et du Soi, et ceci, à la suite de Freud, qui, en 1913, on vient de le voir, donne au Moi une structure de surface à deux faces et le promeut au rang d'une instance dotée de principes de fonctionnement spécifiques. La seconde topique freudienne fournit à Federn le cadre dans lequel il peut effectuer ses découvertes propres, un cadre qui lui sert d'appui en même temps qu'il en remet en question les frontières. Sa fidélité à Freud se résume là : il conserve, mais il complète[1]. Freud s'intéressait surtout au noyau, à l'inconscient comme noyau du psychisme, au complexe d'Œdipe comme noyau de l'éducation, de la culture, de la névrose. Parallèlement à Paul Schilder, qui élaborait au même moment la notion d'image du corps, Federn a porté son attention sur l'écorce, sur les phénomènes de bordure. Freud inventoriait les processus psychiques primaires et secondaires ; Federn étudie, à côté des processus, les états du Moi sans la connaissance et l'interprétation desquels la cure psychanalytique des personnalités narcissiques reste incomplète ou impuissante. Mais il le fait selon le schéma défini par Freud (1914) dans son article « Pour introduire le narcissisme ».

Selon Federn, les frontières du Moi « sont perpétuellement en changement ». Elles varient avec les individus et, chez le même individu, selon les moments de la journée ou de la nuit, selon les phases de sa vie, et elles renferment des contenus différents. Cette affirmation peut se comprendre, je pense, en rapport avec la cure psychanalytique : le psychanalyste a à être attentif dans la séance, non seulement au contenu et au style des associations libres, mais aussi aux fluctuations du Moi du patient ; il a à repérer les moments où celles-ci surviennent et à développer, chez le Moi du patient, une conscience suffisante (et capable de survivre à la fin de la psychanalyse) des modifications de ses propres frontières. L'opportunité et l'efficacité de l'interprétation en découlent : la parole, selon Federn, agit en mettant en rapport deux frontières du Moi, ce qui, à son tour, produit des modifications de l'économie libidi-

1. Federn fait partie du petit groupe initial qui se réunit autour de Freud à partir de 1902, la « Société psychologique du mercredi soir », devenue en 1908 la Société psychanalytique de Vienne. Federn est, avec Hitschmann et Sadger, un des rares membres fondateurs qui restent dans cette société jusqu'à sa dissolution en 1938 par les nazis lors de l'Anschluss. Quand Freud est atteint de son cancer, c'est à Federn qu'il confie la vice-présidence de la Société psychanalytique de Vienne. Quand l'heure de l'émigration est venue, c'est à Federn qu'il remet l'original des Minutes de la Société psychanalytique de Vienne. Federn emporte le manuscrit dans son exil américain et le préserve en vue d'une publication ultérieure, réalisée depuis par son fils Ernst en collaboration avec H. Nunberg.

nale : aux investissements pulsionnels « statiques » peuvent se substituer des investissements « mobiles ».

Les sentiments du Moi

Le sentiment du Moi, selon Federn est présent depuis le début de l'existence, mais sous une forme vague et pauvre en contenu. J'ajouterais que le sentiment des limites du Moi est encore plus incertain, et qu'il y aurait un sentiment primaire d'un Moi illimité, qui serait réexpérimenté dans la dépersonnalisation ou dans certains états mystiques. J'ai également décrit ce sentiment d'incertitude des limites dans la régression-dissociation individuelle du saisissement créateur (première phase du travail d'élaboration d'une œuvre) ou dans la régression-fusion collective de l'illusion groupale (D. Anzieu, 1980*a*). L'investigation psychanalytique du couple amoureux a par ailleurs montré que les deux partenaires s'attachent l'un à l'autre, là où leurs frontières psychiques sont incertaines, insuffisantes ou défaillantes.

Il existe donc un sentiment du Moi, dont le sujet n'est pas conscient dans son état de fonctionnement normal, mais qui se révèle à l'occasion des ratés de ce dernier. Le sentiment du Moi est un sentiment primaire, constant et variable. Le Moi, dont Freud a fait une entité, existe bien : l'être humain en a une sensation subjective, sensation et non illusion car elle correspond à une réalité qui est elle-même de nature subjective. Le Moi est à la fois sujet (on le désigne par le pronom « Je ») et objet (on l'appelle « Soi ») : « Le Moi est à la fois le véhicule et l'objet de la conscience. Nous parlons du Moi dans sa capacité de véhicule de la conscience comme moi-même » (Federn P., 1952, tr. fr., p. 101).

Ce sentiment du Moi comprend trois éléments constitutifs, le sentiment d'une unité dans le temps (donc d'une continuité), celui d'une unité dans l'espace au moment présent (plus précisément d'une proximité) et enfin celui d'une causalité. Federn accorde au Moi un dynamisme et une souplesse dont Freud ne l'avait pas doté. Mais comme Freud, il donne du Moi une représentation topographique : le sentiment du Moi constitue le noyau du Moi et il est (sauf pathologie grave) constant. Le sentiment des frontières du Moi en constitue l'organe périphérique : à la différence de ce qui se passe pour le noyau, ce second sentiment est, à l'état normal, celui d'une fluctuation permanente des frontières.

Pour le système inconscient, le temps n'existe pas (d'où le sentiment d'un Moi sans un début ni une fin, d'un Moi immortel). Le système conscient a par contre le sentiment d'une unité du Moi dans le temps ; ce qui lui permet notamment de considérer que les événements qui nous arrivent suivent un ordre chronologique (d'où le sentiment d'un écoulement d'un avant vers un présent ; d'où l'ordre traditionnel d'un récit narratif). Dans le fonctionnement préconscient, le sentiment d'unité du Moi dans le temps est très variable ; il peut être conservé au moins partiellement ; le sentiment d'un ordre chronologique des événements du rêve est, sauf rêve se réduisant à un flash sur une image, maintenu (ceci explique que la multiplicité des personnages reflète diverses parties du Soi du sujet, et que le rêve soit utilisé par des créateurs comme un instrument de découverte par la déconstruction des savoirs préalables et des états conscients). Si le sentiment d'unité du Moi dans le temps disparaît de la vie éveillée, cela produit des phénomènes de dépersonnalisation et de déjà-vu.

Par rapport à son contenu, le sentiment du Moi comprend un sentiment mental et un sentiment corporel. On ne remarque pas cette dualité dans la vie normale où ils sont présents ensemble ; aussi manque-t-on à les distinguer si on ne prête pas attention à des processus, comme l'éveil ou l'endormissement, où ils sont séparés (la difficulté étant de conserver une attention suffisante dans des états psychiques marqués par la baisse de la vigilance). Là aussi il existe un troisième sentiment, celui des frontières fluctuantes entre le Moi psychique et le Moi corporel. À l'état de veille, on éprouve le Moi psychique comme situé à l'intérieur du Moi corporel. Le Moi corporel, s'appuyant sur la périodicité des processus corporels, acquiert une évaluation objective du temps (consciente et préconsciente, qui nous permet par exemple de nous réveiller à l'heure) ; par contre, l'intensité du Moi psychique dans les rêves jointe à l'absence d'expérience du temps dans l'inconscient explique l'expérience anormale de la vitesse et de la longueur vécue du temps du rêve. Le sentiment mental du Moi (ou sentiment du Moi psychique) a pour formulation rationnelle le « je pense, donc je suis ». Il assure la conservation et le sentiment de sa propre identité chez le sujet. Il est souvent associé au Surmoi et reste purement mental (car le Surmoi, qui n'a pas accès à la mobilité, peut agir sur l'attention, mais non sur la volonté). Par exemple, les impulsions et idées obsessionnelles viennent du Surmoi et sont accompagnées du sentiment (variable avec la quantité d'investissement inconscient) qu'elles sont sur le point d'atteindre une décharge motrice à laquelle elles ne parviennent jamais réellement (d'où le sentiment du Moi mental si aigu chez l'obsessionnel). Le sentiment mental du Moi est le sentiment d'un « Moi intérieur ». Ce sentiment est fluctuant : les processus mentaux peuvent cesser d'être attribués au Moi psychique interne, c'est-à-dire cesser d'être reconnus comme mentaux ; dans la névrose hystérique, ils sont convertis en phénomènes corporels ; dans la psychose, ils sont projetés dans la réalité extérieure.

Le sentiment corporel du Moi est « un sentiment unifié des investissements libidinaux des appareils moteurs et sensoriels » (*ibid.*, p. 33). Il est « composite » : il inclut divers sentiments sans être identique à l'un d'eux ; par exemple, les souvenirs sensoriels et moteurs concernant notre propre personne ; l'unité de perception de notre propre corps en rapport avec l'organisation somatique.

Les sentiments des frontières du Moi

L'être humain a le sentiment inconscient d'une frontière entre le Moi psychique et le Moi corporel. Il a par ailleurs le sentiment inconscient d'une frontière entre le Moi et le Surmoi. Voyons, avec Federn, comment les sentiments de ces frontières interviennent dans les états de passage.

L'endormissement dissocie d'une part le sentiment mental et le sentiment corporel du Moi et d'autre part, le Moi et le Surmoi :

> « Dans le retrait des investissements qui accompagnent l'endormissement soudain, le sentiment corporel du Moi disparaît plus tôt que le sentiment mental du Moi ou le sentiment du Surmoi. Le Moi corporel peut disparaître complètement pendant qu'on s'endort et être réinvesti et réveillé par le Moi mental qui est demeuré éveillé. De cette façon, nous réussissons à retarder volontairement le sommeil. Il est probable que, chez la plupart des gens qui s'endorment soudainement, le Surmoi perd son investissement avant le Moi. » (*Ibid.*, p. 34.)

Dans le cas d'un processus normal de *réveil*, 1) le Moi corporel et le Moi mental se réveillent simultanément, avec une légère avance du sentiment mental du Moi, mais sans aucun sentiment d'étrangeté : nous nous découvrons avec plaisir au début d'une nouvelle journée ; et 2) le Surmoi ne se réveille qu'après le Moi. Par contre, quand on se réveille au sortir d'un rêve, le Moi mental se réveille le premier ; le Moi corporel se trouve dissocié de lui ; le corps propre peut même être halluciné comme une présence étrangère.

C'est avec *l'évanouissement* que culmine la dissociation des deux sentiments ; dissociation qui fonde l'illusion d'une existence séparée de l'âme et du corps.

Les *rêves normaux*, remémorés comme complets et vivaces, sont de deux sortes :

a) la majorité d'entre eux manifeste un manque de tout sentiment corporel ; le Moi du rêve se réduit au Moi mental ; la libido a été retirée du corps, elle a régressé vers le Ça, elle n'a pas été redirigée vers le Moi corporel ; au cours de la régression, le Moi rencontre des représentations d'objets et l'investissement libidinal les active jusqu'au point de donner l'illusion de la réalité ; bien que son rêve soit vivace, le rêveur ne sent rien de son propre corps ;

b) parfois au contraire, le sentiment mental du Moi fait défaut, les sensations vivaces sont corporelles ; ce sont les rêves « typiques » de vol, de nage, de nudité ; le rêveur y et représenté par lui-même et seuls des objets fragmentaires figurent éventuellement dans son rêve ; ce sont les détails du décor, du paysage, des personnages qui sont vivaces (couleur, clarté), c'est-à-dire la réalité externe.

Observation d'Edgar[1]

Dans le rêve, l'investissement libidinal est insuffisant pour qu'il y ait représentation à la fois de l'objet désiré et du corps ; si les deux sentiments, mental et corporel, du Moi étaient investis, le rêveur se réveillerait.

> « Un patient qui ne souffrait pas de dépersonnalisation dans la vie éveillée m'a raconté un exemple remarquable de distinction entre le Moi mental et le Moi corporel. Il avait eu un rêve sexuel extraordinairement complet et vivace avec présentation d'objets très vivace et sentiment du Moi de caractère sexuel agréable. Le rêve se passait dans sa chambre mais non pas dans son lit. Il se réveilla soudainement et se trouva dans son lit dans un état de dépersonnalisation complète ; il avait le sentiment que son corps était étendu à côté de lui et ne lui appartenait pas. Son Moi mental s'était éveillé le premier. Le sentiment corporel du Moi ne s'était pas éveillé avec le Moi mental parce que la libido utilisable à des fins narcissiques est essentielle pour le réveil du sentiment corporel du Moi et, dans le rêve précédent, toute la libido s'était investie dans la présentation objectale très vivace. Cet événement inhabituel montre clairement que l'investissement du moi est en relation de compensation avec l'investissement d'un objet sexuel. » (*Ibid.*, p. 38.)

Les sentiments de fluctuation des frontières du Moi

Abordons maintenant les variations de l'investissement libidinal du sentiment des frontières du Moi et leurs conséquences, les *sentiments d'étrangeté ou d'extase*.

1. C'est moi qui dénomme ainsi ce patient anonyme de Federn.

> « Chaque fois qu'il y a un changement d'investissement du sentiment du Moi nous avons le sentiment des "frontières" de notre Moi. Chaque fois qu'une impression somatique ou psychique entre en collision, elle frappe une frontière du Moi qui est normalement investie de sentiment du Moi. *S'il n'y a aucun sentiment du Moi à cette frontière nous avons le sentiment que l'impression en question nous est étrangère*. Aussi longtemps qu'il n'y a pas collision entre une impression et les frontières du sentiment du Moi, nous demeurons sans conscience des limites du Moi. Le sentiment psychique et le sentiment corporel du Moi peuvent être tous les deux actifs ou passifs. » (*Ibid.*, p. 70.)

Le sentiment du Moi est l'investissement narcissique original du Moi. Au départ il n'a aucun objet. Plus tard, quand les investissements libidinaux d'objet ont atteint la frontière du Moi avec le monde extérieur ou l'ont investie, puis ont été retirés, survient le narcissisme secondaire.

> « L'étendue de l'état d'investissement qui constitue le Moi varie ; sa frontière à un moment donné est la frontière du Moi, et en tant que telle pénètre dans la conscience. Quand une frontière du Moi est chargée de sentiment libidinal intense, mais n'est pas appréhendée dans son contenu, le résultat est un sentiment d'extase ; quand d'un autre côté il est seulement appréhendé et non senti, un sentiment d'étrangeté survient. » (*Ibid.*, p. 102.)

Quand la frontière extérieure du Moi perd son investissement, les objets extérieurs tout en continuant d'être perçus nettement par le sujet, voire de l'intéresser, sont sentis comme étranges, non familiers, et même irréels (ce qui peut mener à la perte du sens de la réalité). Au cours de la guérison, l'augmentation de l'investissement libidinal à la frontière rend la perception des objets plus chaleureuse, douée d'un éclat accru. On sent un objet comme réel, sans le secours d'aucun test de réalité, quand a) il est exclu du Moi ; b) et que les impressions qu'il fait empiètent sur une frontière du Moi bien investie.

Refoulement des états du Moi

Le *refoulement* ne porte pas seulement sur les représentations fantasmatiques. Il s'exerce aussi sur les états du Moi. La partie inconsciente du Moi serait ainsi formée des couches stratifiées des états du Moi, que l'hypnose, par exemple, ou le rêve (ou encore selon moi la régression créatrice) peut réveiller, avec leur cohorte d'expériences, de souvenirs, de dispositions qui y sont liées.

Quand il y a déficience de l'investissement du Moi, un Moi très développé et organisé ne peut pas maintenir un investissement convenable de toutes ses frontières et est susceptible d'être envahi par l'inconscient et ses fausses réalités. Le retour en arrière vers un état antérieur du Moi exigeant moins de dépense d'investissement du Moi peut être un moyen de défense. Les frontières du Moi sont alors ramenées à celles de cet état. D'où l'envahissement de l'esprit par de fausses réalités et la perte de la faculté de penser, qui sont des traits essentiels de la schizophrénie.

Traiter un psychotique selon Federn, c'est l'aider à ne pas gaspiller son énergie mentale, mais à la conserver. C'est ne pas lui enlever ses refoulements mais en créer. C'est ne pas prendre d'anamnèse, car le souvenir d'épisodes psychotiques antérieurs peut entraîner une rechute. C'est revigorer la frontière affaiblie du Moi entre la réalité psychique et la réalité extérieure. C'est rectifier les fausses réalités et amener le malade à utiliser correctement l'épreuve de réalité. C'est l'amener à se rendre compte du triple statut de son corps, comme partie du Moi, comme partie du monde extérieur et comme frontière entre le Moi et le monde.

7

FONCTIONS DU MOI-PEAU

Je me fonde sur deux principes généraux. L'un est spécifiquement freudien : toute fonction psychique se développe par appui sur une fonction corporelle dont elle transpose le fonctionnement sur le plan mental. Bien que Jean Laplanche (1970) recommande de réserver le concept d'étayage à l'appui trouvé par les pulsions sexuelles sur les fonctions organiques d'autoconservation, je suis partisan d'un sens plus large, car le développement de l'appareil psychique s'effectue par des paliers successifs de rupture avec sa base biologique, ruptures qui lui rendent d'une part possible d'échapper aux lois biologiques et d'autre part nécessaire de chercher un étayage de toutes les fonctions psychiques sur des fonctions du corps. Le second principe, connu également de Freud, est jacksonien : le développement du système nerveux au cours de l'évolution présente une particularité qui ne se rencontre pas dans les autres systèmes organiques, à savoir que l'organe le plus récent et le plus près de la surface – le cortex – tend à prendre la direction du système, en intégrant les autres sous-systèmes neurologiques. Cela se passe aussi pour le Moi conscient, qui tend à occuper dans l'appareil psychique la surface en contact avec le monde extérieur et à contrôler le fonctionnement de cet appareil. On sait également que la peau (surface du corps) et le cerveau (surface du système nerveux) dérivent de la même structure embryonnaire, l'ectoderme.

Pour le psychanalyste que je suis, la peau a une importance capitale : elle fournit à l'appareil psychique les représentations constitutives du Moi et de ses principales fonctions. Ce constat s'inscrit à son tour dans le cadre de la théorie générale de l'évolution. Des mammifères à l'homme, il n'y a pas seulement augmentation et complexification du cerveau. La peau perd sa dureté et sa fourrure. Les poils ne subsistent guère que sur le crâne dont ils redoublent le rôle protecteur du cerveau, et autour des orifices corporels du visage et du tronc dont ils renforcent la sensibilité, voire la sensualité. Comme l'a montré Imre Hermann (1930), la pulsion d'agrippement du tout-petit à sa mère devient plus difficile à satisfaire dans l'espèce humaine, vouant les représentants de celle-ci à des angoisses intenses précoces et prolongées de perte de la protection, de manque d'un objet support, et à une détresse qui a été qualifiée d'originaire. En contrepartie, la pulsion d'attachement prend, chez le petit humain, une importance d'autant plus considérable que l'enfance humaine est proportionnellement plus longue que dans les autres espèces. Cette pulsion a pour objets le repérage chez la mère puis chez le groupe familial qui prend la relève, des signaux – sourire, douceur du contact, chaleur physique de l'étreinte, diversité des émissions sonores, solidité du portage, bercement, disponibilité à donner la nourriture, les soins, l'accompagnement – qui fournissent des indices d'une part sur la réalité extérieure et son maniement, d'autre part sur les affects éprouvés par la partenaire, en réponse notamment aux affects du bébé. Nous sommes là, non plus dans le registre de la satisfaction des besoins vitaux d'autoconservation (nourriture, respiration, sommeil) sur lesquels les désirs sexuels et agressifs vont se constituer par étayage, mais dans celui de la communication (préverbale et infralinguistique) sur laquelle l'échange langagier trouve le moment venu à s'étayer.

Les deux registres fonctionnent souvent simultanément : la tétée, par exemple, fournit l'occasion de communications tactiles, visuelles, sonores, olfactives. Mais on sait qu'une satisfaction matérielle des besoins vitaux, systématiquement dépourvue de ces échanges sensoriels et affectifs, peut conduire à l'hospitalisme ou à l'autisme. On constate également qu'avec la croissance du bébé, la part consacrée par celui-ci et par son entourage à communiquer pour communiquer, indépendamment des activités d'auto-conservation, va croissante. La communication originaire est, dans la réalité et plus encore dans le fantasme, une communication directe, non médiatisée, de peau à peau.

Freud dans « Le Moi et le Ça » (1923) a montré que non seulement les mécanismes de défense et les traits de caractère dérivent, par appui et par transformation, d'activités corporelles, mais qu'il en va de même pour les instances psychiques : les pulsions psychiques qui constituent le Ça dérivent des instincts biologiques ; ce qu'il va appeler le Surmoi « a des racines acoustiques » ; et le Moi se constitue d'abord à partir de l'expérience tactile. À quoi il me semble nécessaire d'ajouter que préexiste une topique plus archaïque, peut-être originaire, avec le sentiment d'existence du Soi : Soi qui correspond à l'enveloppe sonore et olfactive, Soi autour duquel un Moi se différencie à partir de l'expérience tactile, Soi à l'extérieur duquel sont projetées les stimulations aussi bien endogènes qu'exogènes. La topique secondaire (Ça, Moi avec son appendice le Moi idéal, Surmoi formant couple avec l'Idéal du Moi) s'organise quand l'enveloppe visuelle – notamment sous l'effet de l'interdit primaire du toucher – se substitue à l'enveloppe tactile pour fournir au Moi l'étayage essentiel, quand les représentants de choses (principalement visuels) s'associent dans le préconscient qui se développe alors, à des représentants de mots (fournis par l'acquisition de la parole) et que les différenciations du Moi et du Surmoi d'une part, de la stimulation externe et de l'excitation pulsionnelle d'autre part sont acquises.

Dans mon article princeps de 1974 sur le Moi-peau, j'assignais trois fonctions à celui-ci : un fonction d'enveloppe contenante et unifiante du Soi, une fonction de barrière protectrice du psychisme, une fonction de filtre des échanges et d'inscription des premières traces, fonction qui rend possible la représentation. À ces trois fonctions correspondent trois figurations : le sac, l'écran, le tamis. Le travail de Pasche (1971) sur *Le Bouclier de Persée* m'amena à prendre en considération une quatrième fonction, celle de miroir de la réalité.

LES HUIT FONCTIONS DU MOI-PEAU

J'entreprends maintenant d'établir un parallèle plus systématique entre les fonctions de la peau et les fonctions du Moi, en essayant de préciser pour chacune le mode de correspondance entre l'organique et le psychique, les types d'angoisse liés à la pathologie de cette fonction, et les figurations du trouble du Moi-peau que la clinique nous en apporte. L'ordre que je vais suivre n'obéit à aucun principe classificatoire rigoureux. Je ne prétends pas non plus être exhaustif quant à l'inventaire de ces fonctions, qui reste ouvert.

1. De même que la peau remplit une fonction de soutènement du squelette et des muscles, de même le Moi-peau remplit une fonction de *maintenance* du psychisme. La fonction biologique est exercée par ce que Winnicott (1962, p. 12-13) a appelé le *holding*, c'est-à-dire par la façon dont la mère soutient le corps du bébé. La fonction psychique se développe par intériorisation du holding maternel. Le Moi-peau est une partie de la mère – particulièrement ses mains – qui a été intériorisée et qui maintient le psychisme en état de fonctionner, du moins pendant la veille, tout comme la mère maintient en ce même temps le corps du bébé

dans un état d'unité et de solidité. La capacité du bébé de se maintenir physiquement par lui-même conditionne l'accès à la position assise puis debout et à la marche. L'appui externe sur le corps maternel conduit le bébé à acquérir l'appui interne sur sa colonne vertébrale, comme arête solide permettant de se redresser. Un des noyaux anticipateurs du Je consiste en la sensation-image d'un phallus interne maternel ou plus généralement parental qui assure à l'espace mental en voie de se constituer un premier axe, de l'ordre de la verticalité et de la lutte contre la pesanteur, et qui prépare l'expérience d'avoir une vie psychique à soi. C'est en s'adossant à cet axe que le Moi peut mettre en œuvre les mécanismes de défense les plus archaïques, comme le clivage et l'identification projective. Mais il ne peut s'adosser à ce support en toute sécurité que s'il est sûr d'avoir par son corps des zones de contact étroit et stable avec la peau, les muscles et les paumes de la mère (et des personnes de son environnement primaire) et, à la périphérie de son psychisme, un encerclement réciproque par le psychisme de la mère (ce que Sami-Ali, (1974) a dénommé « inclusion mutuelle »).

Blaise Pascal, tôt orphelin de mère a fort bien théorisé, en physique puis dans la psychologie et dans l'apologétique religieuse, cette horreur du vide intérieur longtemps attribuée à la Nature, ce manque de l'objet-support nécessaire au psychisme pour qu'il trouve son centre de gravité. Francis Bacon, dans ses tableaux, peint des corps déliquescents à qui la peau et les vêtements assurent une unité superficielle mais dépourvus de cette arête dorsale qui tient le corps et la pensée : des peaux remplies de substances plus liquides que solides, ce qui correspond bien à l'image du corps de l'alcoolique[1].

Ce qui est en jeu ici, c'est, non pas l'incorporation fantasmatique du sein nourricier, mais l'identification primaire à un objet support contre lequel l'enfant se serre et qui le tient ; c'est plus la pulsion d'agrippement ou d'attachement qui trouve satisfaction que la libido. L'accolement face à face du corps de l'enfant au corps de la mère est lié à la pulsion sexuelle qui trouve satisfaction au niveau oral dans la tétée et dans cette manifestation d'amour qu'est l'étreinte. Les adultes qui s'aiment retrouvent généralement ce type d'accolement pour donner satisfaction à leurs pulsions sexuelles au niveau génital. En revanche, l'identification primaire à l'objet support suppose un autre dispositif spatial qui se présente sous deux variantes complémentaires : Grotstein (1981), disciple cali-

1. Cf. mes deux monographies « De l'horreur du vide à sa pensée : Pascal » et « La peau, la mère et le miroir dans les tableaux de Francis Bacon », reproduites dans *Le Corps de l'œuvre* (Anzieu D., 1981*a*).

fornien de Bion, les a, le premier, précisées : dos de l'enfant contre ventre de la personne objet-support (*back-ground object*), ventre de l'enfant contre le dos de celle-ci.

Dans la première variante, l'enfant est adossé à l'objet support qui se moule en creux sur lui. Il se sent protégé sur ses arrières, le dos étant la seule partie de son propre corps qu'on ne peut ni toucher ni voir. Le cauchemar, fréquent chez les enfants enfiévrés, d'une surface qui se plisse, se gondole se déchire, pleine de bosses et de creux, traduit sous forme figurative les attaques contre la représentation sécurisante d'une peau commune avec l'objet support soutenant. Cette surface qui défaille peut être interprétée par le rêveur comme une ondulation de serpents mais ce serait une erreur d'interprétation que de l'entendre uniquement comme un symbole phallique. La présence de plusieurs serpents en reptation n'a pas le même sens que celle d'un serpent unique qui se dresse. Grotstein cite un tel rêve d'une petite fille, rapporté par la mère en analyse chez lui.

> « Sa fille se réveilla au milieu de la nuit en voyant des serpents partout, y compris même sur le plancher où elle marchait. Elle courut à la chambre de sa mère et grimpa sur elle en mettant son dos contre le ventre de sa mère. C'était le seul endroit où elle pouvait trouver un soulagement. bien que la mère fut la patiente, et non l'enfant, ses associations à cet événement s'établirent bientôt qu'elle s'était identifiée à son enfant. Elle était la petite fille qui désirait s'étendre sur moi pour se procurer le "support" (*backing*), la protection et "l'arrière" (*rearing*) dont elle s'était sentie privée par ses propres parents[1]. »

La seconde position, celle de l'enfant allongé accolant le devant de son corps au dos de la personne remplissant pour lui la fonction d'objet support, apporte à l'intéressé la sensation-sentiment que la partie la plus précieuse et la plus fragile de son corps, à savoir son ventre, est protégée derrière l'écran protecteur, le pare-excitation originaire, qu'est le corps de cet autrui mainteneur. Cette expérience commence généralement avec l'un ou l'autre des parents (voire avec l'un et l'autre) ; elle peut se poursuivre assez longtemps avec un frère ou une sœur dont l'enfant partage le lit. (Jusqu'à sa psychanalyse avec Bion, Samuel Beckett ne pouvait vaincre l'angoisse de l'insomnie qu'en s'endormant tout contre son frère aîné.) Une de mes patientes, élevée par un couple de parents violents et désunis trouvait sa sécurité intérieure, jusqu'à la pré-puberté, en s'endormant ainsi contre sa sœur cadette dont elle partageait le lit. Celle des deux qui avait le plus peur « faisait la chaise » (c'était leur expression)

1. Je remercie Annick Maufras du Chatellier de m'avoir fait connaître ce texte et de m'en avoir fourni la traduction française.

pour accueillir et serrer contre elle le corps rassurant de l'autre. Pendant toute une phase de son analyse, son transfert m'invitait implicitement à faire la chaise à mon tour : elle réclamait de moi l'alternance de mes associations libres avec les siennes, l'aveu de mes pensées et de mes sentiments, de mes angoisses ; elle me proposait le rapprochement de son corps, ne comprenait pas pourquoi je refusais qu'elle vienne s'asseoir sur mes genoux. J'ai eu à analyser d'abord comme une sexualisation défensive la séduction hystérique dont elle habillait sa demande ; puis nous avons pu élaborer son angoisse de la perte de l'objet-support.

Grotstein rapporte un autre type d'exemple significatif : « Des patients en analyse m'ont fréquemment rapporté des rêves dans lesquels ils conduisaient une voiture depuis le siège arrière. Les associations à ces rêves conduisaient presqu'invariablement à la notion d'avoir un "support" (*backing*) défectueux et en conséquence une difficulté à l'autonomie. » Grotstein propose même un jeu de mots, intraduisible en français : parce que l'objet-support se tient « derrière » ou « dessous » (*he under stands*), il fournit le paradigme de la « compréhension » (*understanding*).

2. À la peau qui recouvre la surface entière du corps et dans laquelle sont insérés tous les organes des sens externes répond la fonction *contenante* du Moi-peau. Cette fonction est exercée principalement par le *handling* maternel. La sensation-image de la peau comme sac est éveillée, chez le tout-petit, par les soins du corps, appropriés à ses besoins, que lui procure la mère. Le Moi-peau comme représentation psychique émerge des jeux entre le corps de la mère et le corps de l'enfant ainsi que des réponses apportées par la mère aux sensations et aux émotions du bébé, réponses gestuelles et vocales, car l'enveloppe sonore redouble alors l'enveloppe tactile, réponses à caractère circulaire où les écholalies et les échopraxies de l'un imitent celles de l'autre, réponses qui permettent au tout-petit d'éprouver progressivement ces sensations et ces émotions à son propre compte sans se sentir détruit. R. Kaës (1979*a*) distingue deux aspects de cette fonction. Le « contenant » proprement dit, stable, immobile, s'offre en réceptacle passif au dépôt des sensations-images-affects du bébé, ainsi neutralisées et conservées. Le « conteneur » correspond à l'aspect actif, à la rêverie maternelle selon Bion, à l'identification projective, à l'exercice de la fonction alpha qui élabore, transforme et restitue à l'intéressé ses sensations-images-affects rendues représentables.

De même que la peau enveloppe tout le corps, le Moi-peau vise à envelopper tout l'appareil psychique, prétention qui s'avère par la suite abusive mais qui est au début nécessaire. Le Moi-peau est alors figuré comme écorce, le Ça pulsionnel comme noyau, chacun des deux termes ayant besoin de l'autre. Le Moi-peau n'est contenant que s'il a des pulsions à contenir, à localiser dans des sources corporelles, plus tard à différencier. La pulsion n'est ressentie comme poussée, comme force motrice, que si elle rencontre des limites et des points spécifiques d'insertion dans l'espace mental où elle se déploie et que si sa source est projetée dans des régions du corps dotées d'une excitabilité particulière. Cette complémentarité de l'écorce et du noyau fonde le sentiment de la continuité du Soi.

À la carence de cette fonction conteneur du Moi-peau répondent deux formes d'angoisse. L'angoisse d'une excitation pulsionnelle diffuse, permanente, éparse, non localisable, non identifiable, non apaisable, traduit une topographie psychique constituée d'un noyau sans écorce ; l'individu cherche une écorce substitutive dans la douleur physique ou dans l'angoisse psychique : il s'enveloppe dans la souffrance. Dans le second cas, l'enveloppe existe, mais sa continuité est interrompue par des trous. C'est un Moi-peau passoire ; les pensées, les souvenirs, sont difficilement conservés ; ils fuient (voir ci-dessus l'observation d'Éléonore, p. 88). L'angoisse est considérable d'avoir un intérieur qui se vide, tout particulièrement de l'agressivité nécessaire à toute affirmation de soi. Ces trous psychiques peuvent trouver à s'étayer sur les pores de la peau : l'observation à venir de Gethsémani (p. 203) montre un patient qui transpire pendant les séances et qui lâche ainsi sur son psychanalyste une agressivité nauséabonde qu'il ne peut ni retenir ni élaborer, tant que sa représentation inconsciente d'un Moi-peau passoire n'a pas été interprétée.

3. La couche superficielle de l'épiderme protège la couche sensible de celui-ci (celle où se trouvent les terminaisons libres des nerfs et les corpuscules du toucher) et l'organisme en général contre les agressions physiques, les radiations, l'excès de stimulations. Dès l'« Esquisse d'une psychologie scientifique » de 1895, Freud avait, parallèlement, reconnu au Moi une fonction de *pare-excitation*. Dans la « Notice sur le Bloc magique » (1925), il énonce bien que le Moi (tel l'épiderme : mais Freud toutefois n'apporte pas cette précision) présente une structure en double feuillet. Dans l'« Esquisse » de 1895, Freud laisse entendre que la mère sert de pare-excitation auxiliaire au bébé, et cela – c'est moi qui l'ajoute – jusqu'à ce que le Moi en croissance de celui-ci trouve sur sa propre peau un étayage suffisant pour assumer cette fonction. D'une façon générale, le Moi-peau est une structure virtuelle à la naissance, et qui s'actualise au cours de la relation entre le nourrisson et l'environnement primaire ; l'origine lointaine de cette structure remonterait à l'apparition même des organismes vivants.

Les excès et les déficits du pare-excitation offrent des cas de figures très variés. Frances Tustin (1972) a décrit les deux images du corps qui appartiennent respectivement à l'autisme primaire et secondaire : le Moi-poulpe (quand aucune des fonctions du Moi-peau n'est acquise, ni celles du support, ni de contenant, ni de pare-excitation et que le double feuillet n'est pas ébauché), le Moi-crustacé, avec une carapace rigide qui remplace le conteneur absent et qui interdit aux fonctions suivantes du Moi-peau de s'enclencher.

L'angoisse paranoïde d'intrusion psychique se présente sous deux formes : a) on me vole mes pensées (persécution) ; b) on me donne des pensées (machine à influencer). Là, les fonctions pare-excitation et conteneur existent distinctement mais insuffisamment.

L'angoisse de la perte de l'objet remplissant le rôle de pare-excitation auxiliaire est maximisée quand l'enfant a été donné par la mère à élever par sa propre mère (c'est-à-dire par la grand-mère maternelle de l'enfant) et que celle-ci s'est occupée de lui avec une telle perfection qualitative et quantitative qu'il n'a pas connu la possibilité ni la nécessité d'en venir à un auto-étayage. La toxicomanie peut alors apparaître comme une solution pour constituer entre le Moi et les stimulations externes une barrière de brouillard ou de fumée.

Le pare-excitation peut être cherché en appui sur le derme à défaut de l'épiderme : c'est la seconde peau musculaire (E. Bick), la cuirasse caractérielle (W. Reich).

4. La membrane des cellules organiques protège l'individualité de la cellule en distinguant les corps étrangers auxquels elle refuse l'entrée et les substances semblables ou complémentaires auxquelles elle accorde l'admission ou l'association. Par son grain, sa couleur, sa texture, son odeur, la peau humaine présente des différences individuelles considérables. Celles-ci peuvent être narcissiquement, voire socialement surinvesties. Elles permettent de distinguer chez autrui les objets d'attachement et d'amour et de s'affirmer soi-même comme un individu ayant sa peau personnelle. À son tour, le Moi-peau assure une fonction *d'individuation* du Soi, qui apporte à celui-ci le sentiment d'être un être unique. L'angoisse, décrite par Freud (1919), de l'« inquiétante étrangeté » est liée à une menace visant l'individualité du Soi par affaiblissement du sentiment des frontières de celui-ci.

Dans la schizophrénie, toute la réalité extérieure (mal distinguée de la réalité intérieure) est considérée comme dangereuse à assimiler et la perte du sens de la réalité permet le maintien à tout prix du sentiment d'unicité de Soi.

5. La peau est une surface porteuse de poches, de cavités où sont logés les organes des sens autres que ceux du toucher (lesquels sont insérés dans l'épiderme même). Le Moi-peau est une surface psychique qui relie entre elles les sensations de diverses natures et qui les fait ressortir comme figures sur ce fond originaire qu'est l'enveloppe tactile : c'est la fonction d'*intersensorialité* du Moi-peau, qui aboutit à la constitution d'un « sens commun » (le *sensorium commune* de la philosophie médiévale), dont la référence de base se fait toujours au toucher. À la carence de cette fonction répondent l'angoisse de morcellement du corps, plus précisément celle de démantèlement (Meltzer, 1975), c'est-à-dire d'un fonctionnement indépendant, anarchique, des divers organes des sens. Je montre plus loin le rôle décisif de l'interdit du toucher dans le passage de l'enveloppe tactile contenante à l'espace intersensoriel qui prépare la symbolisation. Dans la réalité neurophysiologique, c'est dans l'encéphale que s'effectue l'intégration des informations provenant des divers organes des sens ; l'intersensorialité est donc une fonction du système nerveux central ou, plus globalement de l'ectoderme (dont sont issus simultanément la peau et le système nerveux central. Dans la réalité psychique, en revanche, ce rôle est ignoré et il y a une représentation imaginaire de la peau comme toile de fond, comme surface originaire sur laquelle se déploient les interconnexions sensorielles.

6. La peau du bébé fait l'objet d'un investissement libidinal de la mère. La nourriture et les soins s'accompagnent de contacts peau à peau, généralement agréables, qui préparent l'auto-érotisme et situent les plaisirs de peau comme toile de fond habituelle des plaisirs sexuels. Ceux-ci se localisent à certaines zones érectiles ou à certains orifices (excroissances et poches) où la couche superficielle de l'épiderme est amincie et où le contact direct avec la muqueuse produit une surexcitation. Le Moi-peau remplit la fonction de surface de *soutien de l'excitation sexuelle*, surface sur laquelle, en cas de développement normal, des zones érogènes peuvent être localisées, la différence des sexes reconnues et leur complémentarité désirée. L'exercice de cette fonction peut se suffire à elle-même : le Moi-peau capte sur toute sa surface l'investissement libidinal et devient une enveloppe d'excitation sexuelle globale. Cette configuration fonde la théorie sexuelle infantile sans doute la plus archaïque selon laquelle la sexualité se résume aux plaisirs du contact peau contre peau et la grossesse résulte de la simple étreinte corporelle et du baiser. Faute d'une décharge satisfaisante, cette enveloppe d'excitation érogène peut se transformer en enveloppe d'angoisse (voir plus loin l'observation de Zénobie, p. 242).

Si l'investissement de la peau est plus narcissique que libidinal, l'enveloppe d'excitation peut être remplacée par une enveloppe narcissique brillante, censée rendre son possesseur invulnérable, immortel et héroïque.

Si le soutien de l'excitation sexuelle n'est pas assuré, l'individu devenu adulte ne se sent pas en sécurité suffisante pour s'engager dans une relation sexuelle complète aboutissant à une satisfaction génitale mutuelle.

Si les excroissances et les orifices sexuels sont le lieu d'expériences algogènes plutôt qu'érogènes, la figuration d'un Moi-peau troué se trouve renforcée, l'angoisse persécutive majorée, la prédisposition accrue aux perversions sexuelles visant à inverser la douleur en plaisir.

7. À la peau comme surface de stimulation permanente du tonus sensori-moteur par les excitations externes répond la fonction du Moi-peau de *recharge libidinale* du fonctionnement psychique, de maintien de la tension énergétique interne et de sa répartition inégale entre les sous-systèmes psychiques (*cf.* les « barrières de contact » de l'« Esquisse » freudienne de 1895). Les ratés de cette fonction produisent deux types d'angoisse antagonistes : l'angoisse de l'explosion de l'appareil psychique sous l'effet de la surcharge d'excitation (la crise épileptique par exemple, *cf.* H. Beauchesne, 1980) ; l'angoisse du Nirvâna, c'est-à-dire l'angoisse devant ce qui serait l'accomplissement du désir d'une réduction de la tension à zéro.

8. La peau, avec les organes des sens tactiles qu'elle contient (toucher, douleur, chaud-froid, sensibilité dermatoptique), fournit des informations directes sur le monde extérieur (qui sont ensuite recoupées par le « sens commun » avec les informations sonores, visuelles, etc.). Le Moi-peau remplit une fonction d'*inscription des traces* sensorielles tactiles, fonction de pictogramme selon Piera Castoriadis-Aulagnier (1975), de bouclier de Persée renvoyant en miroir une image de la réalité selon F. Pasche (1971). Cette fonction est renforcée par l'environnement maternel dans la mesure où il remplit son rôle de « présentation de l'objet » (Winnicott, 1962) auprès du tout-petit. Cette fonction du Moi-peau se développe par un double appui, biologique et social. Biologique : un premier dessin de la réalité s'imprime sur la peau. Social : l'appartenance d'un individu à un groupe social se marque par des incisions, scarifications, peintures, tatouages, maquillages, coiffures et leurs doublets que sont les vêtements. Le Moi-peau est le parchemin originaire, qui conserve, à la manière d'un palimpseste, les brouillons raturés, grattés, surchargés, d'une écriture « originaire » préverbale faite de traces cutanées.

Une première forme d'angoisse relative à cette fonction est d'être marquée à la surface du corps et du Moi par des inscriptions infamantes et indélébiles provenant du Surmoi (les rougeurs, l'eczéma, les blessures symboliques selon Bettelheim (1954), la machine infernale de la *Colonie pénitentiaire* de Kafka (1914-1919) qui grave sur la peau du condamné, en lettres gothiques, jusqu'à ce que mort s'ensuive, l'article du code qu'il a transgressé). L'angoisse inverse porte soit sur le danger d'effacement des inscriptions sous l'effet de leur surcharge, soit sur la perte de la capacité de fixer des traces, dans le sommeil par exemple.

LES ATTAQUES CONTRE LE MOI-PEAU

Toutes les fonctions précédentes sont au service de la pulsion d'attachement, puis de la pulsion libidinale. N'y aurait-il pas une activité négative du Moi-peau au service de Thanatos, et visant à *l'autodestruction* de la peau et du Moi ? Les progrès de l'immunologie, déclenchés par l'étude des résistances de l'organisme aux greffes d'organe, nous mettent sur la voie en ce qui concerne l'organisme vivant. Les incompatibilités entre donneur et receveur d'organes, si elles ont confirmé qu'il n'y a pas deux humains identiques sur terre (sauf le cas des jumeaux vrais), ont par ailleurs permis de saisir l'importance des marqueurs moléculaires de la « personnalité biologique » ; plus ces marqueurs sont semblables chez le donneur et le receveur, plus la greffe a des chances de réussir (Jean Hamburger) ; et ces similitudes proviennent de l'existence d'une pluralité de groupes différents de globules blancs, dont il apparaît que ce sont des groupes marqueurs, non seulement desdits globules, mais de la personnalité tout entière (Jean Dausset).

Les biologistes ont été amenés à recourir, sans savoir qu'ils le faisaient, à des notions analogues à celles – le Soi, le Non-Moi – que certains successeurs de Freud avaient forgées pour compléter la seconde conception topique de l'appareil psychique. Dans de nombreuses maladies, le système de défense immunologique peut être mis en branle, à tort et à travers, pour attaquer tel organe du corps propre comme s'il était un greffon étranger. Ce sont des phénomènes auto-immunes, ce qui veut dire, étymologiquement, que l'organisme vivant dirige contre lui-même la réaction immunologique ou immune. L'armée cellulaire est faite pour rejeter les tissus étrangers – le *non-Soi*, disent les biologistes –, mais elle est parfois assez aveugle pour s'attaquer au *Soi*, alors qu'elle le respecte totalement dans l'état de santé : d'où des maladies auto-immunes souvent graves.

En tant qu'analyste, je suis frappé par l'analogie entre la réaction auto-immune d'une part, et d'autre part le retournement sur soi de la pulsion, la réaction thérapeutique négative, ainsi que les attaques contre les liens en général, et contre les contenants psychiques en particulier. Je note également que la distinction du familier et de l'étranger (Spitz) ou du Moi et du non-Moi (*me and not me*, selon Winnicott) a des racines biologiques au niveau même de la cellule et je fais l'hypothèse que la peau comme enveloppe du corps constitue la réalité intermédiaire entre la membrane cellulaire (qui recueille, trie et transmet l'information quant au caractère étranger ou non des ions) et l'interface psychique qu'est le système perception-conscience du Moi.

Les psycho-somaticiens ont décrit, dans la structure allergique, une inversion des signaux de sécurité et de danger : la familiarité, au lieu d'être protectrice et rassurante, est fuie comme mauvaise et l'étrangeté au lieu d'être inquiétante, se révèle attirante : d'où la réaction paradoxale de l'allergique et aussi du toxicomane qui évite ce qui peut lui faire du bien et qui est fasciné par ce que lui est nocif. Le fait que la structure allergique se présente souvent sous la forme d'une alternance asthme-eczéma permet de préciser la configuration du Moi-peau en jeu. À l'origine, il s'agit de pallier les insuffisances du Moi-peau-sac à délimiter une sphère psychique interne de l'ordre du volume c'est-à-dire à passer d'une représentation bidimensionnelle à une représentation tridimensionnelle de l'appareil psychique (*cf.* D. Houzel, 1984*a*). Les deux affections correspondent aux deux modes possibles d'approche de la superficie de cette sphère : par l'intérieur, par l'extérieur. L'asthme est une tentative pour sentir par le dedans l'enveloppe constitutive du Moi corporel : le malade se gonfle d'air jusqu'à éprouver du dessous les frontières de son corps et s'assurer des limites élargies de son Soi ; pour préserver cette sensation d'un Soi-sac gonflé, il reste en apnée, au risque de bloquer le rythme de l'échange respiratoire avec le milieu et d'étouffer. L'observation de Pandora l'illustre (*cf.* p. 141). L'eczéma est une tentative pour sentir du dehors cette superficie corporelle du Soi, dans ses déchirures douloureuses, son contact rugueux, sa vision honteuse et aussi comme enveloppe de chaleur et d'excitations érogènes diffuses.

Dans la psychose, spécialement dans la schizophrénie, le paradoxe qui apparaît avec l'allergie se trouve porté à son paroxysme. Le fonctionnement psychique est dominé par ce que Paul Wiener (1983) a appelé la réaction antiphysiologique. La confiance dans le fonctionnement naturel de l'organisme est détruite ou n'est pas acquise. Ce qui est naturel est vécu comme artificiel ; le vivant est assimilé à du mécanique ; ce qui est bon pour la vie et dans la vie est ressenti comme un danger mortel. Un tel fonctionnement psychique paradoxal, par une réaction circulaire, altère la perception du fonctionnement corporel et se voit en retour renforcé dans ses paradoxes. Ici la configuration paradoxale sous-jacente du Moi-peau entraîne la non-acquisition des distinctions fondamentales : veille-sommeil, rêve-réalité, animé-inanimé. L'observation d'Eurydice (D. Anzieu, 1982*b*) en fournit un exemple limité chez une patiente non psychotique mais qui se sent menacée de confusion mentale. Le rétablissement de la confiance dans un fonctionnement naturel et heureux de l'organisme (à condition que celui-ci trouve dans le milieu un écho suffisant à ses besoins) est une des tâches essentielles du psychanalyste à l'égard de tels patients, une tâche ardue et répétitive en raison des tentatives inconscientes du patient pour paralyser le psychanalyste pris au piège du transfert paradoxal (*cf.* D. Anzieu, 1975*b*) et pour l'entraîner dans son propre échec.

Les attaques inconscientes contre le contenant psychique, et qui s'étaient peut-être sur les phénomènes organiques auto-immunes, me semblent provenir de parties du Soi fusionnées à des représentants de la pulsion d'autodestruction inhérente au Ça, déportées à la périphérie du Soi, enkystées dans la couche superficielle qu'est le Moi-peau, dont elles rongent sur place la continuité, dont elles détruisent la cohésivité, dont elles altèrent les fonctions en inversant leurs buts. La peau imaginaire dont se recouvre le Moi devient une tunique empoisonnée, étouffante, brûlante, désagrégeante. On pourrait donc parler là d'une activité *toxique* du Moi-peau.

AUTRES FONCTIONS

Cette liste de huit fonctions psychiques du Moi, homologues à des fonctions biologiques de la peau, fournit une grille à mettre à l'épreuve des faits et qui reste ouverte et améliorable.

En ce qui concerne les fonctions de la peau que je n'ai pas encore évoquées[1], on pourrait proposer d'y faire correspondre encore d'autres fonctions du Moi :

– fonction de stockage (par exemple des graisses) : à rapprocher de la fonction mnésique : mais celle-ci relève de la zone préconsciente de l'appareil psychique et n'appartient pas, Freud y insiste, à la « surface » de celui-ci, caractérisée par le système perception-conscience ;

1. Je remercie mon collègue François Vincent, psycho-physiologiste, d'avoir attiré mon attention sur elles.

– fonction de production (par exemple des poils, des ongles) : à rapprocher de la production des mécanismes de défense par la zone (là aussi préconsciente, voire inconsciente) du Moi ;

– fonction d'émission (par exemple de sueurs, de phérormones) : à rapprocher de la précédente, la projection constituant en effet un des mécanismes de défense du Moi les plus archaïques ; mais il convient de l'articuler à une configuration topique particulière, que j'ai décrite comme Moi-peau passoire (*cf.* les observations d'Éléonore p. 88, et de Gethsémani, p. 203).

On pourrait également mettre en rapport sinon certaines fonctions du moins certaines tendances du Moi-peau avec des caractéristiques structurales (et non plus fonctionnelles) de la peau. Par exemple, au fait que la peau a la plus grande surface et le plus grand poids de tous les organes du corps, correspondrait la prétention du Moi à envelopper la totalité de l'appareil psychique et à peser le plus fort sur son fonctionnement. De même, la tendance à l'emboîtement des feuillets externe et interne du Moi-peau ainsi que des enveloppes psychiques (sensorielles, musculaires, rythmiques) n'apparaît pas sans rapport avec l'enchevêtrement (décrit p. 38) des couches composant l'épiderme, le derme, l'hypoderme. La complexité du Moi et la multiplicité de ses fonctions pourraient également être rapprochées de l'existence de nombreuses et importantes différences de structure et de fonction d'un point de la peau à un autre (par exemple, la densité des différents types de glandes, de corpuscules sensoriels, etc.).

UN CAS DE MASOCHISME PERVERS

Observation de Monsieur M.

Le cas assez exceptionnel de Monsieur M., rapporté par Michel de M'Uzan (1972 et 1977) antérieurement à mon premier article sur le Moi-peau (1974), ne correspond pas à une indication de cure psychanalytique et a seulement fait l'objet de deux entretiens avec ce confrère. Ma perspective des huit fonctions du Moi-peau permet de le réinterpréter après-coup en mettant en évidence l'altération de la quasi-totalité des fonctions du Moi-peau (dont mon inventaire se trouve ainsi indirectement validé) dans les cas graves de masochisme et la nécessité chez eux de recourir à des pratiques perverses pour rétablir ces fonctions.

Pour Monsieur M., qui n'est pas par hasard un radio-électricien, la fonction de soutènement est artificiellement assurée par l'introduction de morceaux de métal et de verre sous toute la peau (il s'agit donc là d'une seconde peau non pas musculaire mais métallique), notamment d'aiguilles dans les testicules et le pénis, par deux anneaux en acier posés respectivement à l'extrémité de la verge et à l'origine des bourses, par des lanières découpées dans la peau du dos, afin de permettre de suspendre Monsieur M. à des crocs de boucher pendant qu'un sadique le sodomise (actualisation du mythème du dieu pendu, évoqué plus haut, p. 70, à propos du mythe grec de Marsyas).

Les défaillances de la fonction contenante du Moi-peau sont matérialisées non seulement par les innombrables cicatrices de brûlures et de déchiquetures éparses sur toute la surface du corps mais par le rabotage de certaines excroissantes (sein droit arraché, petit orteil du pied droit découpé à la scie à métaux), par le colmatage de certains creux (ombilic rempli de plomb fondu), par l'élargissement artificiel de certains orifices (anus, fente du gland). Cette fonction contenante est rétablie par l'instauration répétitive d'une enveloppe de souffrance grâce à la grande diversité, ingéniosité et cruauté des instruments et des techniques de torture : le fantasme de la peau arrachée doit être ravivé en permanence chez le masochiste pervers pour qu'il se réapproprie un Moi-peau.

La fonction de pare-excitation est malmenée jusqu'au point limite irréversible où le danger devient mortel pour l'organisme. Monsieur M. est toujours revenu intact de cette limite (il n'a connu ni une maladie grave ni la folie) mais sa jeune femme, avec qui il fit la découverte mutuelle des perversions masochistes, est morte d'épuisement consécutif aux sévices endurés. Monsieur M. fait monter les enchères très haut en jouant à un jeu de trompe-la-mort.

La fonction d'individuation du Soi ne trouve à s'accomplir que dans la souffrance physique (les tortures) et morale (les humiliations) ; l'introduction systématique de substances non organiques sous la peau, l'ingestion de matières répugnantes (l'urine, les excréments du partenaire) montrent la fragilité de cette fonction ; la distinction du corps propre et des corps étrangers est sans cesse mise en question.

La fonction d'intersensorialité est sans doute la mieux respectée (ce qui explique l'excellente adaptation professionnelle et sociale de Monsieur M.).

Les fonctions de soutien de l'excitation sexuelle et de recharge libidinale du Moi-Peau sont également préservées et activées, mais au prix des souffrances limites qui viennent d'être évoquées. Monsieur M. sort de ses séances de pratiques perverses non pas abattu ou déprimé ou même simplement las : elles le tonifient. Il atteint la jouissance sexuelle non pas en pénétrant ni en étant pénétré mais, au début, par la masturbation, ensuite par le seul spectacle de scènes perverses (par exemple celui de sa femme subissant la cruauté d'un sadique), accompagné d'une excitation de toute sa peau soumise elle aussi aux sévices. « Toute la surface de mon corps était excitable par l'intermédiaire de la douleur. » « L'éjaculation survenait au moment où la douleur était la plus forte... Après l'éjaculation je souffrais, tout bêtement » (*ibid.*, 1977, p. 133-134).

La fonction d'inscription des signes est suractivée. De nombreux tatouages couvrent le corps entier, visage excepté : par exemple, sur les fesses : « Au rendez-vous des belles queues » ; sur les cuisses et le ventre : « vive le masochisme », « Je suis une chiote vivante », « Servez-vous de moi comme d'une femelle, vous jouirez bien », etc. (*ibid.*, p. 127). Toutes ces inscriptions témoignent d'une identification particulière à l'anatomie féminine, avec érogénéisation de la surface d'ensemble de la peau et invitation à faire jouir le partenaire par divers orifices (bouche, anus) par lesquels lui-même ne jouit pas.

Enfin, l'activité que j'ai appelée toxique du Moi-peau (c'est-à-dire autodestructive) atteint un paroxysme. La peau devient la source et l'objet des processus destructeurs. Mais le clivage des pulsions de vie et des pulsions de mort n'est que passager, à la différence des psychoses où il est définitif. Au moment où le jeu avec la mort devient suicidaire, le partenaire arrête ses sévices, la libido opère un retour en force « sauvage » et Monsieur M. peut jouir.

Du moins, a-t-il toujours eu assez de flair psychologique pour choisir de tels partenaires : « Le sadique se dégonfle toujours au dernier moment » confie-t-il (*ibid.*, p. 137). Désir de toute-puissance, commente Michel de M'Uzan. Je souhaite préciser : la recherche d'une toute-puissance dans la destruction est, pour le masochiste pervers, la condition d'accès à un fantasme de toute-puissance érotique, nécessaire pour déclencher le plaisir : non, la peau n'est pas complètement arrachée, les fonctions du Moi-peau ne sont pas irréversiblement détruites, leur récupération opérée *in extremis* au moment de leur perte produit une « assomption jubilatoire » beaucoup plus intense (parce qu'à la fois corporelle et psychique) que celle décrite par Lacan dans le stade de miroir, mais dont l'économie narcissique est tout aussi évidente.

J'espère avoir montré que ces mécanismes de défense bien connus (clivage de la pulsion, retournement sur soi, retour du clivé, surinvestissement narcissique de fonctions psychiques et organiques blessées) ne fonctionnent avec une telle efficacité que dans un Moi-peau particulier qui a acquis provisoirement les huit fonctions fondamentales, qui revit répétitivement un fantasme de peau arrachée et le drame de la perte de la quasi-totalité de ces fonctions, pour jouir d'autant plus fort de l'exaltation de leurs retrouvailles. Le fantasme (nécessaire à l'évolution vers l'autonomie psychique) d'avoir une peau à soi reste foncièrement culpabilisé par le fantasme préalable que, pour l'avoir à soi, il faut la prendre à l'autre et qu'il vaut encore mieux se la laisser prendre par l'autre pour lui faire du plaisir et pour en obtenir finalement soi-même.

L'ENVELOPPEMENT HUMIDE

Le pack

Le pack est une technique de soins pour malades psychotiques graves, dérivée de l'enveloppement humide pratiqué par la psychiatrie française au XIXe siècle et qui présente les analogies avec le rituel africain de l'ensevelissement thérapeutique ou avec le bain glacé des moines tibétains. Le pack a été introduit en France vers 1960 par le psychiatre américain Woodbury, qui a ajouté à l'enveloppement physique proprement dit par des linges, un entourage étroit du malade par le groupe de soignants. Cette adjonction apporte une confirmation non préméditée à l'hypothèse, mise en avant dès le début de cet ouvrage, du double étayage du Moi-peau : biologique, sur la surface du corps ; et social, sur la présence d'un entourage uni et attentif à l'expérience que l'intéressé est en train de vivre.

Le malade, en sous-vêtements ou nu à son choix, est enveloppé dans des linges humides et froids par les soignants. Ceux-ci enserrent d'abord séparément chacun de ses quatre membres, puis le corps entier, membres compris mais tête exceptée. Le malade est aussitôt après enveloppé dans une couverture qui lui permet de se réchauffer plus ou moins rapidement. Il reste allongé 3/4 d'heure, en étant libre de verbaliser ou non ce qu'il ressent (de toute façon, de l'avis des soignants qui se sont soumis eux-mêmes à l'expérience du pack, les sensations-affects éprouvés alors sont si forts et si extraordinaires que les mots en rendent mal compte). Les soignants touchent de leurs mains l'enveloppé, l'interrogent du regard, lui répondent ; ils sont avides et anxieux de saisir ce qui se passe en lui. La pratique du pack noue entre eux un esprit de groupe si fort qu'il tend à susciter la jalousie du reste du personnel. Je trouve là une confirmation de mon autre hypothèse selon laquelle l'enveloppe corporelle est un des organisateurs psychiques inconscients des groupes (D. Anzieu, 1981*b*). Après une phase relativement brève d'angoisse liée à l'impression d'un environnement global par le froid, l'enveloppé expérimente un sentiment d'omnipotence, de complétude physique et psychique. Ce que je comprends comme une régression à ce Soi psychique originaire illimité dont quelques psychanalystes ont fait l'hypothèse et qui correspondrait à une expérience de dissociation du Moi psychique et du Moi corporel, comme il arrive qu'en fassent les participants d'un groupe, ou des mystiques, ou encore les créateurs (*cf.* D. Anzieu, 1908*a*). Ce bien-être ne persiste pas, mais il devient plus durable avec la répétition des packs (la cure complète, sur le modèle de la psychanalyse, peut prendre des années au rythme de trois enveloppements hebdomadaires).

Le pack fournit au patient la sensation d'une double enveloppe corporelle : une enveloppe thermique (froide puis chaude par suite de la vasodilatation périphérique réactionnelle au contact froid), enveloppe qui commande la termo-régulation interne ; une enveloppe tactile (les linges mouillés et serrés qui collent à la peau tout entière). Cela reconstitue passagèrement son Moi comme séparé des autres tout en étant en continuité avec eux, ce qui est une des caractéristiques topographiques du Moi-peau. Une praticienne du pack, Claude Cachard (1981), a parlé à ce propos de « membranes de vie » (*cf.* également D. de Loisy, 1981).

Le pack est utilisable également avec des enfants psychotiques et avec des enfants sourds-aveugles pour qui le seul accès possible à une communication signifiante avec l'entourage est du registre tactile. Le pack leur offre des « enveloppes de secours » structurantes, qui prennent la place, pour un temps, de leurs enveloppes pathologiques et grâce auxquelles ils peuvent abandonner une partie de leurs défenses par l'agitation motrice et sonore et se sentir uns et immobiles. Mais il y a d'abord une résistance à l'enveloppement : vouloir les immobiliser complètement suscite chez ces enfants une panique mortelle et une violence rare.

Trois remarques

L'expérience du pack m'amène à formuler trois remarques. Premièrement, le corps du nourrisson est, semble-t-il, programmé pour faire l'expérience d'une enveloppe contenante ; si les matériaux sensoriels adéquats lui manquent, il faut de toute façon cette expérience avec ce qui reste à sa disposition : d'où des enveloppes pathologiques constituées par une barrière de bruits incohérents et d'agitation motrice ; elles assurent, non pas la décharge contrôlée de la pulsion, mais l'adaptation de l'organisme à la survie. Deuxièmement, les résistances paradoxales des éducateurs proviennent de la différence des niveaux de structuration du Moi corporel entre les éducateurs et les enfants, et du danger, pour les premiers, d'une régression abolissant cette différence et instaurant la confusion mentale. Troisièmement, la thérapeutique des « enveloppes de secours » (packs, mais aussi massages, bioénergie, groupes de rencontres) n'a qu'un effet provisoire. C'est là le grossissement d'un phénomène constatable chez les gens normaux qui ont besoin de reconfirmer périodiquement par des expériences concrètes leur sentiment de base d'un Moi-peau. C'est aussi l'illustration de la nécessité où l'on se trouve, dans les cas de carence graves, de développer des configurations substitutives et compensatoires.

8

TROUBLES DES DISTINCTIONS SENSORI-MOTRICES DE BASE

Je n'examinerai dans ce chapitre qu'une seule distinction sensori-motrice de base, celle du plein et du vide respiratoire. D'autres oppositions seront étudiées dans la troisième partie. Je renvoie également le lecteur à mon article « Sur la confusion primaire de l'animé et de l'inanimé. Un cas de triple méprise » (Anzieu D., 1982*b*).

Sur la confusion respiratoire du plein et du vide

Prométhée avait dérobé le feu du ciel pour en faire bénéficier les humains. Afin de se venger, les dieux de l'Olympe envoient pour épouse à son frère Épiméthée, Pandore, femme remarquable pour sa beauté, son charme, sa parole séduisante et son habileté manuelle, qu'ils ont forgée à l'image des déesses et parée de tous les dons et de toutes les ruses. Épiméthée confie à sa compagne, avec interdiction de l'ouvrir, la jarre pleine d'air où ont été enfermés tous les maux. Pandore, curieuse, soulève le couvercle, les maux s'envolent et leur souffle se répand désormais sur la terre. Ce mythe d'après lequel je nomme la patiente dont je vais rapporter le cas ne nous enseigne-t-il pas la nécessité où se trouvent certains patients de retenir dans leurs poumons le souffle d'une haine qu'ils ressentent destructrice pour leur entourage ? Cette haine vise à l'origine une mère déprimée et muette avec laquelle, tout petits, ils n'ont pu avoir ni échange respiratoire vital ni cette circulation de la parole dont l'air est le support.

Par ailleurs, on sait que le déclenchement du réflexe respiratoire à la naissance résulte du massage global du corps de l'enfant par les contractions utérines et par l'enveloppement vaginal ; l'entretien de ce réflexe requiert la répétition des stimulations corporelles globales à l'occasion de la tétée et des soins. L'échange respiratoire avec le milieu physique est sous la dépendance de l'échange tactile avec le milieu humain. Cette dépendance se transforme avec l'échange sonore, qui utilise l'air comme support de la parole. Un concept d'« introjection respiratoire » a été développé, en des sens différents qu'il n'est pas dans mon propos d'examiner ici, par Otto Fenichel en 1931 puis par le kleinien Clifford Scott. Sur la fonction d'auto-conservation de la respiration s'étaie une fonction de communication originaire, concomitante des débuts de constitution du Moi-peau. Citons un des résultats tirés par Margaret Ribble (1944) de l'observation de six cents nouveau-nés : « La respiration d'un nouveau-né est très légère, instable et insuffisante dans les semaines qui suivent sa naissance. Or elle est stimulée automatiquement et de façon définitive par la succion et le contact physique de la mère. Les bébés qui ne tètent pas vigoureusement ne respireront pas profondément et ceux que l'on ne prend pas suffisamment dans les bras, en particulier s'ils sont nourris au biberon, présentent souvent des troubles respiratoires et des troubles gastro-intestinaux. Ils finissent par avaler l'air et souffrent de ce qu'on appelle communément des coliques. Ils ont des troubles de l'élimination et il leur arrive de vomir. »

Une recension détaillée, mais malheureusement ancienne, des travaux des psychosomaticiens et des psychanalystes sur les troubles respiratoires se trouve dans l'article de J.-A. Gendrot et P.-C. Racamier (1951) : « Fonction respiratoire et oralité. » Sans doute pour des raisons d'orthodoxie psychanalytique, ces deux auteurs mettent l'accent sur le lien entre la régulation nerveuse de la respiration et celle de la digestion ; ils privilégient la relation orale au détriment des échanges tactiles et négligent la prise en compte de failles précoces du pré-Moi corporel (que je préfère appeler Moi-peau) dans l'établissement des troubles respiratoires. En revanche, ils distinguent judicieusement les troubles de l'absorption et ceux de l'expulsion respiratoire. Ils indiquent que le blocage de l'expiration est en rapport avec un mauvais objet intériorisé : « l'asthmatique est condamné à ne pouvoir rejeter ce qu'il a absorbé agressivement » (p. 470). Ils signalent, dans tous les cas de rétention respiratoire, le besoin de rester plein et l'angoisse du vidage.

Dans son ouvrage plus théorique que clinique, *Le Stade du respir*, J.-L. Tristani (1978) reproche à Freud sa méconnaissance de la respiration dans ses élaborations théoriques alors que les manifestations respiratoires sont bien notées dans ses observations cliniques (toux nerveuse de Dora ; scène primitive entendue à la fois comme halètement et comme

« allaitement » ; référence au cri comme premier lien interhumain dans l'« Esquisse » de 1895). Tristani émet plusieurs hypothèses intéressantes :

– le respir fait partie, avec la nutrition, des pulsions d'autoconservation, donc des pulsions du Moi, sur lesquelles s'étayent ensuite les pulsions sexuelles (mais il manque chez Tristani une description de la muqueuse nasale comme zone érogène) ;

– la pleurnicherie est au respir ce que le suçotement est à l'oralité nutritive ;

– le dilemme vital : ou moi, ou l'autre, sous-tend certains troubles respiratoires graves (Tristani cite une patiente psychotique de F. Roustang : « Je prends le minimum d'air pour ne pas en prendre à mes parents. Il faut que j'étouffe pour leur permettre de respirer ») ;

– il existe deux types de confusion entre les systèmes respiratoire et digestif. L'inspiration correspond à l'ingestion orale et l'expiration à l'expulsion anale, mais inspiration et expiration s'effectuent par le même orifice qui sert alternativement d'entrée et de sortie (le fonctionnement respiratoire est circulaire, du type va-et-vient, tandis que le fonctionnement digestif est linéaire, l'entrée et la sortie étant aux deux extrémités opposées). Le premier type de confusion est le vomissement : le système digestif fonctionne sur le mode respiratoire : la bouche ingère puis rejette les aliments comme si elle respirait de la nourriture. Le second type de confusion est l'aérophagie : le système respiratoire fonctionne sur le mode digestif : il mange l'air, l'avale, le digère (d'où les maux d'estomac, les coliques). En fait, il y a deux orifices respiratoires, le nez, la bouche : on peut respirer par l'un des deux, ou faire faire à l'air un circuit par l'un à l'entrée et par l'autre à la sortie (par exemple chez les fumeurs invétérés).

Observation de Pandora

Pandora m'envoie une lettre qui est un appel au secours. Elle est désespérée : si la psychanalyse ne peut rien pour elle, c'est sans issue. Elle vit étrangère à sa propre vie. Elle a très peur de ses accès de tentations suicidaires. Elle fait des rêves d'angoisse épouvantables, où elle sait qu'elle va être tuée et ne fait rien pour l'empêcher, où elle est violée, étouffée, noyée.

À sa première visite, se présente à moi une grande belle femme. Elle regarde mon bureau, entouré d'étagères à livres, encombré de dossiers, pas très haut de plafond. Elle dit qu'elle s'y trouve à l'étroit que « ça manque de volume », alors qu'il y a dans ce lieu, en un autre sens, excès de volumes : ainsi me présente-t-elle d'emblée son trouble de l'opposition distinctive fondamentale du vide et du trop plein. Elle

conclut que « ça ne pourra pas marcher » avec moi. Elle manque manifestement d'air mais ne le formule pas. Je réponds par une interprétation immédiate assez longue qui est une construction : elle revit dans mon bureau sa première rencontre qui a été décevante avec une personne dont elle a autrefois attendu tout ; si elle se sent comprimée, c'est que la personne qui s'occupait d'elle quand elle était petite ou bien ne lui laissait pas assez de champ libre, ou bien passait à côté de ses désirs, de ses pensées, de ses angoisses ; aussi elle-même est-elle depuis longtemps à la recherche de limites à l'intérieur desquelles elle pourrait se reconnaître et se retrouver. À mes paroles, sa respiration se détend. Elle confirme mon interprétation : les deux attitudes que je viens d'évoquer sont vraies l'une et l'autre ; la première était celle de sa grand-mère, la seconde, celle de sa mère. En fin d'entretien, elle décide de s'engager avec moi. Je propose et elle accepte une psychothérapie psychanalytique au rythme d'une séance hebdomadaire d'une durée d'une heure en face à face.
Pendant ses séances, Pandora reste longtemps muette et figée, le regard détourné, mais qui vérifie brusquement que mes yeux ne cessent pas de la fixer et que je fais toujours attention à elle. Si je me lasse, si je me tais – cessant de lui communiquer des hypothèses sur ce qui ne va pas en elle (rêves d'angoisse, heurts professionnels, échecs amoureux survenus pendant la semaine), si je ne la regarde plus et ne pense plus à elle, elle se lève brusquement et part en claquant la porte. J'en infère que sa mère devait être indifférente à son égard, sans regard ni parole pour elle. Elle confirme que celle-ci la nourrissait et la soignait convenablement avec l'aide de sa propre mère (la grand-mère maternelle de Pandora) mais que le reste du temps, cette mère ne communiquait pas avec elle, lui tournait le dos et passait des heures en silence sur le balcon de l'appartement à regarder le vide. Il apparaît que la peur actuelle de Pandora, dans les moments où elle est fasciné par une forte envie de se détruire (par les médicaments, par le revolver de son oncle, par l'attaque de ses organes sexuels avec des morceaux de verre effilés), reproduit sa terreur d'autrefois que sa mère ne l'entraîne avec elle dans le vide : « terreur sans nom » comme l'énonce Bion (1967) ; identification à la « mère morte », comme le précise André Green (1984, ch. 6) et recherche d'une union avec elle dans un accomplissement mutuel, non des pulsions de vie, mais du principe de Nirvâna.
Pandora me met au défit de la comprendre et tente de m'enfermer dans un dilemme : si je me tais, attendant qu'elle apporte du matériel qui me mette sur la voie, c'est que je suis incapable de deviner ce qui en elle est évident ; si je parle, elle me reproche d'être toujours un peu à côté de la plaque. L'alliance de travail s'établit quand même au fur et à mesure qu'elle acquiert la double certitude que nous pouvons respirer et parler ensemble.
Quand Pandora n'a pas pu parler au cours d'une séance, elle m'écrit ou me téléphone ensuite pour s'expliquer. Je comprendrai plus tard que, pour elle, l'air véhicule les parties mauvaises du Soi clivées et projetées : elle peut donc plus facilement écrire que parler. Je réponds toujours à ses lettres, soit par lettre, soit verbalement à la séance suivante. De mon côté, peu à peu, par approximations et tâtonnements, je maintiens un bain d'interprétations dont il me semble vital pour elle qu'elle soit entourée et il m'arrive de tomber juste. Elle le reconnaît aussitôt, et par le biais d'un souvenir, d'un rêve, du récit d'une déception récente, elle égrène la série cumulative des traumatismes qui ont marqué sa petite enfance et qui l'ont conduite à se forger un monde imaginaire pleinement heureux et à regarder comme derrière une vitre et avec haine le monde réel, quitte à y intervenir sur le mode de la provocation ou de la dérision. De plus en plus, elle présente en séance des moments de difficultés respiratoires.

Les physiologistes considèrent le *rire*, le *sanglot* et les *vomissements* comme des mouvements respiratoires modifiés. L'observation des patients en psychothérapie confirme l'importance de ces réactions comme trois modalités différentes de l'identification respiratoire. La cure de Pandora m'a mis en présence des deux premières, encore que je la soupçonne de m'avoir caché la troisième (les vomissements). Commençons par le rire. Souvent, à la fin d'une séance où Pandora, avec l'aide de mes interprétations, a pu surmonter successivement un blocage respiratoire de type asthmatique et un blocage de la parole, elle éclate de rire en disant par exemple qu'elle se sent bien vivante, que tous ces blocages ne l'empêchent pas de jouir de son corps, de ses amitiés, de ses loisirs artistiques, que je me suis laissé impressionner, etc., – éclat de rire que généralement je partage, dans la détente d'une régulation respiratoire retrouvée. Il s'agit ici d'une identification du patient à l'autre qui lui renvoie une image d'un fonctionnement psycho-physiologique « naturel », le patient pouvant ainsi prendre confiance dans sa propre possibilité d'avoir un fonctionnement naturel. Arrivons maintenant au sanglot.

Au cours d'une séance où j'ai fait porter mon travail psychanalytique sur ses défenses par le retrait de la communication, par l'immobilisation musculaire, par l'emmurement de ses affects, Pandora évoque une scène de conflit avec son père qu'elle avait déjà rapportée succinctement et avec indifférence. Je lui fais remarquer qu'elle rapporte seulement les faits non les émotions qu'elle a éprouvées. Soudain, elle pleure, à la limite de sangloter. Elle retrouve les deux affects en jeu : l'intense humiliation qui l'avait alors envahie et le sentiment d'être une criminelle, en raison de la motion pulsionnelle parricide qui s'était alors clairement imposée à sa conscience. Cette remémoration affective s'accompagne d'une intensification du transfert. Pandora m'accuse, en lui faisant revivre ces émotions insupportables, de la maltraiter, de l'amener à transgresser une interdiction familiale fondamentale : il était défendu aux enfants de pleurer. Rien de plus dangereux donc que les associations libres recommandées par la psychanalyse, car elles risquent d'amener les pulsions criminelles à l'air libre où elles pourraient, tel le contenu de la jarre ouverte par Pandore, se répandre et accomplir leurs maléfices sur l'entourage. D'autres patients vont jusqu'aux sanglots. Dans mon expérience, cette réaction est liée à la mobilisation du double fantasme selon lequel la psychanalyse ne peut que leur faire du mal, et l'air est un milieu approprié à la propagation des désirs meurtriers.

Peu à peu, la cure de Pandora progresse. Un processus psychothérapique s'installe. Mais les séances restent difficiles. Voici l'exemple d'une « séance » exceptionnelle à la fois par son intensité dramatique et par l'écart que je dus assumer par rapport au cadre psychanalytique classique. Un dimanche matin, Pandora m'appelle au téléphone de son lieu de repos. Sa voix est presque inaudible. Elle m'avait annoncé avant son départ qu'elle commençait une grossesse, désirée par elle et son mari (les progrès de sa cure lui ayant rendu possibles le mariage et la maternité). Fatiguée par son état, elle bénéficiait de quinze jours d'interruption de travail, assortis du conseil impératif d'un séjour au grand air et au soleil. Or, depuis la veille, elle souffrait d'une crise d'asthme, qui allait empirant. L'angoisse respiratoire se doublait d'une angoisse quant à la décision à prendre : les remèdes qu'elle utilisait dans ce cas étaient déconseillés car ils constituaient un risque pour la santé voire pour la vie du bébé ; et si elle ne les prenait pas, c'est sa vie à elle qui se trouvait menacée : elle étouffait. Le médecin l'avait laissée sur ce dilemme, mais en la pressant de se faire hospitaliser et allant jusqu'à lui faire envisager une interruption de grossesse. Elle était désemparée. Je devais lui faire répéter ses phrases car je l'entendais à peine. Puis j'interprétais la structure du dilemme : « ou la mère, ou l'enfant », « ou elle survit et l'autre meurt, ou l'autre vit et c'est elle qui meurt », comme se rapportant à sa relation d'enfant à sa mère : « Si je vis, je provoque la mort de ma mère. » Pandora rectifie : « C'était le contraire. Pendant des années, j'ai fait vœu de disparaître à la place de ma mère qui parlait sans cesse de mourir. Je pensais que si quelqu'un devait mourir, c'était moi et que j'avais à mourir pour qu'elle puisse vivre. » Ainsi, ne pas respirer, c'était laisser l'air à sa mère. Nous voilà partis pour une séance au téléphone. Je le lui dis, en indiquant que je me trouve disponible pour elle (au contraire de sa mère qui ne l'était pas). Me souvenant combien sa propre naissance fut difficile, et la rapprochant de la future naissance de son enfant, je lui communique l'hypothèse d'une compulsion à répéter en tant que mère à l'égard de cet enfant désiré et à naître, la résistance de sa mère à mettre au monde un enfant qu'elle ne désirait pas. Pandora répond : « Il y a du vrai. La nuit, je pense que je n'arriverai même pas à faire aussi bien que ma mère et que je serai incapable de donner naissance à un enfant. » Je l'invite alors à me faire le récit détaillé de ce qu'elle sait de sa naissance. Elle se déclare incapable de pouvoir parler tant soit peu longuement. Tout en l'encourageant, je lui fais remarquer que c'est juste après m'avoir parlé de son incapacité de gestation par rapport à sa mère qu'elle m'objecte son incapacité de communication par rapport à moi. Pandora, d'une voix plus audible : « Je vais essayer. »

Elle procède à un récit circonstancié, contraire à ses habitudes, et me fournit des détails nouveaux sur cet événement jusque-là abordé elliptiquement par elle. Elle est née avec le cordon, on l'a crue perdue, elle devenait noire, il a fallu multiplier les brusques secousses et les fessées pour arriver à déclencher enfin la respiration. Ce récit est en fait un dialogue, où je fais écho à chacune de ses phrases et où je la relance, moi aussi, par des secousses et des stimulations, lesquelles constituent des équivalents verbaux des stimulations tactiles qui lui ont précocement fait défaut (mais je ne lui communique pas ce rapprochement). Je lui fais remarquer que son appareil respiratoire ne demandait qu'à fonctionner à condition de recevoir l'impulsion adéquate, et que le fait qu'elle ait survécu fournit la preuve qu'elle a été et qu'elle est toujours capable de respirer, maintenant comme autrefois.

Au fur et à mesure de notre conversation, je me détends (dois-je préciser que son coup de fil m'avait fort inquiété ?) et je sens qu'elle se détend aussi. Je fais un retour sur moi tout en continuant à dévider à haute voix le fil des interprétations, et je fantasme que je suis une mère qui met au monde son bébé fille et qui lui donne de l'air à respirer.

Au bout d'une heure, je demande à Pandora comment va son souffle («Je respire mieux »), si nous pouvons nous arrêter («Oui ») et ce qu'elle va faire («Je viens de prendre ma décision. Par prudence, je me fais hospitaliser, mais je ne prendrai pas de médicaments qui pourraient faire mal à mon bébé »).

Sa grossesse connut encore deux ou trois épisodes aigus où Pandora crut ne pas pouvoir la mener à terme, mais je disposais d'assez d'éléments pour reprendre, développer et compléter mes interprétations dans les sens suivants : elle obéissait à la malédiction maternelle lui interdisant d'être femme et mère ; elle commettait un crime de lèse-majesté en voulant égaler sa mère et lui dérober sa fécondité ; elle avait peur d'être livrée sans défense à l'impulsion de rejeter son enfant comme sa mère avait eu l'impulsion de la rejeter, elle, enfant. Ces épisodes persécutifs étaient déclenchés par des rêves dont j'appris vite à subodorer l'existence, à solliciter le récit et à interpréter le contenu.

L'accouchement fut facile. Pandora vécut avec son bébé, qu'elle nourrissait au sein, une véritable lune de miel entrecoupée de brusques orages annonciateurs pour elle des pires catastrophes, mais que la poursuite insistante du travail psychothérapique permit à chaque fois de dissiper. Des accès d'asthme se reproduisirent également, mais moins intenses et moins graves par leur enjeu. Je disposais désormais en face d'eux d'une grille interprétative. Le transfert évolua de la méfiance paranoïde et du retrait schizoïde vers une séduction mi-narcissique mi-œdipienne et vers l'établissement progressif et heurté d'un amour de transfert visant à travers moi l'image paternelle.

Ce fragment de cure illustre un point de psychogenèse : l'insuffisance de l'investissement libidinal et narcissique du nouveau-né par la mère, quand il se traduit par un évitement des contacts physiques, le prédispose aux troubles respiratoires, le système respiratoire n'ayant pas été suffisamment stimulé à la naissance et au cours des premières semaines, par des excitations de la peau du bébé. L'observation de Pandora illustre également un point de technique. Le psychanalyste s'abstient de toucher ses patients et de se laisser toucher physiquement par eux[1], hormis la poignée de mains traditionnelle. Mais il a à trouver des mots qui constituent des équivalents symboliques du toucher et qui exercent les fonctions du Moi corporel et du Moi psychique qui n'ont pas reçu dans le passé les stimulations suffisantes à leur développement. Ce rétablissement, sous forme symbolique, de la communication tactile primaire permet au patient de retrouver confiance en l'existence possible d'une communication, non pas avec tout le monde, ce qui serait une illusion d'omnipotence et d'interchangeabilité, mais avec des interlocuteurs judicieusement choisis et convenablement sollicités. En effet, la compulsion de répétition conduit souvent les sujets fragiles à s'attacher à des partenaires qui reproduisent à leur égard les carences, les traumatismes, les paradoxes exercés par l'environnement premier et qui prorogent ainsi les situations primitivement pathogènes. J'ai proposé d'appeler ce processus l'*attachement négatif*. Il appartient au psychanalyste non pas de combler les failles narcissiques, ni de fournir un objet réel d'amour, mais de développer chez le patient une conscience suffisante de soi et des autres pour qu'il sache chercher, trouver et retenir, en dehors de l'analyse, les protagonistes susceptibles de satisfaire ses besoins corporels et ses désirs psychiques. La santé mentale, disait Bowlby, c'est choisir de vivre avec des gens qui ne nous rendent pas malades…

1. Dans certains cas limites, un minimum de toucher peut être exceptionnellement admis à titre transitoire, pour reconstituer l'étayage du Moi sur la peau, le patient appuyant par exemple sa tête sur l'épaule du psychanalyste pendant un instant au moment du départ (cf. la cure de Mme Oggi rapportée par R. Kaspi, 1979).

9

ALTÉRATIONS DE LA STRUCTURE DU MOI-PEAU CHEZ LES PERSONNALITÉS NARCISSIQUES ET LES ÉTATS LIMITES

DIFFÉRENCE STRUCTURALE ENTRE PERSONNALITÉ NARCISSIQUE ET ÉTAT LIMITE

Une difficulté rencontrée par la nosologie, la clinique et la technique psychanalytiques depuis les années soixante concerne l'opportunité de différencier ou non d'une part des « troubles narcissiques de la personnalité » (eux-mêmes plus ou moins confondus avec les « névroses de caractère ») et d'autre part des « états limites » (eux-mêmes parfois confondus avec les organisations « pré-psychotiques »). Aux États-Unis, le débat a été vif entre Kohut (1971) et Kernberg (1975), respectivement partisan et adversaire de cette distinction.

Sommairement résumé, le débat semble être le suivant[1]. Les états limites sont exposés à des régressions analogues à des épisodes psychotiques transitoires dont la récupération, toujours possible mais souvent

1. En France, un exposé détaillé du débat se trouve dans deux ouvrages de Bergeret (1974, p. 52-59 et p. 76 ; 1975, p. 283-285). Bergeret est plus proche de Kohut que de Kernberg. Il montre qu'un état limite ne peut être considéré comme une « névrose » (même narcissique) et que le niveau de carence narcissique va croissant de la personnalité narcissique à l'état limite, puis à l'organisation pré-psychotique (cette dernière recouvrant en fait une structure psychotique non encore décompensée). Pour Bergeret, la véritable maladie du narcissisme primaire, c'est la psychose ; la véritable maladie du narcissisme secondaire (relationnel), c'est l'état limite ; la névrose comprend bien sûr des défaillances narcissiques mais elle n'est pas en soi une « maladie du narcissisme ». Je remercie par ailleurs Jacques Palaci pour l'aide qu'il m'a apportée à débrouiller ces questions.

difficile, requiert la rencontre dans la vie et/ou dans les séances psychanalytiques d'un Moi auxiliaire. Ce dernier maintient un exercice normal des fonctions psychiques perturbées ou même momentanément détruites par les attaques inconscientes provenant des propres parties haineuses du patient, mais qu'il considère étrangères à son Soi. Le sentiment de la continuité du Soi est, dans les états limites, facilement perdu.

Les troubles narcissiques de la personnalité affectent un sentiment plus évolué, celui de la cohésion du Soi. Ceci est en rapport avec un développement insuffisant du Soi. Pour Kernberg, le Soi provient de l'intériorisation des relations d'objet précoces. Pour Kohut, il résulte des vicissitudes internes du narcissisme, qui poursuit une ligne d'évolution relativement séparée de celle de la relation d'objet et qui passe par une structure particulière, celle des relations à des « Soi-objets », où la différenciation du Soi et de l'objet est insuffisante ; ces relations sont investies narcissiquement (alors que les relations d'objet sont investies libidinalement) ; elles sont analysables grâce à la reconnaissance des deux types de transfert spécifiquement narcissique, le transfert en miroir et le transfert idéalisant. Ces patients qui souffrent de troubles narcissiques conservent un fonctionnement psychique relativement autonome, avec les capacités – perdues aux moments de blessures narcissiques, mais récupérables, surtout si l'autre fait preuve d'empathie à leur égard – de tolérer un délai à la satisfaction du désir, de supporter la douleur morale, de s'identifier à l'objet.

Kernberg, par contre, distingue une large variété d'états limites d'après la gravité de la pathologie du caractère. Ces divers degrés d'états limites comportent, en plus, des troubles narcissiques associés, eux-mêmes très variés, et qui vont du narcissisme normal, à la personnalité narcissique, aux névroses narcissiques du caractère et jusqu'à des structures narcissiques pathologiques, définies par l'investissement libidinal d'un Soi pathologique, à savoir le Soi grandiose, fusion du Soi idéal, de l'objet idéal et des images actuelles du Soi. La fonction du Soi grandiose est défensive contre les images archaïques d'une fragmentation interne d'un Soi destructeur et d'un objet persécuteur en jeu dans les relations d'objets précoces, investies libidinalement et agressivement.

La perspective topographique dans laquelle s'inscrit mon concept du Moi-peau pourrait apporter un argument supplémentaire pour distinguer les personnalités narcissiques des états limites. Le Moi-peau « normal » n'entoure pas la totalité de l'appareil psychique et il présente une double face, externe et interne, avec un écart entre ces deux faces qui laisse la place libre à un certain jeu. Cette limitation et cet écart tendent à disparaître chez les personnalités narcissiques. Le patient a besoin de se suffire de sa propre enveloppe psychique, de ne pas garder avec autrui une peau commune qui signe et provoque sa dépendance envers lui. Mais il n'a pas tout à fait les moyens de son ambition : son Moi-peau, qui a commencé de se structurer, reste fragile. Il lui faut le renforcer. Pour cela, deux opérations. L'une consiste à abolir l'écart entre les deux faces du Moi-peau, entre les stimulations externes et l'excitation interne, entre l'image qu'il donne de lui et celle qu'on lui renvoie ; son enveloppe se solidifie en devenant un centre, et même un double centre d'intérêt : pour lui-même et pour les autres, et elle tend à envelopper la totalité du psychisme. Ainsi étendue et solidifiée, elle lui apporte des certitudes, mais elle manque de souplesse et la moindre blessure narcissique la déchire. L'autre opération vise à doubler extérieurement ce Moi-peau personnel ainsi cimenté, d'une peau maternelle symbolique, analogue à l'égide de Zeus, ou à ces oripeaux éblouissants dont se revêtent les jeunes femmes mannequins souvent anorexiques, et dont la splendeur les renarcissise provisoirement, face à une menace inconsciente d'effritement du contenant psychique. Dans le fantasme narcissique, la mère ne garde pas la peau commune avec l'enfant, elle la lui donne, il s'en revêt triomphant ; ce don maternel généreux (elle se dépouille de sa peau pour lui assurer protection et force dans la vie) a une potentialité bénéfique : l'enfant s'imagine appelé à un destin héroïque (ce qui peut effectivement l'amener à un tel accomplissement). Cette double enveloppe (la sienne propre unie à celle de sa mère) est brillante, idéale ; elle fournit la personnalité narcissique en illusion d'invulnérabilité et d'immortalité. Elle est figurée dans l'appareil psychique par le phénomène – que je vais illustrer – de la « double paroi ». Dans le fantasme masochiste, la mère cruelle fait seulement semblant de donner sa peau à l'enfant, c'est un cadeau empoisonné, dont l'intention, maléfique, est de reprendre le Moi-peau singulier de l'enfant qui se sera collé à cette peau, de l'arracher douloureusement à l'intéressé pour rétablir le fantasme d'une peau commune avec lui, avec la dépendance qui en découle, avec l'amour retrouvé au prix de l'indépendance perdue et en contrepartie des blessures, morales et physiques, consenties.

Chez les personnalités narcissiques, grâce à l'organisation du Moi-peau en double paroi, la relation contenant-contenu est préservée, le Moi psychique reste intégré dans le Moi corporel. L'activité de la pensée, voire le travail psychique créateur, demeurent possibles.

En revanche, dans les états limites, l'atteinte ne se limite pas à la périphérie ; c'est la structure d'ensemble du Moi-peau qui est altérée. Les deux faces du Moi-peau n'en font qu'une, mais cette face unique est tordue à la manière de l'anneau décrit par le mathématicien Moebius et auquel Lacan[1] a le premier comparé le Moi : d'où des troubles de la distinction entre ce qui vient du dedans et ce qui vient du dehors. Une partie du système perception-conscience, normalement localisé à l'interface entre le monde extérieur et la réalité interne, est décollé de cet emplacement et rejeté en position d'observateur extérieur (le patient état limite assiste du dehors au fonctionnement de son corps et de son esprit, en spectateur désintéressé de sa propre vie). Mais la partie du système perception-conscience qui subsiste comme interface assure au sujet une adaptation suffisante à la réalité pour qu'il ne soit pas psychotique. La production fantasmatique et sa mise en circulation dans le proche entourage sont diminuées. Quant aux affects qui constituent le noyau existentiel de la personne, la difficulté de les contenir (en raison du caractère distordu du Moi-peau) les fait émigrer du centre vers la périphérie où ils viennent occuper quelques-unes des places laissées libres par le décalage vers le dehors d'une partie du système perception-conscience et où, devenus inconscients, ils s'enkystent et se fragmentent en morceaux de Soi caché dont le retour disruptif à la conscience est redouté comme une apparition de revenants. D'où un second paradoxe obéissant à la même structure en anneau de Moebius : de même que le dehors devient un dedans qui redevient un dehors et ainsi de suite, le contenu mal contenu devient un contenant qui contient mal. Enfin, la place centrale du Soi, désertée par ces affects primaires trop violents (détresse, terreur, haine), devient une place vide et l'angoisse de ce vide intérieur central fait l'objet de la plainte essentielle de ces patients, à moins qu'ils ne soient parvenus à le remplir de la présence imaginaire d'un objet ou d'un être idéal (une cause, un maître, un amour-passion impossible, une idéologie, etc.).

UN EXEMPLE LITTÉRAIRE DE PERSONNALITÉ NARCISSIQUE

Comme illustration de la personnalité narcissique, je prendrai non pas un cas clinique, mais une allégorie littéraire, formée par la nouvelle *L'Invention de Morel* (1940), due à l'écrivain argentin, ami et collaborateur de Borges, Bioy Casares[2]. Le narrateur, réfugié sur une île déserte,

1. Pour Lacan, le Moi a normalement cette structure, qui le pervertit et l'aliène. Selon mon expérience, cette configuration en anneau de Moebius est spécifique des états limites.
2. Les références renvoient à la réédition dans la collection 10/18 (UGE, 1976) de la traduction française de *L'Invention de Morel*, parue primitivement chez Robert Laffont en 1973.

consigne dans son journal ce qu'il a entendu dire : « Elle est le foyer d'une maladie, encore mystérieuse, qui tue de la surface vers le dedans. Les ongles, les cheveux tombent, la peau et la cornée meurent, puis le corps, au bout de huit à quinze jours. Les membres de l'équipage d'un vapeur qui avait mouillé devant l'île étaient écorchés, chauves, sans ongles – tous morts quand le croiseur japonais *Namura* les trouva » (p. 12). Cette maladie de l'enveloppe corporelle gagne à la fin – dans tous les sens de ce terme – le narrateur. Il la note à l'avant-dernière page de son journal : « Je perds la vue. Le toucher m'est devenu impraticable ; ma peau tombe ; les sensations sont ambiguës, douloureuses ; je m'efforce de les éviter. Devant le paravent à miroirs, j'ai constaté que je suis glabre, chauve, sans ongles, légèrement rosé » (p. 120). La corrosion s'effectue en deux temps : d'abord épidermique, elle affecte ensuite le derme.

Cela confirme mon idée de l'existence d'une double peau psychique – une peau externe, une peau interne, dont la suite va permettre d'élucider les rapports. Cette atteinte de plus en plus profonde de la peau fournit le leitmotiv autour duquel la nouvelle de Bioy Casares compose une série de variations. Première variation : victime d'une erreur judiciaire, le narrateur a échappé à la détention à vie en cherchant refuge dans cette petite île abandonnée, qui lui sert désormais de prison perpétuelle. Il se présente comme un persécuté, comme un écorché vif permanent. Les frustrations et les traumatismes qui s'accumulent sur lui en ce lieu inhospitalier empiètent sans cesse sur son fragile Moi-peau. L'île elle-même, seconde variation, est décrite comme une peau symbolique ratée, qui manque à envelopper, à contenir, à protéger son habitant : les marées le submergent, les marécages l'enlisent, les moustiques l'exaspèrent, les arbres pourrissent, la piscine grouille de vipères, de crapauds, d'insectes aquatiques, la végétation se détruit elle-même par sa propre profusion, les subsistances trouvées dans ce qu'il appelle le musée (qui fut en fait un hôtel) sont avariées. Un troisième redoublement de cette décomposition cutanée qui menace progressivement la vie à l'intérieur du corps et de l'esprit prend une forme philosophico-théologique. Le problème qui occupe les pensées du narrateur, quand elles ne sont pas absorbées par la lutte pour la survie immédiate, est celui d'une survie éternelle : la conscience, qui est la vie intérieure du corps, peut-elle subsister après la mort sans une survie au moins partielle de la surface de ce corps ? Comment limiter la décomposition de celle-là ?

Cette atteinte du Moi-peau externe puis du Moi-peau interne, la nouvelle de Bioy Casares la met en rapport avec une expérience d'inquiétante familiarité, une erreur de la perception et un trouble de la croyance chez le narrateur. Celui-ci se croyait à l'abri sur son île déserte. Dès la première page de son journal, et c'est pourquoi il se décide à en tenir un, il va de surprises en frayeurs. L'île a retenti soudain de vieilles rengaines émises par un phonographe invisible. Le « musée » se peuple de serviteurs et d'estivants insolites et snobs habillés à la mode d'il y a une vingtaine d'années. La piscine en apparence inutilisable s'anime de leurs ébats. La partie haute de l'île est parcourue de leurs promenades. Tout en se cachant d'eux, il entend et note des bribes de leurs conversations. À cette île inhospitalière au narrateur, à ces constructions étranges pour lui, s'opposent ces hommes et ces femmes qui s'y comportent avec aisance et sécurité. Sa première crainte est d'être aperçu d'eux, capturé et dénoncé à la justice. Mais nul apparemment ne s'en soucie. Une inquiétude bien plus fondamentale va le saisir : malgré ses bévues qui auraient dû le faire remarquer, malgré ses tentatives d'entrer en contact avec une femme aux allures de bohémienne qui fait bande à part du groupe et dont il tombe amoureux, ces apparitions, pourtant réellement vivantes, ne témoignent qu'indifférence à son égard. « Son regard passait à travers moi, comme si j'avais été invisible » (p. 32). Plus ils lui deviennent familiers, plus ils lui sont étranges. Il croit à leur existence. Mais ces « revenants » ne croient pas à la sienne au point qu'il a peur de se sentir acculé au meurtre ou à la folie.

Le narrateur finit par comprendre que ce trouble de la croyance est le sien. « Il apparaît maintenant que la véritable situation ne soit pas celle qui a été décrite dans les pages précédentes ; que la situation que je vis ne soit pas celle que je crois vivre » (p. 68). Il assiste en effet à une scène où, à la veille de rembarquer, Morel explique aux autres son invention. Celui-ci les a filmés et enregistrés à leur insu dans cette île qu'il a fait équiper de trois sortes d'appareils, pour capter leurs images, pour les conserver, pour les projeter, – non seulement leurs images visuelles et auditives comme le font le cinéma ou la télévision, mais aussi leurs images tactiles, thermiques, olfactives et gustatives. Si, comme le prétendent les philosophes empiristes anglais, la conscience n'est pas autre chose que la somme de nos sensations (postulat qui me semble présupposé dans le raisonnement de Morel), ces images qui reproduiront la totalité sensorielle d'un individu acquerront une âme. Non seulement le spectateur qui assistera à leur projection sentira l'individu en question comme réel mais les acteurs ainsi filmés s'éprouveront mutuellement vivants et conscients au cours de ces projections. Morel, la femme qu'il a en vain aimée et les compagnons de leur semaine passée sur l'île vivront ainsi pour l'éternité. Chaque grande marée rechargera les moteurs bien à l'abri dans les souterrains du musée et déclenchera la projection du film de leur séjour en dimensions naturelles. Ainsi les apparitions qui avaient tant inquiété le narrateur n'étaient que les images, les fantômes d'êtres réels, les revenants de personnes qui avaient existé sans doute au temps de son enfance, il y a vingt ans, en un mot des idoles[1]. L'invention de Morel est doublement allégorique. Allégorie littéraire : un roman n'est-il pas lui aussi une machine à fabriquer des personnages en les dotant de telles qualités sensibles que le lecteur les prend pour des êtres vivants ? Allégorie métapsychologique : la machine de Morel avec ses trois types d'appareils pour la perception, pour l'enregistrement et pour la projection est une variante métaphorique de l'appareil psychique freudien : le système perception-conscience est dédoublé, l'enregistrement correspond au préconscient et l'inconscient est... oublié. Par opposition à la peau humaine fragile, rongeable, trouée, la machine de Morel figure l'utopie d'une peau incorruptible. Fasciné par l'idéalité de leur pellicule, le narrateur au Moi-peau si fragile, plutôt que d'aimer des êtres réels, préfère adorer leurs idoles – ce qui s'appelle proprement idolâtrie.

La machine de Morel a filmé Morel et ses compagnons pendant une semaine dont elle reprojettera indéfiniment les épisodes. Mais pour les transférer à leurs images projetées, cet enregistrement prend aux personnes réelles leurs caractéristiques vivantes et conscientes. « Je me rappelai que l'horreur que certains peuples éprouvent à être représentés en image repose sur la croyance selon laquelle, lorsque l'image d'une personne se forme, son âme passe dans l'image, et la personne meurt : [...] l'hypothèse que les images possèdent une âme paraît exiger comme base, que les émetteurs la perdent lorsqu'ils sont captés par les appareils » (pp. 111-112). Par « imprudence » dit-il (p. 110), mais encore plus par une nécessité logique inhérente à sa croyance, le narrateur procède à une vérification sur lui-même. Il place sa main gauche devant l'appareil enregistreur, et sa main réelle peu après se décharne, pendant que l'image de sa main intacte se conserve dans les archives du musée où il va de temps à autre se la projeter. Il comprend par là même comment Morel et ses amis sont morts : d'avoir été enregistrés pour l'éternité. Le cynisme de Morel a fait qu'il était le seul de son groupe à le savoir et à le vouloir : « C'est là une monstruosité qui semble assez en harmonie avec l'homme qui, poursuivant son idée, organise une mort collective, et décide de sa propre autorité d'en rendre tous ses amis solidaires » (p. 112). L'illusion

1. Les Grecs anciens expliquaient la vision des objets par le fait qu'une pellicule invisible se détachait de ceux-ci et en transportait la forme jusqu'à l'œil qui en recevait ainsi l'impression. L'idole (du verbe *îdein*, voir) est ce double immatériel de l'objet qui permet de le voir.

d'immortalité s'accompagne – ce qui n'est pas pour me surprendre – d'une illusion groupale : grâce à l'invention de Morel, « l'homme élira un lieu retiré et plaisant, rassemblera autour de lui les personnes qu'il aime le plus et se perpétuera au sein d'un paradis intime. Le même jardin, si les scènes à perpétuer sont prises à des moments différents, abritera un grand nombre de paradis individuels, dont les sociétés, s'ignorant entre elles, rempliront leur fonction simultanément, sans heurts, presque dans les mêmes lieux » (pp. 97-98).

Le narrateur – qui est un doublet de Morel – pousse la logique de son invention et de cette illusion jusqu'à son terme extrême. Il est amoureux d'une Faustine immortelle mais qui ne peut plus le percevoir. Alors, au prix de grands efforts, il apprend à maîtriser le fonctionnement de la machine. Il projette les scènes où Faustine est présente et il les réenregistre en s'y intercalant comme s'il l'accompagnait et tenait avec elle un dialogue amoureux. Il ne pourra qu'en mourir, déjà sa peau commence de tomber. Mais il introduit dans la machine à projection, à la place de l'ancien, cet enregistrement nouveau qui sera désormais projeté éternellement. Son journal et sa vie s'arrêtent sur le souhait que quelqu'un invente une machine plus perfectionnée qui le ferait entrer dans la conscience de Faustine, – une machine qui achèverait de supprimer toute différence ente la perception et le fantasme, entre la représentation d'origine externe et la représentation d'origine interne.

LE FANTASME D'UNE DOUBLE PAROI

Illusion d'immortalité, illusion groupale, illusion amoureuse, illusion de réalité des personnages romanesques : nous sommes bien dans la problématique narcissique. Et la nécessité de surinvestir ainsi l'enveloppe narcissique apparaît bien comme la contrepartie défensive d'un fantasme de peau décharnée : face à un danger permanent d'attaques externes/internes, il faut redorer le blason d'un Moi-peau mal assuré dans ses fonctions de pare-excitation et de contenant psychique. La solution topographique consiste alors à abolir l'écart entre les deux faces, externe et interne, du Moi-peau et à imaginer l'interface comme une paroi double. Tant que cette solution reste, au sens fort, « imaginaire » (c'est-à-dire productrice d'une image de soi leurrante mais rassurante), le patient s'inscrit dans le registre de la névrose, mais si cette solution consiste en une transformation réelle du Moi-peau, c'est l'autisme, ou le mutisme psychogène, comme Annie Anzieu, dans *De la chair au verbe* (1978, p. 129), a tenté de l'expliquer : « L'enveloppe cutanée externe du corps est réellement “percée” par les organes des sens, l’anus et l’orifice urétral. On peut faire l’hypothèse que la sensibilité de ces orifices, orientée vers l’extérieur du corps par l’objet qui en fait un passage, provoque chez l’enfant tout petit une confusion : le contact interne du corps et de son contenu contre la paroi cutanée qui lui donne ses limites n’est pas différencié du contact cutané externe contre les objets environnants. Ceci revient à dire que l’enfant est pénétré par les images visuelles, les sons, les odeurs et qu’il en devient le contenant et le lieu de passage comme il se passe pour les fèces, l’urine, le lait ou son propre cri. L’enveloppe interne peut donc, elle aussi, être attaquée et perforée par les perceptions-objets. Certaines situations d’angoisse font de ce phénomène fantasmatique une persécution permanente, qui violente et agite l’intérieur corporel du nourrisson, et contre quoi il devient nécessaire de clore tous les orifices contrôlables, par n’importe quel moyen. »

Or il est curieux de constater que le narrateur de *L’Invention de Morel*, en raison d’un défaut de différenciation de la surface externe et de la surface interne, vit une illusion de double paroi. Ayant réussi à localiser, grâce à un soupirail, le souterrain des machines, il a pu, celui-ci étant hermétiquement clos, y pénétrer par une brèche creusée à coups de barre de fer. Plus que par la vue des machines à l’arrêt, il est frappé par « un ravissement et une admiration sans bornes : les murs, le plafond, le sol étaient en porcelaine azurée et tout, jusqu’à l’air même [...] avait cette diaphanéité céleste et profonde que l’on trouve dans l’écume des cataractes » (p. 20). Une fois qu’il a découvert quelle avait été l’intention de Morel, il retourne auprès des machines pour essayer d’en comprendre et d’en maîtriser le fonctionnement. Quand celles-ci se mettent en marche, il les examine : en vain, leur mécanisme lui reste inaccessible. Il regarde autour de lui dans la salle et il se sent soudain désorienté. « Je cherchai la fente que j’avais faite. Elle n’y était plus [...]. J’ai fait un pas de côté pour voir si l’illusion persistait [...]. J’ai palpé tous les murs. J’ai ramassé à terre les morceaux de porcelaine, de brique que j’avais fait tomber en perçant l’ouverture. J’ai palpé la muraille au même endroit, très longtemps. J’ai été obligé d’admettre qu’elle s’était reconstruite » (pp. 103-104). Il se sert à nouveau de la barre de fer mais les morceaux de murs qu’il fait sauter se reconstituent aussitôt. « Dans une vision si lucide qu’elle paraissait éphémère et surnaturelle, mes yeux ont rencontré la céleste continuité de la porcelaine, la paroi indemne et entière, la pièce close » (p. 105). Il n’y a plus de sortie possible, il se sent traqué, victime d’un enchantement, il s’affole. Puis il comprend : « Ces murs [...] sont des projections des machines. Ils coïncident avec les murs construits par les maçons (ce sont les mêmes murs enregistrés par les machines, puis projetés sur eux-mêmes). Là où j'ai brisé ou supprimé le premier mur, il reste le mur projeté. Comme il s'agit d'une projection, aucune puissance n'est capable de la traverser ou de la supprimer (tant que les moteurs fonctionnent) [...]. Morel a dû avoir imaginé cette protection à double paroi afin que personne ne puisse parvenir aux machines qui maintiennent son immortalité » (p. 106).

Pour une étude plus approfondie de l'enveloppe narcissique et de son rôle chez l'aviateur, le héros, le créateur, je renvoie le lecteur au travail d'André Missenard (1979) « Narcissisme et rupture ».

TROUBLES DE LA CROYANCE ET ÉTAT LIMITE

La croyance est une nécessité humaine vitale. On ne peut pas vivre sans croire qu'on vit. On ne peut pas percevoir le monde extérieur sans croire à sa réalité. On n'est pas une personne si on ne croit pas à l'identité et à la continuité de soi. On ne se trouve pas en état de vigilance sans croire qu'on est éveillé. Naturellement ces croyances, qui ont pour résultat de nous faire adhérer à notre être et de nous permettre d'habiter notre vie, ne sont pas des savoirs. Quand on les examine sous l'angle du vrai ou du faux, elles apparaissent contestables et la philosophie, la littérature, les religions, la science psychologique se sont donnés beaucoup de mal tantôt pour les justifier, tantôt pour en faire ressortir la vanité.

L'être humain qui possède ces croyances a bien sûr à les mettre en doute. Mais celui qui ne les possède pas doit les acquérir pour se sentir être et bien être. Sans elles il souffre et se plaint de leur manque. La clinique non plus des personnalités narcissiques mais des états limites, des dépressions, de certaines inorganisations psychosomatiques (c'est-à-dire d'états marqués par la défaillance soit fréquente soit durable du contenant psychique) est illustrative de ce point. Une des données théoriques qui permet de comprendre ce défaut de croyance a été fourni par Winnicott (1969). Le Moi psychique se développe par étayage mais aussi par différenciation et clivage à partir du Moi corporel. Il existe chez l'être humain une tendance à l'intégration, à « réaliser une unité de la psyché et du soma, identité fondée sur l'expérience vécue entre l'esprit ou psyché et la totalité du fonctionnement psychique ». Cette tendance, latente dès le début du développement du nourrisson, est fortifiée ou contrecarrée par l'interaction avec l'environnement. À un état primaire non intégré succède chez lui une intégration : la psyché emménage alors dans le soma, avec jouissance d'une unité psychosomatique qui correspond à ce que Winnicott appelle le Soi. Ajoutons qu'à ce moment-là s'instaure, chez le tout-petit, la triple croyance en son existence continue, en son identité consciente, et au fonctionnement naturel de son corps. Cette croyance, qui fonde le plaisir premier de vivre, obéit au principe de plaisir. Mais une des caractéristiques de ce principe est que la tendance à l'évitement du déplaisir devient plus forte (comme l'a montré Bion) que la recherche du plaisir dans certaines conditions : de faiblesse de l'équipement inné, d'environnement insuffisamment bon, de traumatismes précoces excessifs ou cumulatifs. Le sujet institue alors une dissociation défensive contre la douleur de l'impotence, de la frustration ou de la détresse, quitte à avoir ses croyances de base altérées et à perdre en tout ou en partie son plaisir premier à vivre. Ainsi, selon Winnicott, la dissociation psychosomatique est-elle chez l'adulte un phénomène régressif qui utilise les résidus du clivage précoce entre psyché et soma. Le clivage du psychique et du somatique protège contre le danger de destruction totale que représenterait pour le malade psychosomatique la croyance d'être une personne unifiée intégrant le corps et la vie mentale, car si un de ces deux aspects était attaqué, l'intégralité de sa personne serait alors détruite. Le clivage fait la part du feu, sacrifiant un aspect pour préserver l'autre. Si cette défense, dans un premier temps, est suffisamment respectée par les soignants, le malade psychosomatique pourra se sentir suffisamment rassuré intérieurement pour qu'émerge et opère en lui la tendance à l'intégration. Là où, par suite de ce clivage, la croyance vient à manquer, l'angoisse du vide s'installe.

Observation de Sébastienne

Sébastienne, à la différence de la personnalité narcissique évoquée par la nouvelle de Bioy Casares, est une organisation limite, qu'une seconde analyse en face à face avec moi a pu améliorer, après l'issue malheureuse d'une première analyse allongée, menée par un « psychanalyste » avare d'interprétations et adepte de séances trop courtes. Elle se présente à moi dans un état de dépression importante, mise à jour par cette cure qu'elle vient d'interrompre et redoublée par la désidéalisation brutale de son psychanalyste. Voici des extraits de sa dernière séance avant l'interruption redoutée des grandes vacances, qui ravive son angoisse d'une rupture dans la continuité du Soi.

> « Quelque chose se passe, s'amorce et… plouf ! Juste comme je commence à y croire et comme par hasard, les vacances… La question se pose aussi à propos de "juste comme je commence à y croire" précisément au moment des vacances. J'ai peur. À qui suis-je en train de parler ? Que se passe-t-il ? Qu'est-on en train de me faire ? La dernière fois quand vous m'avez parlé à propos de cet épisode de mon

enfance (il s'agissait de jeux sexuels angoissants qu'elle subissait de la part d'un demi-frère plus âgé et où elle se retenait d'éprouver du plaisir et s'absentait de son corps), j'ai eu l'impression d'un mensonge énorme. Vous me faisiez dire quelque chose que je ne savais pas, où je n'étais pas (j'avais évoqué son vertige devant les sensations qu'elle avait dû alors sentir naître en elle). Et pourtant il y a pire. En vous disant cela, je le dis sans le dire, je me déteste, je vous déteste. J'en ai marre [...]. Pourquoi je reste ? Par besoin sans doute que vous soyez à une autre place que celle où je vous projette avec force en ce moment. Pour pouvoir vous parler quand même. Pour que vous me répondiez quand même et que je puisse vivre. »

Ses sentiments de culpabilité sont superficiels, sa honte est profonde, liée à un Moi-peau qui ne remplit pas suffisamment sa fonction de pare-excitation et par les failles duquel les sensations, les émotions et les pulsions qu'elle voudrait garder cachées encourent le risque de devenir visibles aux autres. La chute dans le vide intérieur est une façon de disparaître aux regards possibles. L'excitation n'est pas associée à des fantasmes œdipiens ; non seulement son sens sexuel n'est pas reconnu, mais l'excitation est vécue comme purement mécanique et comme radicalement privée de tout sens. Les tentatives de la décharger, c'est-à-dire de lui apporter une résolution quantitative, aboutissent à des échecs : la masturbation à l'adolescence, le coït maintenant lui procurent des orgasmes, mais qui n'apaisent pas la tension toujours diffuse dans son corps. C'est que la sensation a subi une transformation qualitative ; la qualité agréable des sensations a été dissociée de celles-ci et a fait l'objet d'un clivage en multiples morceaux disséminés qui a détruit cette qualité agréable. Sébastienne accorde la prééminence au principe de l'évitement à tout prix, du désagréable, sur celui de la recherche du plaisir, recherche à laquelle elle préfère renoncer afin de dévier sa libido de l'investissement dans des objets et de la mettre au service des buts narcissiques du Moi et de la protection du Soi. Cette prééminence est propre, selon Bion, à la partie psychotique de l'appareil psychique, celle qui n'est pas contenue par l'environnement ou par la pensée. Faire le vide des qualités sensibles est une manière sinon d'évacuer le désagréable (car il persiste un sentiment de mal être) du moins de le tenir à l'extérieur du système perception-conscience. C'est un vide sanitaire, que l'appareil psychique substitue comme ersatz à l'enveloppe contenante et compréhensive qu'un Moi-peau défaillant n'assure pas. Ainsi effectué, ce vide des qualités sensibles (tandis que les autres fonctions corporelles et les fonctions intellectuelles restent généralement chez elle intactes), Sébastienne vit, mais sans croire qu'elle vit, sans croire à la possibilité d'un fonctionnement naturel. Sa vie se passe à côté d'elle. Elle assiste à distance au fonctionnement machinal de son corps et de son esprit, que trois années de psychanalyse avec moi ont pour l'essentiel rétabli. Elle exprime à mon égard une haine croissante pour trois raisons : parce qu'elle est mécontente de cette amélioration qui la voue à un fonctionnement automatique sans plaisir et qui amenuise ses capacités intuitives autrefois importantes ; parce que sa libido, ravivée par la cure, se réoriente vers les objets et réinvestit ses zones érogènes, ce qui menace l'équilibre obtenu en faisant le vide et auquel elle reste attachée ; et enfin parce que l'évolution du transfert cesse de lui faire chercher en moi le soutien anaclitique d'un environnement suffisamment compréhensif et l'affronte à l'image menaçante du pénis masculin séducteur et persécuteur. En même temps, de façon contradictoire, l'espoir d'un autre mode de fonctionnement fondé sur le principe du plaisir et susceptible de la rendre heureuse se réveille : les grandes vacances surviennent juste quand elle commençait « à y croire ». Il me faut alors interpréter la compulsion de répétition, c'est-à-dire l'attente, voire l'anticipation provocatrice, du retour de la déception produite jadis par les empiétements précoces et par les exigences paradoxales de sa mère : celle-ci, généreuse et surstimulante par ses soins corporels et par son amour très vif pour sa fille, adoptait brusquement une attitude rigide, moralisatrice et rejetante face aux besoins du Moi qu'exprimait l'enfant.

Mais il n'y avait pas eu que cela. La mère, laïque pratiquante si j'ose ce rapprochement, se dévouait à des œuvres sociales. Pendant ses fréquentes absences, elle confiait la garde de Sébastienne à une voisine, paysanne robuste, simple et dévouée qui vaquait activement à ses occupations ménagères avec son bras droit pendant que son bras gauche tenait la petite plus ou moins bien serrée contre son corps. De plus, cette femme portait un énorme tablier de cuir tapissé de graisse, jamais lavé, sur lequel les pieds du bébé enveloppés de chaussons en laine dérapaient. Ainsi, l'angoisse de perte de la mère se trouvait-elle aggravée par la recherche désespérée d'un appui physique, d'un soutènement primordial, et par l'angoisse du manque de l'objet support. Il m'avait fallu un certain temps pour faire un rapprochement avec la répétition transférentielle de cette faille qui handicapait la première fonction du Moi-peau : j'avais en effet l'impression désagréable que, quels que soient mon dévouement, mon ingéniosité à interpréter, la patiente me glissait entre les doigts.

Pendant longtemps, la posture corporelle de Sébastienne m'a intrigué : elle s'asseyait sur le siège situé en face du mien mais son corps n'était pas en face de mon corps ; elle se tournait vers son côté droit en faisant un angle d'environ vingt degrés par rapport à moi et elle gardait cette position pendant toute la séance ; quand elle me parlait ou m'écoutait, seul son œil gauche me regardait. Je me disais qu'elle établissait avec moi une communication « oblique » ; d'ailleurs elle comprenait souvent mes interprétations sous forme biaisée ; j'avais l'impression, quand je lui parlais, d'être un joueur de billard qui doit viser la boule rouge non pas directement mais par la bande. Cette posture était en fait surdéterminée : du point de vue œdipien, elle la protégeait de revivre un face-à-face sexuel avec son demi-frère aîné ; du point de vue narcissique, elle exprimait par son corps cette torsion de son Moi-peau à la manière de l'anneau de Moebius, que j'ai signalé plus haut comme étant typique des états limites. Cette torsion de l'interface constituée par le système perception-conscience entraînait chez elle des erreurs dans la perception des signaux émotionnels et gestuels émis par l'entourage, puis une aggravation du malentendu et de la frustration, enfin une explosion de rage, épuisante pour elle-même et pour les siens.

Sébastienne a d'elle-même considéré que sa psychanalyse était terminée le jour où elle s'est assise vis-à-vis de moi le visage de face et non de profil, pour me dire bien en face les deux choses qu'elle avait à me dire : d'une part, qu'il lui fallait rompre avec cette psychanalyse qui lui prenait trop de temps et d'argent, la replongeait dans trop de souffrance et de haine, prorogeait trop son passé dans le présent et contribuait à lui faire différer de vivre ; d'autre part, qu'elle n'avait plus l'esprit tordu, qu'un déclic récent lui avait comme remis la colonne vertébrale en place, qu'elle se sentait maintenant capable de faire son affaire de ses réactions de déception et de haine en les ramenant à leur juste mesure et en s'en dégageant par elle-même.

D'autres patients m'ont confirmé la survenue possible d'une brusque restructuration du Moi et du Soi sous l'effet du rétablissement, dans le transfert, d'une communication non biaisée avec l'autre. La reconstitution de la fonction conteneur du Moi-peau suffit généralement à la cure des personnalités narcissiques. Comme le montre l'exemple de Sébastienne, la cure des états limites requiert, en plus, la reconstitution des fonctions de maintenance, de pare-excitation et de recharge libidinale du Moi-peau.

10

LE DOUBLE INTERDIT DU TOUCHER, CONDITION DE DÉPASSEMENT DU MOI-PEAU

Quatre raisons m'imposent l'hypothèse d'un interdit du toucher. Une raison historique et épistémologique : Freud n'a découvert la psychanalyse (le dispositif de la cure, l'organisation œdipienne des névroses) qu'après s'être implicitement assigné dans sa pratique un tel interdit (sans toutefois en produire la théorie).

Une raison psychogénétique : les premières interdictions émises par l'entourage familial à l'égard de l'enfant, quand il entre dans le monde du déplacement (locomoteur) et de la communication (infraverbale et pré-linguistique), concernent essentiellement les contacts tactiles ; c'est en prenant appui sur ces interdictions exogènes, variables, multiples, que se constitue un interdit de nature interne, relativement permanent, et autonome, dont je vais préciser la nature non pas une mais double.

Une raison structurale : si le Moi est fondamentalement, selon l'expression de Freud, une surface (celle de l'appareil psychique) et la projection d'une surface (celle du corps), s'il fonctionne donc, d'abord, selon une structuration en Moi-peau, comment peut-il passer à un autre système de fonctionnement (celui de la pensée, propre à un Moi psychique différencié du Moi corporel et autrement articulé avec lui), sinon en renonçant, sous l'effet du double interdit du toucher, au primat des plaisirs de peau puis de main et en transformant l'expérience tactile concrète en représentations de base sur le fond desquelles des systèmes de correspondances intersensorielles peuvent s'établir (à un niveau, d'abord figuratif, qui maintient une référence symbolique au contact et au toucher, puis à un niveau purement abstrait, dégagé de cette référence) ?

Une raison polémique enfin : l'essor des psychothérapies dites « humanistes » ou « émotionnelles », la concurrence de « groupes de rencontres » favorisant voire imposant les contacts corporels entre participants, la menace ainsi exercée depuis ces dernières décennies envers la rigueur de la technique psychanalytique et de sa règle d'abstinence du toucher, appellent de la part des psychanalystes d'autres réponses que l'indifférence sourde et aveugle, ou le mépris indigné, ou une conversion passionnelle aux méthodes « nouvelles » (qui sont souvent des aménagements et des variantes des méthodes pré-psychanalytiques de « suggestion »).

Quels sont, selon les modes d'organisation de l'économie psychique, les effets des stimulations tactiles : restauration narcissique, excitation érogène, violence traumatique ? En quoi consiste le jeu des interactions tactiles dans la communication primaire ? Avec quels types de cas le recommencement d'un pareil jeu est-il envisageable, voire nécessaire, ou inutile, voire dommageable ? Quelles conséquences stimulatrices ou inhibitrices sur la vie sexuelle ultérieure proviennent-elles de la réussite ou des ratés de l'appareil psychique à se constituer un Moi-peau puis à le dépasser dans un Moi pensant ? Pourquoi la réflexion psychanalytique contemporaine tend-elle à perdre trop souvent de vue le constat freudien (et clinique) selon lequel la vie psychique a pour base les qualités sensibles ? Telles sont les questions connexes en jeu dans cette nécessité d'une reconnaissance d'un interdit du toucher.

UN INTERDIT DU TOUCHER IMPLICITE CHEZ FREUD[1]

Dans le magnétisme animal, Mesmer entre en « relation » avec le patient, en le touchant par la main, le regard, la voix jusqu'à ce qu'il ait induit un état de dépendance affective, d'anesthésie de la conscience et de disponibilité à l'excitation où, sous l'effet d'un contact direct de la main sur le corps ou du contact indirect d'un baquet magnétisé touché avec un bâton, se produit une secousse cathartique. Par la suite, la main de l'hypnotiseur mime seulement le toucher en effectuant des passes devant les yeux du malade, assis ou allongé, qui tombe dans un sommeil artificiel. Pour mieux appliquer sa technique de contre-suggestion des symptômes hystériques, Charcot demande aux patients qu'il soumet à

1. Dans la présente rédaction de ce sous-chapitre, j'ai tenu compte de plusieurs remarques formulées par G. Bonnet (1985) à propos de mon article paru en 1984 sur *Le double interdit du toucher.*

l'hypnose de fermer les yeux. C'est la voix de l'hypnotiseur qui, par sa chaleur, son insistance, sa fermeté, exige l'endormissement et interdit le symptôme. Mais la main de Charcot reste médicale en palpant les zones hystérogènes et se veut expérimentale en déclenchant ainsi devant un public la crise hystérique. Relayée par la voix et éventuellement par l'œil – un œil qui ne contemple pas seulement, une voix qui ne fait pas que parler, mais un regard, un discours qui enveloppent, saisissent, caressent, c'est-à-dire un œil, une voix dotés de pouvoirs tactiles –, la main de l'hypnotiseur (qui est généralement masculin) exerce une fonction réelle ou symbolique de suggestion et, sur des adultes, plus spécialement des jeunes femmes, plus encore des hystériques, elle opère une fonction complémentaire de séduction : bénéfice (ou plutôt maléfice) secondaire de l'opération.

Pendant les dix à douze ans qui précèdent l'auto-analyse de ses rêves et la découverte de la psychanalyse, Freud hypnothérapeute est plus homme de vue et homme de main qu'homme de la parole. Un incident, qui l'éclaire rétrospectivement sur la mésaventure de Breuer avec Anna O., l'alerte sur les risques, précisément, de séduction. Une infirmière du service que Freud avait guérie de ses symptômes en l'hypnotisant lui saute au cou pour l'embrasser et s'apprête à se laisser tomber dans ses bras. Freud ne cède ni ne s'effraie : il découvre – confie-t-il – le phénomène du transfert. Ce qu'il ne confie pas, parce que cela va de soi, c'est qu'il convient au psychothérapeute de s'interdire tout rapprochement corporel avec ses patients. Toutefois, si le corps à corps devient prohibé en raison du risque d'érotisation, la main continue d'ausculter les points douloureux – les ovaires de Frau Emmy von N., la cuisse de Fraulein Elisabeth von R. – où l'excitation s'accumule faute d'avoir pu trouver sa décharge dans le plaisir. Puis, quand Freud abandonne le sommeil hypnotique pour l'analyse psychique, sa main remonte des zones hystérogènes où s'accomplit la conversion somatique vers la tête où agissent les souvenirs pathogènes inconscients. Il invite ses patients à s'allonger, à fermer les yeux, à concentrer leur attention sur ces souvenirs (visuels bien sûr, mais tout autant auditifs quand il s'agit de phrases que la symbolisation a inscrites à la lettre dans le corps) et sur les émotions correspondantes qui surviennent en réponse à la question de l'origine de leurs symptômes. En cas de résistances (rien ne venant à l'esprit du patient), Freud procède à l'imposition de sa main sur leur front en annonçant que la levée de sa main provoquera l'apparition des images désirées et refoulées. Ce que le patient voit et entend ainsi en lui, il lui reste, pour sa délivrance, à le dire. Toujours la suggestion, fût-elle restreinte et localisée. Et toujours la même charge sexuelle latente. Témoin le songe rapporté par un de mes patients. Ce jeune homme a rêvé que je le reçois pour sa séance non pas en mon bureau mais en un lieu supposé être ma maison de campagne et que j'adopte envers lui une attitude très amicale. Je m'installe dans un grand fauteuil en rotin. Je l'invite à s'asseoir sur mes genoux. Les événements se précipitent, je l'embrasse sur la bouche, je le fixe droit dans les yeux, je pose ma main sur son front et je murmure à son oreille : « Dites-moi tout ce à quoi cela vous fait penser. » Le patient s'est réveillé furieux de ma conduite ou plutôt de mon inconduite, scotomisant le fait qu'il était l'auteur du rêve.

La patiente de qui Freud, hypnothérapeute, a le plus appris concernant les caractéristiques essentielles du futur cadre analytique est sans doute Frau Emmy von N. Dès le 1er mai 1889, elle l'adjure : « Ne bougez pas ! Ne dites rien ! Ne me touchez pas ! », objurgation qu'elle répète souvent par la suite (Freud S., Breuer J., « Études sur l'hystérie », 1895, tr. fr., p. 36). Une autre patiente, Irma, que Freud a en commun avec Fliess, induit en lui, le 24 juillet 1895, le premier rêve qu'il auto-analyse. En rêve donc, il ausculte sa gorge, sa poitrine, son vagin et il constate que la rechute de ses symptômes est liée à une « injection », faite « à la légère », d'un produit dont la composition ternaire se rapporte à la « chimie » sexuelle. L'auscultation médicale du corps malade et de ses zones algogènes et hystérogènes est nécessairement physique. L'auscultation psychanalytique des zones érogènes ne peut être que mentale et symbolique. Freud (1900) entend l'avertissement. Il renonce à la concentration mentale, il invente le terme de psychanalyse, il fonde le dispositif de la cure sur les deux règles de non-omission et d'abstinence, il suspend tout échange tactile avec le patient au profit du seul échange langagier – échange toutefois dissymétrique puisque le patient doit se laisser aller à parler librement tandis que l'analyste ne doit parler qu'opportunément. La dissymétrie est plus grande encore sur le plan du regard : l'analyste voit le patient, qui ne peut pas et ne doit pas le voir (même quand Freud ne lui impose plus de tenir les yeux fermés).

Dans cette situation, ses patients – et Freud en écho à eux – se mettent de plus en plus à rêver. L'analyse méthodique de ces rêves – les siens, les leurs – le conduit, en octobre 1897, à la découverte capitale du complexe d'Œdipe. Ainsi, le rôle structurant de l'interdit de l'inceste n'a pu être explicité qu'après que l'interdit du toucher ait été implicitement reconnu. L'histoire personnelle de la découverte freudienne récapitule sur ce point l'histoire infantile universelle. L'interdit du toucher en tant qu'acte de violence physique ou de séduction sexuelle, précède, anticipe, rend possible l'interdit œdipien, qui prohibe l'inceste et le parricide.

L'échange verbal qui délimite le champ de la cure n'est efficace que parce qu'il reprend sur un plan nouveau, symbolique, ce qui s'est échangé antérieurement dans les registres visuel et tactile. Témoin la note 79 de Freud dans les *Trois essais sur la théorie de la sexualité* (1905, p. 186) : un garçon de trois ans dans une chambre sans lumière se plaignait d'avoir peur du noir et demandait à sa tante de lui dire quelque chose ; celle-ci objectait que cela ne servirait à rien puisqu'il ne pouvait pas la voir ; l'enfant avait répondu : « Du moment que quelqu'un parle, il fait clair. » Et Freud, dans un autre passage concernant les divers types de préliminaires sexuels mettant en jeu le toucher ou la vue, de préciser : « Les impressions visuelles, en derrière analyse, peuvent être ramenées aux impressions tactiles » (*ibid*., p. 41). Le tactile n'est fondateur qu'à condition de se trouver, au moment nécessaire, interdit. La prescription de tout dire a pour inséparable complément la proscription non seulement de l'agir mais plus spécifiquement du toucher. L'interdit tactile – valable pour le patient et pour l'analyste – est redoublé d'un interdit visuel, plus spécialement imposé au patient : celui-ci ne cherchera pas à « voir » le psychanalyste en dehors des séances ni à avoir des « contacts » avec lui.

Le cadre psychanalytique dissocie la pulsion scoptophilique de son étayage corporel, la vue (il s'agit de savoir en renonçant à voir) ; la pulsion d'emprise est dissociée de son étayage corporel, la main (il s'agit de toucher du doigt la vérité et non plus le corps, c'est-à-dire de passer de la dimension plaisir-douleur à la dimension vrai-faux). Ceci permet à ces deux pulsions, s'ajoutant à la pulsion épistémophilique, de constituer, selon l'expression de Gibello (1984), des « objets épistémiques », distincts des objets libidinaux.

Un tel interdit se trouvait d'autant plus justifié de la part de Freud que sa clientèle était surtout constituée de jeunes filles et de femmes hystériques, qui érotisaient la vue (en se donnant en spectacle, en mettant en scène des fantasmes sexuels) et qui cherchaient le rapprochement physique (être touchées, caressées, tenues dans les bras). Il fallait donc avec elles introduire la distance requise pour que s'instaurent une relation de pensée, un espace psychique, un dédoublement du Moi en une partie auto-observante. Freud rencontre d'autres difficultés avec les névrosés obsessionnels, chez qui le dispositif psychanalytique favorise la relation d'objet à distance (selon l'expression ultérieure de Bouvet), le clivage du Moi psychique et du Moi corporel, l'érotisation de la pensée, la phobie du contact, la crainte de la contagion, l'horreur d'être touché.

La difficulté nous apparaît encore plus grande avec ceux qu'on range dans les catégories des états-limites et des personnalités narcissiques. Leurs expériences sont plus algogènes qu'érogènes ; l'évitement du déplaisir les mobilise plus que la recherche du plaisir ; ils adoptent la position schizoïde, qui maximise l'éloignement de l'objet, le retrait du Moi, la haine de la réalité, la fuite dans l'imaginaire. Freud les déclarait non analysables car ils ne s'engagent pas dans un processus psychanalytique dominé par la névrose de transfert et les progrès de la symbolisation. Aussi des aménagements du dispositif psychanalytique sont-ils souvent nécessaires avec eux. Le patient peut être reçu en face à face, ce qui établit avec lui un dialogue visuel, posturo-tonique, mimique, respiratoire : l'interdit de voir est levé ; l'interdit de toucher est maintenu. Le travail psychanalytique porte, non plus sur l'interprétation des fantasmes, mais sur la reconstruction des traumatismes, sur l'exercice des fonctions psychiques ayant subi des carences ; ces patients ont besoin d'introjecter un Moi-peau suffisamment contenant, surface globale sur fond de laquelle les zones érogènes peuvent ensuite émerger comme figures. La technique psychanalytique à laquelle j'ai recours consiste à rétablir l'enveloppe sonore qui, elle-même, double l'enveloppe tactile primaire ; à montrer au patient qu'il peut me « toucher » émotionnellement ; à réaliser des équivalents symboliques des contacts tactiles défaillants, en le « touchant » par des mots vrais et pleins, voire par des gestes significatifs de l'ordre du simulacre. L'interdit de se déshabiller, de s'exhiber nu, de toucher le corps du psychanalyste, d'être touché par sa main ou toute autre partie de son corps est maintenu : c'est le requisit psychanalytique minimum. Personne n'est obligé de pratiquer la psychanalyse et il y a lieu de chercher pour chaque cas le type de thérapie qui lui convient le mieux. Mais si la psychanalyse est indiquée et si c'est elle que l'on veut mettre en pratique, il convient d'en respecter l'esprit et la lettre – ici l'interdit du toucher. C'est un abus de la part de certains thérapeutes corporels que de se réclamer de la psychanalyse pour cautionner leurs méthodes alors qu'ils manquent à observer une règle essentielle de celle-ci.

L'INTERDIT CHRISTIQUE EXPLICITE

Les interdits « inventés » par Freud (au sens d'inventeur d'un trésor dissimulé dans une cachette) étaient antérieurement connus ; la conscience collective, dans bien des cultures, en avait noté l'existence : Sophocle, Shakespeare se sont servis de l'interdit œdipien comme ressort dramatique. Diderot l'a décrit. Freud l'a nommé en s'appuyant sur cette « obscure perception » de la réalité psychique contenue dans les mythes, les religions, les grandes œuvres littéraires et artistiques. Il doit en être de même pour l'interdit du toucher. On le trouve en effet modulé différemment selon les cultures mais à peu près partout présent. N'y aurait-il une circonstance légendaire où il aurait été énoncé de façon explicite ?

Au cours d'une visite du musée du Prado, à Madrid, je m'arrête intrigué, troublé, devant une toile du Corrège, peinte par l'artiste à trente ans, vers 1522/23. Un rythme ondulé qui s'impose aux deux corps, à leurs vêtements, aux arbres, aux nuages, à la lumière du jour en train de naître à l'arrière-plan, assure une composition originale au tableau. Toutes les couleurs fondamentales à l'exception du violet sont présentes : blancheur du métal des outils de jardin, noirceur de l'ombre, chevelure brune et toge bleue de l'homme laissant largement dénudé un buste blanc et pâle – mais est-ce bien un homme ? –, la femme, blonde, à la peau blafarde, à l'ample robe dorée, au manteau rouge entrevu, rejeté en arrière, tandis que le ciel et la végétation offrent tous les dégradés du jaune et du vert. Ce n'est plus un homme, ce n'est pas encore un Dieu. C'est le Christ, victorieux de la mort, qui se dresse au jour de sa résurrection, dans le jardin du Golgotha, et s'apprête à monter vers le Père, l'index de la main gauche pointé vers le ciel, la main droite abaissée, doigts redressés et écartés, en signe d'interdiction, mais avec une nuance de tendresse et de compréhension, redoublée par l'accord des rythmes des corps et par l'harmonie des tons du paysage. Agenouillée à ses pieds, se tient la Madeleine, le visage suppliant, brisée par l'émotion, la main droite, que le Christ a par son geste repoussée, se repliant en retrait vers la hanche, la main gauche retenant sur l'autre hanche un pan de son manteau ou plutôt se retenant à ce pli. L'attention du visiteur se concentre sur le triple échange du regard, du geste et des paroles devinées à travers le mouvement des lèvres ; échange intense rendu admirablement par le tableau. Le titre donné par le peintre à sa toile est la phrase alors prononcée par le Christ : *Noli me tangere*.

C'est une citation de l'*Évangile selon Jean* (XX,17). Le surlendemain de la Pâque après le repos du Sabbat, à l'aube, entre en action Marie de Magdala, du nom du village au bord du lac de Tibériade dont elle est issue et qui lui a valu le second prénom de Madeleine. Seule selon Jean, accompagnée d'une autre Marie, la mère de Jacques et de Joseph, selon Matthieu (XXVIII, 1), d'une troisième femme, Salomé, selon Marc (XVI, 1), de tout le groupe des saintes femmes selon Luc (XXIV, 1-12), « elle se rend au tombeau et voit que la pierre a été enlevée ». Elle craint que le cadavre n'ait été subtilisé. Elle alerte Simon-Pierre et Jean, qui constatent en y pénétrant que le tombeau est vide et qui devinent que le Christ est ressuscité. Les deux hommes s'en retournent, la laissant seule et en pleurs au jardin funéraire. Elle aperçoit deux anges qui l'interrogent, puis une silhouette qu'elle prend pour le gardien du jardin et qui répète : « Femme, pourquoi pleures-tu ? Qui cherches-tu ? » Elle demande à ce jardinier supposé où il a déposé le corps. « Jésus lui dit : – Marie. Elle le reconnut et lui dit en hébreu *Rabbouni* (c'est-à-dire Maître). » À ce moment, Jésus prononce la parole qui nous intéresse : *Noli me tangere*, puis il charge Marie de Magdala, première personne à laquelle il apparaît après sa résurrection, d'en annoncer la bonne nouvelle à ses disciples.

La traduction française de l'énoncé christique, en latin dans la Vulgate, est à la fois simple et difficile. Simple, car, pris à la lettre, il signifie : « Ne me touche pas. » Difficile, si l'on veut l'entendre selon l'esprit. « Ne me retiens pas » est la formulation arrêtée par les responsables de la traduction dite œcuménique de la Bible, parue aux éditions du Cerf, avec la note suivante : « Jésus entend signifier à Marie que le changement qui s'opère en lui en fonction de son passage auprès du Père va entraîner un nouveau type de relations. » Je constate donc que l'interdit du toucher, dans sa formulation chrétienne initiale, est tantôt mis en rapport avec la séparation de l'objet aimé (« Ne me retiens pas »), tantôt avec l'abandon du langage gestuel pour une communication spirituelle fondée sur la seule parole (« Ne me touche pas », sous-entendu : « Écoute et parle seulement »). Jésus ressuscité n'est plus un être humain dont le corps peut être palpé : il redevient ce qu'il était avant son incarnation : Verbe pur. Bonnet (1984) remarque que le Nouveau Testament, en énonçant l'interdit du toucher, s'oppose à l'Ancien Testament, qui privilégie l'interdit de la représentation.

Tangere a en latin la même diversité des sens, corporels et affectifs, que le verbe français toucher, depuis « poser la main sur » jusqu'à « émouvoir ». Par ailleurs, si les quatre évangélistes font tous allusion à la rencontre de Marie de Magdala avec le Christ ressuscité, Jean est le seul à rapporter l'injonction interdictrice de Jésus. Ce n'est sans doute pas un hasard si l'interdit du toucher est opposé à une femme – non à un homme. Interdit sexuel certes, entraînant une libido à but inhibé et la « sublimation » de l'amour sexuel pour un partenaire en un amour désexualisé pour le prochain en général. Tabou du toucher également : la citation évangélique que je commente confirmerait l'analogie proposée par Freud entre religion et névrose obsessionnelle.

Toutefois l'interdit christique du toucher n'est pas une affaire simple. Il est pris dans maintes contradictions dont la suivante n'est pas la moindre : à peine énoncé, il est transgressé, comme on le constate en se référant à la suite immédiate du texte johannique. Le Christ apparaît le soir même de sa résurrection à ses disciples masculins réunis en secret. Mais Thomas Didyme, absent, refuse de croire au Christ ressuscité, tant qu'il n'a pas vu celui-ci de ses yeux ni touché ses plaies de ses doigts. « Or, huit jours plus tard, les disciples étaient à nouveau réunis dans la maison et Thomas était avec eux. » Jésus réapparaît et s'adresse à Thomas : « Avance ton doigt ici et regarde mes mains ; avance ta main et enfonce-la dans mon côté [...] » (Jean XX, 27). Ainsi Thomas, un homme, est invité à toucher ce qu'une femme, Marie-Madeleine, devait se contenter d'entrevoir. Une fois Thomas convaincu, Jésus ajoute : « Parce que tu m'as vu, tu as cru. Bienheureux ceux qui, sans avoir vu, ont cru. » Les exégètes restent muets sur le fait que cette conclusion confond le toucher et la vue. Par contre, ils sont formels concernant celle-ci : « La foi désormais repose, non sur la vue mais sur le témoignage de ceux qui ont vu. » Le problème épistémologique sous-jacent pourrait être posé en ces termes : la vérité est-elle visible, ou tangible, ou audible ? J'indique en passant une question que je n'ai pas la compétence de traiter : l'interdit du toucher serait-il plus spécifique des civilisations chrétiennes que des autres ? C'est un fait en tout cas que la pratique psychanalytique s'est surtout développée dans les pays de culture chrétienne : elle a en commun avec cette culture la conviction de la supériorité spirituelle de la communication par la parole sur les communications de corps à corps.

TROIS PROBLÉMATIQUES DU TOUCHER

La tradition a confondu sous le prénom de Marie-Madeleine trois femmes différentes du Nouveau Testament.

Marie de Magdala est une ancienne malade, atteinte de possession, que Jésus a guérie en faisant sortir d'elle « sept démons » (Luc VIII, 2 ; Marc XVI, 9) ; elle l'accompagne partout dès lors, avec le groupe des saintes femmes et celui des douze disciples masculins.

Marie de Béthanie oint d'un parfum coûteux les pieds et les cheveux de Jésus lors du repas donné par elle et sa sœur Marthe en l'honneur de la résurrection de leur frère Lazare. Judas déplore le gaspillage et Marthe se plaint que sa sœur lui laisse faire tout le service. Jésus répond que Marie, en embaumant d'avance son corps, anticipe sa mort (et, sous-entendu, sa résurrection) à venir et qu'en s'asseyant à ses pieds pour écouter sa parole, elle a choisi la meilleure part (Jean XII, 3 ; Luc X, 38-42).

Une pécheresse anonyme, de Béthanie également, s'introduit dans la salle du banquet donné par Simon, un Pharisien, en l'honneur de Jésus qui l'a guéri de la lèpre ; elle baigne de larmes les pieds de Jésus, les essuie avec ses cheveux, les couvre de baisers, répand sur eux du parfum ; l'hôte s'étonne que Jésus n'ait pas deviné que « cette femme qui le touche » est une prostituée ; Jésus réplique qu'elle l'a mieux honoré que lui, qu'elle montre beaucoup d'amour et pour cette raison il pardonne ses péchés (Luc VII, 37-47). En identifiant, sans aucune raison philologique ni théologique valable, cette courtisane repentie avec Marie de Magdala, la tradition a suivi la croyance populaire, selon laquelle une activité de toucher entre deux personnes de sexe différent a nécessairement une connotation sexuelle.

En fait, trois problématiques du toucher sont figurées par les trois femmes des *Évangiles* : la problématique de la séduction sexuelle par la pécheresse ; la problématique des soins donnés au corps en tant que constitutifs du Moi-peau et de l'auto-érotisme, par Marie de Béthanie ; la problématique du toucher comme preuve de l'existence de l'objet touché, par Marie de Magdala.

L'interdit œdipien (tu n'épouseras pas ta mère, tu ne tueras pas ton père) se construit par dérivation métonymique de l'interdit du toucher. L'interdit du toucher prépare et rend possible l'interdit œdipien en lui fournissant son fondement présexuel. La cure psychanalytique permet de saisir tout particulièrement au prix de quelles difficultés, de quels ratés, de quels contre-investissements ou surinvestissements cette dérivation s'est opérée ans chaque cas.

LES INTERDITS ET LEURS QUATRE DUALITÉS

Tout interdit est par nature double. C'est un système de tensions entre des pôles opposés ; ces tensions développent dans l'appareil psychique des champs de forces qui inhibent certains fonctionnements et obligent d'autres à se modifier.

Première dualité : l'interdit porte à la fois sur les pulsions sexuelles et sur les pulsions agressives. Il canalise la poussée des pulsions ; il délimite leurs sources corporelles ; il réorganise leurs objets et leurs buts ; il structure les rapports entre les deux grandes familles de pulsions. C'est évident pour l'interdit œdipien. L'interdit du toucher concerne également les deux pulsions fondamentales : ne touche pas les objets inanimés que tu pourrais casser ou qui pourraient te faire du mal ; n'exerce pas une force excessive sur les parties du corps des autres personnes (cet interdit vise à protéger l'enfant de l'agressivité, la sienne, celle des autres). Ne touche pas avec insistance sur ton corps, sur le corps des autres, les zones sensibles au plaisir, car tu serais débordé par une excitation que tu n'es pas en état de comprendre et de satisfaire (cet interdit vise à protéger l'enfant de la sexualité, la sienne, celle des autres). Dans les deux cas, l'interdit du toucher met en garde contre la démesure de l'excitation et sa conséquence, le déferlement de la pulsion.

Pour l'interdit du toucher, sexualité et agressivité ne sont pas structuralement différenciées ; elles sont assimilées en tant qu'expression de la violence pulsionnelle en général. L'interdit de l'inceste au contraire les différencie et les situe dans un rapport de symétrie inversée, non plus de similitude.

Seconde dualité : tout interdit est à double face, une face tournée vers le dehors (qui reçoit, accueille, filtre les interdictions signifiées par l'entourage), une face tournée vers la réalité interne (qui traite les représentants représentatifs et affectifs des motions pulsionnelles). L'interdit intrapsychique s'étaie sur des proscriptions externes mais celles-ci sont l'occasion non la cause de son instauration. La cause est endogène : c'est le besoin pour l'appareil psychique de se différencier. L'interdit du toucher contribue à l'établissement d'une frontière, d'une interface entre le Moi et le Ça. L'interdit œdipien parachève l'établissement d'une frontière, d'une interface entre le Moi et le Surmoi. Les deux censures envisagées par Freud dans sa première théorie (l'une entre l'inconscient et le préconscient, l'autre entre le préconscient et la conscience) pourraient, me semble-t-il, être utilement reprises en ce sens.

Les premières interdictions de toucher formulées par l'entourage sont au service du principe d'auto-conservation : ne mets pas ta main sur le feu, sur les couteaux, sur les détritus, sur les médicaments ; tu mettrais en danger l'intégrité de ton corps, voire ta vie. Elles ont pour corollaires des prescriptions de contact : ne lâche pas la main pour te pencher par la fenêtre, pour traverser la rue. Les interdictions définissent les dangers externes ; les interdits signalent les dangers internes. Dans les deux cas, la distinction du dehors et du dedans est supposée acquise (l'interdit n'a aucun sens sans cela) et cette distinction se trouve renforcée par l'interdit. Tout interdit est une interface qui sépare deux régions de l'espace psychique dotées de qualités psychiques différentes. L'interdit du toucher sépare la région du familier, région protégée et protectrice, et la région de l'étranger, inquiétante, dangereuse. Cet interdit est, à mon avis, le véritable organisateur de cette mutation qui apparaît vers le neuvième mois et que Spitz a réduite à la simple distinction du visage familier et du visage étranger. Ne reste pas collé au corps de tes parents, assume d'avoir un corps séparé pour explorer le monde extérieur : telle paraît être la forme la plus primitive de l'interdit tactile. Mais aussi – et c'en est une forme plus évoluée – ne touche pas sans précautions avec les mains les choses inconnues, tu ne sais pas le mal qui peut en résulter.

L'interdit invite à toucher d'autres choses que le familier et le familial, et à les toucher pour les connaître. L'interdiction prémunit contre les risques de l'ignorance et de l'impulsivité : on ne touche pas n'importe quoi n'importe comment. Attraper un objet se justifie si c'est pour expérimenter comment il se comporte – non pour le porter à sa bouche et l'avaler parce qu'on l'aime, ni pour le casser et mettre en pièces ce qui est imaginé haïssable dans son ventre. Les ordres de réalités qui restent confondus dans l'expérience tactile primaire du corps-à-corps, l'interdit du toucher contribue à les différencier : ton corps est distinct des autres corps ; l'espace est indépendant des objets qui le peuplent ; les objets animés se comportent autrement que les objets inanimés.

L'interdit œdipien inverse les données de l'interdit du toucher : ce qui et familier, au sens premier de familial, devint dangereux par rapport au double investissement pulsionnel d'amour et de haine ; le danger est celui, jumelé, de l'inceste et du parricide (ou du fratricide) ; le prix à payer est l'angoisse de castration. Par contre, quand il sera grand, le garçon aura le droit, dans certaines conditions, et même le devoir, de lutter contre les hommes étrangers à la famille, au clan, à la nation, et de choisir une femme étrangère à sa famille.

Troisième dualité : tout interdit se construit en deux temps. L'interdit œdipien, tel que Freud l'a envisagé, centré sur la menace de castration génitale, limite les relations amoureuses selon l'ordre des sexes et des générations. Un stade œdipien précoce, prégénital, étudié par Mélanie Klein, le précède et le prépare : d'où un interdit anticannibalique de manger le sein désirable, d'où le fantasme d'aller détruire les enfants-fèces rivaux et le pénis du père dans le ventre de la mère ; d'où le sevrage vécu comme châtiment des désirs de dévoration. L'interdit du toucher lui aussi est à double détente. Il y a en effet lieu de distinguer deux structures de l'expérience tactile ; a) le contact par étreinte corporelle, portant sur une grande partie de la peau, englobant pression, chaleur ou froid, bien-être ou douleur, sensations kinesthésiques et vestibulaires, contact qui implique le fantasme d'une peau commune ; et b) le toucher manuel, qui soutient le corps du nourrisson et auquel par la suite tend à se réduire le contact quand l'enfant acquiert la maîtrise des gestes de désignation et de préhension des objets et quand, par l'éducation, le contact peau à peau, jugé trop infantile ou trop érogène ou trop brutal, se trouve limité à des manifestations de tendresse ou de force musculaire qui doivent rester contrôlées. Il y aurait donc, emboîtés l'un dans l'autre, un interdit premier du contact global, c'est-à-dire de l'accolement, de la fusion et de la confusion des corps ; et un interdit second et sélectif du toucher manuel : ne pas toucher les organes génitaux et plus généralement les zones érogènes et leurs produits ; ne pas toucher les personnes, les objets, d'une façon qui leur ferait violence, le toucher étant limité aux modalités opératoires d'adaptation au monde extérieur et les plaisirs qu'il procure n'étant conservables que subordonnés au principe de réalité. Selon les cultures, l'un ou l'autre des deux interdits du toucher se trouve renforcé ou atténué. L'âge de l'enfant où chacun intervient, leur champ d'extension sont très variables. Mais on ne trouve guère de société où ils soient absents. Les sanctions en cas de transgression sont également très variables. Elles vont des châtiments physiques à leur menace, voire à la simple réprobation morale, manifestée par le ton de la voix.

L'interdit primaire du toucher transpose sur le plan psychique ce qu'a opéré la naissance biologique. Il impose une existence séparée à l'être vivant en voie de devenir un individu. Il interdit le retour dans le sein maternel, retour qui ne peut plus être que fantasmé (cet interdit ne s'est pas constitué chez l'autiste, qui continue de vivre psychiquement dans le sein maternel). L'interdiction est implicitement signifiée à l'enfant par la mère sous la forme active d'une mise à distance physique : elle s'éloigne de lui, elle l'éloigne d'elle, en le retirant du sein, en écartant son visage qu'il cherche à attraper, en le déposant dans son berceau. Au cas où la mère manque à mettre en acte l'interdiction, il se trouve toujours quelqu'un dans l'entourage pour se faire, au niveau verbal cette fois-ci, le porte-parole de l'interdit. Le père, la belle-mère, la voisine, le pédiatre rappellent à la mère son devoir de se séparer corporellement du bébé, pour qu'il s'endorme, pour qu'il ne soit pas trop stimulé, pour qu'il ne prenne pas de mauvaises habitudes, pour qu'il apprenne à jouer seul, pour qu'il marche au lieu de se faire porter, pour qu'il grandisse, pour qu'il laisse à l'entourage un temps et un espace où celui-ci puisse vivre pour lui-même. L'interdit primaire du toucher s'oppose spécifiquement à la pulsion d'attachement ou d'agrippement. La menace du châtiment physique correspondant est éventuellement fantasmée sous la forme d'un arrachage laissant à vif la surface de peau commune au bébé et à sa mère (ou à son tenant lieu qui peut être le père[1]), arrachage dont – nous l'avons vu – les mythologies et les religions se sont fait l'écho.

1. Les « jeunes » pères qui, depuis une génération dans la culture occidentale, assument volontiers à égalité avec la mère le nourrissage et les soins du bébé (à l'exception de la grossesse et de l'allaitement au sein) aident beaucoup la mère et se donnent bien du plaisir mais ils compliquent la tâche du tout-petit, qui doit se dégager de deux relations duelles et non plus d'une seule et chez qui la constitution d'un interdit endogène se trouve retardée ou affaiblie.

L'interdit secondaire du toucher s'applique à la pulsion d'emprise : on ne peut pas toucher à tout, s'emparer de tout, être le maître de tout. L'interdiction est formulée par le langage gestuel ou verbal. L'entourage familial/familier oppose à l'enfant prêt à toucher un « non » proféré comme tel ou signifié par un mouvement de la tête ou de la main. Le sens implicite est le suivant : on ne prend pas, on demande d'abord et on doit accepter le risque d'un refus ou d'un délai. Ce sens s'explicite en même temps que l'enfant acquiert une maîtrise suffisante du langage, maîtrise que justement cet interdit pousse à acquérir : on ne montre pas du doigt les objets intéressants, on les désigne par leur nom. La menace du châtiment physique correspondant à l'interdit secondaire du toucher est éventuellement exprimée par le discours familial et social sous la forme suivante : la main qui vole, qui frappe, qui masturbe sera attachée ou coupée.

Quatrième dualité : tout interdit est caractérisé par sa bilatéralité. Il s'applique à l'émetteur des interdictions tout autant qu'au destinataire. Quelle que soit la vivacité des désirs œdipiens incestueux et hostiles réveillés chez les géniteurs à l'occasion de la maturation sexuelle de leurs enfants, ils ne doivent pas les accomplir sur ceux-ci. De même l'interdit du toucher, pour exercer son effet de restructuration du fonctionnement psychique, requiert d'être respecté par les parents et les éducateurs. Des manquements graves et répétés constituent un traumatisme cumulatif, qui produit à son tour d'importantes conséquences psychopathologiques.

Observation de Janette

Tel a été le cas pour Janette, suivie par moi, tantôt en psychanalyse, tantôt en psychothérapie depuis plus de trente ans. Je fus pendant des années affronté à sa très forte angoisse persécutive. Elle ne se sentait à l'abri ni dans son corps ni dans sa maison. Elle faisait irruption dans la mienne par des appels téléphoniques à toute heure du jour ou du soir, semaine ou week-end, par des demandes de rendez-vous immédiats, par des refus de quitter mon bureau à la fin de certaines séances. L'établissement progressif d'un cadre psychothérapique régulier et la reconstruction des principaux traumatismes de son enfance et de son adolescence lui permirent de se constituer peu à peu un Moi-peau, de trouver une activité professionnelle qui la rendait indépendante de ses parents et de consacrer ses loisirs à la composition de textes littéraires qui parachevaient l'élaboration symbolique de ses conflits. Transposant dans un personnage de fiction l'expérience des échanges verbaux qu'elle avait acquise avec moi, elle décrit les mots de ce personnage comme des mains qui l'ont tenu, retenue, contenue, qui lui ont rendu un visage et permis de reconnaître sa douleur : une main tendue vers elle très loin, très loin par-dessus l'abîme, une main qui finit par réussir à se saisir de la sienne comme un pont par-delà le temps (alors que dans la réalité, nous n'avons pas eu de contacts corporels hormis la poignée de mains traditionnelle) une main qui réchauffe les deux siennes, une main ensuite qui se détache, en même temps que la voix du personnage doucement explique qu'il lui faut partir, qu'il reviendra et, le regardant s'éloigner, elle peut, pour la première fois depuis longtemps, longuement sangloter. Un autre passage significatif concerne le dénouement d'une nouvelle où l'héroïne en rentrant chez elle est renversée la nuit sur la route par une voiture. Tandis qu'elle agonise, une voix à côté d'elle la retient quelque temps encore à la vie, une voix qui dit à quatre reprises et sous quatre variantes : « Ne la touchez pas. » Elle entre alors dans le soleil – soleil de la mort figurant la mort psychique de ma patiente produite sous le coup de tant d'effractions, mais aussi soleil de la vérité. Ce qu'elle, sans défense, n'a jamais pu exprimer qu'indirectement en donnant des signes de folie – à savoir qu'on ne la touche pas – est enfin énoncé clairement, calmement, puissamment, comme une loi indestructible de l'univers psychique que des manquements peuvent occasionnellement occulter sans en altérer la réalité structurante fondamentale.

DU MOI-PEAU AU MOI-PENSANT

Deux précisions doivent être apportées : l'interdit du toucher ne favorise la restructuration du Moi que si le Moi-peau a été suffisamment acquis ; et ce dernier subsiste, après la restructuration, en toile de fond, du fonctionnement de la pensée. Le résumé d'un récit de science-fiction introduira mon propos sur ces deux points : *Les Yeux de la nuit*, de John Varley[1]. Un Américain marginal, las de la civilisation industrielle, erre dans les États du Sud. Il pénètre par hasard dans une communauté surprenante, qu'il découvre composée presque exclusivement de sourds-aveugles. Ses membres se marient et se reproduisent entre eux ; ils cultivent et fabriquent ce dont ils ont besoin pour vivre, limitant les contacts avec l'extérieur à quelques échanges de première nécessité. Le voyageur est accueilli par une jeune fille de quatorze ans, nue comme tous les habitants de ce territoire qui bénéficie d'un climat chaud. Elle est une des rares enfants nés voyants-entendants et elle a appris à parler avant l'émigration en ce lieu de ses parents, handicapés sensoriels. Elle sert au jeune homme d'interprète entre la langue anglaise possédée par celui-ci et le langage tactile en usage dans la collectivité. Le territoire est quadrillé par des canaux de circulation balisés de signaux tactiles. L'échange d'information se fait par le toucher et la grande sensibilité des autochtones aux vibrations de l'entourage leur permet de détecter à distance l'irruption de personnes étrangères ou d'événements insolites. Les

1. C'est la dernière nouvelle d'un recueil intitulé *Persistance de la vision* (1978), tr. fr. Denoël, Présence du Futur, 1979. Je remercie Françoise Lugassy d'avoir attiré mon attention sur ce texte.

repas, pris étroitement côte à cote dans un même réfectoire, sont l'occasion de rassembler et d'échanger les nouvelles. Puis vient la soirée dans un vaste salon-dortoir où, avant que chaque famille ne rejoigne son aire privée, prennent place d'autres communications non verbales, plus intenses, plus personnelles, plus affectives. Chacun s'accole corps contre corps auprès d'un partenaire, voire de plusieurs, pour le questionner, lui répondre, lui transmettre ses impressions et ses sentiments, sur un mode non médiatisé et immédiatement compréhensible. D'où la nudité nécessaire des habitants. D'où leur philosophie implicite : la surface du corps, si sa sensibilité a été tôt cultivée et si ni vêtements ni préjugés moraux ne viennent entraver son développement, possède un considérable pouvoir, celui de suggérer directement à autrui ses propres affects, pensées, désirs, projets. Naturellement si un tiers veut savoir ce que se disent deux communicants, il se branche sur eux par l'imposition de sa main ou d'une partie de son corps. Il peut toutefois être provisoirement écarté s'il gêne. Naturellement aussi, si ce que deux communicants ont à se dire est du registre de l'amour, ils finissent tout naturellement par le faire, dans une union étroite et joyeuse à laquelle la jeune bilingue de quatorze ans, loin d'être naïve, convie l'étranger. La liberté et la réciprocité avec lesquelles, dès la puberté, chacun et chacune se donne, ne laisse ainsi – c'est du moins la théorie de cette communauté – nulle place à la frustration ou à la jalousie. L'amour entre deux individus n'est cependant qu'un degré vers l'amour suprême, celui que la communauté se porte à elle-même. Une fois par an, à la fin de l'été, une prairie entretenue à cet effet accueille l'assemblée entière, hommes, femmes, enfants, qui se serrent tous ensemble pour constituer un seul corps et pour partager – ici cela devient difficile à dire, car le narrateur, admis seulement comme hôte, n'a pu y prendre part – les mêmes idéaux ou croyances ou sensations, sous une forme tangible et paroxystique.

De plus en plus séduit par cette société, le narrateur apprend, grâce aux leçons de son initiatrice, le langage tactile. Mais il se heurte à des limites provenant de son éducation antérieure. Ce qu'il pense en verbal, il peut le traduire en tactile, et ce qu'on lui communique en tactile, il peut se le formuler en verbal. Pour certains affects courants, la tendresse, la peur, le mécontentement, il arrive à les exprimer et à les comprendre directement. Mais les degrés suivants du langage tactile, et qui, autant que sa jeune maîtresse peut le lui expliquer, correspondent aux entités abstraites et aux états psychiques de base, lui restent inassimilables. Son habitude du langage verbal constitue un handicap mental, qui se trouve par contre épargné aux handicapés sensoriels de la communauté. Ainsi le plus handicapé des deux n'est-il pas celui qu'on pense... L'affiliation lui est finalement refusée. Sa partenaire, coupable de parler un double langage, décide de ne plus communiquer avec lui qu'en tactile. Se crèverait-il les yeux et les tympans que ce serait de toute façon trop tard : il n'accédera jamais à la simplicité et à la plénitude de la communication tactile originaire exclusive. Il quitte cette collectivité, dont il emporte dans son cœur la nostalgie ineffaçable.

Peu importent les réserves « scientifiques » qu'appelle ce récit « légendaire » : l'univers olfactif est omis ; la haine, clivée de l'amour, est déniée ; un langage tactile à l'usage des sourds-aveugles ne peut être inventé que par des voyants-entendants ayant acquis par là une certaine maîtrise de la dimension symbolique, etc. L'intérêt de la science-fiction provient de ce qu'elle isole quasi expérimentalement une variable dont elle tire le maximum de conséquences logiques ou psychologiques. Ici la variable est la suivante : il existe une communication précoce de peau à peau ; la peau est le premier organe de l'échange signifiant ; échopraxies et écholalies ne trouvent à se développer que sur un fond originaire d'échorythmies, d'échothermies, d'échotactilismes. Certes, la nouvelle de Varley décrit une construction fantasmatique défensive, un roman des origines de la communication, élaboré après coup dans un mouvement contre-œdipien, quand l'accès à des systèmes sémiotiques plus évolués a été investi. Entre-temps, cet investissement a été rendu possible et nécessaire par le refoulement des communications tactiles primaires, refoulement mis en œuvre par l'interdit du toucher.

Que se passe-t-il quand cet interdit fait défaut ? De quel prix se paie sa transgression ? Le récit de Varley paraît démonstratif sur ces deux points. D'une part, là où l'interdit primaire du toucher, celui qui prohibe le corps à corps, n'a pas été instauré, l'interdit œdipien, organisateur de la sexualité génitale ainsi que de l'ordre social, ne s'installe pas. D'autre part, la menace d'une castration phallique, qui donne son poids de chair et d'angoisse à la transgression éventuelle de l'interdit de l'inceste, a pour corollaire l'angoisse d'une castration sensorielle en cas de manquement à l'interdit du toucher. Le contenu manifeste de la nouvelle de Varley dit que les habitants échappent à l'interdit du toucher parce qu'ils sont sourds et aveugles. Le contenu latent est à entendre en sens contraire : parce qu'ils échappent à l'interdit du toucher, ils sont frappés de surdité, de cécité. Là où manquent l'un et l'autre interdit, celui du toucher, celui de l'inceste, tendent à s'installer un état de fusion amoureuse permanente pour l'individu et un état d'illusion groupale permanente pour la collectivité.

Il n'en reste pas moins que les communications primaires tactiles refoulées ne sont pas détruites (sauf cas pathologique), elles sont enregistrées comme toile de fond sur laquelle viennent s'inscrire des systèmes de correspondances intersensorielles ; elles constituent un espace psychique premier, dans lequel peuvent s'emboîter d'autres espaces sensoriels et moteurs ; elles fournissent une surface imaginaire où disposer les produits des opérations ultérieures de la pensée. La communication à distance par gestes puis par paroles requiert non seulement l'acquisition de codes spécifiques mais aussi la conservation de ce fond originaire échotactile de la communication et sa réactualisation, sa revivance plus ou moins fréquente. Le concept hégélien d'*Aufhebung* convient particulièrement, à mon sens, pour décrire le statut de ces traces échotactiles, qui sont à la fois niées, dépassées et conservées.

De même que l'interdit de l'inceste, prématuré ou violent, peut excéder son but, qui est de dévier le désir amoureux et sexuel sur des étrangers à la famille, et produire une inhibition de tout accomplissement hétérosexuel génital avec quelque partenaire que ce soit, de même l'interdit primaire du toucher, s'il prohibe trop tôt ou trop durement les contacts étroits, au lieu de déclencher un refoulement relativement facile à lever dans certaines circonstances, sexuelles, ludiques, sportives, etc., socialement codifiées, est susceptible d'entraîner une inhibition grave du rapprochement physique, ce qui complique notablement la vie amoureuse, le contact avec les enfants, la capacité de se défendre contre les agressions...

Inversement, dans le cas de troubles graves de la communication, liés à un handicap important, mental (autisme) ou physique (sourds-aveugles nés), la fonction sémiotique requiert d'être exercée à partir de sa forme originaire, le contact corps à corps et le échanges échotactiles. C'est, nous l'avons vu (p. 135), le cas avec la technique du pack.

L'interdit du toucher, à la différence de l'interdit œdipien, ne demande pas un renoncement définitif à un objet d'amour, mais un renoncement à la communication échotactile comme mode principal de communication avec les autres. Cette communication échotactile subsiste comme source sémiotique originaire. elle redevient active dans l'empathie, le travail créateur, l'allergie, l'amour.

L'ACCÈS À L'INTERSENSORIALITÉ ET LA CONSTITUTION DU SENS COMMUN

Après avoir acquis son organisation de base comme Moi-peau, le Moi ne peut ensuite accéder à une nouvelle structuration qu'en rompant avec le primat de l'expérience tactile et qu'en se constituant en espace d'inscription intersensorielle, en *sensorium commune* (le « sens commun » des philosophes empiristes). Cette restructuration n'est pas suffisamment expliquée par un élan intégratif du Moi (Luquet, 1962), ni par un désir de grandir et de s'adapter, corrélatif des progrès de la maturation nerveuse. L'intervention opérante d'un interdit du toucher, précurseur et annonciateur du complexe d'Œdipe, me semble devoir être postulée pour une triple raison de cohérence théorique, de constat clinique et de rigueur technique.

Après une revue assez complète de la littérature psychanalytique concernant le rôle des expériences corporelles précoces dans la genèse des troubles cognitifs chez le schizophrène, Stanley Grand (1982), de New York, conclut que le dysfonctionnement de la pensée dans la schizophrénie recèle une altération profonde dans l'organisation (*articulation*) du Moi corporel. Cette altération résulte d'un échec précoce à « articuler » adéquatement les données sensorielles multiples (donc à constituer cet espace multisensoriel que je viens d'évoquer, avec les emboîtements requis des diverses enveloppes sensorielles particulières) et à les intégrer en des expériences coenesthésiques et d'équilibration qui forment la base du sens de l'orientation et le noyau de l'expérience de la réalité (il s'agit donc ici à l'origine d'une carence de la première fonction du Moi-peau, celle de « holding » ou maintenance). Faute d'un sentiment organisé de la cohésion et des frontières du corps, la distinction claire entre l'expérience interne et l'expérience externe, entre le Soi et les représentations d'objet ne peut émerger. Le noyau de l'expérience de soi et de l'identité personnelle ne parvient pas à se différencier pleinement de l'unité duelle du lien mère-enfant. Le schizophrène est incapable de bénéficier pleinement des expériences autocorrectives fournies par le feed-back qui lui est renvoyé lors de ses actions sur le monde extérieur, car un tel bénéfice ne peut être tiré que par quelqu'un qui s'éprouve lui-même comme l'initiateur de ses propres actions. Avoir un Moi, c'est en effet disposer d'un pouvoir d'initiative non pas sur un simple événement, mais sur une série d'événements qui se déroulent tantôt en chaînes, tantôt en boucles. Des mécanismes de compensation peuvent pallier en partie l'intégration défaillante du Moi corporel, notamment dans les domaines de l'expérience sensorielle coenesthésique et thermique : ils soutiennent la cohésion de l'appareil psychique et préviennent sa dissolution complète au cours des épisodes régressifs.

La psychanalyse n'est possible que dans le respect de l'interdit du toucher. Tout peut se dire, à condition de trouver des mots qui conviennent à la situation transférentielle et qui traduisent des pensées appropriées à ce dont souffre effectivement le patient. Les mots de l'analyste symbolisent, remplacent, recréent les contacts tactiles sans qu'il soit nécessaire de recourir concrètement à ceux-ci : la réalité symbolique de l'échange est plus opérante que sa réalité physique.

3

PRINCIPALES CONFIGURATIONS

11

L'ENVELOPPE SONORE

Parallèlement à l'établissement des frontières et des limites du Moi comme interface bidimensionnelle étayée sur les sensations tactiles, se constitue le Soi par introjection de l'univers sonore (et aussi gustatif et olfactif) comme cavité psychique préindividuelle dotée d'une ébauche d'unité et d'identité. Associée, lors de l'émission sonore, aux sensations respiratoires qui lui fournissent une impression de volume qui se vide et se remplit, les sensations auditives préparent le Soi à se structurer en tenant compte de la troisième dimension de l'espace (l'orientation, la distance) et de la dimension temporelle.

La littérature psychanalytique anglo-saxonne a, au cours des dernières décennies, apporté trois notions importantes. W.R. Bion (1962) a montré que le passage du non-penser au « penser », ou encore des éléments bêta aux éléments alpha, reposait sur une capacité dont il est nécessaire au développement psychique du nourrisson que celui-ci fasse l'expérience réelle, à savoir la capacité propre au sein maternel de « contenir » dans un espace psychique délimité les sensations, les affects, les traces mnésiques qui font effraction dans son psychisme naissant ; le sein-conteneur arrête la rétroprojection agressive-destructrice des morceaux de Soi expulsés et éparpillés et leur apporte des possibilités de figurations, de liaison et d'introjections. H. Kohut (1971) a cherché à différencier deux mouvements antagonistes, alternatifs et complémentaires, celui par lequel le Soi se constitue en se diffractant dans des objets avec lesquels il réalise des fusions parcellaires-narcissiques (des « Soi-objets »), et celui par lequel le Soi réalise avec un objet idéal une fusion « grandiose ». Enfin, revenant sur le stade du miroir tel que l'a conçu Lacan, où le Moi s'édifie comme autre sur le modèle de l'image spéculaire du corps entier unifié, D.W. Winnicott (1971) a décrit une phase antérieure, celle où le visage de la mère et les réactions de l'entourage fournissent le premier miroir à l'enfant, qui constitue son Soi à partir de ce qui lui est ainsi reflété. Mais, comme Lacan, Winnicott fait porter l'accent sur les signaux visuels. Je voudrais mettre en évidence l'existence, plus précoce encore, d'un miroir sonore, ou d'une peau auditivo-phonique, et sa fonction dans l'acquisition par l'appareil psychique de la capacité de signifier, puis de symboliser[1].

Observation de Marsyas

Je vais rapporter deux séances significatives d'une cure psychanalytique. Je dénommerai le patient Marsyas, en souvenir du silène écorché par Apollon.

> Marsyas est en psychanalyse depuis plusieurs années. Je le reçois alors pour des séances en face à face d'une durée d'une heure, en raison d'une réaction thérapeutique négative qui avait fini par s'installer avec la position allongée. Le travail psychanalytique a repris grâce au nouveau dispositif, entraînant un certain nombre d'améliorations dans la vie du sujet, mais les interruptions de la cure à l'occasion des vacances restent mal supportées.
>
> C'est sa séance de rentrée après les petites vacances de printemps. Marsyas, plutôt que comme déprimé, se décrit comme vide. Il s'est senti absent dans ses contacts avec les autres, lors de la reprise de ses activités professionnelles. Il me trouve également l'air absent. Il m'a perdu. Puis il remarque que les deux longues périodes de dépression qu'il a vécues au cours de sa cure l'ont été pendant les grandes vacances, même si l'une d'elles avait été consécutive à un échec professionnel qui l'avait beaucoup affecté. À Pâques, il a pu s'absenter lui-même pour un week-end prolongé. Il est allé vers un pays du Sud, dans un hôtel confortable, au bord d'une mer magnifique, avec une piscine chauffée. Il aime beaucoup la natation et les excursions. Or les choses se sont mal passées. Il a eu de mauvaises relations avec les gens du petit groupe avec lequel il était parti, amis ou collègues de travail des deux sexes, pourtant compagnons fréquents de week-end. Il s'est senti négligé, abandonné, rejeté. Sa femme avait dû rester à la maison avec leur enfant convalescent. Les marches l'ont fatigué et, surtout, les séances collectives à la piscine ont tourné de plus en plus mal : il perdait son souffle, il ne trouvait plus le rythme des mouvements, il multipliait les efforts incoordonnés, il avait peur de plonger, la sensation d'être mouillé lui rendait le contact de l'eau désagréable, malgré le soleil il grelottait ; à deux reprises même, en marchant au bord de la piscine, il avait glissé sur le carrelage humide et s'était cogné assez douloureusement la tête.
>
> Il me traverse l'esprit que Marsyas vient à ses séances non pas tant pour que je le nourrisse, comme j'ai eu l'impression de le faire depuis que je le reçois avec notre nouveau dispositif, mais pour que je le porte, le réchauffe, le manipule et lui rende

1. Cf. G. Rosolato, « La voix », in *Essais sur le symbolique* (1969, p. 287-305).

par l'exercice les possibilités de son corps et de sa pensée. Pour la première fois, je lui parle de son corps comme volume dans l'espace, comme source de sensations de mouvement, comme peur de la chute, sans obtenir de Marsyas autre chose qu'une approbation polie. Je me décide alors à lui poser une question directe : comment sa mère l'a-t-elle, non pas allaité, mais tenu quand il était petit ? Il évoque aussitôt un souvenir auquel il a déjà fait allusion deux ou trois fois et dont cette mère aimait à lui parler. Peu après la naissance de Marsyas, déjà bien occupée par ses quatre premiers enfants – un fils aîné et trois filles –, elle s'était trouvée partagée entre le nouveau-né et la petite fille venue au monde un an plus tôt et qui venait de tomber gravement malade. Elle avait confié Marsyas à une bonne plus experte aux tâches domestiques qu'aux soins réclamés par un tout-petit, mais elle avait mis son point d'honneur à toujours donner le sein elle-même à ce garçon dont la venue l'avait comblée de joie. Elle le lui donnait généreusement, à toute vitesse, et se précipitait, la tétée finie et le bébé à peine remis aux mains de l'employée, vers la sœur de Marsyas dont la santé resta pendant de longues semaines si défaillante qu'il y eut même un moment où l'on craignit pour sa vie. Entre ces visites-tétées que Marsyas absorbait goulûment, il était à la fois surveillé et négligé par la bonne, célibataire âgée, austère, à principes, travailleuse qui agissait par devoir, non pour recevoir ou donner du plaisir, et qui entretenait avec la maîtresse de maison une relation sadomasochiste. Elle ne s'intéressait au corps de Marsyas que pour des dressages prématurés ou des soins mécaniques : elle ne jouait pas avec lui. Marsyas était délaissé dans un état passif-apathique. Au bout de quelques mois, on s'aperçut qu'il ne réagissait pas normalement et la bonne crut devoir dire qu'il entendait mal et qu'il était né retardé. La mère, épouvantée à cette déclaration, se saisit de Marsyas, le secoue, le remue, le stimule, lui parle, et le bébé regarde, sourit, babille, exulte, à la satisfaction de sa mère, rassurée sur sa normalité. Elle répéta plusieurs fois cette vérification et se décida peu après à changer de bonne.

Ce récit me permet d'effectuer plusieurs rapprochements, que je communique en partie et au fur et à mesure à Marsyas. Premièrement, il attend les séances avec moi comme il aspirait aux visites-tétées de sa mère : anxiété à l'idée d'un retard de ma part, d'une séance que je décommanderais, peur que sa mère ne vienne plus et que lui-même ne dépérisse comme cette sœur dont on craignait la mort.

Le second rapprochement m'était déjà venu en début de séance et se trouve maintenant confirmé : il a été nourri suffisamment ; ce qu'il attend de moi, c'est ce que la bonne ne lui donnait pas, que je le stimule, que j'exerce son psychisme (il y avait chez lui des moments de pauvreté de la vie intérieure qui donnaient l'impression d'une mort psychique). Depuis que je l'accueille en face à face, nous avons de plus fréquents dialogues, d'importants échanges de regards et de mimiques, des communications au niveau de la posture. À distance et par le truchement de ces échanges, c'est comme si je le soulevais, le portais, le réchauffais, le mettais en mouvement, au besoin le secouais et le faisais réagir, gesticuler et parler : je le lui dis.

Troisièmement, je saisis mieux quelle est l'image du corps de Marsyas. Pour sa mère il était un tube digestif surinvesti et érotisé aux deux extrémités (à la moindre émotion, il est pris d'un violent besoin de miction et une de ses craintes est d'uriner pendant les rapports sexuels). Son corps comme globalité charnelle, comme volume et comme mouvement n'a pas été investi par la bonne. D'où son angoisse du vide.

Nous avons, sur ces trois thèmes, un échange verbal actif, vivant, chaleureux. En me quittant, au lieu de sa poignée de main habituellement molle, il me serra les doigts avec fermeté. Mon contre-transfert est dominé par un sentiment de satisfaction du travail accompli.

Ma déception n'en est que plus grande à notre rendez-vous suivant. Marsyas arrive déprimé et, à ma grande surprise, il se plaint d'emblée du caractère négatif de la séance précédente qui m'avait au contraire paru enrichissante pour lui (et qui l'avait été en fait pour ma compréhension de lui, c'est-à-dire pour moi). Je me laisse aller à un mouvement intérieur de déception parallèle au sien, mais dont évidemment je ne lui communique rien. Je pense : après un pas en avant, il fait deux pas en arrière, il dénie les progrès qu'il effectue. Je comprends que, quand il gagne sur un tableau, il redoute de perdre sur un autre, je le lui dis et j'évoque la loi du tout ou rien, dont je lui ai déjà parlé comme régissant ses réactions intérieures. Et je précise : avec moi il a trouvé, la dernière fois, le contact « corporel » qui lui avait manqué avec sa nurse ; il a eu aussitôt le sentiment d'avoir en contrepartie perdu l'autre mode de contact, plus habituel jusque-là entre nous, celui de la tétée brève et intense avec sa mère. L'efficacité de mon propos est immédiate : le travail psychique reprend en lui. Il rapproche cette perte alternée de sa longue crainte – qu'il n'avait jamais encore énoncée aussi clairement – que la psychanalyse ne lui enlève quelque chose – pas du tout au sens de la castration, précise-t-il spontanément –, ne le prive de ses possibilités mentales. Le problème de Marsyas concerne en effet le déficit de sa libido narcissique et les effets de la carence de son environnement primitif à assurer la satisfaction de ses besoins du Moi, tels que Winnicott les distingue des besoins du corps. Mais où situer les besoins du Moi dans la séquence que je viens de rapporter ?
L'alliance thérapeutique retrouvée entre Marsyas et moi nous permet de pousser plus loin le travail d'analyse et de faire apparaître une autre dimension de sa susceptibilité à la frustration (autrement dit à la blessure narcissique) : ce qu'il n'a pas eu de sa mère, quand quelqu'un d'autre le lui donne, cela ne compte pas, c'est sa mère qui aurait dû le lui fournir. Et il entretient ainsi dans sa tête un perpétuel procès inachevé : que sa mère, que le psychanalyste reconnaissent enfin les torts qu'ils ont eus dès le début envers lui ! Marsyas n'est pas psychotique parce que son fonctionnement mental a été dans l'ensemble assuré pendant son enfance : il y eut toujours quelqu'un, parmi son frère et ses sœurs, ou les bonnes successives, puis des prêtres, pour remplir ce rôle, et Marsyas, pour la première fois, évoque une voisine à laquelle il rendait visite presque chaque jour, dès qu'il sut parler et avant de fréquenter l'école. Il bavardait avec elle sans arrêt, et très librement, chose impossible avec sa mère qui était non seulement trop occupée mais qui n'acceptait qu'on exprime que ce qui était conforme à son code moral et à son idéal du petit garçon parfait. Avec moi, constate Marsyas, cela se passe tantôt comme avec la voisine, tantôt comme avec la mère.
Le voici revenu à sa relation avec moi. Il trouve que je lui apporte beaucoup, il éprouve plus de plaisir à vivre, il ne manquerait ses séances à aucun prix. Mais il subsiste entre nous une difficulté importante : souvent il ne comprend pas ce que je lui dis, cela a été aigu la dernière fois, il ne s'est souvenu de rien, il ne m'a même pas « entendu » au sens acoustique du terme. De plus, s'il pense à ses problèmes dans l'intervalle des séances et qu'il lui vienne une idée intéressante, il ne peut pas en faire état devant moi. Du coup, il reste muet, il a l'esprit vide.
Je suis tout d'abord pris au dépourvu par cette résistance. Puis un rapprochement s'effectue dans ma tête et je lui demande : comment, quand il était petit, lui parlait sa mère ? Il décrit une situation dont, malgré plusieurs années de psychanalyse, il n'avait encore soufflé mot et que le soir, en rédigeant l'observation de cette séance, j'ai résumé sous l'expression de bain de paroles négatif.
D'une part, sa mère avait des intonations rauques et dures correspondant à de brusques, imprévisibles et fréquents accès de mauvaise humeur : la relation de

Marsyas, bébé, à la mélodie maternelle comme porteuse d'un sens global était donc interrompue, coupée, comme était coupée par les soins machinaux de la bonne la relation d'échange corporel intense et satisfaisante avec la mère pendant les tétées. Ainsi les deux principales infrastructures de la signification (la signification infralinguistique trouvée aux soins et aux jeux du corps, la signification prélinguistique de l'écoute globale des phonèmes) se trouvaient affectées de la même perturbation. D'autre part, la mère de Marsyas ne savait pas bien exprimer ce qu'elle ressentait ou désirait. C'était là d'ailleurs un sujet d'irritation ou d'ironie pour son entourage. Il est vraisemblable qu'elle ne savait pas non plus ni deviner ce que ses proches éprouvaient, ni les aider à le formuler. Elle n'avait pas su parler à son dernier fils un langage où celui-ci aurait pu se reconnaître. D'où l'impression de Marsyas d'avoir affaire, avec sa mère, avec moi, à une langue étrangère.

La séquence de ces deux séances m'a confirmé qu'en cas de carence de l'environnement précoce à l'égard des besoins du Moi, le sujet a manqué d'une hétéro-stimulation suffisante de certaines de ses fonctions psychiques, hétéro-stimulation qui, dans le cas d'un environnement suffisamment bon, permet au contraire d'arriver ensuite, par identification introjective, à l'autostimulation de ces fonctions. Le but de la cure est donc dans ce cas : *a)* d'apporter cette hétéro-stimulation par des modifications appropriées du dispositif analytique, par la détermination du psychanalyste à symboliser à la place du patient chaque fois que celui-ci a l'esprit vide ; *b)* de faire apparaître dans le transfert les failles anciennes du soi et les incertitudes dans la cohérence et les limites du Moi de façon telle que les deux partenaires puissent travailler analytiquement à leur élaboration (en effet, le patient carencé et non pas névrosé sera de toute façon profondément insatisfait du psychanalyste et de la psychanalyse mais l'alliance symbiotique qui aura été établie entre la partie authentique de son Soi et le psychanalyste lui permettra peu à peu de reconnaître, à travers ses insatisfactions, la présence de certains déficits précis, spécifiques, cernables, nommables et relativement dépassables dans des conditions nouvelles d'environnement).

AUDITION ET PHONATION CHEZ LE NOURRISSON

Il est maintenant nécessaire de rappeler les faits établis en matière d'audition et de phonation chez le nourrisson[1] et qui convergent vers

1. Un résumé de travaux, pour l'essentiel anglo-saxons mais aussi allemands et français, se trouve dans H. Herren, « La voix dans le développement psychosomatique de l'enfant » (1971). Je lui ai beaucoup emprunté. Les auteurs que je cite dans les pages suivantes renvoient à la bibliographie de cet article. – Cf. également P. Oléron, « L'acquisition du langage » (1976).

cette conclusion : le bébé est lié à ses parents par un système de communications véritablement audiophonique ; la cavité bucco-pharyngée, en ce qu'elle produit les formants indispensables à la communication, est très tôt sous le contrôle de la vie mentale embryonnaire en même temps qu'elle joue un rôle essentiel dans l'expression des émotions.

En dehors des bruits spécifiques produits par la toux et par les activités alimentaires et digestives (qui font du corps propre une caverne sonore où ces bruits sont d'autant plus inquiétants que leur origine n'est pas localisable pour l'intéressé), le cri est, dès la naissance, le son le plus caractéristique émis par les nouveau-nés. L'analyse physique des paramètres acoustiques a permis à l'Anglais Wolff, en 1963 et 1966, de distinguer, chez le nourrisson de moins de trois semaines, quatre cris structuralement et fonctionnellement distincts : le cri de faim, le cri de colère (par exemple quand il est dévêtu), le cri de douleur d'origine externe (par exemple lors d'une prise de sang au talon) ou viscérale, et le cri de réponse à la frustration (par exemple, en cas de retrait d'une tétine activement sucée). Ces quatre cris ont un déroulement temporel, une durée des fréquences et des caractéristiques spectographiques spécifiques. Le cri de faim (bien qu'il ne soit pas nécessairement lié à cet état physiologique) semble être fondamental ; il succède toujours aux trois autres, qui en seraient des variantes. Tous ces cris sont de purs réflexes physiologiques.

Ces cris induisent chez les mères – qui cherchent d'ailleurs très tôt à les distinguer –, et avec des variantes dues à leur expérience et à leur caractère, des réactions spécifiques, visant à obtenir l'arrêt du cri. Or la plus efficace des manœuvres d'extinction est la voix maternelle : dès la fin de la deuxième semaine, elle stoppe le cri du bébé beaucoup mieux que n'importe quel autre son ou que la présence visuelle du visage humain. Dès la troisième semaine, du moins en milieu familial normal, apparaît le « faux cri de détresse pour attirer l'attention » (Wolff) : ce sont des gémissements s'achevant en cris ; la structure physique en est très différente des quatre cris de base. C'est la première émission sonore intentionnelle, autrement dit la première communication. À cinq semaines, le bébé distingue la voix maternelle des autres voix, alors qu'il ne différencie pas encore le visage maternel des autres visages. Ainsi, dès avant la fin du premier mois, le tout-petit commence à être capable de décoder la valeur expressive des interventions acoustiques de l'adulte. C'est là la première des réactions circulaires constatables chez lui, très en avance sur celles relatives à la vue et à la psychomotricité, amorce et peut-être prototype des apprentissages discriminatifs ultérieurs.

Entre trois et six mois, le bébé est en plein babillage. Il joue avec les sons qu'il émet. Ce sont d'abord des « gloussements, claquements, croassements » (Ombredane). Puis il s'exerce progressivement à différencier, à produire volontairement et à fixer, parmi la gamme variée des phonèmes, ceux constituant ce qui sera sa langue maternelle. Il acquiert ainsi ce que le linguiste Martinet a désigné par la seconde articulation de la parole (l'articulation du signifiant à des sons précis ou à des combinaisons particulières de sons). Certains auteurs pensent que le tout-petit émet spontanément à peu près tous les sons possibles et que l'ajustement au système ambiant aboutit à un rétrécissement de sa gamme. D'autres auteurs considèrent au contraire les émissions de ce stade comme un matériel imité et que l'évolution s'effectue par enrichissement progressif. Ce qui est sûr c'est que, vers trois mois, par suite de la maturation de la fovéa, la réaction circulaire visuo-motrice s'installe : la main se tend vers le biberon. Mais aussi vers la voix maternelle ! Et alors que l'enfant n'est capable à ce stade de reproduire que les gestes qu'il se voit faire (ceux donc des extrémités des membres), l'imitation est bien plus diversifiée au plan audiophonologique : dans son babil le bébé imite ce qu'il entend de l'autre autant qu'il s'imite lui-même ; à trois mois, par exemple, apparaissent les cris contagieux.

Deux expériences sont intéressantes à rapporter. Il est difficile de savoir ce que le nourrisson entend faute d'une réaction observable prouvant qu'il a entendu. Ce problème méthodologique a été élégamment résolu par Caffey (1967) et Moffit (1968) qui ont enregistré l'électrocardiogramme de nourrissons de dix semaines auxquels, après habituation à certains signaux phonétiques qu'ils étaient capables de produire, on présentait des signaux soit contractés, soit propres au répertoire phonétique de l'adulte. Les résultats ont confirmé que le nourrisson possédait une richesse perceptive considérable, bien supérieure à sa capacité d'émission phonétique, anticipant là cette antériorité, bien connue et constatable quelques mois plus tard, de la compréhension sémantique par rapport à l'élocution.

Une autre façon de résoudre le problème est due à Butterfield (1968) : des bébés de quelques jours sucent plus activement, aux heures de tétées, une tétine musicale qu'une tétine ordinaire. D'après leur ardeur à téter, certains sujets manifesteraient même une préférence pour un air classique, ou populaire, ou pour une mélodie chantée ! Après quelques exercices de ce genre, ces bébés mélomanes deviennent capables, une heure avant leur repas et bien éveillés – c'est-à-dire indépendamment de la gratification alimentaire –, de contrôler la marche ou l'arrêt des musiques enregistrées et connectées au biberon vide mis à leur disposition. Ces travaux confirment la théorie de Bowlby selon laquelle une pulsion primaire d'attachement fonctionnerait simultanément avec la pulsion sexuelle orale et indépendamment d'elle. Mais ils apportent aussi un complément ou un correctif important : les capacités mentales s'exerceraient d'abord sur du matériel acoustique (je serais tenté d'ajouter : et sans doute aussi olfactif). Cela rend improbables les vues d'Henri Wallon qui font autorité en France et selon lesquelles les différenciations des gestes et de la mimique – c'est-à-dire des facteurs toniques et posturaux – seraient à l'origine de la communication sociale et de la représentation mentale. Il appert que se montent chez le bébé des feed-back avec l'environnement beaucoup plus précoces : ceux-ci sont de nature audiphonologique ; ils portent d'abord sur les cris et ensuite sur les vocalisations (mais avec des analogies fonctionnelles et morphologiques patentes entre les deux) et ils constituent le premier apprentissage de conduites sémiotiques. Autrement dit, l'acquisition de la signification prélinguistique (celle des cris puis des sons dans le babillage) précède celle de la signification infralinguistique (celle des mimiques et des gestes).

Certes, la succession chronologique n'implique pas une filiation structurale : les coordinations voco-motrices et visuo-motrices ont chacune leur autonomie relative et leur spécificité, les premières préparant l'acquisition de la seconde articulation (celle des signifiants aux sons), les seconds préparant l'acquisition de la première articulation (celle des signifiants aux signifiés). On peut même penser que le développement de la fonction linguistique et le début d'appropriation par l'enfant, au cours de la seconde année, du code de la langue humaine maternelle requiert de tolérer les différences de structure entre la communication vocale et la communication gestuelle, et de les surmonter dans la constitution d'une structure de symbolisation plus complexe et de niveau plus abstrait. Il n'en reste pas moins que le premier problème posé à l'intelligence naissante est celui de l'organisation différentielle des bruits du corps, des cris et des phonèmes, et que les phono-comportements constituent, tout au long de la première année, un facteur primitif du développement mental.

Un dernier fait va l'illustrer. Entre huit et onze mois, les activités vocales, l'imitation des formes entendues, la fréquence du babillage subissent un ralentissement. C'est l'âge où l'enfant est effrayé par les personnes étrangères (leur visage et leur voix), l'âge aussi où, avec l'acquisition vers dix mois de l'opposition du pouce et de l'index, il peut, en présence d'un modèle extérieur, reproduire des gestes qu'il ne se voit pas exécuter, où il peut également se représenter mentalement des objets ou des événements hors du champ perçu. Mais du même coup, et peut-être par voie de conséquence, il analyse davantage les phono-comportements d'autrui que les siens.

LE SONORE SELON FREUD

La notion de bain de paroles émanant de l'entourage maternant est absente de l'œuvre de Freud. En revanche, dans *l'Esquisse d'une psychologie scientifique* de 1895 (tr. fr. p. 336, 348, 377), il assigne au cri poussé par le bébé un rôle important. Le cri est d'abord pure décharge motrice de l'excitation interne, selon le schéma réflexe qui constitue la structure première de l'appareil psychique. Puis il est entendu par le bébé et son entourage comme une demande et comme le premier moyen de communication entre eux, entraînant le passage à la seconde structure de l'appareil psychique où intervient dans une réaction circulaire le signal, forme primaire de la communication. « La voie de décharge acquiert ainsi une fonction secondaire d'une extrême importance, celle de la *compréhension mutuelle* ». Le niveau de complexité suivant de l'appareil psychique est, on le sait, celui du *désir* visant l'*image mnésique* de l'objet qui apporta la satisfaction. Cette image est surtout visuelle ou motrice (il ne s'agit plus du registre sonore) ; elle fonde le processus psychique primaire qui vise l'accomplissement hallucinatoire du désir (c'est une expérience d'autosatisfaction par opposition à la satisfaction antérieure qui est dépendante de l'entourage) ; enfin l'association d'images mentales à des motions pulsionnelles constitue la première forme de la symbolisation (on n'est plus dans le simple signal). Cette troisième structure de l'appareil psychique se complexifie à son tour avec l'articulation de traces verbales (ou représentants de mots) à des représentants de choses, ce qui rend possibles les processus psychiques secondaires et la pensée. Mais il est intéressant de noter que Freud décrit ce que j'appellerais le niveau zéro de cette articulation, l'articulation des sons à des perceptions. « Il y a, en premier lieu, des objets (des perceptions) qui font crier parce qu'ils provoquent une souffrance [...]. *L'information qui nous est apportée par notre propre cri* nous sert à attribuer une qualité [hostile] à l'objet, alors qu'autrement, et à cause de la souffrance, nous ne pourrions en avoir aucune notion qualitativement claire. » Il s'ensuit que les premiers souvenirs conscients sont les souvenirs pénibles.

Je peux maintenant préciser les limites de mon accord avec Freud[1] et les compléments à lui apporter : 1° Le Surmoi sadique archaïque com-

1. Les problèmes de la voix et de l'audition n'ont guère intéressé les commentateurs de Freud. Les éditeurs de la *Standard Edition* ne font même pas figurer dans leur index les termes : voix, son, audition. Ils ont seulement retenu les références au cri et aux ressemblances de sons utilisées par les lapsus et les jeux de mots. Une étude systématique a été réalisée par E. Lecourt, *Freud et le sonore : le tic-tac du désir*, l'Harmattan, 1992.

mence à se transformer en un Surmoi régulateur de la pensée et de la conduite avec l'apprentissage de la première articulation du langage (assimilation des règles régissant l'usage lexical, la grammaire et la syntaxe). 2° Auparavant le Moi s'est constitué comme instance relativement autonome, par étayage sur la peau, avec l'acquisition de la seconde articulation (fixation du flux de l'émission vocale aux phonèmes qui sont les formants de la langue maternelle), avec l'acquisition également du statut d'exterritorialité de l'objet. 3° Plus auparavant encore, le Soi se forme comme une enveloppe sonore[1] dans l'expérience du bain de sons, concomitante de celle de l'allaitement. Ce bain de sons préfigure le Moi-peau et sa double face tournée vers le dedans et le dehors, puisque l'enveloppe sonore est composée de sons alternativement émis par l'environnement et par le bébé. La combinaison de ces sons produit donc : *a)* un espace-volume commun permettant l'échange bilatéral (alors que l'allaitement et l'élimination opèrent une circulation à sens unique) ; *b)* une première image (spatio-auditive) du corps propre ; *c)* un lien de réalisation fusionnelle réelle avec la mère (sans quoi la fusion imaginaire avec elle ne serait pas ultérieurement possible).

LA SÉMIOPHONIE

Les gadgets de la technologie et l'inventivité de la mythologie et de la science-fiction me fourniront un supplément de preuves.

L'idée de plonger des enfants atteints de troubles du langage dans un bain sonore préalablement à toute rééducation a été mise en pratique en France sous le nom de sémiophonie[2]. Le sujet est enfermé dans une cabine insonorisée et spacieuse dotée d'un micro et d'un casque d'écoute, véritable « œuf fantasmatique » dans lequel il peut narcissiquement se replier et régresser. Dans une première phase, purement passive, il joue librement (dessins, puzzles, etc.) tout en écoutant pendant une demi-heure de la musique filtrée, riche en harmoniques aigus, puis pendant une autre demi-heure une voix filtrée et préenregistrée. Il est

1. E. Lecourt (1987) a étudié l'enveloppe sonore, musico-verbale.
2. I. Beller, *La Sémiophonie* (1973). L'auteur est parti de l'expérience de Birch et Lee (1955) : des stimulations auditives binaurales de 60 décibels pendant soixante secondes sur des sujets atteints d'aphasie expressive, en raison d'une inhibition corticale permanente, provoquent une amélioration immédiate de leur efficience verbale qui dure pendant cinq à dix minutes. Elle s'est également inspirée de l'oreille électronique de Tomatis en en remaniant la conception.

ainsi soumis à un bain sonore réduit au rythme, à la mélodie et à l'inflexion. La seconde phase de la rééducation porte sur la seconde articulation ; elle requiert du sujet, après audition de la musique filtrée, la répétition active de signifiants également préenregistrés et passés à un filtre doux qui rend la voix parfaitement audible et distincte et favorise l'échelle des harmoniques aigus ; en même temps qu'il répète le mot, le sujet s'entend dans les écouteurs, il découvre sa propre voix et fait l'expérience du feed-back auditivo-phonatoire. La phase suivante, plus banale, comporte la disparition du bain musical préalable ainsi que des sons filtrés et la répétition de phrases organisées en récit. Si l'enfant répète mal, s'il introduit volontairement des variantes fantaisistes ou grossières, aucune remarque et encore moins aucune remontrance ne lui est faite. Il peut également continuer de dessiner tout en écoutant et en parlant. Pour pouvoir apprendre un code ne faut-il pas d'abord jouer avec lui et, aussi, être libre de le transgresser ? « Ainsi, croyant dialoguer avec l'autre, l'enfant apprend très vite à dialoguer avec lui-même, avec cette autre partie de lui-même qu'il méconnaissait et que précisément il projetait sur autrui, aliénant ainsi toute possibilité de dialogue réel » (*ibid.*, p. 64).

L'auteur s'en tient à une position purement didactique, évacuant non seulement le transfert et l'interprétation mais aussi le repérage et la compréhension du rôle des carences de l'environnement dans les déficits linguistiques de l'enfant. À la limite, elle cherche à faire fonctionner une machine à guérir. Mais l'intuition de laquelle elle part est féconde.

« Dans la première période de la rééducation dite passive, au cours de laquelle sont filtrés très intensément des sons extérieurs rendus ainsi non significatifs, le vécu du sujet pourrait se définir comme étant un sentiment agréable d'étrangeté… Cette émotion induit un état d'élation perçu dans la personne même, c'est-à-dire dans la représentation qu'a le sujet de lui-même » (*ibid.*, p. 75). L'étrangeté n'est inquiétante que là où l'environnement ne « contient » pas (au sens de Bion) le vécu psychique du sujet.

LE MIROIR SONORE

L'entendu de l'autre, lorsqu'il enveloppe le Soi dans l'harmonie (quel autre mot que musical conviendrait-il ici ?), puis lorsqu'en retour il vient répondre en écho à l'émis et le stimule, introduit le tout-petit à l'aire de l'illusion. Winnicott (1951) a bien signalé le babillage parmi les phénomènes transitionnels, mais en le mettant sur le même plan que les autres conduites de ce type. Or, le bébé ne s'autostimule à émettre en s'entendant que si l'environnement l'y a préparé par la qualité, la précocité et le volume du bain sonore dans lequel il l'a plongé. Avant que le regard et le sourire de la mère qui le nourrit et le soigne ne renvoient à l'enfant une image de lui qui lui soit visuellement perceptible et qu'il intériorise pour renforcer son Soi et ébaucher son Moi, le bain mélodique (la voix de la mère, ses chansons, la musique qu'elle fait écouter) met à sa disposition un premier miroir sonore dont il use d'abord par ses cris (que la voix maternelle apaise en réponse), puis par son gazouillis, enfin par ses jeux d'articulation phonématique.

La mythologie grecque n'a pas manqué de repérer l'intrication du miroir visuel et du miroir sonore dans la constitution du narcissisme. La légende de la nymphe Écho n'est pas par hasard liée à celle de Narcisse. Jeune homme, Narcisse suscite, de la part de nombreuses nymphes et jeunes filles, des passions auxquelles il reste insensible. À son tour la nymphe Écho en tombe amoureuse sans rien obtenir en retour. Désespérée, elle se retire dans la solitude, où elle perd l'appétit et maigrit ; de sa personne évanescente, il ne reste bientôt plus qu'une voix gémissante, qui répète les dernières syllabes des mots que l'on prononce. Pendant ce temps, les filles méprisées par Narcisse obtiennent de Némésis vengeance. Après une chasse par un jour très chaud, Narcisse se penche sur une source pour se désaltérer, aperçoit son image, si belle qu'il en devient amoureux. En symétrie avec Écho et son image sonore, Narcisse se détache du monde, ne faisant plus que se pencher sur son image visuelle et se laissant dépérir. Même au passage funèbre sur les eaux du Styx, il cherchera encore à distinguer ses propres traits… Cette légende marque bien la préséance du miroir sonore sur le miroir visuel ainsi que le caractère primairement féminin de la voix et le lien entre l'émission sonore et la demande d'amour. Mais elle fournit aussi les éléments d'une compréhension pathogénique : si le miroir – sonore ou visuel – ne renvoie au sujet que lui-même, c'est-à-dire sa demande, sa détresse (Écho) ou sa quête d'idéal (Narcisse), le résultat est la désunion pulsionnelle libérant les pulsions de mort et leur assurant un primat économique sur les pulsions de vie.

Souvent, on le sait, une mère de schizophrène se reconnaît au malaise où sa voix plonge le praticien qu'elle est venue consulter : voix monocorde (mal rythmée), métallique (sans mélodie), rauque (avec prédominance des graves, ce qui favorise chez l'écoutant la confusion des sons et le sentiment d'une intrusion par ceux-ci). Une telle voix perturbe la constitution du soi : le bain sonore n'est plus enveloppant, il devient désagréable (en termes de Moi-peau, il serait dit rugueux), il est trouétrouant. Cela sans préjuger de la suite, qui est, lors de l'acquisition de la première articulation du langage, le brouillage par la mère de la pensée logique de l'enfant par l'injonction paradoxale et par la disqualification des énoncés émis par l'enfant sur lui-même (*cf.* Anzieu D. 1975*b*). Seule la conjonction sévère des deux perturbations, phonématique et sémantique, produirait la schizophrénie. Si les deux perturbations ont été légères, nous aurions affaire aux personnalités narcissiques. Si la première a eu lieu sans la seconde, la prédisposition aux réactions psychosomatiques se constituerait. Si la seconde s'est produite sans la première, nous rencontrerions un grand nombre des troubles de l'adaptation scolaire, intellectuelle et sociale.

Les défauts du miroir sonore pathogène sont :

– sa discordance : il intervient à contretemps de ce que ressent, attend ou exprime le bébé ;

– sa brusquerie : il est tantôt insuffisant, tantôt excessif, et passe d'un extrême à l'autre d'une façon arbitraire et incompréhensible pour le bébé ; il multiplie les micro-traumatismes sur le pare-excitation naissant (après une conférence que j'avais faite sur « l'enveloppe sonore du Soi », un auditeur était venu me parler de ses problèmes relatifs à « l'effraction sonore du Soi ») ;

– son impersonnalité : le miroir sonore ne renseigne le bébé ni sur ce que celui-ci ressent lui-même ni sur ce que sa mère ressent pour lui. Le bébé sera mal assuré de son Soi s'il est pour elle une machine à entretenir, dans laquelle on introduit un programme. Souvent aussi elle parle à elle-même devant lui, mais non de lui, soit à voix haute, soit dans le mutisme de la parole intérieure, et ce bain de paroles ou de silence lui fait vivre qu'il n'est rien pour elle. Le miroir sonore puis visuel n'est structurant pour le Soi puis pour le Moi qu'à condition que la mère exprime à l'enfant à la fois quelque chose d'elle et de lui, et quelque chose qui concerne les qualités psychiques premières éprouvées par le Soi naissant du bébé.

L'espace sonore est le premier espace psychique : bruits extérieurs douloureux quand ils sont brusques ou forts, gargouillis inquiétants du corps mais non localisés à l'intérieur, cris automatiquement poussés avec la naissance, puis la faim, la douleur, la colère, la privation de l'objet, mais qu'accompagne une image motrice active. Tous ces bruits composent quelque chose comme ce que Xénakis a sans doute voulu rendre par les variations musicales et les jeux lumineux de rayons lasers de son polytope : un entrecroisement non organisé dans l'espace et dans le temps de signaux des qualités psychiques primaires, ou comme ce que le philosophe Michel Serres s'essaie à dire du flux, de la dispersion, du nuage premier de désordre où brûlent et courent des signaux de brume. Sur ce fond de bruits peut s'élever la mélodie d'une musique plus classique ou plus populaire, c'est-à-dire faite de sons riches en harmoniques, musique proprement dite, voix humaine parlée ou chantée, avec ses inflexions et ses invariants très vite tenus pour caractéristiques d'une individualité. Moment, état dans lesquels le bébé éprouve une première harmonie (présageant l'unité de lui-même comme Soi à travers la diversité de ses ressentis) et un premier enchantement (illusion d'un espace où n'existe pas la différence entre Soi et l'environnement et où le Soi peut être fort de la stimulation et du calme de l'environnement auquel il est uni). L'espace sonore – s'il faut par un recours à la métaphore l'affecter d'une apparence visible – a la forme d'une caverne. Espace creux comme le sein, la cavité bucco-pharyngée. Espace abrité mais non hermétiquement clos. Volume à l'intérieur duquel circulent des bruissements, des échos, des résonances. Ce n'est pas par hasard si le concept de résonance acoustique a fourni aux savants le modèle de toute résonance physique et aux psychologues et psychanalystes de groupe celui de la communication inconsciente entre les personnes. Les espaces suivants de l'enfant, l'espace visuel, puis visuo-tactile, puis locomoteur, et enfin graphique, l'introduisent aux différences entre le mien et le non-familier, entre le Soi et l'environnement, différences à l'intérieur du Soi, différences dans l'environnement. Sami-Ali en a fait progresser l'étude avec son livre intitulé *L'Espace imaginaire* (1974). Mais les déficits originaires de l'enveloppe sonore du Soi handicapent le développement de cette série.

Observation de Marsyas (fin)

La façon dont a fonctionné chez ce patient un tel handicap a pu être clarifiée plusieurs mois après les deux séances résumées plus haut, grâce aux repères solides que ces séances nous avaient apportés et sur lesquels je pus m'appuyer plus d'une fois explicitement (preuve que ces handicaps peuvent être notablement atténués par la psychanalyse à condition de s'en donner le temps, la volonté, le dispositif spatio-temporel adéquat et de faire découler les interprétations d'une théorie correcte).

Malgré d'incontestables progrès dans sa vie intérieure et extérieure dont il lui fallait bien prendre acte, Marsyas traversa une nouvelle crise non pas tant d'angoisse dépressive que de scepticisme : il n'arriverait jamais à changer autant qu'il le faudrait, il se sentait trop différent des autres, il était découragé, il pensait que je le jugeais incapable de finir sa psychanalyse et qu'il vaudrait sans doute mieux d'un commun accord l'interrompre. Marsyas ne différenciait pas avec certitude ce qui se passait dans son Soi et ce qui se passait dans son environnement. Souvent les affects de ses proches l'envahissaient et le désorganisaient ; il cherchait bien à s'en distancer mais se refusait, à force de se critiquer, tous les moyens pratiques d'y parvenir ; ce que lui-même éprouvait, tantôt il le gardait pour lui, se plaignant de n'être pas deviné par l'entourage, tantôt il l'exprimait avec une vivacité telle qu'elle lui valait des retours de violence. Et toujours la même conclusion : c'est à moi, Marsyas, de changer, et je n'en suis pas capable. Je pus lui interpréter dans le transfert qu'il organisait ses rapports avec son milieu privé et professionnel ainsi qu'avec moi sur le modèle d'une discordance inéluctable entre le Soi et l'environnement, et je proposai pour formule à cette discordance basale : le bonheur de l'un a pour contrepartie le malheur de l'autre.

Un autre patient, qui présente avec Marsyas des analogies quant à l'histoire de sa petite enfance et à ses failles dans le fonctionnement du Soi et du Moi, avait adopté la conclusion symétriquement inverse : il pensait que c'était à l'environnement et au psychanalyste de changer, et à eux seuls, mais qu'ils n'en étaient pas capables. Le fond du problème reste le même : la différenciation entre le vécu sensoriel et affectif du sujet et celui de l'entourage ne s'effectue pas ou s'effectue à contretemps quand le sujet n'a pas pu vivre suffisamment une période originelle où l'environnement a répondu à son plaisir par le plaisir, à sa douleur par l'apaisement, à son vide par le plein et à son morcellement par l'harmonisation. De cela, le psychanalyste a à lui parler – sans avoir besoin de le plonger dans une cabine sémiophonique – pour créer un environnement qui résonne aussi bien au niveau de la voix qu'à celui du sens.

Roland Gori, dans une réflexion poursuivie parallèlement à la mienne, et souvent dans une interaction mutuelle, a élaboré des notions convergentes d'« image spéculaire sonore », de « murailles sonores », d'« ancrage corporel du discours », d'« aliénation de la subjectivité au code ». Je lui dois la connaissance d'une nouvelle de science-fiction de Gérard Klein, *La Vallée des échos* (1966), qui imagine l'existence de fossiles sonores : « Sur la planète Mars des explorateurs cherchent dans le désert la trace d'une vie disparue. Un jour ils pénètrent entre des falaises dentelées qui ne ressemblent en rien aux paysages érodés qui gisent tout au long de la planète de sable… et ils rencontrent l'écho : "Je perçus une voix, ou plutôt le murmure d'un million de voix. Le tumulte d'un peuple entier prononçant des mots incroyables, incompréhensibles, […] le son nous assaillit en vagues successives, tourbillonnantes." […] Dans cette vallée des Échos sont rassemblés les sons d'un peuple disparu ; seul endroit de l'univers où les fossiles ne sont point des minéraux mais des masses sonores. Un des explorateurs, avide du plaisir de sa découverte, s'avance prudemment et les voix décroissent tout doucement jusqu'à l'agonie du silence, "car son corps était un écran. Il était trop lourd, trop matériel pour que ces voix légères supportent son contact". » (R. Gori, 1975, 1976). Belle métaphore d'une matière sonore étrangère au corps vécu, qui s'entretient elle-même par sa propre et vaine compulsion de répétition, souvenir antéhistorique et menace mortelle d'un linceul audiophonique déployé en haillons, qui n'enveloppe pas et qui ne retient plus dans le Soi ni la vie psychique ni le sens.

12

L'ENVELOPPE THERMIQUE

L'ENVELOPPE DE CHALEUR

Une observation assez fréquente en relaxation est significative. Le relaxant, arrivé en avance et installé seul dans la pièce, commence l'exercice. Il ressent assez rapidement et agréablement la chaleur dans tout son corps. Le relaxateur, qu'il attend, arrive : la sensation de chaleur disparaît aussitôt. L'intéressé en fait part au relaxateur, qui est par ailleurs psychanalyste et qui cherche, par la poursuite du dialogue, à élucider et à lever la cause de cette disparition : en vain. Le psychothérapeute se résout alors à rester silencieux et à se détendre lui-même, en laissant le patient, selon la description de Winnicott (1958), faire l'expérience d'être seul en présence de quelqu'un qui respecte sa solitude, tout en protégeant celle-ci par sa proximité. Le relaxant retrouve alors progressivement la sensation globale de chaleur.

Comment comprendre cette observation ? Le patient, seul dans une pièce familière et valorisée, vit une expérience d'accroissement et d'élation du Soi, avec une extension des limites du Moi corporel aux dimensions mêmes de la pièce. Le bien-être d'avoir un Moi-peau d'une part en expansion, d'autre part lui appartenant en propre, ravive l'impression primaire d'une enveloppe de chaleur. L'entrée du psychothérapeute représente une effraction traumatique dans cette enveloppe trop large et trop fragile (la barrière de chaleur est un médiocre pare-excitation). La chaleur disparue, le patient cherche, en interaction avec le psychothérapeute, un nouvel étayage sur lequel pourrait fonctionner son Moi-peau. Serait-ce le fantasme archaïque d'une peau commune aux deux partenaires ? Mais le relaxateur parle au lieu de toucher le corps et le relaxant résiste à une telle régression. Il retrouve la sensation englobante de chaleur quand l'angoisse de l'effraction s'est dissipée et que son Moi corporel est revenu à des limites plus proches de celles du corps propre. La présence discrètement protectrice du relaxateur (analogue à la neutralité silencieusement bienveillante du psychanalyste) laisse le patient libre de se réapproprier un Moi-peau en s'identifiant au thérapeute lui-même assuré de son propre Moi-peau. Le patient échappe au triple risque de voler la peau de l'autre, ou d'avoir sa peau volée par l'autre, ou d'être revêtu par le cadeau empoisonné de la peau de l'autre qui l'empêcherait d'accéder à une peau indépendante. L'impression de chaleur s'étend du Moi corporel au Moi psychique et enveloppe le Soi.

L'enveloppe de chaleur (si celle-ci évidemment reste tempérée) témoigne d'une sécurité narcissique et d'un investissement en pulsion d'attachement suffisants pour entrer en relation d'échange avec l'autre, à condition que ce soit sur un pied de respect mutuel de la singularité et de l'autonomie de chacun : le langage courant parle alors significativement de « contacts chaleureux ». Cette enveloppe délimite un territoire pacifique, avec des postes frontières permettant l'entrée et la sortie de voyageurs dont on vérifie seulement qu'ils n'ont pas d'intentions et d'armes malveillantes.

L'ENVELOPPE DE FROID

La sensation physique de froid éprouvée par le Moi corporel et conjuguée à la froideur, au sens moral, opposée par le Moi psychique aux sollicitations de contact émanant d'autrui, vise à constituer ou à reconstituer une enveloppe protectrice plus hermétique, plus fermée sur elle-même, plus narcissiquement protectrice, un pare-excitation qui tient autrui à distance. Le Moi-peau, je l'ai dit, consiste en deux couches plus ou moins séparées l'une de l'autre, l'une tournée vers les stimulations exogènes, l'autre vers les excitations pulsionnelles internes. Le destin n'est pas le même, selon que l'enveloppe froide concerne la couche externe seule, la couche interne seule, ou les deux, ce qui peut conduire à la catatonie.

Je me limiterai au cas de l'écrivain. La première phase du travail psychique créateur est non seulement une phase de régression à une sensation-émotion-image inconsciente appelée à fournir le thème ou le ton directeur de l'œuvre, mais une phase de « saisissement », métaphorisée par une plongée dans le froid, une ascension hivernale, une marche épuisante dans la neige (*cf.* le cygne mallarméen pris dans la surface gelée d'un lac), avec accompagnement de frissons et recours à la maladie physique et à la fièvre pour se réchauffer, avec la sensation mortelle de perte des repères dans la blancheur d'un brouillard givrant, avec le « refroidissement » des relations amicales et amoureures[1]. La face externe du Moi-peau devient une enveloppe froide, qui suspend en les figeant les rapports avec la réalité extérieure. La face interne du Moi-peau, ainsi à l'abri et surinvestie, se trouve disponible au maximum pour « saisir » les représentants pulsionnels habituellement refoulés, voire non encore symbolisés, dont l'élaboration fera l'originalité de l'œuvre.

L'opposition du chaud et du froid est une des distinctions de base que le Moi-peau permet d'acquérir et qui joue un rôle notable dans l'adaptation à la réalité physique, dans les oscillations de rapprochement et d'éloignement, dans la capacité de penser par soi-même. Je rappelle le cas de transfert paradoxal (que j'ai rapporté dans mon article sur ce thème : *cf.* Anzieu D., 1975*b*), où les perturbations de l'équilibre de l'humeur, l'obstination masochiste à maintenir une vie conjugale insatisfaisante, certaines faillites du raisonnement, ont pu être rattachées par le travail psychanalytique notamment à une altération précoce de la distinction du chaud et du froid.

Observation d'Erronée

Il s'agit d'une femme pour laquelle je n'ai pas trouvé de meilleur pseudonyme que celui d'Erronée, étant donné la fréquence et l'intensité dramatique avec lesquelles il lui fut opposé, tout au long de son enfance et souvent encore de son âge adulte, que ce qu'elle ressentait était erroné. Enfant on la baignait, non pas en même temps que son petit frère, ce qui eût été indécent, mais juste avant. Aussi, afin que le bain fût à la température convenable pour le garçon, on préparait pour Erronée un bain brûlant dans lequel on la plongeait de force. Si elle se plaignait de la chaleur excessive, la tante qui, les deux parents travaillant, avait la charge des enfants la traitait de menteuse. Si elle criait de malaise, la mère, appelée pour avis, l'accusait de simagrées. Quand elle sortait de la baignoire rouge comme une écrevisse, titubante et sur le point de défaillir, le père qui dans l'intervalle était venu en renfort, lui reprochait de n'avoir ni tonus ni caractère. Elle ne fut prise au sérieux que le jour où elle s'affaissa prise de syncope. Elle eut à subir d'innombrables situations analogues suscitées par la jalousie de cette tante abusive, par l'indifférence lointaine d'une mère accaparée par son métier et par le sadisme du père. En voici un trait présentant un caractère de double contrainte (*double bind*). Elle qui, toute petite, avait été vouée par sa tante et sa mère aux bains brûlants, fut, ayant grandi, interdite de bain par son père – les bains chauds sont amollissants pour le corps et le caractère – et vouée à

1. J'ai donné une description plus détaillée de ce saisissement réfrigérant dans mon livre *Le Corps de l'œuvre* (1981*a*, p. 102-104).

des douches froides qu'elle avait obligation de prendre hiver comme été dans une cave non chauffée de la maison où l'appareil avait été installé de façon délibérée. Le père venait contrôler sur place, même quand sa fille devint pubère.
Erronée revécut d'innombrables fois dans ses séances de psychanalyse la difficulté de me communiquer ses pensées et ses affects dans la terreur que je ne dénie leur vérité. Elle éprouvait brusquement sur le divan une sensation de froid glacial. Souvent elle gémissait et éclatait impulsivement en sanglots. Plusieurs fois, il lui arriva d'éprouver en séance un état intermédiaire entre l'hallucination et la dépersonnalisation : la réalité n'était plus la réalité, sa perception des choses s'embuait, les trois dimensions de l'espace vacillaient ; elle-même continuait d'exister mais séparée de son corps, à l'extérieur de celui-ci. Expérience qu'elle comprit d'elle-même, quand elle l'eut verbalisée suffisamment en détail, comme la reviviscence de sa situation infantile dans la salle de bains, quand son organisme était à la limite de l'évanouissement.
J'ai cru pouvoir faire avec Erronée l'économie du transfert paradoxal : en cela, ce fut mon tour d'être erroné. Elle m'avait témoigné assez vite un transfert positif et je pus, en m'appuyant sur lui, lui démonter le système paradoxal dans lequel l'avaient mis ses parents et dont elle ne cessait de me parler. Cette alliance thérapeutique positive produisit d'heureux effets dans sa vie sociale et professionnelle et dans sa relation avec ses enfants. Mais elle restait hypersensible et fragile : la moindre remarque d'un interlocuteur habituel de sa vie ou de moi-même la plongeait dans ce désarroi profond où elle n'était plus sûre de ses propres sensations, idées et désirs, où les limites de son Moi s'estompaient. Brusquement elle bascula dans le transfert paradoxal, localisant désormais ses difficultés dans la cure avec moi, me vivant comme celui dont elle ne pouvait se faire entendre et dont les interprétations (qu'elle m'attribuait ou dont elle déformait le sens) visaient à la négation systématique d'elle-même. Sa cure ne recommença à progresser que :

- quand j'eus pleinement accepté d'être l'objet d'un transfert paradoxal ;
- quand elle eut la preuve à la fois qu'elle pouvait m'atteindre émotionnellement mais que je restais ferme dans mes convictions.

En déniant que l'enfant ressente effectivement ce qu'elle ressentait : « ta sensation d'avoir trop chaud est fausse, c'est ce que tu dis, mais ce n'est pas vrai que tu l'éprouves ; les parents savent mieux que les enfants ce que ceux-ci ressentent ; ni ton corps ni ta vérité ne t'appartiennent », les parents se situaient non plus sur le terrain moral du bien et du mal mais sur celui, logique, de la confusion du vrai et du faux et leur paradoxe obligeait l'enfant à intervertir le vrai et le faux. D'où les troubles consécutifs dans la constitution des limites du Moi et de la réalité, dans la communication à autrui de son point de vue. Ainsi s'instaure ce qu'Arnaud Lévy a, dans une communication restée inédite, décrit comme une subversion de la logique, comme un pervertissement de la pensée, nouvelle forme de la pathologie perverse venant s'ajouter aux perversions sexuelles et à la perversion morale.

13

L'ENVELOPPE OLFACTIVE

LA SÉCRÉTION DE L'AGRESSIVITÉ PAR LES PORES DE LA PEAU

Observation de Gethsémani

Je choisis ce pseudonyme d'après le nom du Jardin des Oliviers (Gethsémani en araméen), où, selon le troisième évangéliste (qui est le seul à rapporter cette précision), Jésus eut des sueurs de sang, la nuit précédant son arrestation. Ses disciples se sont endormis. Il prie en vain Dieu son Père de lui épargner l'épreuve ultime de la mise à mort. Il souffre d'une profonde « tristesse » : « Et se trouvant en agonie, il priait plus instamment, et sa sueur devint comme des gouttes de sang qui tombaient sur la terre » (Luc, XXII, 44).

Gethsémani est d'origine italienne. Bilingue, il fait sa psychanalyse en français. Il a renoncé à entrer au séminaire pour entreprendre des études d'ingénieur puis de droit. Il a des rapports assez conflictuels avec ses collègues de l'entreprise multinationale où il travaille et il se sent mal dans sa peau.

Si je m'en tiens au contenu manifeste des associations d'idées et des affects apportés en séance, je peux dire que, pendant les trois premières années de sa cure, Gethsémani extériorise uniquement des sentiments agressifs : d'abord contre une femme d'âge mûr, professeur de sciences dans un lycée privé réputé où il avait été admis, étant d'origine modeste, avec une bourse (cette femme le menaçait d'un renvoi qui eut été catastrophique) ; puis contre une vieille dame autoritaire qu'il appelait sa marraine, qui avait vécu jusqu'à sa mort au foyer de ses parents ; enfin, contre un frère cadet qui avait supplanté Gethsémani dans l'amour et les soins de sa mère, ayant notamment été nourri au sein, ce qui n'avait pas été le cas de mon patient, qui en conservait un profond sentiment d'injustice. Gethsémani revenait sur ces trois aspects de son passé avec beaucoup d'émotion. Je suivais sa lente progression dans l'extériorisation de son agressivité et sa régression vers des objets de haine de plus en plus archaïques. J'intervenais par des rapprochements. J'accueillais cet énorme ressentiment comme si j'étais un réceptacle où il avait besoin de le déposer. Sa situation professionnelle s'améliorait. Son ménage avec une Française se consolidait. Ils avaient eu un enfant désiré (mais dont il ne m'avait parlé qu'une fois né). Mais c'était là des effets plus psychothérapiques que psychanalytiques. Autant à l'extérieur il restait vindicatif, autant dans les séances il se montrait soumis, plein de bonne volonté, sollicitant avec déférence mes interprétations et les approuvant aussitôt sans réserve et sans prendre le temps de la réflexion. Voilà donc ce qui m'apparaissait être la réalité ici et maintenant de sa psychanalyse : un transfert positif, idéalisant et dépendant, mais non une véritable névrose de transfert. Il y avait bien une autre manifestation très présente quant à sa vivacité sensorielle mais dont je ne savais que faire d'un point de vue psychanalytique : Gethsémani, à certains moments, sentait fort et cette odeur était d'autant plus désagréable qu'elle se mêlait au parfum de l'eau de toilette dont il noyait ses cheveux, sans doute – supposé-je – pour contrebalancer les effets d'une forte transpiration. J'attribuai cette particularité de mon patient tantôt à sa constitution biologique, tantôt à son milieu social d'origine. Telle fut ma première résistance contre-transférentielle : considérer que le matériel le plus présent dans les séances ne relevait pas de la psychanalyse car il n'était ni verbalisé ni ayant valeur apparente de communication.

Ma seconde résistance contre-transférentielle fut l'ennui. Gethsémani sentait de plus en plus fort, tout en ressassant les mêmes récits concernant les persécuteurs de son enfance. Mon esprit envahi par son discours et par son odeur se paralysait. Aucune interprétation neuve ne me venait plus. En même temps, j'étais culpabilisé par mon manque d'attention envers lui. J'essayais de me justifier en me disant qu'il induisait transférentiellement la répétition de sa situation d'enfance où il était devenu un fils négligé et mal aimé.

C'est l'intervention d'un tiers qui réveilla ma faculté de penser. Une patiente épisodique qu'il m'arrivait de recevoir juste après Gethsémani simula un jour de refuser de rester dans mon bureau. Elle me fit une sortie contre son prédécesseur qui empoisonnait l'atmosphère de la pièce, me demandant ironiquement si c'était là un effet heureux de la psychanalyse. L'incident me fit faire retour sur moi-même et je m'aperçus que ce patient, j'étais sur le point de ne plus pouvoir le... sentir, dans tous les sens du terme. Ne serait-ce pas la névrose de transfert qui à la fois se cachait et s'exprimait par ces émissions malodorantes, sournoisement agressives à mon égard ? Du coup, je retrouvais intérêt à la conduite de cette cure. Mais comment lui parler de son odeur, sans être moi-même agressif ou vexant ? Ma formation et mes lectures psychanalytiques ne m'avaient rien appris sur les formes olfactives du transfert, à l'exception de la notion de « cavité primitive » bucco-nasale décrite par Spitz (1965) chez le tout-petit.

Je trouvais une interprétation intermédiaire de portée assez générale, qui fut la première à être exclusivement centrée sur le présent et que je répétais pendant quelques séances sous des formes variées : « Vous me parlez davantage de vos sentiments que de vos sensations » ; « Il semble que vous cherchiez à m'envahir non seulement avec vos émois agressifs mais avec certaines impressions sensorielles. » Gethsémani se mit alors à évoquer de lui-même une circonstance de passé dont il n'avait pas été question jusque-là. Sa marraine avait une réputation de malpropreté. D'origine campagnarde, elle se lavait rarement, en dehors du visage et des mains. Elle entassait pendant plusieurs semaines, avant d'entreprendre une lessive, sa lingerie sale dans la salle de bains, où mon patient allait clandestinement respirer l'odeur forte de ses dessous, opération qui lui apportait le sentiment narcissiquement rassurant d'être préservé de tout, même de la mort. Le fantasme sous-jacent se révélait donc être celui d'un contact fusionnel avec la peau malodorante et protectrice de la marraine. En même temps, j'appris que sa mère mettait son point d'honneur à être toujours très propre et à se parfumer abondamment à l'eau de Cologne. Ainsi – mais je gardais pour moi cette remarque – les deux odeurs contradictoires dont il envahissait mon cabinet figuraient la tentative fantasmatique de réunir sur lui la peau de sa marraine et la peau de sa mère. N'avait-il donc pas une peau à lui ? Je l'invitais à revenir sur les circonstances dramatiques de sa naissance, qu'on lui avait souvent racontées et qu'il m'avait rapportées rapidement lors des entretiens préliminaires. Le travail ne se faisait pas. La sage-femme et la marraine, au nom d'un principe chrétien, refusaient d'intervenir, prétextant que la mère doit mettre au monde dans la douleur. Le médecin, appelé tardivement, laissa entendre au père qu'il faudrait choisir entre la vie de la femme ou de l'enfant, puis il tenta avec les fers une manœuvre désespérée qui réussit. Gethsémani naquit avec la peau arrachée et ensanglantée en plusieurs endroits et il resta pendant des jours entre la vie et la mort. La marraine, en le gardant contre elle dans son lit, l'aurait sauvé. Tout cela stimula ma réflexion, et m'encouragea à intervenir plus spécifiquement.

Puisqu'il avait parlé le premier de mauvaise odeur, je me sentais habilité à y revenir. Les jours où il présentait à nouveau une transpiration forte, je lui soulignais l'importance de l'odeur en général pour lui. À ma troisième ou quatrième remarque en ce sens, pour la première fois dans le cours de sa psychanalyse il changea de débit (sa parole jusque-là abondante, continue et forte, m'envahissait et ne me laissait guère de place pour intervenir), et à voix basse et hachée, sur le ton de la confidence et non plus de la revendication, comme s'il faisait un aparté, il se dit très gêné à mon égard quand il transpirait en séance, réaction qui d'ailleurs se produisait chez lui chaque fois qu'il était ému ; il avait honte en partant de me tendre une main moite. Ainsi je représentais pour lui, dans la névrose de transfert, la marraine, non seulement haïe mais protectrice, avec laquelle, jusqu'à son départ d'Italie, il avait entretenu une communication fusionnelle. Je découvrais chez moi quelle autre résistance contre-transférentielle avait joué : mon Moi avait refusé inconsciemment de prendre le rôle non seulement d'une paysanne abusive et symbiotique, mais, de plus, nauséabonde. Si, dans mon for intérieur, je rattachais ainsi son symptôme au passé à la fois pour mieux le comprendre et pour mieux m'en défendre, Gethsémani vivait ce symptôme dans le moment présent mais en clivant, mécanisme que je ne lui formulais que plus tard, les sentiments éprouvés par son Moi psychique et les sensations éprouvées par son Moi corporel. En fragmentant son expérience présente, il me rendait difficile de la saisir dans sa globalité. Le travail psychanalytique que j'avais à faire avec lui était donc d'établir des liens de pensée, non seulement entre passé et présent, mais d'abord entre les fragments de son présent.

Quelques séances plus tard, Gethsémani m'annonce qu'il est sous le coup d'une vive émotion. Je lui rappelle le lien qu'il a précédemment établi entre émotion et transpiration et je lui demande quelle émotion produit chez lui cette réaction de transpiration. Gethsémani fait un effort mental, tout à fait nouveau pour lui, de dédoublement et d'observation de son Moi corporel par son Moi psychique et il répond que, quand il se sentait frustré, il devenait agressif. Je complète aussitôt l'interprétation en mettant l'accent sur le contenant psychique : « Pour ne pas souffrir de cette agressivité, vous la suez à travers votre peau. »

Pendant un an environ, nous avons travaillé à mettre au jour les particularités de son Moi-peau. Il apparaît que celui-ci s'étaie sur le fantasme d'une peau commune au petit garçon et à sa marraine, peau qui lui a sauvé la vie et qui continue de le protéger de la mort. Généralement, le Moi-peau s'appuie sur une enveloppe à l'origine surtout tactile et sonore. Chez Gethsémani, l'enveloppe est principalement olfactive : cette peau commune réunit les odeurs spécifiques des orifices génitaux et anaux à celles des sécrétions de la peau. Un collègue psycho-physiologiste consulté me précisa que la sueur produite par les glandes sudoripares est en elle-même inodore mais qu'elle étale sur la peau les sécrétions laiteuses et odorantes des glandes apocrines, sécrétions provoquées par l'excitation sexuelle ou par des stress émotionnels. Je comprends alors que chez Gethsémani, la fonction de pare-excitation (thermique et hygrométrique) de la sueur se trouve confondue avec la fonction de signalisation émotionnelle des sécrétions odorantes[1]. Une telle enveloppe olfactive accomplit une totalisation indifférenciée de la peau et des zones érogènes. Elle réunit également des caractéristiques pulsionnelles opposées : le contact avec le corps de sa marraine est d'une part narcissiquement rassurant et libidinalement attirant, d'autre part dominateur, envahissant et irritant. C'est la même ambivalence – mais chez une fille à l'égard du père – que décrit le conte *Peau d'âne* dont la relecture achève de m'éclairer sur mon patient. Ce Moi-peau principalement olfactif constitue une enveloppe qui n'est ni continue ni ferme. Elle est percée d'une multitude de trous, correspondant aux pores de la peau et qui sont dépourvus de sphincters contrôlables ; ces trous laissent suinter le trop-plein d'agressivité intérieure, par une décharge automatique réflexe qui n'offre pas de place à la pensée pour intervenir ; il s'agit donc d'un Moi-peau passoire. Cette enveloppe d'odeurs est par ailleurs floue, vague, poreuse ; elle ne permet pas les différenciations sensorielles qui sont à la base de l'activité de pensée. Par cette décharge au niveau du Moi corporel et par cette indifférenciation au niveau du Moi psychique, le Moi conscient de Gethsémani demeurait indemne de tout soupçon de complicité avec ses pulsions agressives. L'agressivité était pour Gethsémani une idée consciente dont il pouvait parler interminablement. Mais il restait ignorant de la nature de l'enveloppe corporelle et psychique qui échouait à contenir la poussée agressive. D'où le paradoxe

1. Les psychophysiologistes ont répertorié quatre types de signaux olfactifs : le désir amoureux, la peur, la colère, l'odeur de mort des personnes qui se savent condamnées. Je n'ai pas réussi à différencier ces quatre signaux chez Gethsémani, soit parce que le monde olfactif est fortement réprimé chez moi, soit que la communication fusionnelle globale entre Gethsémani et sa marraine ne permettait pas à mon patient de les différencier. Il se peut que l'intuition et l'empathie du psychanalyste reposent notamment sur une base olfactive, difficile à étudier.

suivant : il était conscient de ce qui fonctionnait en profondeur (la pulsion) et inconscient de ce qui fonctionnait à la surface (un contenant psychique troué). L'émission de mauvaises odeurs pendant les séances avait un caractère directement agressif, et aussi séducteur, sans aucune symbolique : il me provoquait, me sollicitait, me souillait. Mais comme c'était « involontaire », cela lui épargnait d'une part, un effort de pensée, d'autre part, des sentiments trop vifs de culpabilité.

Au cours de l'évolution ultérieure de cette cure, la transpiration malodorante s'atténua. Elle ne réapparut que dans des circonstances éprouvantes de sa vie que je pus alors interpréter comme des répétitions de certains traumatismes anciens dont il put retrouver le souvenir, au prix d'un effort considérable d'attention, de mémoire et de jugement. Il dut en effet apprendre à exercer les processus psychiques secondaires dont l'activité de décharge automatique des pulsions le dispensait jusque-là et que la structuration progressive de son Moi-peau comme conteneur psychique plus souple et plus solide rendait désormais possible. Il dut également supporter d'éprouver des sentiments de culpabilité et de haine mortifère pour sa mère d'abord, pour son père ensuite, au prix d'une angoisse intense qui fit irruption sous forme de douleurs cardiaques. Il surmonta ainsi peu à peu le clivage du Moi psychique et du Moi corporel qui avait paralysé le processus analytique au début de son traitement.

Freud et Bion ont publié quelques observations très sommaires de patients qui attaquaient la continuité de leur propre peau en pressant sur leurs boutons ou en extirpant des comédons : manifestations selon eux d'un complexe de castration archaïque menaçant l'intégrité de la peau en général, et non spécifiquement celle des organes génitaux. L'enveloppe olfactive aux innombrables trous de Gethsémani est différente. Elle représente d'abord un défaut fondamental du contenant. Secondairement, elle sert à renforcer le complexe de castration, comme la suite de la cure aura l'occasion de le mettre en évidence.

Le travail d'élaboration de son Moi-peau olfactif, auquel Gethsémani et moi participons activement, occupe plusieurs semaines. Je suis redevenu très présent aux séances. Gethsémani transpire moins souvent et moins fort. Quand cela est sur le point de lui arriver, ou lui est arrivé, il l'annonce et nous cherchons ensemble quelle émotion a joué.

De mon côté, je réfléchis au contre-transfert qui a été le mien et je crois pouvoir mettre en évidence :

1° une résistance personnelle, liée à des interventions médicales dans le nez au cours de mon enfance qui ont émoussé et m'ont fait désinvestir ma sensibilité olfactive ;

2° une résistance épistémologique due à l'absence d'une théorie psychanalytique de l'univers olfactif sur laquelle j'aurais pu m'appuyer ;

3° une résistance contre une forme de transfert qui visait à m'inclure dans une enveloppe d'odeur commune au patient et à moi comme il avait été lui-même inclus dans une enveloppe olfactive commune à sa marraine et à lui.

Comment ai-je pu me dégager de ce contre-transfert ? D'abord en reconnaissant qu'il s'agissait bien d'un contre-transfert. Puis en construisant le fragment de théorie psychanalytique qui me faisait besoin, à savoir cette conception d'une enveloppe olfactive continue, envahissante, poreuse, sécrétoire, ambivalentielle, comme cas particulier de cette notion de Moi-peau que j'avais déjà inventée en réponse à des problèmes également contre-transférentiels rencontrés avec des cas dits limites.

L'été suivant, Gethsémani part en voiture pour passer les grandes vacances en Italie dans sa famille d'origine. Une angoisse intense l'étreint tout au long du trajet : il est hanté par la crainte de provoquer un accident qui entraînerait la mort soit de lui-même soit de sa femme et de leur fils. Au retour, le même calvaire recommence. Toutefois, l'angoisse diminue après le passage de la frontière et il est finalement content d'avoir pu triompher d'une pareille épreuve. Tel est son récit à notre séance de rentrée.

Un rapprochement s'impose. Quand il avait environ 18 mois, sa mère enceinte a eu un accident dont il m'avait souvent parlé. Elle descendait l'escalier de pierre qui conduisait de l'appartement à la rue ; elle portait Gethsémani dans ses bras et elle a glissé. Elle avait le choix entre laisser tomber l'enfant, au risque qu'il ne se tue en tombant la tête la première sur la pierre, ou bien tomber elle-même sur le dos, pour faire de son corps au bébé un matelas protecteur mais au risque de se faire très mal et de déclencher une fausse-couche. Elle avait en un éclair choisi la seconde solution. Gethsémani avait survécu, mais avec le sentiment, renforcé par la répétition du récit maternel, de n'être qu'un survivant aléatoire. La mère avait effectivement fait une fausse-couche et était restée boiteuse. Ce n'est que quelques années après qu'elle avait mis au monde un garçon, rival détesté de Gethsémani. L'angoisse de Gethsémani sur la route – ou il se tue lui-même ou il tue sa femme et son enfant – reproduisait le dilemme maternel lors de l'accident dans l'escalier : ou elle tue son fils déjà né, ou elle se blesse elle-même et elle tue l'enfant à naître. Gethsémani se sentait coupable d'avoir survécu : il a pris sa vie à l'autre ; l'autre aurait dû vivre à sa place. La naissance ultérieure du petit frère et la jalousie à son égard avait réactivé le dilemme et l'avait surchargé d'une intensité insoutenable. C'est lui alors qui pouvait tuer l'autre et qui fantasmatiquement devait le faire s'il voulait survivre. Situation cruelle à laquelle Gethsémani avait jadis échappé en décidant d'accompagner sa marraine à la campagne pour des séjours prolongés. Un tel dilemme est à la base de ce que Jean Bergeret (1984) a étudié sous le nom de violence fondamentale. Loin d'apaiser l'angoisse de Gethsémani, ce rapprochement que je lui communique la ravive. Il s'épouvante d'être dans une situation où il ne peut vivre qu'au détriment d'un autre et où l'autre ne peut vivre qu'au détriment de lui. Sa réaction m'embarrasse. Je ne sais plus quoi interpréter. Je me dis qu'il va recommencer à suer et à sentir mauvais. Soudain, avec cette association, la lumière se fait en moi. Je lui demande s'il a transpiré pendant les vacances. Il est surpris. En effet, il n'a pas transpiré de tout l'été. Il ne l'avait pas noté avant ma remarque. C'est d'autant plus étonnant, ajoute-t-il, que le trajet sur l'autoroute s'est effectué sous un soleil torride. Je peux lui apporter l'explication qui me vient alors. Avant l'été, nous avons élucidé sa réaction d'excrétion inconsciente de son agressivité à travers la surface de sa peau. Il ne peut donc plus y recourir pour se débarrasser de ses mouvements agressifs, mais ceux-ci n'ont pas disparu pour autant. Au contraire, ils sont devenus angoissants pour sa conscience, qui doit désormais y faire face par elle-même au lieu de recourir à une soupape d'échappement corporel automatique. Aussi a-t-il peur de ne plus pouvoir les contenir car sa pensée n'a pas été suffisamment exercée à le faire. Mais, ajouté-je, on peut se demander si sa pensée n'en serait pas mieux capable que sa peau, qui les laisse suinter. Au lieu de décharger l'excès quantitatif d'agressivité qui l'encombre, il a désormais à penser qualitativement cette agressivité, à reconnaître la part qui est la sienne et à la départager de ce qui était l'affaire de sa mère, de sa marraine ou de son frère cadet. Cette longue intervention de ma part apporte à Gethsémani un soulagement immédiat. Le matériel consécutif montre que c'est en s'appuyant sur l'image paternelle que Gethsémani put s'exercer à l'activité de penser ses pensées : de tous les membres de la famille, son père en effet supportait le mieux les colères et les provocations de Gethsémani.

Ce transfert du maniement de l'agressivité de la peau au Moi m'a permis de préciser le processus de genèse du Moi-peau qui s'effectue à la fois par étayage et par transformation. Face aux pulsions agressives, le Moi de Gethsémani restait si étroitement fusionné à sa peau qu'il fonctionnait comme pur Moi-corps, sans intervention du système perception-conscience. C'est en défusionnant son Moi de sa peau que le travail psychanalytique a permis à Gethsémani d'étayer sur la peau la fonction de conteneur psychique, elle-même condition de fonctionnement du système perception-conscience. Mais ce dégagement du Moi dans sa capacité de prendre conscience, de retenir, de différer, de comprendre (et en même temps de tolérer l'angoisse afférente à la présence de représentations agressives) ne pouvait s'accomplir qu'au prix d'un changement de principe de fonctionnement, d'un renoncement au principe de décharge automatique de la tension pulsionnelle au profit d'un principe de liaison de la poussée pulsionnelle à des représentants psychiques et de liaison entre les affects et les représentations.

Gethsémani s'aperçut, avec l'appui de mes interprétations, du clivage entre son Moi psychique et son Moi corporel : ce qui se passait au niveau de sa peau et plus généralement dans son corps, lui échappait et il lui fallait faire un effort soutenu d'attention pour le percevoir, effort qu'il était décidé à entreprendre mais qui exigeait de lui un apprentissage (à rapprocher de l'énoncé freudien selon lequel les processus psychiques secondaires, c'est-à-dire la pensée, commencent avec l'attention). C'était le préalable pour qu'il puisse commencer à se représenter son agressivité, et à réfléchir sur elle au lieu de s'en débarrasser en la suant.

S'ensuit une période au cours de laquelle Gethsémani s'interroge sur son transfert. Il découvre peu à peu son transfert négatif sur l'analyse et non seulement sur l'analyste : il n'attend, dit-il, rien de bon de sa psychanalyse ; ce qu'il met au jour des sentiments envers ses parents est dangereux ; d'ailleurs il pressent depuis le début que l'analyse lui fera du mal. Je lui donne l'interprétation suivante : il a la pensée inconsciente que l'analyse va le faire mourir. Cette interprétation déclenche chez lui une agitation émotionnelle considérable, mais qui n'a plus besoin de s'écouler ni par des sueurs ni par des larmes ni par des symptômes cardiaques. Le malaise est désormais tout entier dans sa pensée. Pendant plusieurs semaines, Gethsémani vit cette crainte d'une analyse qui pourrait être mortelle pour lui. Puis, il admet, à la suite de mes remarques, que c'est un fantasme. Il peut alors en retrouver l'origine. Ses parents étaient très hostiles aux considérations psychologiques. « Toutes les vérités ne sont pas bonnes à dire », répétaient-ils. Et ils avaient mal pris la décision de Gethsémani de commencer une psychanalyse : « Ça ne t'apportera rien de bon. » Dès lors la psychanalyse de Gethsémani s'était inconsciemment inscrite sous le signe de l'accomplissement imaginaire de cette menace : il allait découvrir des vérités qui lui feraient du mal, qui le tueraient.

On voit comment s'est opérée l'articulation de l'origine externe et de l'origine interne de sa névrose de transfert. L'origine interne réside dans le retournement sur lui de son souhait de mort envers sa mère et les enfants dont elle peut être grosse. L'origine externe, à savoir le discours anti-psychologique des parents, a fourni le texte manifeste (l'équivalent de ce que sont les restes diurnes pour le rêve nocturne) permettant à la pensée latente de trouver une issue. Tant que cette articulation spécifique à l'histoire individuelle du patient n'est pas saisie et démontée, la névrose de transfert reste silencieusement agissante et l'analyse ne progresse pas de façon décisive. Ainsi la cure analytique de Gethsémani était-elle globalement prise dans une réaction thérapeutique négative.

Je compris mieux alors une des particularités de mon contre-transfert. L'idée que la psychanalyse en général puisse être nocive et qu'en particulier elle puisse tuer Gethsémani me heurtait si profondément dans mon identité et mon idéal d'analyste que je l'ai repoussée pendant des semaines avant d'admettre que c'était là un des fantasmes directeurs de mon patient.

Quelques mois plus tard, l'analyse de Gethsémani se concentre au prix d'une grande angoisse et de forts sentiments de culpabilité, alternant avec d'épisodiques poussées de sueurs malodorantes, sur les fantasmes sexuels développés à la puberté. Dans ces fantasmes, il ne cherchait plus à se représenter, comme quand il était plus jeune, ce qui se passait au lit entre sa mère et son père. Il laissait désormais à celui-ci la possession de sa femme. Par contre, il imaginait être initié par sa marraine, dans une sorte de pacte implicite avec le père : je t'abandonne ma mère, mais en échange, tu me laisses l'usage de ma marraine (cette femme était à l'origine la marraine du père mais toute la famille l'appelait « marraine »). Ce fantasme avait connu des ébauches de mise en acte. Quand un mauvais rêve l'avait réveillé et qu'il n'arrivait pas à se rendormir, Gethsémani rejoignait le lit de sa marraine, finissant la nuit auprès d'elle et entreprenant quelques prudents attouchements. Mais il était retenu d'aller plus loin par un autre fantasme, qu'un rêve récent rapporté en analyse venait de révéler :

le sexe féminin lui apparaissait dangereux comme une bouche avide et dévoreuse. Ce fut de lui-même qu'adolescent il s'énonça un jour l'interdit de l'inceste et qu'il cessa de fréquenter la couche de sa marraine, en regrettant que son père n'ait point assumé plus fermement cette initiative.

Ainsi, en m'envahissant de son odeur, non seulement Gethsémani me signalait : attention, danger de stress en rapport avec l'agressivité, mais aussi il m'enveloppait du même fumet de séduction sexuelle que celui qu'il attribuait aux linges de sa marraine et qu'il émettait en la rejoignant dans son lit. Je compris qu'on n'en a jamais fini avec le contre-transfert et qu'en me fermant le nez et l'intelligence à ce signal sensoriel trop concret, je résistais à laisser pénétrer dans ma conscience la représentation – qui me répugnait – d'un adolescent cherchant à s'accoler à moi dans un bain d'odeurs douteuses et à me faire prendre le rôle d'une vieille fille lubrique, jusqu'à ce que je comprenne que c'était là l'érotisation secondaire du contact avec l'objet-support primordial, garant originaire de l'assurance de pouvoir vivre.

Je dois à Gethsémani, outre de m'avoir fait découvrir les particularités du Moi-peau olfactif, cette leçon sur le caractère protéiforme du contre-transfert et sur ses ruses infinies.

14

LA CONFUSION DES QUALITÉS GUSTATIVES

L'AMOUR DE L'AMERTUME ET LA CONFUSION DES TUBES DIGESTIF ET RESPIRATOIRE

Observation de Rodolphe

Rodolphe, à la prestance d'archiduc et à l'esprit redoutant une menace mortelle, est en seconde analyse avec moi. Sa première analyse a surtout porté sur ses problèmes œdipiens. Il m'apporte ses failles narcissiques, dont certaines se manifestent à travers des symptômes psychosomatiques. Nausées et vomissements peuvent être rattachés à une relation paradoxale avec le couple parental : l'amer était imposé comme bon et ingurgité jusqu'au déclenchement d'un rejet réflexe par l'organisme ; le vin, le sang, le vomi étaient mal différenciés ; et on le mettait en garde contre le sucré jugé mauvais. D'où chez Rodolphe une disqualification précoce et répétée des qualités gustatives naturelles à l'organisme (*cf.* p. 79). Rodolphe souffre de brouillages consécutifs dans la pensée et dans la communication. Ses rêves représentent souvent des scènes qui se déroulent dans le brouillard. Dans son travail, il lui arrive de brouiller les questions qui lui sont posées : il fait du brouillard, de la fumée, pour noyer les problèmes. D'ailleurs, il fume beaucoup. Il apparaît que fumer, pour lui, est une façon de faire du brouillard par rapport aux injonctions paradoxales que lui imposaient ses parents, particulièrement aux moments des repas pris dans la cuisine, envahie par la vapeur brouillardeuse de la lessive qui bouillonnait et des plats qui mijotaient.

Dans une séance où il me rapporte un incident professionnel de l'ordre du brouillage, cet incident peut être mis en rapport avec le transfert. À la séance précédente, en effet, Rodolphe a apporté un rêve sur lequel il a associé tous azimuts sans me laisser le moindre intervalle non seulement pour intervenir mais même pour penser. J'interprète qu'il m'avait brouillé la vue, en produisant une barrière de brouillard entre lui et moi. Il ajoute qu'il s'est ainsi brouillé avec moi. Mais au lieu d'en prendre conscience il a agi en se brouillant le lendemain avec un collègue. La séance continue. Il se sent moins brouillardeux, plus ferme, plus capable de penser.

Mais il lui a fallu fumer une cigarette avant de venir à sa séance. Il précise son dilemme : ou bien il pense et il est dans une forte angoisse ; ou bien il prend du plaisir (une cigarette, un tranquillisant) et il ne pense plus. C'est ce qui s'est passé avec sa première psychanalyse.

J'interprète qu'il n'y a pas de fumée sans feu, que fumer (avec les troubles respiratoires et digestifs dont il se plaint, notamment un sentiment douloureux de brûlure des poumons) consiste pour lui à faire la part du feu. Pour que le reste aille bien, il croit nécessaire de sacrifier un organe, de contrôler une menace mortelle en la localisant en un endroit précis du corps.

Quelques séances plus tard, Rodolphe revient sur ce symptôme tabagique qu'il met en relation avec ses symptômes alimentaires. Il précise comment il fume : il s'emplit les poumons de fumée et il la garde sans plus pouvoir respirer. C'est une alternative dont l'autre branche consiste à ne pas pouvoir garder la nourriture et à la rejeter en expirant l'air. D'où ses vomissements avec hoquets. Sa description de ses vomissements est si réaliste et vivace que je dois lutter contre la nausée qui me gagne. Je fais un effort pour rattacher ce symptôme qu'il a induit en moi aux circonstances dans lesquelles ce symptôme se produisait en lui : son père se levait de table pour aller vomir ou uriner dans l'évier ; la télévision braillait, les odeurs de cuisine encerclaient Rodolphe d'une enveloppe nauséabonde, redoublée par les « engueulades » fréquentes dont il était alors l'objet. J'interprète son identification au père vomissant et sa tentative de m'entraîner dans la même contagion qu'il avait subie.

À propos d'un plat de spaghettis à la tomate dont il s'était repu récemment et qui s'était terminé en indigestion, Rodolphe prend conscience d'une erreur qu'il commettait dans son enfance : il croyait que son père vomissait du sang, c'était en fait de la tomate. Je souligne l'excès d'acidité de la tomate et l'incertitude des limites entre soi et l'autre symbolisée par la forme des spaghettis.

Rodolphe revient sur la première séance que j'ai rapportée ici. Il remplit tellement le volume des séances que je ne peux ni avoir une pensée ni « en placer une », alors qu'il a tellement soif de mes paroles. Il s'emplit d'air et il dégorge la nourriture.

J'interprète sa confusion entre le tube respiratoire et le tube digestif et je précise son image du corps : aplati, traversé par ce tube unique, avec la nécessité de se gonfler d'air et de fumée pour acquérir de l'épaisseur, du volume, pour passer de la bidimensionnalité à la tridimensionnalité.

Rodolphe associe sur le fait qu'enfant il avalait l'air en mangeant, que ses parents le menaçaient d'aérophagie, que cette façon de faire lui arrive encore maintenant. Il souligne la qualité érogène de la fumée dans les poumons : la brûlure qu'il ressent est, pour son intelligence, le signe d'une menace de maladie aux poumons (et l'indication qu'il devrait s'arrêter de fumer) ; mais pour ses sens, c'est une sensation agréable : « Ça lui tient chaud à l'intérieur. »

J'interprète d'une part le déplacement du plaisir d'absorption, de l'estomac (où ce plaisir est insatisfaisant) aux poumons (où il peut le contrôler et le provoquer lui-même) ; et d'autre part, le paradoxe qui lui fait sentir comme bon quelque chose qui est mauvais pour son organisme ; enfin, je suggère un rapport entre ces deux données : quand sa mère le nourrissait abondamment mais mal, l'image de la mère qu'il absorbait avec la nourriture ne lui tenait pas assez chaud au corps.

Rodolphe ajoute que cela concerne aussi son père et qu'il comprend pourquoi il éprouve des nausées : son père le forçait à manger des épinards dont l'amertume répugnait à Rodolphe, en affirmant que c'était bon pour sa santé, que ça contenait du fer et que ça le fortifierait.

Moi : – Ce que votre corps ressentait spontanément comme mauvais, à savoir l'amertume de ce plat, on le présentait à votre esprit comme bon. D'où votre tendance à chercher du plaisir à l'encontre des conditions naturelles. Pour les enfants le sucré, c'est bon ; l'amer, c'est mauvais. Et le salé est intermédiaire : au début, ils le trouvent mauvais, puis ils apprennent à l'aimer jusqu'à une certaine proportion.
Rodolphe répond que pour lui l'opposition fondamentale en matière de saveurs est celle du sucré et du salé ; il déteste leur mélange dans la cuisine. Par contre, il mange encore actuellement beaucoup de choses amères qu'il aime et dont il se rend compte en effet maintenant qu'elles lui font du mal : d'où ses crises de nausées, d'indigestions et de vomissements dans les transports publics, lors d'invitations chez des amis ou même certaines fois en séance avec moi.
Aux séances suivantes, Rodolphe revient sur le thème du brouillard. Il a non seulement la digestion brouillée, mais il y a en lui un noyau de brouillard qu'il me désigne comme son noyau fou. Celui-ci s'avère en rapport avec un fantasme de scène primitive : Rodolphe évoque à l'occasion d'un rêve, le souvenir (souvenir-écran ?) d'une scène fréquente où son père, homme âgé et jaloux, surveille sa jeune femme qu'il suspecte de flirter avec un voisin par la fenêtre. Rodolphe assiste à la scène en témoin désireux de défendre sa mère. Le père épie à travers la vitre opaque de la porte de la cuisine ou à travers un rideau de fumée ou de vapeur d'eau que la mère provoque en cuisinant ou en repassant. Le père est fou, il a pris à la main un couteau de cuisine : c'est ainsi que le regard de Rodolphe le surprend à travers le brouillard du rêve, brouillard qui fait écran aux deux sens du terme : qui interpose une barrière et qui fournit une surface de projection. Je souligne la jonction entre les deux sens de « brouillé » qu'il avait revécus successivement dans le transfert : il me brouillait la vue, il se brouillait avec moi. Cette jonction s'opère par l'élaboration d'un fantasme œdipien : son père « voyait » à travers le brouillard l'infidélité de sa femme, et aussi les désirs incestueux de Rodolphe qui faisait imaginairement corps avec elle contre lui ; et à son tour Rodolphe « voyait » à travers le brouillard la menace mortelle émanant de son père : le père pourrait la tuer (contenu manifeste) ; il pourrait le tuer (contenu latent).
Plusieurs séances sont à partir de là consacrées à l'analyse du noyau « fou » de Rodolphe : fou en ce que s'y réunissent, se confondent et s'embrouillent une problématique narcissique et une problématique œdipienne qui ont chacune leur « logique » ou leur « folie » propre.

Les paradoxes gustatifs et respiratoires auxquels Rodolphe a été soumis précocement ont été redoublés, dans la deuxième enfance, par des paradoxes sémantiques qu'il continuait d'entendre dans sa tête sans être jusque-là conscient de leur origine (confirmation de l'hypothèse freudienne d'une racine acoustique du Surmoi). Ces paradoxes acoustiques intriqués aux paradoxes gustatifs et respiratoires, ont renforcé le brouillage de sa pensée logique et ont étendu ce brouillage de la pensée perceptive primaire à la pensée verbale secondarisée. Le double surinvestissement narcissique, chez Rodolphe, de la pensée logique et de l'image de lui discourant et discutant qu'il donnait aux autres, est venu à l'adolescence colmater, avec une réussite inégale, une insécurité narcissique, une incertitude sur les frontières du Moi et du Surmoi d'une part, du Moi psychique et du Moi corporel d'autre part.

Quand il a eu, dans l'intervalle, à aborder la problématique œdipienne (Rodolphe l'a affrontée et, pour une bonne part, dépassée, avec l'aide de sa première cure), ses failles narcissiques (figurées par le brouillard) ont altéré et obscurci cet affrontement. La perception d'une excessive violence pulsionnelle – sexuelle et agressive – chez ses parents a handicapé la reconnaissance et l'emploi des forces pulsionnelles chez lui. Il ne disposait que d'une enveloppe de brouillard pour s'en protéger, faute d'un Moi-peau suffisamment contenant pour se les approprier. D'où sa terreur devant les poussées pulsionnelles ressenties comme une menace de folie. Au lieu de s'avouer ses propres désirs respectivement incestueux et parricide envers sa mère et son père, Rodolphe voit, dans le brouillard (c'est-à-dire dans un Soi mal délimité), la folie amoureuse de sa mère et la folie meurtrière de son père (c'est-à-dire les pulsions des autres, non les siennes).

Ce fragment de la cure de Rodolphe m'incite à trois commentaires.

1) Analyser, c'est toujours analyser le complexe d'Œdipe, mais ce n'est pas analyser que lui. Toute problématique œdipienne est intriquée, embrouillée dans une problématique narcissique. Il faut, tôt ou tard, la débrouiller. Selon les cas, cela se fait par un travail d'interprétation en alternance souple (quand l'essentiel des identifications post-œdipiennes a été acquis) ou selon des phases séparées (quand les failles narcissiques ont été et restent importantes). Dans ce dernier cas, il faut prendre le temps de la régression du patient à ces failles, de leur investigation, de leur perlaboration, avant que le patient ne passe de lui-même d'un transfert en miroir (chez les personnalités narcissiques) ou d'un transfert idéalisant (dans les états limites), à un transfert œdipien. Le dogmatisme de certains psychanalystes qui veulent tout ramener à des problèmes œdipiens reviendrait à mettre la charrue avant les bœufs. En interprétant le transfert narcissique de leur patient comme une résistance à aborder le complexe d'Œdipe (ce qu'il est aussi et qu'il convient d'interpréter, mais seulement le moment venu), c'est leur propre résistance à travailler sur ce que Rosolato (1978) a appelé l'axe narcissique des dépressions qu'ils projettent sur le patient. Un tournant dans cette seconde cure de Rodolphe est venu de sa prise de conscience, favorisée par mes interprétations topographiques (et pas seulement économiques et génétiques), de la configuration particulière de son Moi-peau : une enveloppe de brouillard, un espace interne aplati, écrasé, une indistinction du tube digestif et du tuyau respiratoire.

2) Rodolphe a eu de bons contacts de peau à peau, et des échanges tactiles signifiants avec sa mère et il a acquis la structure de base du Moi-peau. Ce qui a été déficient résulte des mauvais emboîtements de

l'enveloppe tactile avec les enveloppes gustative puis sonore. Un des effets majeurs de sa seconde psychanalyse a été de rétablir des emboîtements mieux ajustés.

3) Les scénarios œdipiens, comme la grande majorité des fantasmes, sont visuels. Passer de la problématique narcissique à la problématique œdipienne, c'est passer du tactile, du gustatif, de l'olfactif, du respiratoire, au visuel (le sonore faisant, sous deux formes différentes, partie des deux niveaux) : ce passage requiert la mise en œuvre de ce que j'ai appelé plus haut le double interdit du toucher.

15

LA SECONDE PEAU MUSCULAIRE

LA DÉCOUVERTE D'ESTHER BICK

Grâce à des observations systématiques de nourrissons dont elle a mis au point la méthodologie, la psychanalyste anglaise disciple de Klein et de Bion, Esther Bick, a émis l'hypothèse d'une « seconde peau musculaire » dans un bref article publié en 1968. Elle montre que, sous leur forme la plus primitive, les parties du psychisme ne sont pas encore différenciées des parties du corps et elles sont senties manquer d'une force cohésive (*binding force*) susceptible d'assurer une liaison entre elles. Elles doivent être maintenues ensemble sur un mode passif, grâce à la peau fonctionnant comme une limitation périphérique. La fonction interne de contenir les parties du Soi résulte de l'introjection d'un objet externe capable de contenir les parties du corps. Cet objet contenant se constitue normalement au cours de la tétée, à travers la double expérience que fait simultanément le bébé du mamelon maternel contenu dans sa bouche et de sa propre peau contenue par la peau de la mère qui maintient son corps, par sa chaleur, par sa voix, par son odeur familière. L'objet contenant est vécu concrètement comme une peau. Si la fonction contenante est introjectée, le bébé peut acquérir la notion d'un intérieur du Soi et accéder au clivage du Soi et de l'objet, chacun étant contenu par sa peau respective. Si la fonction contenante n'est pas remplie de façon adéquate par la mère, ou si elle est endommagée par les attaques fantasmatiques destructrices du bébé, elle n'est pas introjectée par celui-ci : à l'introjection normale se substitue une identification projective pathologique continuelle, qui entraîne des confusions d'identité. Les états de non-intégration persistent. Le bébé cherche frénétiquement un objet – lumière, voix, odeur, etc. – qui maintienne une attention unifiante sur les parties de son corps et lui permette alors de faire, au moins momentanément, l'expérience de maintenir ensemble les parties du Soi. Le mauvais fonctionnement de la « première peau » peut conduire le bébé à la formation d'une « seconde peau », prothèse substitutive, ersatz musculaire, qui remplace la dépendance normale vis-à-vis de l'objet contenant par une pseudo-indépendance.

Cette « seconde peau » n'est pas sans rappeler la cuirasse musculaire du caractère, chère à W. Reich. Quant à la « première peau » de Bick, elle correspond à mon propre concept de Moi-peau. Je l'ai formulé en 1974, donc après elle, mais je n'ai pris connaissance de son article qu'une fois le mien publié : preuve de l'exactitude d'un même fait décrit par deux chercheurs ayant travaillé séparément. Je résume quelques-unes des observations rapportées par Bick.

Observation d'Alice

Alice est le premier nouveau-né d'une jeune mère immature et maladroite, qui stimule la vitalité du bébé à tort et à travers, mais qui arrive à exercer progressivement au cours des trois premiers mois la fonction de première peau contenante, d'où une diminution chez sa fille des états de non-intégration et de leur cortège de tremblements, éternuements et mouvements désordonnés. À la fin du premier trimestre, la mère déménage dans une maison qui n'est pas terminée. Elle réagit par une défaillance de sa capacité de maintenance (*holding*) et par un retrait par rapport au bébé. Elle oblige Alice à une maîtrise musculaire prématurée (boire par elle-même dans une tasse protégée par un couvercle, sautiller dans un baby-trot) et à une pseudo-indépendance (la mère réprime durement pleurs et cris nocturnes). Elle revient à sa première attitude d'hyperstimulation, encourageant et admirant l'hyperactivité et l'agressivité d'Alice, la surnommant « boxeur » en raison de son habitude de bourrer de coups de poing le visage des gens. Au lieu de trouver dans sa mère une vraie peau contenante, Alice trouve dans sa propre musculature un contenant de substitution.

Observation de Mary

Mary est une petite schizophrène dont l'analyse, en cours depuis l'âge de trois ans et demi, révèle une grave intolérance à la séparation, liée aux perturbations de son histoire infantile : naissance difficile, paresse à téter le sein, eczéma à quatre mois avec grattage jusqu'au sang, cramponnement extrême à la mère, attente de la nourriture mal supportée, retard généralisé du développement. Elle arrive aux séances voûtée, les articulations raidies, avec l'allure grotesque d'« un sac de pommes de terre », comme elle put le verbaliser par la suite. Ce sac était en danger constant de perdre ses contenus : identification projective à un objet maternel lui permettant mal de contenir les parties d'elle-même et représentation de sa propre peau comme continuellement percée de trous. Mary accéda à une relative indépendance et à la capacité de se tenir droite en tirant le meilleur parti possible de sa seconde peau musculaire rendue à la fois plus solide et plus souple par le traitement.

À propos d'un patient névrosé adulte, Bick décrit deux figurations alternantes et complémentaires de la seconde peau musculaire. L'analysant se décrit tantôt dans l'état d'« hippopotame » (c'est la seconde peau vue de l'extérieur : il est agressif, tyrannique, caustique, égocentrique) et tantôt dans l'état « sac de pommes » (il s'agit des fruits dont la peau est fine et fragile et qui symbolisent couramment le sein ; ce sac figure l'intérieur du Soi tel que le protège et le cache la seconde peau ; celle-ci contient les parties psychiques meurtries, séquelles d'une période archaïque de troubles du nourrissage ; dans cet état, le patient est susceptible, inquiet, réclamant attention et éloges, redoutant catastrophe et effondrement).

Ces observations très denses et parfois elliptiques d'E. Bick appellent de ma part plusieurs remarques additives :

1) La seconde peau musculaire est anormalement surdéveloppée lorsqu'elle vient compenser une grave insuffisance du Moi-peau et colmater les failles, fissures et trous de la première peau contenante. Mais tout le monde a besoin d'une seconde peau musculaire, comme pare-excitation actif venant doubler le pare-excitation passif constitué par la couche externe d'un Moi-peau normalement constitué. Le rôle des sports et des vêtements va souvent dans ce sens. Des patients se protègent de la régression psychanalytique et de la mise à nu des parties meurtries et/ou mal reliées entre elles du Soi en faisant précéder ou suivre leur séance de psychanalyse d'une séance de culture physique, ou en conservant leur manteau, voire en s'enveloppant d'une couverture quand ils s'allongent sur le divan.

2) L'investissement pulsionnel spécifique de l'appareil musculaire et donc de la seconde peau est fourni par l'agressivité (alors que le Moi-peau tactile primaire et investi par la pulsion d'attachement, ou d'agrippement, ou d'auto-conservation) : attaquer est un moyen efficace de se défendre ; c'est prendre les devants, se préserver en tenant le danger à distance.

3) L'anormalité psychique propre à la seconde peau musculaire tient en la confusion de l'enveloppe pare-excitation avec l'enveloppe surface d'inscription : d'où les troubles de la communication et de la pensée. L'explication me semble être la suivante. Si les incitations reçues d'une mère hypertonique et/ou de l'environnement primaire ont été trop

intenses, incohérentes, brusques, l'appareil psychique cherche plus à s'en protéger quantitativement qu'à les filtrer qualitativement. Si ces incitations exogènes ont été trop faibles parce que provenant d'une mère déprimée, repliée sur elle-même, il n'y a à peu près rien à filtrer et la recherche d'incitations endogènes devient un préalable. Dans les deux cas, la seconde peau est utile, que ce soit pour renforcer la protection externe ou l'activation interne.

DEUX NOUVELLES DE SCHECKLEY

Le phénomène de la seconde peau musculaire, comme prothèse protectrice se substituant à un Moi-peau insuffisamment développé pour remplir sa fonction d'établir des contacts, de filtrer les échanges et d'enregistrer les communications, est illustré par une nouvelle de science-fiction de Robert Sheckley : *Modèle expérimental* (1956)[1]. Bentley, le personnage principal, est un astronaute envoyé par les autorités terrestres pour prendre un contact amical avec les habitants de la planète Tels IV. La satire de la politique commerciale et technologique américaine est évidente : ce contact amical recouvre des buts intéressés : signer avec les autochtones des accords financiers avantageux, tester le matériel de protection emporté par Bentley. Le professeur Sliggert a en effet mis au point le *Protect*, appareil destiné à protéger les explorateurs de l'espace de tous les dangers possibles : à la moindre alerte, il établit automatiquement un champ de forces impénétrable autour de celui qui le porte sur son dos et qui devient ainsi invulnérable. Mais il est lourd (40 kilos) et encombrant et donne à Bentley, quand celui-ci débarque, une allure de masse étrange, conforme aux descriptions de la seconde peau musculaire observées par Esther Bick sur des enfants présentant une apparence d'hippopotame ou de sac de pommes. Sheckley décrit en effet son héros tantôt comme une forteresse, tantôt comme un homme avec un singe perché sur le dos, tantôt comme un « très vieil éléphant qui porte des souliers trop serrés ». Devant ce personnage mal à l'aise et difforme sous son accoutrement qui le rend difficile à identifier, les Téliens, malgré leur naturel franc et bienveillant, se méfient. Le Protect enregistre les signes de cette méfiance et se met en marche. Il repousse automatiquement les approches et les efforts de conciliation tentés néanmoins par les

1. Cette nouvelle a paru dans le magazine américain *Galaxy*. Je remercie Roland Gori de me l'avoir fait connaître. Cf. R. Gori et M. Thaon (1975).

Téliens, qui se présentent les mains tendues, qui offrent leurs lances sacrées et de la nourriture. Le Protect pressent des dangers possibles derrières ces cadeaux inconnus. Il resserre sa protection sur Bentley, qui se trouve désormais incapable du moindre contact physique avec les autochtones. Ceux-ci, de plus en plus étonnés du comportement étrange de l'astronaute terrien, concluent qu'il s'agit d'un démon. Ils organisent une cérémonie d'exorcisme et entourent d'un rideau de flammes le Protect qui, ainsi constamment activé, replie de plus en plus son champ de forces sur son porteur. Bentley est emprisonné dans une sphère qui ne laisse plus passer ni lumière ni oxygène. Il se débat, aveuglé, à demi-asphyxié. Il supplie en vain l'implacable professeur Sliggert, avec qui il reste en liaison radio constante par un micro implanté dans l'oreille (matérialisation du Surmoi acoustique dont parle Freud) de le délivrer du Protect. La voix insiste pour qu'il poursuive sa mission dans l'intérêt de la science, sans modification du protocole expérimental : pas question, dit-elle « de faire confiance [...] avec un équipement d'un milliard sur le dos ». Dans un ultime effort (et pour les besoins d'une *happy end*), Bentley arrive à scier les sangles qui l'attachent au Protect et à s'en débarrasser. Il peut accepter l'amitié des Téliens, en comprenant que ceux-ci en voulaient non à l'homme mais à la machine-démon qui faisait corps avec lui et qui n'était pas vraiment lui, et ceux-ci la lui accordent en voyant un premier geste d'humanité de sa part : débarrassé du Protect, Bentley fait un écart volontaire pour ne pas écraser une petite bête.

Ce thème de la fausse peau était déjà traité dans une autre nouvelle de Sheckley, *Hunting problem* (Un problème de chasse) (1935). Des extra-terrestres partent à la chasse et jurent de rapporter une peau de Terrien à leur chef. Ils en repèrent un sur un astéroïde, se saisissent de lui, le dépiautent et regagnent triomphalement leur point de départ. Mais la victime est saine et sauve, car c'est seulement son scaphandre qu'ils lui ont pris. Pour revenir à *Modèle expérimental*, on peut inventorier les thèmes sous-jacents suivants, qui sont significatifs des patients dotés de cette fausse peau substitutive d'un Moi-peau défaillant : un fantasme d'invulnérabilité ; un comportement automatique d'homme-machine ; une allure mi-humaine, mi-animale ; le retrait protecteur dans une coque hermétique ; la méfiance envers ce que les autres proposent comme bon et qui risque d'être mauvais ; le clivage du Moi corporel et du Moi psychique ; un bain de paroles qui ne crée pas une enveloppe sonore de compréhension mais se réduit à la voix répétitive d'un Surmoi implantant ses injonctions dans l'oreille ; la faiblesse en qualité et en quantité des communications émises ; la difficulté pour les autres de trouver comment entrer en contact avec de tels sujets.

Observation de Gérard

Gérard est un travailleur social d'une trentaine d'années. Le moment tournant de sa psychanalyse avec moi est un rêve d'angoisse où, emporté par un torrent, il parvient de justesse à se cramponner à l'arche d'un pont. Jusque-là, il se plaignait, à juste titre, soit de mon silence qui le laissait patauger, soit de mes interprétations trop vagues, trop générales pour l'aider. Gérard rapproche lui-même le torrent du rêve du sein généreux, débordant, excessif de sa mère lors de son allaitement de nourrisson. Je complète en lui rappelant qu'ayant grandi et n'étant plus nourri au sein, cette mère qui lui avait donné trop quant aux désirs de bouche (il était submergé par le plaisir oral et par le déferlement de l'avidité qu'elle surstimulait en lui), ne lui donnait plus assez quant aux besoins de peau ; elle lui parlait de lui de façon vague, générale (comme cela se répétait dans la relation transfert-contre-transfert) ; par peur qu'ils ne fassent pas assez d'usage, elle lui achetait toujours des vêtements trop grands. Ainsi ni le Moi corporel, ni le Moi psychique n'étaient contenus selon une juste mesure. Gérard se remémora peu après qu'à l'adolescence, il avait commencé de s'acheter des pantalons d'une taille trop petite : pour équilibrer la taille trop grande des habits (et donc de la peau contenante) fournis par la mère. Le père, bon technicien mais taciturne, lui avait enseigné la maîtrise sur les matériaux inanimés, mais non comment on communique entre êtres animés : dans la première partie de son analyse, il avait transféré sur moi cette image d'un père doté d'une solide technique et muet, jusqu'au rêve du torrent où le transfert a basculé dans le registre maternel. Plus il explorait ce registre dans les séances, plus il éprouvait le besoin d'avoir des activités physiques intenses hors des séances, pour cultiver son souffle (menacé par une tétée trop avide) et pour resserrer sa ceinture musculaire (au lieu d'être serré dans des costumes trop étroits). Il en vint à s'entraîner, allongé sur le dos, à soulever des haltères de plus en plus pesantes. Je restai assez longtemps à me demander ce qu'il voulait me dire ainsi à propos de sa position allongée sur mon divan, mon embarras étant accru par mon peu de goût personnel pour ce genre d'exploit physique. Gérard finit par faire le lien avec le plus ancien souvenir angoissant qui lui était resté de sa petite enfance et dont il m'avait parlé jusque-là d'une façon trop vague et générale pour que nous en tirions un sens. Allongé dans son petit lit, il mettait un temps interminable à s'endormir car il voyait sur le buffet en face de lui une pomme qu'il voulait qu'on lui donne mais sans dire qu'il la voulait. Sa mère ne bougeait pas, ne comprenant rien à ses pleurs qu'elle laissait persister jusqu'à ce qu'il tombe dans le sommeil de fatigue. Bel exemple où l'interdit du toucher est resté trop confus et la fonction contenante de la mère trop imprécise pour que le psychisme de l'enfant, assuré dans son Moi-peau, renonce facilement et efficacement à la communication tactile pour un échange langagier support d'une compréhension mutuelle. S'exercer aux haltères, c'était fortifier et faire grandir suffisamment ses bras pour qu'il arrive à prendre par lui-même la pomme : tel était le scénario inconscient sous-jacent à ce développement (localisé à une partie du corps) de la seconde peau musculaire.

À tort ou à raison, je n'ai pas cru bon de lui interpréter le cramponnement après l'arche dans son rêve. Je ne voulais pas qu'une surcharge interprétative transforme ma parole en torrent ni que Gérard soit privé prématurément du soutien de l'arche qu'il transférait sur moi. Peut-être cette discrétion de ma part l'a-t-elle tacitement encouragé à renforcer sa seconde peau musculaire. Toujours est-il que l'angoisse de ne pas pouvoir se cramponner à l'objet d'attachement (ou encore au sein-peau-contenant) se manifeste d'autant plus fort que la pulsion libidinale est par contraste intensément satisfaite dans la relation d'objet au sein-bouche. Il m'a semblé que mon travail interprétatif assez suivi et important sur les autres points devait suffire à rétablir chez Gérard la capacité d'introjecter un sein-peau-contenant. Autant qu'on puisse juger des résultats d'une analyse, cet effet semble avoir été atteint plus tard par une mutation spontanée du Moi, analogue à celle décrite plus haut chez Sébastienne (*cf.*, p. 160).

16

L'ENVELOPPE DE SOUFFRANCE

LA PSYCHANALYSE ET LA DOULEUR[1]

La douleur physique retient ici mon attention pour deux raisons. La première a été pointée par Freud dans *l'Esquisse d'un psychologie scientifique* (1895). Comme chacun de nous a pu le vivre, une douleur intense et durable désorganise l'appareil psychique, menace l'intégration du psychisme dans le corps, affecte la capacité de désirer et l'activité de penser. La douleur n'est pas le contraire ou l'inverse du plaisir : leur relation est asymétrique. La satisfaction est une « expérience », la souffrance est une « épreuve ». Le plaisir signe la délivrance d'une tension, le rétablissement de l'équilibre économique. La douleur force le réseau des barrières de contact, détruit les frayages qui canalisent la circulation de l'excitation, court-circuite les relais qui transforment la quantité en qualité, suspend les différenciations, abaisse les dénivellations entre les sous-systèmes psychiques et tend à diffuser dans toutes les directions. Le plaisir dénote un processus économique qui laisse le Moi à la fois intact dans ses fonctions et agrandi dans ses limites par fusion avec l'objet : – j'ai du plaisir, et j'en ai d'autant plus que je t'en donne. La douleur provoque une perturbation topique et, par une réaction circulaire, la conscience d'un effacement des distinctions fondatrices et structurantes entre Moi psychique et Moi corporel, entre Ça, Moi, Surmoi, rend l'état

1. La douleur est peu abordée par la littérature psychanalytique. En plus des travaux cités dans ce chapitre, indiquons les ouvrages de Pontalis (1977) et de Mac Dougall (1978), qui y consacrent chacun un chapitre.

plus douloureux encore. La douleur ne se partage pas, sauf à être érotisée dans une relation sado-masochiste. Chacun est seul en face d'elle. Elle prend toute la place et je n'existe plus en tant que Je : la douleur est. Le plaisir est l'expérience de la complémentarité des différences, une expérience régie par le principe de constance, qui vise au maintien d'un niveau énergétique stable par des oscillations autour de ce niveau. La douleur est l'épreuve de la dédifférenciation : elle mobilise le principe de Nirvâna, de réduction des tensions – et des différences – au niveau zéro : plutôt mourir que continuer de souffrir. S'abandonner au plaisir suppose la sécurité d'une enveloppe narcissique, l'acquisition préalable d'un Moi-peau. La douleur, si on échoue à la soigner et/ou à l'érotiser, menace de détruire la structure même du Moi-peau, c'est-à-dire l'écart entre sa face externe et sa face interne, aussi bien que la différence entre sa fonction de pare-excitation et celle d'inscription des traces signifiantes.

Ma seconde raison d'intérêt est que, sauf dans le cas de mères mentalement malades ou répétant un destin généalogique de plusieurs enfants morts de génération en génération[1], c'est au moins la souffrance physique du tout-petit qui est le plus généralement et le plus exactement perçue par la mère, même si celle-ci est inattentive ou fautive dans le repérage et le déchiffrement des signes des autres qualités sensibles. Non seulement la mère prend l'initiative des soins pratiques appropriés : coucher le bébé, appeler le médecin, donner des calmants, panser les blessures, mais elle prend dans ses bras l'enfant qui crie, qui pleure, qui perd la respiration, elle le serre contre son corps, le réchauffe, le berce, lui parle, lui sourit, le rassure ; bref, elle satisfait chez lui le besoin d'attachement, de protection, d'agrippement ; elle maximise les fonctions de peau maintenante et contenante, pour que l'enfant la réintrojecte suffisamment comme objet support, rétablisse son Moi-peau, renforce son pare-excitation, tolère la douleur ramenée à un degré supportable et garde espoir en la possibilité de guérison. Ce qui est partageable, ce n'est pas la douleur, c'est la défense contre celle-ci : l'exemple de la douleur chez les grands brûlés va l'illustrer. Si la mère, par indifférence, par ignorance, par dépression, ne communique habituellement pas avec l'enfant, la douleur peut être le va-tout que joue celui-ci pour obtenir son attention, pour être enveloppé de ses soins, des manifestations de son amour. Tels ces patients qui, aussitôt allongés sur notre divan, égrènent

1. Cf. la recherche d'Odile Bourguignon sur les familles ayant eu plusieurs enfants morts, *Mort des enfants et structures familiales* (1984). Sur le thème du transgénérationnel, on peut se référer à l'ouvrage collectif dirigé par R. Kaës, *Transmission de la vie psychique entre générations*, Dunod, 1993.

une litanie de plainte hypocondriaques ou se mettent à ressentir avec une grande acuité toute une série de maux corporels. À la limite s'infliger à soi-même une enveloppe réelle de souffrance est une tentative de restituer la fonction de peau contenante non exercée par la mère ou l'entourage, ce que nous allons voir également : je souffre donc je suis. Dans ce cas, comme le note Piera Aulagnier (1979), le corps s'adjoint par la souffrance son indice d'objet réel.

LES GRANDS BRÛLÉS

Les grands brûlés présentent une atteinte grave de la peau ; si plus du septième de sa superficie est détruit, le risque mortel est considérable et celui-ci subsiste pendant trois semaines à un mois, l'arrêt de la fonction immunologique pouvant ouvrir la voie à une septicémie. Avec le progrès actuel des soins, il arrive que des blessés graves survivent, mais l'évolution de toute brûlure est complexe, imprévisible et peut réserver de pénibles surprises. Les soins sont douloureux, pénibles à donner et à recevoir. Une fois tous les deux jours – chaque jour à certains moments délicats et dans les services les mieux entraînés –, le blessé est plongé nu dans un bain fortement javellisé, où l'on procède à la désinfection de la plaie. Ce bain provoque un état de choc, surtout s'il est fait sous une anesthésie partielle qui peut s'avérer nécessaire. Les soignants arrachent les lambeaux détériorés de peau afin de permettre à celle-ci une régénération complète, rééditant inconsciemment le cycle du mythe grec de Marsyas. Ils doivent, chaque fois qu'ils rentrent dans les salles de soins surchauffées, même s'ils ne sont sortis que pour quelques minutes, se déshabiller, se changer et revêtir une tenue stérile sous laquelle ils sont eux-mêmes généralement quasi-nus. La régression du malade à la nudité sans défense du nouveau-né, à l'exposition aux agressions du monde extérieur et à la violence éventuelle des grandes personnes est difficile à supporter non seulement par les brûlés mais par les soignants dont un mécanisme de défense consiste à érotiser par leurs propos les relations qu'ils ont entre eux, un autre mécanisme étant le refus de s'identifier à des malades privés d'à peu près toute possibilité de plaisir.

La brûlure réalise un équivalent de situation expérimentale où certaines fonctions de la peau sont suspendues ou altérées et où il est possible d'observer les répercussions correspondantes sur certaines fonctions psychiques. Le Moi-peau, privé de son étayage corporel, présente alors un certain nombre de défaillances, auxquelles il est toutefois possible de remédier en partie par des moyens psychiques.

Une de mes étudiantes de doctorat de troisième cycle, Emmanuelle Moutin, a réussi à se faire admettre pendant un certain temps comme psychologue clinicienne dans un tel service. Qu'est-ce qu'une psychologue peut bien avoir à faire, lui objectait-on, là où il s'agit de maux et de soins purement physiques ? Elle faisait l'objet d'une dévalorisation systématique de la part du personnel médical et infirmier, qui cristallisait sur elle une agressivité latente envers les malades et qui réagissait persécutivement au fait de voir le fonctionnement du service observé par un étranger. Par contre elle bénéficiait d'une liberté totale quant aux contacts psychologiques avec les patients. Elle a pu avoir des entretiens suivis, longs et éventuellement répétés avec plusieurs grands brûlés et aider des agonisants. L'interdit qui lui était signifié concernait ses contacts avec le personnel soignant qu'il ne fallait pas « perturber » dans ses activités : les soins « psychiques » devaient s'effacer devant la priorité à donner aux soins physiques. Interdit difficile à respecter, car les tensions dramatiques qui affectaient les malades et mettaient en danger la bonne marche de leur traitement naissaient toujours au cours de ces soins physiques en raison d'une relation psychologique inappropriée du médecin ou de l'infirmier au malade.

Voici une première observation que je remercie Emmanuelle Moutin d'avoir mise à ma disposition.

Observation d'Armand

> « Je me rendis un jour dans la chambre d'un malade avec lequel j'avais une relation suivie et de bonne qualité. Cet homme en pleine maturité était un détenu qui avait fait une tentative d'autolyse par le feu. Moyennement brûlé, sa vie n'était plus en danger, mais il traversait alors une phase douloureuse. Lorsque je le vis, il ne put que se plaindre de ses vives souffrances physiques qui ne lui laissaient guère de répit. Il appela l'infirmière et la supplia de lui donner une dose supplémentaire de calmants, l'effet des précédents ayant cessé. Ce malade ne se plaignant pas sans raisons, elle accepta, mais occupée par une urgence, elle ne revint qu'au bout d'une demi-heure. Pendant ce temps j'étais restée auprès de lui et l'entretien spontané et chaleureux que nous eûmes porta sur sa vie passée et sur des problèmes personnels qui lui tenaient à cœur. Lorsqu'enfin l'infirmière revint avec les antalgiques, il les refusa en disant avec un grand sourire : "Ce n'est plus la peine, je n'ai plus mal." Il en était lui-même étonné. L'entretien continua ; après quoi il s'endormit paisiblement et sans aide médicamenteuse. »

La présence à ses côtés d'une jeune femme qui n'en voulait pas à son corps mais qui s'occupait uniquement de ses besoins psychiques, le dialogue vivant et d'assez longue durée qui s'instaura entre elle et lui, le rétablissement de la capacité de communiquer avec un autre (et par là avec soi-même) permirent à ce malade de reconstituer un Moi-peau suffisant pour que sa peau, malgré l'atteinte physique, puisse exercer ses fonctions de pare-excitation à l'égard des agressions extérieures et de conteneur des affects douloureux. Le Moi-peau avait perdu son étayage biologique sur la peau. À la place il avait, par la conversation, par la parole intérieure et les symbolisations consécutives, trouvé un autre étayage, de type socioculturel (le Moi-peau fonctionne en effet par étayage multiple). La peau de mots trouve son origine dans un bain de paroles du tout-petit à qui son entourage parle ou pour qui il chantonne. Puis, avec le développement de la pensée verbale, elle fournit des équivalents symboliques de la douceur, de la souplesse et de la pertinence du contact, là où il a fallu renoncer au toucher, devenu impossible, ou interdit, ou douloureux.

L'établissement d'une peau de mots apte à calmer la douleur d'un grand brûlé est indépendante de l'âge et du sexe du malade. Voici une seconde observation, toujours due à Emmanuelle Moutin et qui concerne cette fois-ci une jeune fille.

Observation de Paulette

> « J'assistais au bain d'une adolescente, peu atteinte mais très sensible. Le bain, qui était douloureux, se déroulait dans une ambiance apaisante. Nous n'étions que trois, la malade, l'infirmière et moi-même. L'attitude de l'infirmière, énergique mais sécurisante et affectueuse, aurait dû normalement faciliter les soins. Soucieuse de ne pas la déranger dans son travail et confiante dans cette soignante que j'estimais particulièrement, j'intervenais peu. Cependant, Paulette réagissait mal, amplifiant sa douleur par une grande nervosité. Soudain, elle me lança, presque agressivement : "Tu ne vois pas que j'ai mal ! Dis n'importe quoi, mais je t'en supplie, parle, parle !" Je connaissais déjà par expérience le rapport entre un bain de paroles et la cessation de la douleur. Imposant silence à l'infirmière par un geste discret, je m'attachais donc à faire parler d'elle la jeune fille, l'entraînant vers ce qui pouvait la réconforter : sa famille, son environnement, bref ses étayages affectifs. Cet effort un peu tardif ne réussit que partiellement mais il permit au moins que le bain se déroulât sans problèmes et presque sans douleur. »

Un service de grands brûlés ne peut psychologiquement fonctionner que si s'instaurent des mécanismes de défense collectifs contre le fantasme de la peau écorchée que la situation évoque inévitablement chez chacun. La marge est fragile en effet entre arracher des lambeaux de peau morte à quelqu'un pour son bien et l'écorcher vivant par pure cruauté. Le surinvestissement sexualisé des relations entre soignants vise à maintenir pour le personnel la distinction entre le fantasme et la réalité, une réalité dangereuse car elle ressemble trop au fantasme. Quant aux malades, c'est par l'écoute de leur histoire, de leurs problèmes, c'est par un dialogue vivant avec eux que peut être garanti l'écart entre le fantasme d'un écorchage infligé avec une intention cruelle et la représentation d'un arrachage thérapeutique de la peau. Le fantasme qu'on veut les faire souffrir surcharge leur douleur physique, déjà si importante, d'une souffrance psychique, le résultat de l'addition étant d'autant plus insupportable que la fonction de contenant psychique des affects ne trouve plus à s'étayer sur la fonction contenante d'une peau intacte. Néanmoins, la peau de mots qui se tisse entre le blessé et un interlocuteur compréhensif peut rétablir symboliquement une peau psychique contenante, apte à rendre plus tolérable la douleur d'une atteinte de la peau réelle.

DU CORPS EN SOUFFRANCE AU CORPS DE SOUFFRANCE

Les deux principales caractéristiques de l'enveloppe masochiste ont été précisées par Micheline Enriquez[1] à qui j'emprunte l'expression d'enveloppe de souffrance :

1) L'échec identificatoire : faute d'un plaisir identificatoire suffisant trouvé aux échanges précoces avec la mère, l'affect qui maintient vivant le psychisme du bébé est une « expérience de souffrance » : son corps ne peut être au mieux que corps « de souffrance ».

2) L'insuffisance de la peau commune : « Faute de l'investissement d'un minimum de repères confirmés et valorisés par un autre, dans une langue commune, aucun sujet ne peut vivre. Il pourra au mieux survivre, végéter, et *rester en souffrance*. Il ne pourra pas s'investir lui-même, et il se trouvera en suspens de propriétaire. » Son corps est un corps « en souffrance, inapte au plaisir et à l'activité représentative, désaffecté, inhabité, dont le sens pour l'autre (le plus souvent la mère ou son substitut) lui sera demeuré [...] plus qu'énigmatique ». D'où le flottement incessant de ses processus identificatoires ; d'où le recours à des procédés initiatiques singuliers, dont la souffrance du corps (*op. cit.*, p. 179).

Le corps en souffrance apparaît dans la cure de certains états limites. Le corps envahit tout l'espace, il n'a pas de propriétaire : au psychanalyste, si possible, de lui donner vie et de le rendre au patient. La cure met en évidence une mère qui s'est occupée de lui par besoin, non par plai-

1. « Du corps en souffrance au corps de souffrance », in *Aux carrefours de la haine*, 2e partie, chap. 4 (1984).

sir. Le corps est désaffecté, réduit à un fonctionnement mécanique qui se suffit à lui-même, sans apporter de satisfaction. L'autre est pourvoyeur de pouvoir et d'abus, jamais de plaisir. Le patient n'est qu'un corps de besoin, et d'un besoin malmené. Conséquence : le fonctionnement corporel n'est pas approprié comme sien, c'est-à-dire comme objet possible de connaissance et de jouissance ; la distinction entre ce qui est mien et ce qui relève de l'environnement n'est pas acquise ; il ne peut y avoir qu'une plainte, même pas une accusation visant une cause, un responsable, dénonçant un persécuteur ; le patient, sous peine d'affronter un conflit identificatoire insurmontable, ne peut se livrer à aucune activité représentative et fantasmatique de désirs et de plaisirs qui lui soient propres.

En même temps, le patient quête chez l'autre le moindre signe de reconnaissance, quitte à emprunter pour l'obtenir les voies de la violence et de l'esclavage : d'où des scénarios pervers masochistes dans sa vie sexuelle. Les marques des violences exercées sur son corps lui procurent non seulement une jouissance certaine, mais le sentiment d'une appropriation de soi-même ; il ne peut posséder la maîtrise de son corps qu'en la masquant derrière une position de victime apparemment privée de ses moyens de défense. Le masochisme secondaire lui permet de réaffecter son corps par l'expérience d'une souffrance propre dont il peut jouir et faire jouir un partenaire, c'est-à-dire d'investir son corps douloureux en libido d'objet. Mais le masochisme primaire sous-jacent subsiste : accidents, maladies graves, opérations chirurgicales pratiquées en catastrophe laissent des séquelles handicapantes et douloureuses et des cicatrices visibles. Le patient s'approprie cette douleur et ces marques avec avidité pour s'en faire un emblème narcissique. Ici l'investissement du corps douloureux consiste en libido narcissique.

Pour comprendre le passage du corps en souffrance au *corps de souffrance*, il convient, précise Micheline Enriquez, de souligner que le corps en perdition d'affection et d'identité est soumis non pas à des lois (celles du désir et du plaisir) mais à l'arbitraire du pouvoir d'un autre à son égard. Ce corps en souffrance porte en lui deux potentialités :

– une « potentialité persécutive » (P. Aulagnier) de nature paradoxale : l'investissement d'un objet persécuteur, sa présence et le lien qui les unit sont nécessaires au sujet pour qu'il se perçoive vivant ; en même temps, le sujet lui attribue un pouvoir et un vouloir de mort à son égard ;

– une aptitude excessive à la mise en acte, à la figuration et à l'incarnation de la souffrance. Cette incarnation est un calvaire, un sacrifice, une Passion. Mais c'est aussi vivre cette expérience en son nom propre.

Observation de Fanchon

Je résume la longue observation de ce cas publiée par Micheline Enriquez.

> Abandonnée à la naissance, élevée par des parents adoptifs, Fanchon est soumise au récit répété d'un roman familial grandiose et inquiétant sur ses origines et aux soins corporels passionnels et exclusifs de sa mère adoptive : le corps idéal doit toujours être propre, d'où des rituels de lavage et de purification qui laissent peu de place au plaisir (et, ajouté-je, à la sécurité d'avoir enfin sa peau propre et sa propre peau). Cet espace maternel clos (que je rapproche du *claustrum* décrit par Meltzer) n'ouvrait guère de possibilité au fantasme, hormis la voie tracée par le roman des origines. Fanchon restait ainsi en souffrance de corps et d'identité et y restait sans en souffrir : sa passivité, son inertie, lui épargnant les conflits et les angoisses de mort et de séparation, à l'exception de quelques accès de rage destructrice. La puberté la fait basculer dans la psychose, avec des symptômes douloureux qui la transforment en sujet d'une grande souffrance et qui brisent le rapport confortable d'aliénation à sa mère : troubles alimentaires avec variations de poids qui la rendent méconnaissable mais qui ébauchent la maîtrise du corps et le plaisir oral ; mutilation du sein ; hallucinations auditives qui la traitent de « salope », « sortie du ruisseau ».
> Puis (comme dans la légende de Marsyas) elle donne corps à un mythe de renaissance. Elle se rebaptise d'un nouveau prénom (je rapproche cet acte du travail du créateur qui donne corps au code organisateur de l'œuvre et qui vit la création de son œuvre comme la re-création de lui-même par autogenèse). Fanchon met au point un rituel de lavage de tout objet ou linge qui a été au contact souillant de sa peau, afin d'effacer la souillure de son origine et la faute originelle de sa mère naturelle. Elle se lave et se frotte à s'en arracher la peau jusqu'au sang ; elle abîme ses cheveux en les frictionnant de lotions et shampooings et en les arrachant.

Vers 16-17 ans, le rituel de l'écriture représentative la sauve. Chaque matin au réveil, pour lutter contre le délire et le suicide, elle alterne sur le papier des phrases fixes, relatant des faits concrets concernant l'exercice actuel de ses fonctions corporelles (nourriture, propreté...) et des phrases mobiles, du genre journal intime, contenant des jugements, des interprétations, des significations. « Mais ce dernier (ce journal intime) ne pouvait se soutenir et se réaliser que grâce à l'ossature du corps immuable du texte qui ordonnait l'espace et le temps, cernait une limite entre le Soi et le hors-Soi. » Ainsi est délimité un lieu pour l'activité représentative et la pensée, « par la création de traces écrites s'ordonnant autour d'un corps de texte » (je continue mon rapprochement : le corps du texte vient souvent apporter au créateur un substitut du corps propre qui lui fait défaut). Ces « phrases » constituent l'antidote qu'elle peut opposer à ses voix persécutives. (Je précise que de tels énoncés corporels affirment l'existence d'un Moi-peau et confirment sa continuité, sa stabilité, sa constance ; c'est sur fond de ce Moi-peau corporel limité à la sensorialité primaire qu'un Moi psychique peut émerger comme sujet disant « je » et mettant en œuvre des fonctions mentales : il faut qu'il habite ce corps et sa continuité pour qu'il puisse se trouver, se reconnaître une identité.)

En ce qui concerne les soins excessifs de purification de la peau, j'ajouterai : 1) une remarque qualitative : leur excès dans le sens de la destruction répète en sens inverse, c'est-à-dire annule, contrebalance l'excès des soins reçus qui allait dans le sens de la passion maternelle ; 2) une remarque qualitative : Fanchon porte sur elle une peau qui n'est pas sienne, la peau d'une autre, peau idéale voulue, donnée, imposée par sa seconde mère ; il faut frotter jusqu'à arrachage complet cette tunique, cadeau empoisonné d'une mère adoptive abusive qui l'enserre et l'aliène. À la place, elle peut trouver une peau de souffrance, de laideur, d'ignominie, qui est une peau commune avec sa première mère et qui, seule, peut être à l'origine d'un Moi-peau propre à Fanchon.

La cure psychanalytique en face à face, telle que la rapporte Micheline Enriquez, passe par la dramatisation et la répétition dans le transfert de l'épisode psychotique de l'adolescente : en une nuit, Fanchon s'arrache la moitié des cheveux et développe sur le visage une maladie de la peau avec boutons purulents qu'elle gratte et qui la défigurent ; ses voix la reprennent et lui disent : « Sa méchanceté est si profonde qu'elle se lit sur son visage. Elle a la lèpre [...]. On va venir la chercher pour l'isoler et l'enfermer... Fanchon n'appartient pas à l'espèce humaine. Elle est un monstre, il faut la détruire. »

Fanchon met cependant sa psychanalyste, catastrophée par l'événement, sur la voie ; elle est en train d'expier la faute de sa première mère qui n'a pu être que méprisable et haïssable, une femme de rien, un monstre non humain, caché derrière la fiction avancée par les parents adoptifs, qui en faisaient un être supérieur. Au lieu d'attendre son retour comme dans un conte de fées (belle, intelligente, brillante, elle ramènerait un jour Fanchon dans son milieu d'origine), Fanchon peut donner corps et vie à cette première mère, lui inventer une histoire possible avec plusieurs versions vraisemblables, et imaginer que cette mère ait pu souffrir de la conception, de la naissance, de l'abandon de l'enfant.

Au fur et à mesure que cette nouvelle première mère prend forme, Fanchon reprend tournure, sachant choisir d'une part un coiffeur qui remet de l'ordre dans sa chevelure et lui conseille une perruque seyante ; et d'autre part, un dermatologue discret et affectueux qui panse ses plaies avec simplicité. Fanchon s'accroche toute une année à un travail psychanalytique douloureux. Ayant retrouvé un visage humain, elle fait l'été suivant un voyage à l'étranger pour revoir des amis d'enfance. Elle revient, ayant fait littéralement peau neuve, « la peau de son visage ayant totalement desquamé et laissé place à une peau lisse et fraîche comme celle d'un enfant. » Elle conclut qu'elle a fini d'expier la faute de sa première mère, qu'elle peut porter sur celle-ci son propre jugement et accepter d'en faire le deuil. Elle se sent redevenue « normale ».

Le travail psychanalytique a porté, selon Micheline Enriquez, autour de trois thèmes : 1) l'abandon de la théorie sexuelle délirante primaire proposée par le discours des parents adoptifs et l'accession aux fantasmes originaires communs ; 2) la résistance à l'effraction de la voix maternelle, discordante au niveau du sens et du son, disqualifiante des sensations et des désirs de l'enfant, ne nommant pas les affects, inapte à créer ce que j'appelle l'enveloppe sonore du Soi ; 3) l'élaboration d'un Moi-peau, d'abord par des essais de maîtrise dérisoire du corps et de ses contenus (activités de vidage-remplissage : anorexie, boulimie, constipation, diarrhée : c'est-à-dire élaboration de ce que j'appelle un Moi-peau sac, une peau contenante) ; puis par l'inscription de sa souffrance sur son enveloppe corporelle (le Moi-peau acquérant ainsi la fonction que j'ai décrite comme surface d'inscription des qualités sensibles).

Cette souffrance exhibée au regard et sollicitant d'autrui fascination et horreur, lui permet de se détacher de l'emprise maternelle, de se constituer une enveloppe intouchable, d'acquérir un sentiment de sécurité de base dans sa propre peau. Celle-ci peut alors être investie autoérotiquement et connaître les plaisirs du toucher. Fanchon va à la piscine et nage avec plaisir ; elle s'achète des vêtements et les sort d'un grand sac pour les montrer à la psychanalyste ; elle touche, avant de s'y installer, le fauteuil, les objets du bureau ; elle respire les fleurs, fait des remarques à la psychanalyste sur ses vêtements et ses parfums ; elle pleure : « sentir les larmes chaudes et salées couler sur mon visage, c'est doux... » ; (tout cela confirme que le Moi se constitue bien par un étayage tactile). Ce Moi-peau permet à Fanchon de donner et recevoir une information sensorielle (favorisée par le face à face), sous le double signe de l'activité de connaissance et de l'expérience de satisfaction.

Le passage du corps en souffrance au corps de souffrance, conclut Micheline Enriquez, est le « prix à payer pour *être* pour un autre et *avoir à soi* » : c'est la première position identificatoire, sur la polarité inclusion-exclusion et qui conditionne les identifications ultérieures (spéculaire, narcissique, œdipienne). En rapportant un peu plus loin l'observation de Zénobie (p. 243), je montrerai en quoi la pellicule de rêves peut constituer une porte de sortie à l'enveloppe de souffrance.

17

LA PELLICULE DU RÊVE

LE RÊVE ET SA PELLICULE

Une pellicule est au sens premier du terme une fine membrane qui protège et enveloppe certaines parties des organismes végétaux ou animaux et, par extension, le mot désigne une couche, toujours fine, d'un matière solide à la surface d'un liquide ou sur la face extérieure d'un autre solide. En un second sens, la pellicule utilisée en photographie est un mince feuillet servant de support à la couche sensible destinée à être impressionnée. C'est aux deux sens que le rêve est une pellicule. Le rêve constitue un pare-excitation qui enveloppe le psychisme du dormeur et le protège de l'activité latente des restes diurnes (les désirs insatisfaits de la veille, fusionnés à des désirs insatisfaits de l'enfance) et de l'excitation de ce que Jean Guillaumin (1979) a appelé les « restes nocturnes » (sensations lumineuses, sonores, thermiques, tactiles, cœnesthésiques, besoins organiques, etc., actifs pendant le sommeil). Ce pare-excitation est une membrane fine, qui met sur le même plan les stimuli externes et les poussées pulsionnelles internes en aplatissant leurs différences (ce n'est donc pas une interface apte à séparer, comme fait le Moi-peau, le dedans et le dehors) ; c'est une membrane fragile, prompte à se rompre et à se dissiper (d'où le réveil angoissé), une membrane éphémère (elle ne dure que ce que dure le rêve, encore qu'on puisse supposer que la présence de cette membrane rassure suffisamment le dormeur pour que, l'ayant inconsciemment introjectée, il se replie en elle, régresse à l'état de narcissisme primaire où béatitude, réduction à zéro des tensions et mort sont confondues, et s'enfonce dans un profond sommeil sans rêve) (*cf.* Green A., 1984).

D'autre part, le rêve est une pellicule impressionnable, qui enregistre des images mentales généralement visuelles, éventuellement sous-titrées ou parlantes, parfois en vues fixes comme dans la photographie, le plus souvent selon un déroulement animé comme dans les films cinématographiques ou, cette comparaison plus moderne est meilleure, comme dans un vidéo-clip. Là, c'est bien une fonction du Moi-peau qui est activée, la fonction de surface sensible et d'enregistrement de traces et d'inscriptions. Sinon le Moi-peau, du moins l'image du corps déréalisée et aplatie fournit-elle l'écran du rêve sur le fond duquel émergent les figurations qui symbolisent ou personnifient les forces et les instances psychiques en conflit. La pellicule peut être mauvaise, la bobine se coincer ou prendre le jour et le rêve est effacé. Si tout se passe bien, on peut au réveil développer le film, le visionner, en refaire le montage, voire le projeter sous forme d'un récit qu'on en fait à autrui.

Le rêve présuppose pour avoir lieu qu'un Moi-peau soit constitué (les bébés, les psychotiques ne rêvent pas, au sens strict du terme ; ils n'ont pas acquis une distinction sûre de la veille et du sommeil, de la perception de la réalité et de l'hallucination). Réciproquement, le rêve a, entre autres fonctions, celle de tenter de réparer le Moi-peau non seulement parce que ce dernier risque de se défaire pendant le sommeil, mais surtout parce qu'il a été plus ou moins criblé de trous produits par les effractions subies pendant la veille. Cette fonction vitale du rêve, de reconstruction quotidienne de l'enveloppe psychique, explique, à mon sens, pourquoi tout le monde ou à peu près rêve toutes les nuits ou à peu près. Nécessairement ignorée par la première théorie freudienne de l'appareil psychique, elle est implicite dans la seconde théorie : je vais essayer de l'expliciter.

RETOUR SUR LA THÉORIE FREUDIENNE DU RÊVE

Sous la fascination de son amitié passionnelle pour Fliess et dans l'exaltation de sa découverte de la psychanalyse, Freud, entre 1895 et 1899, interprète les rêves nocturnes comme des accomplissements imaginaires de désirs. Il démontre le travail psychique effectué par le rêve aux trois niveaux qui constituent alors pour lui l'appareil psychique. Une activité inconsciente associe à des représentants de chose et à des affects, des motions pulsionnelles qu'elle rend ainsi représentables. Une activité préconsciente articule d'une part à des représentants de mots, d'autre part à des mécanismes de défense ces représentants représentatifs et émotionnels qui se trouvent ainsi élaborés en figurations symboliques et en formations de compromis. Enfin le système perception-conscience, qui déplace son fonctionnement, pendant le sommeil, du pôle progrédient de la décharge motrice au pôle régrédient de la perception, hallucine ces figurations avec une vivacité sensorielle et affective qui les dote de l'illusion de réalité. Le travail du rêve réussit quand il franchit l'obstacle successif des deux censures, entre l'inconscient et le préconscient d'abord, entre le préconscient et la conscience ensuite. Aussi connaît-il deux types de ratés. Si le déguisement sous lequel se présente le désir interdit ne trompe pas la deuxième censure, c'est le réveil dans l'angoisse. Si les représentants inconscients court-circuitent le détour par le préconscient et passent directement dans la conscience, c'est la terreur nocturne, le cauchemar.

Quand Freud a élaboré sa seconde conception de l'appareil psychique, il n'a pas pris le temps de reprendre toute la théorie du rêve dans sa nouvelle perspective, se contentant de révisions ponctuelles. Celles-ci toutefois mettent sur la voie d'une systématisation plus complète.

Le rêve réalise les désirs du Ça, étant entendu qu'il s'agit de toute la gamme pulsionnelle élargie au même moment par Freud : désirs sexuels, auto-érotiques, agressifs, auto-destructeurs ; le rêve les réalise conformément au principe du plaisir, qui régit le fonctionnement psychique du Ça et qui exige la satisfaction immédiate et inconditionnelle des demandes pulsionnelles ; conformément aussi à la tendance du refoulé à faire retour. Le rêve réalise les exigences du Surmoi : en ce sens, si certains rêves apparaissent plus comme des accomplissements de désir, d'autres rêves sont des accomplissements d'une menace. Le rêve réalise le désir du Moi, qui est de dormir, et il le réalise en serviteur de deux maîtres : en apportant des satisfactions imaginaires à la fois au Ça et au Surmoi. Le rêve réalise également le désir, propre à ce que certains successeurs de Freud ont appelé le Moi idéal, de rétablir la fusion primitive du Moi et de l'objet et de retrouver l'état heureux de symbiose organique intra-utérine du nourrisson avec sa mère. Alors qu'à l'état de veille, l'appareil psychique obéit au principe de réalité, qu'il maintient des limites entre le Soi et le non-Soi, entre le corps et la psyché, qu'il admet la limitation de ses possibilités, qu'il affirme sa prétention à l'autonomie individuelle, dans le rêve par contre, il revendique la toute-puissance, il exprime son aspiration à l'illimité. Dans un de ses contes où il décrit la *Cité des immortels*, Borges les montre passant leur temps à rêver. Rêver, c'est nier en effet qu'on soit mortel. Sans cette croyance nocturne en l'immortalité d'au moins une partie du Soi, la vie diurne serait-elle tolérable ?

Dans les rêves post-traumatiques étudiés par Freud (1920) en introduction à sa seconde topique psychique, le rêveur revit répétitivement les circonstances qui ont précédé l'accident. Ce sont des rêves d'angoisse, mais qui s'arrêtent toujours juste avant la représentation de l'accident, comme si celui-ci pouvait être après coup suspendu et évité au dernier moment. Ces rêves remplissent par rapport aux précédents, quatre fonctions nouvelles :

– réparer la blessure narcissique infligée par le fait d'avoir subi un traumatisme ;

– restaurer l'enveloppe psychique déchirée par l'effraction traumatique ;

– maîtriser rétroactivement les circonstances déclenchantes du traumatisme ;

– rétablir le principe de plaisir dans le fonctionnement de l'appareil psychique que le traumatisme a fait régresser à la compulsion de répétition.

Je m'interroge : ce qui se passe ainsi pour les rêves qui accompagnent la névrose traumatique ne doit-il être considéré que comme un cas particulier ? Ou bien – telle est du moins ma conviction –, le traumatisme fonctionnant comme un verre grossissant, n'avons-nous pas à faire à un phénomène général qui se trouve à la racine de tous les rêves ? La pulsion en tant que poussée (indépendamment de son but et de son objet) fait irruption dans l'enveloppe psychique de façon répétitive pendant la veille comme pendant le sommeil, provoquant des micro-traumatismes dont la diversité qualitative et l'accumulation quantitative constituent, passé un certain seuil, ce que Masud Khan (1974) a appelé un traumatisme cumulatif. Il devient nécessaire à l'appareil psychique de chercher d'une part à évacuer cette surcharge, d'autre part à rétablir l'intégrité de l'enveloppe psychique.

Parmi la gamme des moyens possibles, les deux plus immédiats, et qui sont souvent jumelés, sont la constitution d'une enveloppe d'angoisse et celle d'une pellicule de rêve. L'appareil psychique a été surpris, lors du traumatisme, par le surgissement d'excitations externes qui ont fait effraction à travers le pare-excitation, non seulement parce qu'elles étaient trop fortes mais aussi, Freud (1920) y insiste, en raison de l'état d'impréparation de l'appareil psychique, qui ne s'attendait pas à ce surgissement. La douleur est le signe de cette effraction par surprise. Pour qu'il y ait traumatisme, il faut qu'il y ait dénivellation entre l'état de l'énergie interne et celui de l'énergie externe. Assurément, il existe des chocs tels que, quelle que soit l'attitude du sujet à leur égard, le désordre organique et la rupture du Moi-peau sont irrémédiables. Mais généralement, la douleur est moindre si l'effraction n'a pas eu lieu par surprise et s'il se trouve le plus vite possible quelqu'un qui, par ses paroles, par ses soins, fonctionne comme Moi-peau auxiliaire ou substitutif à l'égard du blessé (j'entends par là autant le fait d'être victime d'une blessure narcissique que d'une blessure physique). Freud, dans *Au-delà du principe du plaisir* (1920), décrit cette défense contre le traumatisme par des contre-investissements énergétiques d'intensité correspondante, ayant pour but *d'égaliser* l'investissement d'énergie interne à la quantité d'énergie externe apportée par les excitations qui ont surgi. Cette opération entraîne un certain nombre de conséquences ; les trois premières sont économiques, ce sont celles auxquelles Freud s'est surtout attaché ; la quatrième est topique et topographique : Freud l'a seulement pressentie et il convient de la développer.

a) Ces contre-investissements ont pour contrepartie un appauvrissement du reste de l'activité psychique, particulièrement de la vie amoureuse et/ou intellectuelle.

b) S'il y a une lésion durable à la suite d'un traumatisme physique, les risques de névrose traumatique sont diminués, car la lésion appelle un surinvestissement narcissique de l'organe atteint, ce qui lie l'excitation en excès.

c) Plus un système a un investissement élevé et une énergie liée (c'est-à-dire quiescente), plus forte est sa capacité de liaison, et donc de résistance au traumatisme ; d'où la constitution de ce que j'appelle une enveloppe d'angoisse, dernière ligne de défense du pare-excitation : l'angoisse prépare le psychisme, par le surinvestissement des systèmes récepteurs, à anticiper le surgissement possible du traumatisme et à mobiliser une énergie interne égalisable autant que possible à l'excitation externe.

d) D'un point de vue topographique maintenant, encerclée et colmatée par un contre-investissement permanent, la douleur de l'effraction subsiste sous forme de souffrance psychique inconsciente, localisée et enkystée à la périphérie du Soi (à rapprocher du phénomène de la « crypte » décrit par Nicolas Abraham, 1978, ou encore de la notion winnicottienne d'un « Soi caché »).

L'enveloppe d'angoisse (première défense, et qui est une défense par l'affect) prépare l'apparition de la pellicule du rêve (seconde défense, qui est une défense par la représentation). Les trous du Moi-peau, qu'ils soient produits par un traumatisme important ou par l'accumulation des micro-traumatismes résiduels de la veille ou contemporains du sommeil, sont transposés par le travail de la représentation en lieux scéniques où peuvent alors se dérouler les scénarios du rêve. Les trous sont ainsi colmatés par une pellicule d'images, essentiellement visuelles. Le Moi-peau est à l'origine une enveloppe tactile, doublée d'une enveloppe sonore et d'une enveloppe gustativo-olfactive. Les enveloppes musculaire et visuelle sont plus tardives. La pellicule du rêve est une tentative de remplacer l'enveloppe tactile défaillante par une enveloppe visuelle plus mince, plus frêle mais aussi plus sensible : la fonction de pare-excitation est rétablie *a minima* ; la fonction d'inscription des traces et de leur transformation en signes est par contre majorée. Pénélope défaisait chaque nuit, pour échapper à l'appétit sexuel des prétendants, la tapisserie à laquelle elle travaillait le jour. Le rêve nocturne opère à l'inverse de Pénélope ; il retisse la nuit ce qui du Moi-peau s'est défait le jour sous l'impact des stimuli exogènes et endogènes.

Ma conception de la pellicule du rêve recoupe l'observation publiée par Sami-Ali (1969) d'un cas d'urticaire : constatant chez une patiente l'alternance de périodes de crises d'urticaire sans rêve et de périodes de rêves sans crises d'urticaire, Sami-Ali fait l'hypothèse que le rêve dissimule une image du corps désagréable. Je transcrirais ainsi son intuition : l'illusoire peau du rêve masque un Moi-peau irrité et à vif.

Ces considérations m'amènent à repenser également les rapports du contenu latent et du contenu manifeste du rêve. Comme l'ont noté chacun à leur façon Nicolas Abraham (1978) et Annie Anzieu (1974), l'appareil psychique a une structure en emboîtements. En effet, pour qu'il y ait des contenus, il faut un contenant, et ce qui est un contenant à un niveau peut devenir un contenu à un autre niveau. Le contenu latent du rêve vise à être un contenant des poussées pulsionnelles en les associant à des représentants inconscients de choses. Le contenu manifeste vise à être un contenant visuel du contenant latent. Le récit du rêve après le réveil vise à être un contenant verbal du contenu manifeste. L'interprétation éventuellement donnée par le psychanalyste au récit du rêve du patient, d'une part démonte en partie les emboîtements (comme on épluche les peaux successives d'un oignon), d'autre part rétablit le Moi dédoublé et conscient dans sa fonction de conteneur des représentants représentatifs et affectifs des poussées pulsionnelles et des effractions traumatiques.

Observation de Zénobie

Je donne à cette patiente, aînée de sa fratrie et marquée par la perte douloureuse de sa position d'enfant unique, le pseudonyme de Zénobie en souvenir de la reine brillante de l'antique Palmyre, détrônée par les Romains.

Une première analyse avec un confrère semble avoir essentiellement porté sur ses sentiments œdipiens, sur leur organisation hystérique, sur les complications consécutives de sa vie amoureuse, sur sa frigidité qui a été atténuée sans toutefois disparaître. Elle vient me consulter à cause d'un état d'angoisse quasi-permanent que, depuis cette première analyse, elle ne peut plus refouler et, secondairement, à cause de cette frigidité persistante qu'elle cherche à la fois à guérir et à nier en se jetant dans des liaisons de plus en plus compliquées.

Les premières semaines de sa seconde psychanalyse sont dominées par un intense transfert amoureux, plus exactement par le transfert dans la cure de ses démarches séductrices habituelles à l'égard d'hommes plus âgés qu'elle. Je reconnais là, sans le lui dire, la ruse hystérique sous-jacente à cette séduction trop manifeste : retenir l'intérêt et l'attention d'un partenaire éventuel en lui proposant des satisfactions sexuelles, mais en fait pour obtenir de lui la satisfaction des besoins du Moi méconnus par l'entourage ancien. Je montre peu à peu à Zénobie que ses mécanismes de défense hystériques la protègent – mal – de failles dans sa sécurité narcissique de base, failles en rapport avec une forte angoisse de perte de l'amour de la mère et avec les multiples frustrations précoces de ses besoins psychiques. Zénobie restait marquée par un contraste quasi-traumatique entre ces frustrations et la générosité et le plaisir avec lesquels sa mère avait satisfait les besoins de son corps jusqu'à la naissance d'un frère rival.

Le transfert séducteur disparaît quand Zénobie acquiert la certitude que le psychanalyste est disposé à s'occuper de ses besoins du Moi sans réclamer en contrepartie une prime de plaisir érotique. Simultanément, la qualité de l'angoisse change : l'angoisse dépressive, liée aux expériences de perte ou de menace de perte de l'amour maternel, laisse la place à une angoisse persécutive, encore plus ancienne et plus redoutable.

Au cours d'un séjour à l'étranger pendant l'été, elle a fait, me rapporte-t-elle au retour, une expérience très agréable, celle de vivre dans un appartement plus grand, mieux situé, mieux éclairé que celui qu'elle occupe à Paris. J'entends tous ces détails, sans le lui préciser, comme reflétant l'évolution de son image du corps et de son Moi-peau : elle se sent mieux à l'aise dans sa peau, elle a un intense besoin de communiquer, mais ce Moi-peau ébauché ne lui fournit ni un pare-excitation suffisant ni un filtre lui permettant de discerner l'origine et la nature des excitations. En effet, cet appartement de rêve le jour devenait la nuit un véritable cauchemar. Non seulement elle ne rêvait pas, mais elle n'arrivait plus à dormir ; elle imaginait que des cambrioleurs pouvaient entrer. Cette angoisse persiste depuis son retour à Paris : elle n'a pas vraiment retrouvé le sommeil.

J'interprète sa crainte de l'effraction comme étant à double face : d'une part une effraction d'origine externe, celle d'un homme inconnu dans les parties intimes de son corps (angoisse de viol), mais aussi celle du psychanalyste dans les parties intimes de son psychisme ; d'autre part, une effraction interne, celle de ses propres pulsions qu'elle ignore être siennes, notamment un violent ressentiment pour les frustrations exercées par son entourage ancien et actuel. Je lui explique que l'intensité de son angoisse provient de l'accumulation et de la confusion de l'effraction d'origine externe et de celle d'origine interne et aussi de la confusion de la pénétration sexuelle et de la pénétration psychique. Cette interprétation vise à consolider son Moi-peau comme interface séparant l'excitation externe et l'excitation interne et comme emboîtement d'enveloppes différenciant le Moi psychique et le Moi corporel au sein d'un même Soi. L'effet est immédiat et assez durable : elle retrouve le sommeil. Mais l'angoisse qu'elle éprouvait jusqu'ici dans sa vie tend à se reporter dans sa psychanalyse.

Les séances suivantes sont marquées par un transfert en miroir. Demande répétitive de Zénobie pour que ce soit moi qui parle, qui dise ce que je pense, comment je vis, pour que je fasse écho à ce qu'elle dit, pour que je dise ce que je pense de ce qu'elle a dit. Mon contre-transfert est mis à l'épreuve par cette pression insistante et sans cesse renaissante qui me contraint quasi-physiquement et me prive de ma liberté de penser. Je ne peux ni garder le silence, ressenti par elle comme un rejet agressif et qui risque d'être destructeur pour son Moi-peau en cours de constitution, ni entrer dans son jeu hystérique d'inversion de la situation, moi devenant le patient et elle l'analyste. Par approximations successives, je mets au point une démarche d'interprétation à double versant. D'une part je lui rappelle ou lui précise une interprétation antérieurement donnée, qui est susceptible de répondre en partie à ce qu'elle me demande et qui lui montre à quoi je pense en tant qu'analyste et comment ce qu'elle dit résonne en moi. D'autre part j'essaie d'élucider le sens de sa demande : je lui explique tantôt que de vérifier que ce qu'elle dit fait écho en moi exprime son besoin de recevoir de l'autre une image d'elle pour qu'elle puisse s'en faire une à son tour ; tantôt que de savoir à quoi pensait sa mère, comment elle vivait avec son mari, quelles relations elle entretenait avec un cousin, son amant supposé, et pourquoi elle avait eu d'autres enfants, était resté pour elle une interrogation douloureuse et sans réponse ; tantôt encore qu'en me soumettant à un bombardement de questions, elle reproduisait, en cherchant à la maîtriser, une situation où elle avait dû elle-même toute petite être soumise à un bombardement de stimulations trop intenses ou trop précoces pour arriver à les penser.

Un travail analytique soutenu lui permet un certain dégagement par rapport à la position persécutive. Elle retrouve avec moi la sécurité du lien premier au bon sein maternel, sécurité détruite par les désillusions des naissances successives procréées par ce sein.

Les grandes vacances se passent pour elle sans difficultés et sans passages à l'acte perturbateur. À la reprise, elle s'abandonne à une régression importante. Elle expérimente pendant les trois quarts d'heure de la séance un affect massif de détresse. Elle revit toute sa douleur de l'abandon maternel. Les détails qu'elle est alors capable de repérer et de formuler concernant la qualité de cette souffrance signent une progression de son Moi-peau : elle a acquis l'enveloppe lui permettant de contenir ses états psychiques, et le dédoublement du Moi conscient lui permettant l'auto-observation et la symbolisation des parties malades d'elle-même. Elle apporte trois ordres de détails, que je réunis à chaque fois dans une interprétation. En premier lieu, je lui explique qu'elle a souffert de l'abandon maternel, en étant détrônée de sa situation d'enfant unique : nous le savions déjà intellectuellement, mais il lui fallait retrouver l'affect d'intense souffrance qu'elle avait alors à la fois connu et écarté. En second lieu, je propose une construction que la période précédente de transfert en miroir m'avait préparé à faire : même pendant la phase où elle avait été enfant unique, la communication entre elle et sa mère avait été défaillante ; la mère avait abondamment nourri et choyé Zénobie, mais elle n'avait pas assez pris en considération le ressenti interne du bébé. Zénobie précise en réponse que sa mère criait pour un oui et pour un non (ce que je rapproche de sa crainte de l'effraction par les bruits) ; Zénobie n'avait pas pu différencier de façon sûre, dans ce qu'elle éprouvait, ce qui provenait de sa mère et ce qui provenait d'elle-même ; le bruit exprimait la fureur d'elle ne savait qui. En troisième lieu, je suggère que cette non-prise en considération de ses sensations-affects-fantasmes primaires avait sans

doute été redoublée par le père, dont le caractère jaloux et violent peut désormais être évoqué en clair par ma patiente.
Cette séance est d'une intensité émotionnelle intense et prolongée. Zénobie sanglote, à la limite de l'effondrement. Je lui annonce à l'avance la fin de sa séance, pour qu'elle puisse se préparer intérieurement à l'interruption. Je lui dis que j'accueille sa souffrance, qu'elle est en train de vivre là peut-être pour la première fois un affect si redoutable qu'elle ne s'était pas permis jusqu'ici de l'éprouver et qu'elle l'avait colmaté, déporté et enkysté à la périphérie d'elle-même. Elle s'arrête de pleurer mais titube en partant. Son Moi trouve dans cette souffrance enfin faite sienne une enveloppe qui affermit ses sentiments d'unité et de continuité du Soi.
La semaine d'après, Zénobie a repris ses mécanismes de défense habituels : elle ne veut plus, dit-elle, refaire dans sa psychanalyse une expérience aussi douloureuse. Puis elle fait allusion au fait qu'elle rêve beaucoup, sans arrêt, toutes les nuits depuis le retour des vacances. Elle ne pensait pas à m'en parler. À la séance suivante, elle m'annonce qu'elle a décidé de me parler de ses rêves, mais comme il y en a trop, elle les a classés en trois catégories : la catégorie « reine de beauté », la catégorie « boule ». J'ai oublié la troisième catégorie, n'ayant pas pu tout noter sur-le-champ et me trouvant débordé par l'abondance du matériel. Elle me rapporte ses rêves en détail et en vrac pendant des séances et des séances. Je suis submergé ou plutôt, renonçant à tout retenir, comprendre et interpréter, je me laisse porter par le flot.
Dans les rêves de la première catégorie, elle est ou elle voit une fille très belle que des hommes vont mettre nue sous prétexte d'examiner sa beauté.
Elle interprète elle-même les rêves de « boules » en rapport avec le sein ou avec les testicules. Elle reprend et complète : la boule c'est un sein-testicule-tête. Elle évoque l'expression courante « perdre la boule », pour « perdre la tête ».

Les rêves de Zénobie lui tissent une peau psychique pour remplacer son pare-excitation défaillant. Elle a commencé de reconstituer son Moi-peau à partir du moment où j'ai interprété sa persécution sonore, en mettant l'accent sur la confusion entre les bruits du dehors et le bruit que fait dans sa tête sa rage intérieure, clivée, fragmentée et projetée. Son récit fait maintenant défiler devant moi ses rêves sans s'attarder sur aucun, sans me donner ni le temps ni les éléments d'une interprétation possible. C'est un survol. Plus exactement j'ai l'impression que ses rêves la survolent et l'environnent d'un berceau d'images. L'enveloppe de souffrance fait place à une pellicule de rêves par laquelle son Moi-peau prend davantage consistance. Son appareil psychique peut même symboliser cette activité renaissante de symbolisation par la métaphore de la boule, qui condense plusieurs représentations : celle d'une enveloppe psychique en voie d'achèvement et d'unification ; celle de la tête, c'est-à-dire, pour reprendre une expression de Bion, d'un appareil à penser ses propres pensées ; celle du sein maternel tout puissant et perdu à l'intérieur duquel elle a jusqu'ici continué de vivre régressivement et fantasmatiquement ; celle des organes masculins de la fécondation du manque desquels elle a souffert quand elle a été délogée, par la naissance d'un frère, de sa place d'objet privilégié de l'amour maternel. Ainsi s'entrecroisent là les deux dimensions, narcissique et objectale, de sa psychopathologie, préfiguration des interprétations croisées que j'aurais à lui donner au cours des semaines suivantes et qui alterneront la prise en considération de sa fantasmatique sexuelle, prégénitale et œdipienne, et celle des failles et des surinvestissements (par exemple sur le mode de la séduction) de son enveloppe narcissique. En effet, l'acquisition par le sujet de son identité sexuelle dépend de deux conditions. Une condition nécessaire, à savoir qu'il ait pour la contenir une peau à lui, à l'intérieur de laquelle il se sente précisément sujet. Une condition suffisante, à savoir qu'il fasse, en relation avec des fantasmes pervers polymorphes et œdipiens, l'expérience, sur cette peau, de zones érogènes et des jouissances qui peuvent y être éprouvées.

Quelques séances plus tard vient enfin un rêve sur lequel il nous est possible de travailler : « Elle sort de chez elle, la chaussée est effondrée. On voit les fondations de l'immeuble. Son frère arrive, avec toute sa famille. Elle est couchée sur un matelas. Tout le monde la regarde avec calme. Quant à elle, elle se sent révoltée, elle a envie de hurler. Elle est soumise à une épreuve horrible : elle doit faire l'amour avec son frère devant tous les autres. » Elle se réveille épuisée.

Ses associations l'amènent à revenir sur un rêve récent de bestialité qui l'avait beaucoup perturbée et à évoquer le caractère dégoûtant de la sexualité qu'elle a vécue, dans l'enfance et lors de ses premières relations hétérosexuelles à l'adolescence, comme une épreuve révoltante. « Les ébats de mes parents, c'étaient comme des animaux… (un temps). Je redoute par-dessus tout que la confiance que j'ai en vous ne soit mise en question. »

Moi : « Ce serait la chaussée effondrée, les fondations menacées. Vous attendez de moi que je vous aide à contenir le trop-plein d'excitation sexuelle qu'il y a en vous depuis votre enfance et dont votre psychanalyse vous donne une conscience de plus en plus vive. » Le mot de sexualité se trouve ainsi prononcé pour la première fois dans sa cure, et il l'est par moi-même.

Elle précise qu'elle a vécu pendant toute son enfance et son adolescence dans un état désagréable d'excitation permanente et confuse dont elle n'arrivait pas à se débarrasser.

Moi : « C'était l'excitation sexuelle, mais vous ne pouviez pas l'identifier comme sexuelle, car personne autour de vous ne vous avait donné d'explication à ce sujet. Vous ne saviez pas non plus localiser en quels endroits de votre corps vous ressentiez cette excitation, car vous n'aviez pas une représentation de votre anatomie féminine suffisamment sûre pour le faire. » Elle part rassérénée.

À la séance suivante, elle revient sur ce matériel abondant de rêves dont elle m'inonde : il lui a échappé de toute part et, craint-elle, il va déborder ma capacité de la maîtriser.

Moi : « Vous me mettez dans la même situation d'être débordé par vos rêves que vous l'êtes vous-même par l'excitation sexuelle. »

Zénobie peut formuler sa demande, réfrénée depuis le début de la séance : Qu'est-ce que je pense de ses rêves ?

Je me déclare d'accord pour répondre ici et maintenant sur ses rêves, puisque son entourage n'avait pas répondu autrefois aux questions qu'elle se posait sur la sexualité et qu'elle a depuis un besoin incoercible d'interroger les autres sur ce qu'ils ressentent quant à eux et sur ce qu'ils pensent qu'elle-même ressent. Mais je précise que je n'ai aucun jugement à porter, ni sur ses rêves, ni sur ses actes. Je n'ai pas à décider par exemple si l'inceste ou la bestialité c'est bien ou c'est mal. Je lui communique ensuite deux interprétations. La première vise à différencier l'objet d'attachement et l'objet de séduction. Avec le chien, qui s'accole à elle dans le rêve plus ancien, elle fait l'expérience d'un objet avec lequel elle communique à un niveau vital primitif et essentiel, par le contact tactile, la douceur du poil, la chaleur du corps, la caresse du léchage. Ces sensations de bien-être par lesquelles elle se laisse envelopper lui permettent de se sentir suffisamment bien dans sa peau pour éprouver un désir proprement sexuel et féminin, mais inquiétant, d'être pénétrée. Avec son frère, dans le dernier rêve, la sexualité est bestiale en un autre sens, car il est brutal, et elle l'a haï à sa naissance, il pourrait se venger en la possédant, ce serait avec lui accomplir un inceste monstrueux, animal. C'est l'amant redoutable de qui, fillette, elle a imaginé qu'elle pourrait tenir son initiation sexuelle.

Deuxièmement, je mets l'accent sur l'interférence, embarrassante pour elle, entre le besoin sexuel corporel dont l'accomplissement reste chez elle encore incomplet, et le besoin psychique d'être comprise. Elle se livre au désir sexuel brutal de l'homme en victime qui pense que c'est nécessaire pour attirer l'attention de celui-ci et pour obtenir, au prix du plaisir physique qu'elle lui donne, la satisfaction de ses besoins du Moi, satisfaction tantôt hypothétique, tantôt insatiable (je fais allusion là aux deux types d'expériences qui se sont succédés dans l'histoire de sa vie sexuelle). D'où la séduction qu'elle met en avant dans ses rapports avec les hommes et dans le jeu de laquelle elle se piège elle-même ; je lui rappelle que les premiers mois de sa psychanalyse avec moi avaient été consacrés à rejouer et à déjouer ce jeu.

Le travail psychanalytique amorcé dans cette série de séances s'est continué pendant des mois. Il a enclenché des modifications notables, par à-coups successifs (selon le type d'évolution par rupture et par brusque réorganisation propre à cette patiente), dans sa vie amoureuse et dans sa vie professionnelle. C'est bien plus tard que le saut direct de l'oralité à la génitalité et le court-circuit de l'analité ont pu être analysés chez Zénobie.

L'ENVELOPPE D'EXCITATION, FOND HYSTÉRIQUE DE TOUTE NÉVROSE

Cette séquence illustre la nécessité de l'acquisition d'un Moi-peau et des sentiments corrélatifs d'unité et de continuité de Soi, non seulement pour accéder à l'identité sexuelle et pour aborder la problématique œdipienne, mais d'abord pour localiser correctement l'excitation érogène, pour lui donner des limites en même temps que des voies de décharge satisfaisantes, pour libérer le désir sexuel de son rôle de contre-investissement des frustrations précoces subies par les besoins du Moi psychique et par la pulsion d'attachement.

Ce cas illustre également la séquence : enveloppe de souffrance, pellicule de rêves, peau de mots, nécessaire à la construction d'un Moi-peau suffisamment contenant, filtrant et symbolisant, chez des patients ayant souffert de carences anciennes dans la satisfaction des besoins du Moi, et présentant pour cette raison d'importantes failles narcissiques. L'agressivité inconsciente de Zénobie envers les hommes a pu être rattachée aux frustrations successives exercées par la mère puis par le père enfin par la fratrie. Avec l'évolution de son Moi-peau en une interface continue, souple et ferme, la pulsion (sexuelle et agressive) devient pour elle une force utilisable à partir de zones corporelles spécifiques vers des objets plus adéquatement choisis et pour des buts porteurs de plaisirs à la fois physiques et psychiques.

Pour pouvoir être reconnue, c'est-à-dire représentée, la pulsion doit être contenue dans un espace psychique tridimensionnel, localisée en certains points de la surface du corps et émerger comme figure sur cette toile de fond que constitue le Moi-peau. C'est parce que la pulsion est délimitée et circonscrite que sa poussée prend sa pleine force, une force susceptible de se trouver un objet et un but et d'aboutir à une franche et vivante satisfaction.

Zénobie présente plusieurs traits de la personnalité hystérique. Sa cure met en évidence « l'enveloppe d'excitation », expression que je dois à Annie Anzieu (1987). Au lieu d'avoir pu trouver son enveloppe psychique à partir des signes sensoriels que lui renvoyait sa mère (il y avait notamment une discordance grave entre les manifestations tactiles chaleureuses et les émissions sonores brutales de cette mère), Zénobie a cherché un Moi-peau substitutif dans une enveloppe d'excitation permanente, investie de façon diffuse et globale aussi bien par les pulsions agressives que sexuelles. Cette enveloppe résulte d'un processus d'introjection d'une mère aimante et excitante à l'occasion de la tétée et des soins corporels. Elle entoure le Soi de Zénobie d'une ceinture d'excitations qui pérennise dans son fonctionnement psychique la double présence d'une mère attentive à ses besoins corporels et d'une stimulation pulsionnelle continue permettant à Zénobie de se sentir exister en permanence. Mais cette mère excitante quant au corps est deux fois décevante, car elle répond mal aux besoins psychiques de l'enfant et met fin brusquement à l'excitation physique qu'elle a provoquée, quand elle la ressent trop durable ou trop agréable, ou trop équivoque ou trop coûteuse : la mère s'irrite paradoxalement de ce qu'elle induit ; elle en punit son enfant qui se sent pleine de honte. La séquence excitation-déception se joue simultanément sur le plan de la pulsion, qui est suractivée sans pouvoir aboutir à une décharge pleinement satisfaisante.

Annie Anzieu considère qu'une telle enveloppe psychique d'excitation physique caractérise non seulement le Moi-peau de l'hystérie mais constitue le fond hystérique commun à toute névrose. Au lieu d'échanger aussi ces signes que constituent les communications sensorielles originaires et qui fondent la possibilité d'une compréhension réciproque, la mère et l'enfant n'échangent que des stimulations, selon un processus en escalade qui finit toujours mal. La mère est déçue que l'enfant ne lui apporte pas tout le plaisir qu'elle attendait. L'enfant est doublement déçu, d'être décevant pour la mère et de garder en lui la surcharge d'une excitation insatisfaite.

J'ajoute que cette enveloppe hystérique pervertit en l'inversant la troisième fonction du Moi-peau : au lieu de s'abriter narcissiquement dans une enveloppe pare-excitation, l'hystérique se complaît à vivre dans une *enveloppe d'excitation*, érogène et agressive, au point d'en souffrir soi-même, d'en accuser les autres, de leur en tenir rancune, et de chercher à les entraîner dans la répétition de ce jeu circulaire où l'excitation engendre la déception qui ravive le besoin d'excitation. Dans son article « La Rancune de l'hystérique », Masud Khan (1974*b*), a bien démonté cette dialectique.

NEUROPHYSIOLOGIE DU SOMMEIL ET DIVERSITÉ DU MATÉRIEL ONIRIQUE

L'électro-encéphalographie a mis en évidence des niveaux de sommeil différents auxquels correspondent des types de rêves distincts.

1. À l'endormissement correspondent des images hypnagogiques intermédiaires entre celles de la veille et celles du rêve. C'est la phase de passage du repos et de la détente musculaire au sommeil à ondes lentes. Les rythmes cardiaque et respiratoire ralentissent, la température et la tension baissent, l'activité métabolique faiblit. L'individu qui s'endort s'isole des sources d'excitations sensorielles, ce qui lui permet de désinvestir le pare-excitation. Les enveloppes sensorielles propres aux divers organes des sens coexistent affaiblies mais ne s'emboîtent plus. D'où une désorganisation de la relation figure/fond, une perte de la tridimensionnalité. L'enveloppe psychique se défait. À l'inverse des rêves proprement dits, ces images « esthétiques » (ou mieux « esthésiques ») sont dépourvues de scénario. Elles représentent des états, non des actions. Elles se succèdent sans liens entre elles, de manière kaléïdoscopique : personnages grimaçants, passage d'une course de chevaux, maison en ruines, nuages dans le ciel, etc. Ces images traduisent les déformations de l'image du corps et de l'espace ambiant, consécutives à la position allongée, au désintérêt pour les excitations sensori-musculaires, à la désintrication du Moi corporel et du Moi psychique. Paul Federn a pratiqué systématiquement l'auto-observation de ces images. Bertram Lewin a décrit le *blank screen* ou écran vide du rêve : le rêve se réduit à son contenant ; il n'a pas encore de contenu. B. Lewin y voit la figuration du sein flasque, vidé par la tétée et devenu une surface aplatie, toile de fond sur laquelle se dérouleront les actions à venir des vrais rêves nocturnes ; ce morceau de brouillard blanchâtre traduirait la sensation visuo-tactile des grains de la peau de la mère nourricière ; sa vision s'accompagne d'un sentiment de bien-être, de plénitude, de réplétion. Isakover a décrit un autre phénomène, d'origine analogue mais de tonalité cauchemardesque : une sensation hypnagogique de sable ou de caoutchouc dans la bouche : Robbe-Grillet en fournit un exemple au début de son premier roman, *Un Régicide*. Isakover explique cette illusion par le contact du téton maternel, conservé dans la bouche du tout-petit qui s'endort repu, mais qui, n'étant plus libidinalement investi, est ressenti comme ayant une consistance granuleuse ou caoutchouteuse.

L'endormissement met en question le cadre psychique de l'état de veille, le schéma corporel avec sa tridimensionnalité et sa symétrie interne, l'image familière du corps. Les images tactiles et visuelles produites alors ne sont pas organisées entre elles mais elles surviennent par séries. Les principaux thèmes sont : l'aplatissement du corps, réduit du volume au plan ; l'incertitude sur les limites corporelles (gonflement ou rétrécissement) ; la déformation des visages, ricanants, menaçants (c'est-à-dire des représentations des imagos à l'état brut) ; la torsion et la perte de rigidité des surfaces planes (*cf.* le cauchemar d'un petit garçon qui voyait, à la place du drap de son lit, un espace informe fait de creux et de bosses) ; le déplacement brusque et immotivé d'objets, qui arrachent et déchirent l'espace et menacent de traverser le corps du rêveur ; d'une façon générale, des sensations d'étrangeté.

2. Le sommeil lent est caractérisé par la lenteur et la régularité de la respiration, par l'immobilité presque totale du corps (mais non sa paralysie : le dormeur ronfle, se retourne), par l'activité lente et régulière du cerveau qui n'envoie plus d'ordre, de mouvements. Le dormeur perd contact avec l'environnement. Les organes des sens n'adressent plus au cerveau ni information ni stimulation. Il n'y a plus d'enveloppe psychique ni comme surface d'accueil et de filtre des excitations, ni comme toile de fond sur laquelle peuvent s'inscrire des significations. La consensualité se démantèle. L'activité onirique n'est plus possible. Le sommeil lent et profond est un sommeil sans rêve, qui satisfait le principe de Nirvâna.

3. Par contre, l'accès progressif à ce sommeil s'accompagne d'une activité onirique intense. La double perte progressive de la sensorialité et de la motricité est en effet inquiétante pour le peu de conscience psychologique qui subsiste. La perte du contrôle moteur peut se traduire par un relâchement sphinctérien complet (énurésie) ou par une protestation motrice automatique (somnambulisme). Le dormeur bredouille, parle, crie. C'est au cours de cette phase que peuvent survenir des terreurs nocturnes. Deux types d'angoisse sont mobilisés et fournissent alors le contenu effrayant des rêves : angoisse névrotique de castration, angoisse psychotique d'anéantissement (toujours en rapport respectif avec la « castration » musculaire et « l'anéantissement » de l'enveloppe psychique qui fonde le sujet). La préparation d'une conférence sur le rêve m'a donné l'occasion de faire, deux nuits auparavant, un cauchemar typique : j'ai rêvé que je prononçais cette conférence, que de violentes objections m'étaient adressées, auxquelles je « coupais court » (c'est le cas de le dire) en m'écriant, à haute et intelligible voix, à l'intention de mes détracteurs : « Je vais vous couper les couilles ». C'est ma femme qui m'a, le lendemain matin rapporté mes propos, qui l'avaient éveillée et dont je ne gardais aucun souvenir. Une de mes patientes, marquée par des récits de guerre et de torture, a fait pendant longtemps le rêve répétitif suivant : une vitre était cassée (symbole de l'effraction de pare-excitation), elle se masturbait avec les morceaux effilochés de verre, saccageait son vagin et détruisait toute possibilité de plaisir génital.

4. C'est seulement avec le dernier (au sens chronologique) type de sommeil – le sommeil paradoxal – que l'énoncé freudien primitif est avéré : « le rêve est un accomplissement imaginaire du désir » ; à quoi il convient d'ajouter : organisé en scénario. En résumé, les images hypnagogiques sont des figurations ponctuelles de l'abandon (ou de la perte) du contenant psychique propre à l'état de veille. Les rêves d'entrée dans le sommeil profond et lent sont des figurations des menaces de destruction du corps et du psychisme, c'est-à-dire des contenus psychiques les plus effrayants qui ne sont plus contenus par un cadre psychique suffisant ; ils se déroulent en deux temps : la figuration de la destruction de l'enveloppe corporelle et/ou psychique ; la figuration du surgissement, de la « percée », d'une angoisse fondamentale.

Le sommeil paradoxal est, par opposition au précédent, un sommeil actif. Le corps du dormeur reste d'abord immobile mais son visage et ses doigts commencent à se contracter doucement ; ses ronflements cessent et sa respiration se fait irrégulière – très rapide, puis lente – ; il peut même pendant plusieurs secondes s'arrêter de respirer. Sous ses paupières, ses renflements cornéaux vont et viennent avec rapidité. Si l'on soulève avec délicatesse celles-ci, il semble réellement être en train de suivre quelque chose du regard. L'afflux de sang vers le cerveau et la température du corps augmentent tandis que les grands muscles du corps restent paralysés, bras, jambes et tronc sont immobilisés. Des érections péniennes surviennent chez l'homme adulte – aussi bien que chez le nouveau-né. Il existe une hypothèse selon laquelle le sommeil paradoxal ne serait pas un vrai sommeil, mais une phase pendant laquelle le sujet est éveillé bien que paralysé et soumis à des hallucinations. Les rêves concomitants sont les rêves ordinaires, caractérisés par l'investissement de la surface d'inscription, par un contenu organisé en scénario, par un accomplissement imaginaire du désir, notamment des désirs sexuels prégénitaux et génitaux (Freud). L'aspect désordonné du rêve concerne le trouble de la relation tout/parties (tandis que les images hypnagogiques concernaient le trouble de la relation figure/fond).

Le sommeil paradoxal s'effectue par tranches de 10 à 20 minutes, toutes les une heure trente. Il est spécifique des mammifères et autres espèces à sommeil prolongé. Il est paradoxal en ce qu'il maintient une certaine vigilance tout en permettant le sommeil. Il combine des traits de l'état de veille (mobilité des doigts, des yeux, des traits du visage, d'où la prédominance des images tactiles et visuelles ; rythme cardiaque accéléré, érection) et des traits du sommeil (détente musculaire, qui rend inutile l'investissement du pare-excitation).

Les trois types de rêves et le sommeil sans rêve obéissent respectivement à un des quatre principes du fonctionnement psychique : désinvestissement du principe de réalité (images hypnagogiques lors de l'endormissement) ; contrainte de répétition (cauchemar lors du passage au sommeil lent) ; principe de Nirvâna (sommeil lent sans rêve) ; principe de plaisir (sommeil paradoxal) ; c'est-à-dire qu'ils obéissent au principe psychique le plus apte à traiter le type de matériel neuro-physiologique fourni à chaque phase du sommeil.

Cette distinction des trois types de rêves présente l'avantage d'ordonner la diversité des hypothèses psychanalytiques émises après Freud sur le sens des rêves. Aux images hypnagogiques s'applique l'hypothèse psychosomatique de Christophe Dejours : le rêve est « la tentative de traduire mentalement un changement d'état du corps vécu » survenant pendant le sommeil. Les cauchemars précédant l'entrée dans le sommeil à ondes lentes illustrent l'hypothèse kleinienne d'Angel Garma : les rêves sont « des vivances d'épouvante ou de panique du dormeur, c'est-à-dire des vivances traumatiques provenant de contenus angoissants que le Moi ne peut pas chasser et que pour cela il croit réels ». Ce sont des contenus représentatifs des pulsions de mort qui ont autrefois débordé le fragile psychisme du tout-petit, qui sont ravivés par la régression due au sommeil et qui entrent en résonance avec le traumatisme de la naissance. Les rêves du sommeil paradoxal requièrent des subdivisions. L'une d'elles, le rêve-programme, a été étudiée par Jean Guillaumin, commentant le rêve princeps de Freud sur l'injection faite à Irma à la lumière de l'hypothèse neuro-physiologique de Michel Jouvet : le rêve servirait à recharger le programme génétique qui actionne le fonctionnement pulsionnel. Enfin l'hypothèse neuro-philosophique de Claude Debru, pour qui le sommeil paradoxal et le rêve seraient les gardiens de l'individualité psychique, converge avec la fonction d'individuation que j'ai attribuée au Moi-peau[1].

Les huit fonctions du Moi-peau cherchent à s'accomplir dans les rêves d'autant plus qu'elles sont menacées d'échec, étant donné la défaillance du moi vigile et la régression topique entraînées par le sommeil.

Les rêves de chute (tomber du haut d'une falaise, par exemple) expriment des attaques contre la maintenance.

Les rêves de vers qui sortent de la peau et qui grouillent expriment des attaques contre la contenance.

Les rêves de réunions où tout le monde parle en même temps et où le rêveur n'arrive pas à se faire entendre expriment les attaques contre l'individualité.

Les rêves multi-sensoriels (où le matériel visuel est entrecoupé d'éléments sonores, olfactifs, gustatifs, tactiles) expriment les attaques contre la consensualité.

1. C. Dejours, *Le Corps entre biologie et psychanalyse*, Paris, Payot, 1988 ; A. Garma, *Le Rêve. Traumatisme et hallucination*, 1970, tr. fr., Paris, PUF, 1981 ; J. Guillaumin, *Le Rêve et le Moi*, Paris, PUF, 1979 ; C. Debru, *Neurophilosophie du rêve*, Paris, Hermann, 1990.

18

RÉSUMÉS ET COMPLÉMENTS

AUX ORIGINES DES NOTIONS D'ENVELOPPE ET DE PEAU PSYCHIQUES

Le terme d'enveloppe chez S. Freud

Le terme d'*enveloppe* et ses dérivés, envelopper, enveloppant, apparaissent sous la plume de Freud en 1920, à l'occasion du remaniement en cours par ce dernier de ses conceptions de la topique psychique (au schéma conscient-préconscient-inconscient va s'ajouter le schéma Ça-Moi-Surmoi), de l'économie psychique (aux principes de plaisir et de réalité vont s'ajouter la contrainte de répétition et le principe de Nirvâna) et du dualisme pulsionnel (l'opposition libido d'objet-libido narcissique va s'intégrer dans l'opposition plus générale des pulsions de vie et des pulsions de mort).

Mais comme souvent chez lui, débordé par la richesse et par la multidimensionnalité des notions nouvelles dont il a une perception intuitive et encore obscure, Freud choisit d'exploiter les trois remaniements théoriques que je viens de rappeler et il laisse en jachère l'idée d'enveloppe. Il ne reprendra pas ce terme dans ses textes ultérieurs. Le mot reste chez lui une métaphore (le Moi a la configuration d'un sac englobant) et une métonymie (le Moi est la surface de l'appareil psychique et la projection de la surface du corps sur la surface du psychisme). Que la surface du corps s'appelle la peau Freud laisse implicite cette appellation, qui fera son apparition explicite un demi-siècle plus tard sous la plume d'Esther Bick (la « peau psychique », 1968) et huit ans après Bick sous celle de Didier Anzieu (le « Moi-peau », 1974). Quant à la notion d'enveloppe, je me suis, entre 1975 et 1986, efforcé de donner un statut de concept à ce qui n'était qu'un terme imagé.

Voici donc les passages où Freud utilise le terme d'enveloppe (c'est moi qui le transcris en italique).

– Un premier passage emploie la métaphore de l'enveloppe, c'est-à-dire d'une interface qui est une surface fermée (sur le modèle de la sphère) :

> « Ce que la conscience nous livre consiste essentiellement en perceptions d'excitations venant du monde extérieur et en sensations de plaisir et de déplaisir qui ne peuvent provenir que de l'intérieur de l'appareil psychique ; de ce fait on peut attribuer au système Pc-Cs une situation spatiale. Ce système doit se trouver à la frontière de l'extérieur et de l'intérieur, être tourné vers le monde extérieur et *envelopper* les autres systèmes psychiques. » (*Au-delà du principe de plaisir*, 1920, ch. IV, p. 65 de la traduction française, G.W., XIII, p. 22.)

– Et un peu plus loin :

> « [...] nous rejoignons la théorie anatomique des localisations cérébrales qui situe le « siège » de la conscience dans l'écorce cérébrale, couche externe et *enveloppante* (*umhüllende*) de l'organe central. » (*Ibid.*, trad. fr., p. 65-66, G.W. XIII, p. 22.)

– Puis viennent les comparaisons, explicite avec la vésicule et l'écorce, implicite avec la croûte :

> « Représentons-nous l'organisme vivant sous la forme la plus simplifiée qui soit, comme une vésicule indifférenciée de substance excitable. Sa surface tournée vers le monde extérieur sera différenciée de par sa situation même et servira d'organe récepteur d'excitations. De fait, l'embryologie, en tant qu'elle répète l'histoire de l'évolution, montre que le système nerveux central provient de l'ectoderme ; la matière grise du cortex reste bien le rejeton de la surface primitive et elle pourrait en avoir hérité des propriétés essentielles. On concevrait alors facilement que l'impact incessant des excitations externes sur la surface de la vésicule en modifie durablement la substance jusqu'à une certaine profondeur, de sorte que le processus d'excitation ne s'y écoule pas de la même façon que dans des couches plus profondes. Ainsi s'est formée une écorce qui, à force d'avoir été perforée par l'action, par la brûlure pour ainsi dire, des excitations, présente les conditions les plus favorables à la réception des excitations et est incapable d'être ultérieurement modifiée. » (*Ibid.*, trad. fr. p. 67-68.)

– *Enveloppe et membrane* sont alors considérées par Freud comme synonymes :

> « Le *pare-excitation* (*Reizschutz*) est la couche la plus superficielle » qui « devient dans une certaine mesure anorganique et fonctionne désormais comme une *enveloppe* (*Hülle*) ou *membrane* spéciale qui tient l'excitation à l'écart. » (*Ibid.*, p. 69, G.W., XIII, p. 26.)

– *Le Moi et le Ça* (1923) ajoute la comparaison avec l'homonculus :

> « Le Moi est avant tout un Moi corporel, il n'est pas seulement un être de surface, mais il est lui-même la projection d'une surface. Si l'on cherche une analogie anatomique le mieux est de s'identifier avec "l'homoncule cérébral" des anatomistes qui se trouve dans le cortex cérébral, la tête en bas et les pieds en haut, regardant vers l'arrière et, on le sait, portant à gauche la zone du langage » (p. 238).

Le concept de peau psychique selon Esther Bick

Dans son court article de 1968, Esther Bick élabore, sans la formuler complètement, la notion de peau psychique. Le mieux me semble être de reprendre le résumé en six points qu'en ont proposé A. Ciccone et M. Lhopital (*Naissance à la vie psychique*, Dunod, 1991).

Premier postulat : les parties de la personnalité ressenties, dans leur forme la plus primitive, comme n'ayant entre elles aucune force liante, sont maintenues ensemble par l'introduction d'un objet externe éprouvé comme capable de remplir cette fonction.

Deuxième postulat : l'introjection de l'objet optimal, la mère (le sein), identifié à cette fonction d'objet contenant, donne lieu au fantasme d'espaces intérieur et extérieur.

Troisième postulat : l'objet contenant introjecté est expérimenté comme une peau. Il a une fonction de « peau psychique ».

Quatrième postulat : l'introjection d'un objet externe contenant, donnant à la peau sa fonction de frontière, est préalable à la mise en œuvre des processus de clivage et idéalisation du soi et de l'objet.

Cinquième postulat : en l'absence d'introjection des fonctions contenantes, l'identification projective continue sans relâche avec toutes les confusions d'identité qui en découlent.

Sixième postulat : les perturbations de l'introjection résultant soit de l'inadéquation de l'objet réel, soit d'attaques fantasmatiques contre lui, conduisent au développement d'une formation « seconde peau ».

Le concept d'enveloppe psychique selon Didier Anzieu

Le schéma topographique de l'appareil psychique est ébauché par Freud dans *Au-delà du principe de plaisir* (1920) puis repris, précisé et représenté sous la forme visuelle d'un graphe dans *Le Moi et le Ça*

(1923), *Le Bloc-magique* (1925) et la trente-et-unième des *Nouvelles Conférences sur la psychanalyse* (1932) ; ce schéma tel que je le conçois et que je le développe d'après Freud est asymétrique et feuilleté. L'enveloppe psychique comprend deux couches différentes dans leur structure et leur fonction. La couche la plus externe, la plus périphérique, la plus durcie, la plus rigide, est tournée vers le monde extérieur. Elle fait écran aux stimulations, principalement physico-chimiques, en provenance de ce monde. C'est le pare-excitation. La couche interne, plus mince, plus souple, plus sensible, a une fonction réceptrice. Elle perçoit des indices, des signaux, des signes, et elle permet l'inscription de leurs traces. C'est à la fois une pellicule et une interface : une pellicule fragile à double face, l'une tournée vers le monde extérieur, l'autre vers le monde intérieur : une interface donc séparant ces deux mondes et les mettant en relation. L'ensemble du pare-excitation et de la pellicule sensible constitue une membrane. La pellicule a une structure symétrique ; la membrane une structure dissymétrique : il existe un seul pare-excitation, tourné vers l'extérieur ; il n'y a pas de pare-excitation tourné vers l'intérieur ; d'où, pour la personne, une plus grande difficulté à affronter l'excitation des pulsions que celle provenant des stimuli exogènes. Le fonctionnement du pare-excitation est à penser en termes de force ; celui de la pellicule en termes de sens. Ces deux couches de la membrane peuvent être considérées comme deux enveloppes, plus ou moins différenciées, plus ou moins articulées selon les personnes et les circonstances : l'enveloppe d'excitation, l'enveloppe de communication ou de signification.

Le fonctionnement psychique dépend de plusieurs facteurs. Un facteur économique : les quantités relatives d'investissement respectif de l'enveloppe d'excitation et de l'enveloppe de signification. Un facteur topographique : la configuration et la localisation respective de ces deux enveloppes. Un facteur dynamique : la nature des représentations représentatives d'une part des pulsions, d'autre part du cadre corporel et mental au sein duquel ces pulsions sont traitées. Enfin il convient de prendre en considération un facteur singulier, spécifique soit du champ sensoriel concerné (l'enveloppe visuelle n'est pas organisée comme l'enveloppe sonore et, à un niveau plus élémentaire, l'enveloppe de clarté-obscurité n'est pas organisée comme l'enveloppe chromatique) soit du processus psychopathologique en jeu (l'enveloppe paradoxale de l'hystérique n'est pas structurée comme l'enveloppe en anneau de Moebius propre aux états limites).

L'opposition-complémentarité des deux catégories générales d'enveloppes – celle d'excitation, celle de signification – est sous-jacente à la règle fondamentale qui instaure la situation psychanalytique. De cette opposition, la règle psychanalytique tire son opérativité. On a là un exemple de transposition à la psychologie des principes de correspondance et de complémentarité énoncés par N. Bohr pour fonder la théorie des quantas.

Le pare-excitation est fourni par le cadre psychanalytique. Le cabinet du psychanalyste abrite le patient des sensations trop vives (visuelles, sonores, olfactives, etc.). La régularité des horaires, la durée suffisamment longue de la séance atténuent les discontinuités introduites par les variations de rythmes physiques et organiques.

À la pellicule interface correspondent deux consignes qui sont souvent présentées comme les deux versants d'une même règle fondamentale. Ces deux consignes sont en effet complémentaires pour le patient et chacune d'elles a sa réciproque chez le psychanalyste. La première (ou règle de non-omission) demande au patient de fonctionner en associations libres et de les verbaliser ; y répond l'attitude d'attention également flottante du psychanalyste. La seconde consigne (ou règle d'abstinence) requiert du patient de se limiter à des relations verbales avec son psychanalyste, ce qui inclut l'interdit du toucher et qui exclut les relations privées, les relations sociales, les actes agressifs ou sexuels ; y répond chez le psychanalyste l'attitude de neutralité bienveillante, neutralité car il s'abstient de donner satisfaction aux désirs transférentiels du patient, bienveillance car il cherche à comprendre ces désirs au lieu de les condamner ou de les rejeter.

Pourquoi ce cadre analytique ? Ma réponse est qu'un tel cadre n'a pu être inventé par Freud et confirmé par ses continuateurs que parce qu'il présente une homologie avec la structure topographique de l'appareil psychique. À chacune des deux consignes correspond en effet une enveloppe psychique différente. L'emboîtement des deux consignes au sein d'une même règle fondamentale reflète l'emboîtement originaire des enveloppes constitutives de la psyché, qui font de celle-ci un appareil à penser les pensées, à contenir les affects et à transformer l'économie pulsionnelle.

Les deux faces de la pellicule sensible du psychisme : la surface réceptrice de l'excitation, la surface d'inscription des traces et des signes, sont en effet mises en œuvre respectivement par la règle d'abstinence et par la règle des associations libres. L'abstinence d'actes autres que sémiotiques ou symboliques met à l'abri de l'excitation externe les deux partenaires engagés dans la cure et la canalise dans le transfert. Le cadre psychanalytique minimise les stimulations exogènes et maximise l'attention portée à l'excitation interne, première condition de sa compréhension.

La règle de libres associations concerne non plus le traitement de l'excitation mais la production d'un matériel signifiant en vue de sa communication (souvenirs, rêves, incidents de la vie quotidienne, pensées ambiguës, paradoxales, absurdes, et aussi affects).

L'appareil psychique de l'enfant acquiert un Moi – qui reste encore un pré-Moi corporel ou, comme je préfère dire, un Moi-peau – quand s'amorce cette structure topographique à double enveloppe ; l'une recevant l'excitation, l'autre les significations (signaux, indices, simulacres, signifiants linguistiques).

L'indifférenciation originaire des deux feuillets de l'enveloppe psychique produit ce que D. Meltzer a appelé « l'expérience esthétique » : l'intensité fascinante et inquiétante de cette expérience primordiale provient de la non-différenciation sensation/émotion.

Un modèle géométrique

En géométrie, la surface découle de l'idée de limite, frontière d'un corps ou d'un volume. Une surface *fermée* est conçue comme l'enveloppe d'un volume dont le prototype est constitué par la surface sphérique. Ce type de surface partage l'espace en deux portions : l'intérieur et l'extérieur, qui peuvent ainsi soit prendre le même régime soit obéir à des régimes différents.

D'où des représentations de l'appareil psychique comme « bulle » (cas de Nathalie), comme « boule » (Zénobie) : signes de la constitution d'un Moi-peau autonome et tridimensionnel.

Si la surface est *ouverte* – comme un ballon percé – elle peut s'aplatir progressivement pour devenir approximativement plane et de ce fait la notion de profondeur n'a pas vraiment de sens pour le sujet dont l'espace psychique reste bidimensionnel. Le plan est une surface qui, elle aussi, partage l'espace en deux, mais ces deux parties ne peuvent pas être distinguées l'une de l'autre. L'aplatissement de l'image du corps peut entraîner la confusion imaginaire du tube digestif et du conduit respiratoire, avec des troubles somatiques subséquents (Rodolphe).

Catherine Chabert s'est servie de la surface plane comme métaphore topographique de l'espace psychotique : une limite qui sépare à l'infini (étanchéité de l'Inconscient par rapport au système Préconscient-Conscient), mais une limite qui ne permet pas de différenciation entre les deux espaces qu'elle définit, ce qui conduit à la confusion (mélange du dedans et du dehors, du monde interne et du monde externe, écrasement de la seconde topique). La différenciation est ainsi entravée dans la psychose par les actions de nivellement et d'aplatissement qui régissent les rapports entre réalité et fantasme, intérieur et extérieur, sujet et objet, dans un télescopage qui nie l'épaisseur, le relief et la tierce dimension. Le test de Rorschach, toujours selon C. Chabert, reflète de la schizophrénie et des psychoses au long cours une image plate qui ne découvre pas vraiment les profondeurs de la psyché : l'autre côté du miroir reste enfermé dans les ombres de ses objets. L. Carroll, dans *Alice au pays des merveilles* et *Au-delà du miroir*, a bien décrit la découverte des surfaces chez l'héroïne.

QUELQUES ÉNONCÉS CONCERNANT LA THÉORIE DES ENVELOPPES PSYCHIQUES (CONSTITUTION, DÉVELOPPEMENT, TRANSFORMATIONS)

– La distinction freudienne des représentants de choses et de mots demande à être complétée ; il y a des représentants de transformation (Gibello), des représentants de contenant (Bion). Ils sont soit des représentants de choses et de mots d'un type particulier (à rapprocher de ce que Rosolato appelle les signifiants de démarcation et que j'appelle les signifiants formels), soit à la racine commune à partir de laquelle se différencient représentants de chose et de mot.

– La sécurité narcissique de base consiste en l'acquisition de la maintenance (adossement à un axe vertical porteur et solide), de la contenance (constitution d'un plan horizontal délimité, qui assure la résidence de l'esprit dans le corps, celle du corps dans l'espace et l'habitation du Soi par le Moi) et de la consensualité (introjection d'un objet externe unificateur duquel émanent des sensations de divers types éprouvées par l'enfant et qui permet à celui-ci de les lier entre elles).

– L'autonomie croissante de l'appareil psychique repose sur le fantasme d'une peau commune à la mère et à l'enfant, sur la subdivision de cette peau psychique en une surface d'excitation et une surface de signification, sur la construction d'un appareil à penser les pensées (les contenir, les représenter, les symboliser, les conceptualiser).

– L'auto-organisation autoréférencée du psychisme résulte d'une construction réciproque du Moi et de l'objet, effectuée conjointement par le Moi et par l'objet, et où le Soi et le Moi dépendent de l'objet pour advenir comme instances relativement autonomes et interdépendantes : le Moi advenant comme enveloppe du Soi. L'autonomisation dépend notamment de la capacité de l'objet primordial de contenir les mouvements pulsionnels du bébé et son éprouvé global émoi-fantasme-sensation-action. Elle dépend ensuite de la capacité du psychisme du bébé d'introjecter la relation contenant-contenu que l'objet exerce ainsi envers lui et de développer sa conscience (psychologique) comme contenant apte à contenir (puis à différencier) les contenus de pensée.

– Une certaine conscience sensorielle et rythmique existe dès la naissance. Elle s'ébaucherait chez le fœtus mais serait absente chez l'embryon. La présence et l'extension de la conscience psychologique accompagneraient et/ou stimuleraient l'évolution d'un système auto-organisé vers un système autoréférencé. La conscience sensorielle prépare l'enveloppe spatiale. La conscience rythmique prépare l'enveloppe temporelle.

– Il se peut même que la conscience soit coextensive à la vie. Traduit en termes plus concrets, cela signifie que, pour l'appareil psychique, être doté d'une conscience, c'est faire à la fois l'expérience d'avoir une conscience qui enveloppe les choses et d'être cette conscience qui m'enveloppe ; c'est avoir simultanément conscience d'être soi-même et d'être présent au monde ; c'est complémentairement être conscient que l'objet primordial a conscience d'être à la fois présent au monde, à lui-même et à moi, et donc qu'il peut et/ou veut m'envelopper. Avant que la conscience ne se représente comme une enveloppe individuée, elle se vit en « inclusion réciproque » (Sami-Ali) comme une même enveloppe pour deux : ma mère (ou son tenant-lieu) m'entoure et je l'entoure en même temps.

– Des violences subies à travers sa mère par le fœtus pourraient affecter la conscience encore obscure mais active et produire des traces qui perturberaient le fonctionnement psychique ultérieure tout en restant irreprésentables. C'est là un aspect de la transmission transgénérationnelle. Plus généralement, tout traumatisme survenant avant la constitution d'une enveloppe psychique à double feuillet s'inscrit dans le corps, non dans le psychisme. Son élaboration psychique au cours d'une cure psychanalytique requiert un travail non pas d'interprétation mais de construction.

– La première figure globale de la psyché est, non pas informe, mais le corps à corps, lequel assure la maintenance du Moi-peau. Les deux corps mère/enfant sont accolés comme si chacun comblait une déformation de l'espace créé par l'autre : emboîtement dos contre ventre. Si l'un bouge, l'autre ne peut laisser vacant l'espace libéré et cherche à renouer le contact (*c f.* le modèle gravitationnel), ce que confirme la psychanalyse des jumeaux. Comme l'a montré Jack Doron, c'est le début de la relation de synchronisation/échopraxie entre l'enfant et l'entourage ; c'est aussi la forme géométrique du premier type de catastrophe selon Thom : le pli. Le pli, le geste, établissent un équilibre précaire dans un fonctionnement aléatoire, marqué par le chaos des perceptions et par une somme de mouvements, non liés entre eux. Le pli est un moyen de lutte contre l'inertie, la répétition, le démantèlement.

– Le second type de « catastrophe » au sens de Thom, la fronce, organise la psyché – qui est alors une forme paradoxale privée de forme, sans limite ni centre – par le rythme provenant du dehors, la vibration du paysage, de la mère-nature : telle une algue, portée par l'eau, marque le rythme de la houle (J. Doron, citant Kenneth White). Cf. Hall : le rythme est la « danse de la vie ». Le changement discontinu ainsi produit est l'instauration du Moi-peau comme enveloppe fermée.

– Le troisième type de « catastrophe », le papillon, affecte deux possibilités de changement. Un changement lisse conduisant au déchirement, à l'effondrement. Un changement discontinu : le retournement comme un gant de l'enveloppe. La psyché est une poche, lieu d'oscillation entre le chaos et la « surfusion » créatrice, lieu caractérisé par un fonctionnement en tout ou rien, par la lutte entre sa propre destruction et l'immersion dans les choses et les gens. Le retournement casse les liens habituels entre la perception et les objets et permet à une idée nouvelle de prendre forme par surfusion. Le retournement apporte à la sphère psychique fermée l'ouverture au monde extérieur (J. Doron).

– Le Moi est une instance psychique en double continuité respectivement avec le Ça et le Surmoi. Il est l'agent des processus psychiques secondaires (généralement conscients) et des mécanismes de défense (généralement inconscients). Cet agent constitue le noyau solide du Moi, qui résulte de l'introjection de l'objet primordial : le Moi a, complémentairement, une configuration d'enveloppe, qui sépare et relie le monde intérieur et le monde extérieur : c'est le système perception-conscience. Cette enveloppe remplit des fonctions dont j'ai provisoirement arrêté la liste à huit : maintenance, contenance, pare-excitation, individuation, intersensorialité, soutien sexuel, recharge libidinale, inscription des traces.

– Le Moi-agent, une fois constitué, tend à se représenter comme le centre de l'appareil psychique chez l'individu normal ou névrosé. Plus on va vers les états limites et les psychoses, plus le noyau du Moi tend à se localiser à la périphérie, c'est-à-dire sur l'enveloppe, voire en position d'exterritorialité. Dans ce cas, le Moi n'habite pas le psychisme. Se dédoublant de celui-ci, il l'observe de l'extérieur ; le sujet – qui n'est pas un vrai sujet – se regarde vivre, il vit une vie automatique, mécanique, discontinue, agitée par d'imprévisibles déferlements pulsionnels.

– Entre le Moi-noyau et le Moi-enveloppe existe un espace psychique, qu'on peut décrire comme la « chair » du Moi, par allusion au corps, où la chair est intermédiaire entre la peau et le squelette. Ce Moi-chair est plus ou moins étendu, plus ou moins souple. Son durcissement éventuel tend à se substituer à une enveloppe défaillante : c'est la seconde peau musculaire (E. Bick). Une autre pathologie introduit, à la place de la chair psychique, un espace vide très angoissant (malades psychosomatiques, psychoses blanches, etc.).

– Les études sur les compétences non seulement du nouveau-né mais du fœtus et sur l'approche psychiatrique des troubles fonctionnels chez celui-ci montrent :

• que l'utérus maternel, après avoir placé le fœtus dans la position adéquate, procède par contractions à un massage du dos et de la colonne vertébrale du fœtus, préparant ainsi le Moi-peau du futur nouveau-né à exercer la fonction primordiale de maintenance (ou soutènement, ou adossement) ;

• que les cinq organes des sens du fœtus reçoivent des stimulations en provenance de la mère, ce qui prépare le futur Moi-peau à exercer la fonction de consensualité.

TROUBLES DES ENVELOPPES PSYCHIQUES

Principaux troubles de l'emboîtement des deux enveloppes psychiques

Une *première* pathologie, relative aux contenants psychiques, est caractérisée par le fait que l'*indifférenciation excitation-communication* subsiste chez l'enfant qui grandit et chez l'adulte, de façon massive, généralisée et quasi-constante. Telle est l'enveloppe hystérique, dont Annie Anzieu a démonté la structure douloureuse et paradoxale, dans sa contribution à un livre collectif, *Les Enveloppes psychiques*, dont je vais donner un bref résumé.

L'hystérique cherche le pare-excitation en entourant son corps et sa psyché d'une enveloppe d'excitation – donc une structure paradoxale –, enveloppe d'excitation jamais déchargée et qui se transforme ainsi en une enveloppe d'angoisse. L'hystérique a, dans son enfance, reçu trop de stimulations et pas assez d'explications sur ses états et ses contenus psychiques. Par la suite, l'hystérique reproduit en l'infligeant aux autres ou en l'infligeant à son propre corps l'excès d'excitation reçu. Par exemple, devenue adolescente ou adulte, la jeune fille ou la jeune femme hystérique, mue par ses pulsions génitales, offre en spectacle la surface hyperexcitée et hyper-excitante de son corps. Elle le donne à voir, rarement à toucher : « Ne me touchez pas », s'écrire Frau Emmy von N. dès les premières séances à l'intention de Freud. L'excitation sexuelle génitale n'est qu'un appât destiné à attirer et à retenir le partenaire pour essayer d'obtenir de lui la communication psychique qui a fait défaut avec les objets primordiaux de l'enfance, et la suspension de cette excitation en passe de créer une surcharge économique dans la psyché. Mais le plus souvent, bien sûr, le partenaire, déçu dans son attente sexuelle, se dérobe à l'échange psychique auquel il ne s'est pas préparé, il exige plus ou moins brutalement la satisfaction sexuelle implicitement promise. Tout ceci ne fait qu'aviver chez l'hystérique la rancune, l'enveloppe d'angoisse, et la quête de l'excitation confondue avec la communication.

Une *deuxième* pathologie porte sur la relation contenant-contenu : Bion a parlé de l'importance du contenant psychique et de cette relation contenant-contenu. Une étude serrée des textes de Bion à la lumière de l'expérience clinique a permis à René Kaës de distinguer la fonction contenante et la fonction conteneur. Distinction fondamentale car – je l'ajoute là à René Kaës – la fonction contenante est de l'ordre du pare-excitation, alors que la fonction conteneur est de l'ordre de la surface d'inscription.

Le contenant proprement dit, stable, immuable – la mère en général –, s'offre en réceptacle passif au dépôt des sensations-images-émotions du bébé, qui sont ainsi neutralisées sans être détruites. Par contre, le conteneur correspondrait non plus à l'aspect passif mais à l'aspect actif, à ce que Bion a appelé la rêverie maternelle, à l'identification projective, à l'exercice de la fonction alpha, qui restitue à l'intéressé une représentation élaborée et transformée des sensations-images-émotions, rendues ainsi représentables, tolérables et utilisables pour constituer des pensées.

À la carence de cette fonction conteneur du Moi-peau répondent deux formes d'angoisse. L'angoisse d'une excitation pulsionnelle diffuse, permanente, éparse, non localisable, non identifiable, non apaisable, et qui traduit une topographie psychique constituée d'un noyau sans écorce ; l'individu cherchant une écorce substitutive dans la douleur physique qu'il s'inflige – c'est, par exemple, l'enveloppe de souffrance telle que Micheline Enriquez l'a décrite – ou dans l'angoisse psychique – et l'on retrouve là ce que Annie Anzieu disait de l'hystérique. La seconde forme d'angoisse, c'est l'angoisse que la continuité de l'enveloppe ne soit interrompue par des trous, qui vont entraîner le vidage de tout l'intérieur, non seulement le vidage des pulsions mais le vidage de tout ce qui peut constituer la force narcissique d'un sujet – l'angoisse donc d'une hémorragie narcissique par ces trous.

La clinique nous permet d'observer que ces deux fonctions, contenante et conteneur, chez certains patients, n'ont pas été assurées par la même personne, et donc que l'exercice de ces deux fonctions, dont chacune prise isolément a bien fonctionné, est compromis par le fait que leur emboîtement, leur articulation, s'effectue mal pour cette raison. Par exemple, la fonction contenante a été assurée par la mère, mais la fonction conteneur a été assurée par la grand-mère, ou par la nurse, ou par une tante, ou par les voisins. Ou bien encore, la grand-mère a été contenante, alors que la mère n'a été ni contenante ni conteneur, mais les communications qu'elle avait avec l'enfant étaient essentiellement régies par un surmoi extrêmement sévère, et donc la fonction contenante a été hyper-développée, et la fonction conteneur sous-développée.

Troisièmement, une *pathologie de l'écart* entre les deux surfaces, d'excitation et de communication. Cette pathologie, je l'ai laissé entendre tout à l'heure, se manifeste par l'absence ou l'insuffisance de l'aire transitionnelle et donc par l'absence ou l'insuffisance de sa conséquence, qui est la fantasmatisation. Car la fantasmatisation est une des façons d'articuler entre elles les deux surfaces, à condition qu'un certain écart soit maintenu.

Dans cette pathologie d'absence de l'écart, les deux enveloppes différenciées restent accolés l'une à l'autre, sans ce libre jeu nécessaire à l'expérience fantasmatique. C'est donc une enveloppe unique, à structure feuilletée, à configuration de sac, à l'intérieur de laquelle la vie psychique se ramène essentiellement dans de nombreux cas psychosomatiques, et où les échanges avec autrui se réduisent à des communications sans émotion et sans imagination. On trouve souvent dans ces cas-là une relation originaire avec une mère ou un tenant-lieu sous le signe de l'indifférence, que ce soit dû à une dépression ou à des problèmes conjugaux avec le père, ou à toute autre raison – avec ce que Green appelle une mère morte. Je préfère mettre l'accent sur la mère indifférente, en proposant un énoncé qui à mon sens est plus qu'un simple jeu de mots : une mère indifférente est une mère qui empêche la différenciation de s'effectuer, qui empêche le principe de différenciation de fonctionner.

Passons à une autre pathologie, la *quatrième*. Dans la pathologie précédente, « psychosomatique », la communication était subordonnée au pare-excitation ; dans la pathologie que j'aborde maintenant, l'excitation est subordonnée à la communication, elle est au service de la communication. Je vais prendre un exemple non plus dans la clinique, mais dans cette clinique sociale qu'est la mythologie grecque, avec le thème de la tunique empoisonnée, doublure maléfique qui colle à la peau naturelle, qui l'emprisonne, la ronge, l'enflamme. Médée est l'inverse de l'hystérique. L'hystérique présentait à son partenaire sous forme d'excitation ce qu'elle aurait voulu faire entendre de lui comme une demande de communication et de compréhension. Médée, spécialisée dans le crime passionnel, magicienne de son état, fonctionne à l'inverse. Elle envoie en cadeau de noces à sa rivale Créüse une robe et des bijoux qui, à peine celle-ci s'en revêt-elle, mettent le feu au corps de sa rivale. Médée a ainsi présenté comme un message, c'est-à-dire comme une communication, ce qui allait être, en fait, un déclencheur d'excitation, d'une excitation intense et destructrice. Ce thème du cadeau empoisonné, qui se manifeste souvent par une différence entre une parole bonne et un acte cruel, me semble, entre autres choses, typique de ce qu'on pourrait appeler *l'enveloppe perverse.*

Troubles spécifiques du pare-excitation et de la surface d'inscription

J'aborde maintenant les troubles plus spécifiques du pare-excitation d'une part, de la surface d'inscription d'autre part.

Troubles spécifiques du pare-excitation

Ici je me contente de me référer à Frances Tustin. Dans l'autisme primaire les deux enveloppes manquent : c'est le Moi-poulpe. Dans l'autisme secondaire, le pare-excitation est présent, la surface d'inscription est toujours absente. Mais le pare-excitation est présent sous forme rigide, imperméable : c'est le Moi-caparace. La surface d'inscription n'existe pas, c'est une chair à vif, sans peau, et la communication avec autrui est alors coupée soit par une barrière, d'agitation motrice, c'est-à-dire une excitation maximale, soit par le retrait, ou excitation nulle.

Il n'y a pas que chez les autistes que l'on peut observer ces déformations de l'enveloppe pare-excitation, mais aussi chez des sujets normaux ou normalement névrosés, qui ont conservé des traces de ces configurations anciennes.

Troubles spécifiques de la surface d'inscription

Des deux grandes formes de troubles de la surface d'inscription, la première concerne la crainte, relative au Surmoi, d'être marqué dans la surface de son corps et de son Moi par des inscriptions infamantes et indélébiles, dont toute la gamme va des rougeurs, de l'eczéma, jusqu'aux blessures symboliques, jusqu'à la célèbre machine infernale de *La colonie pénitentiaire* de Kafka, qui grave sur la peau du condamné – en lettres gothiques, pour que ça fasse plus mal – l'article du code que le coupable a transgressé et qu'il apprend au moment où l'inscription s'achève et où il en meurt. Ce qui fait qu'il a à la fois l'explication et la punition.

L'autre angoisse, inverse, c'est le danger d'effacement des inscriptions sous l'effet de leur surcharge, soit même de la perte de la capacité de fixer des traces. L'exemple de la fillette Éléonore que je cite p. 88, avec sa tête passoire, correspond justement à la perte de cette capacité de fixer les traces, avec les trous particuliers de son Moi-peau, trous correspondant à l'absence de certaines fonctions du Moi.

Deux mots sur *la structure allergique*, où il y a un trouble de *la surface d'inscription* qui me semble se manifester par une *inversion des signaux* de sécurité et de danger. On l'a dit, la familiarité au lieu d'être rassurante et protectrice est fuie alors comme mauvaise ; le contact qui est désiré, une fois qu'il est obtenu, fait mal, et l'étrangeté, au lieu d'être inquiétante – cette inquiétante étrangeté dont Freud a parlé – se révèle au contraire attirante. D'où la réaction paradoxale de l'allergique et peut-être aussi du toxicomane, qui évite ce qui peut lui faire du bien et qui est fasciné par ce qui lui est nocif. Et le fait que la structure allergique se présente souvent sous la forme d'une alternance asthme-eczéma me permet de préciser la configuration topographique du Moi-peau en jeu. Il s'agit de pallier les insuffisances du Moi-peau sac à fonctionner comme contenant et comme conteneur. Les deux maladies correspondent à deux modes possibles de l'approche de la superficie de ce sac : par l'intérieur, par l'extérieur. L'asthme serait une tentative pour sentir *par le dedans* l'enveloppe contenante : le malade se gonfle d'air jusqu'à éprouver du dessous les frontières de son corps et à s'assurer des limites élargies de son Moi. Mais pour préserver cette sensation d'un Soi-sac gonflé, il reste en apnée, au risque de bloquer le rythme de l'échange respiratoire avec le milieu et d'étouffer.

Inversement, l'eczéma serait une tentative pour sentir *du dehors* cette superficie corporelle du Soi, pour le sentir dans ses déchirures douloureuses, dans son contact rugueux, dans sa vision honteuse, mais aussi comme enveloppe de chaleur, comme enveloppe d'excitation érogène diffuse.

Continuité/discontinuité des deux enveloppes dans les états limites

Je reviens aux rapports entre les deux grandes enveloppes d'excitation et de communication, pour traiter d'une nouvelle configuration pathologique, où ces deux enveloppes, en partie différenciées, ne sont pas superposées et emboîtées, mais mises bout à bout en juxtaposition, en continuité l'une avec l'autre. Il y a ainsi une seule enveloppe, d'un seul tenant, fermée sur elle-même, retournée à la manière de l'anneau de Mœbius, et qui présente en raison de cette structure tantôt le pare-excitation, tantôt la surface d'inscription.

Cette topographie psychique m'est apparue typique des *états limites*. Je résume rapidement ici les conséquences sur l'organisation et le fonctionnement psychiques : il y a des troubles de la distinction entre ce qui vient du dedans et ce qui vient du dehors, et des troubles de la distinction contenant-contenu.

L'étiologie de cette particularité en anneau de Mœbius me semble due à des relations originaires avec l'environnement maternel sous le signe de la discordance. C'est-à-dire, une mère ou un tenant lieu maternel qui alterne brusquement l'excitation et la communication, et qui, dans chacun de ces deux domaines, alterne brusquement l'excès de l'excitation avec l'arrêt brutal de l'excitation, et l'absence de communication avec l'arrivée massive de la communication.

CONSTRUCTION DE L'ENVELOPPE PSYCHIQUE

Les signifiants formels

Les enveloppes psychiques sont des types particuliers de représentations résultant non plus du destin des pulsions mais des jeux de place dans l'espace et des degrés et des formes de constitution d'un territoire psychique. De celui-ci Freud a eu l'intuition quand, dans les notes publiées après sa mort sous le titre *Résultats, Idées, Problèmes*, il énonce : « Psyché est étendue, mais elle ne le sait pas ». Prenons l'exemple d'un accès boulimique chez le patient. L'interprétation classique met l'accent sur la substitution d'un besoin physique à un désir de tendresse et de compréhension maternelles (interprétation dans le registre pulsionnel) et/ou sur la lutte pour le pouvoir avec la mère (interprétation en termes de relation d'objet). L'expérience montre l'insuffisance de ces interprétations si elles ne sont pas complétées par une analyse topologique : la mère occupe l'espace psychique de l'enfant ; pour lui reprendre de la place, le patient doit grossir.

Autre exemple. Marie a la terreur de voir son image complète dans une glace ou dans la projection d'un enregistrement vidéo d'elle-même.

Une première interprétation d'ordre pulsionnel : elle se voit avec une tête de mort, ce qui exprime sa haine mortelle pour sa mère qui lui présentait au retour de l'école un visage froid et buté, atténue sa peur sans la faire disparaître. Plusieurs mois après, grâce à l'avancée du processus psychanalytique, Marie, à qui je propose de revenir sur le symptôme, trouve d'elle-même une explication topologique : elle sait qu'elle est devant le miroir et elle se voit derrière ; comment peut-elle être à la fois ici et là-bas ? D'où une vive angoisse de dépersonnalisation. Le signifiant formel à l'œuvre est donc : mon corps se dédouble. Par signifiant formel, j'entends les représentations de configurations du corps et des objets dans l'espace ainsi que de leurs mouvements.

Ces signifiants formels sont à la jointure :

– de l'inconscient et du préconscient dont ils favorisent la différenciation ;

– des représentants des choses et des mots : ce sont des représentations d'enveloppes ; ils sont constitutifs du sujet dans ses rapports à l'environnement en tant qu'espace externe-interne ;

– du Moi et du Soi, favorisant l'établissement de leurs limites et les fluctuations de celles-ci.

Voici quelques énoncés que je propose à leur sujet :

– les enveloppes psychiques dérivent du fantasme de peau commune mère/enfant et de ses transformations ;

– elles sont reconnues immédiatement par le patient quand on les lui nomme ou décrit ; ce qui relance le processus associatif et l'établissement des liaisons ;

– elles sont investies surtout par la pulsion d'attachement et par celle d'autodestruction ;

– elles sont évoluables sous l'effet de l'induction de métaphores par le psychanalyste, qui aident à l'étayage du Moi pensant sur le corps et sur les sensations et images corporelles ;

– elles sont menacées par l'angoisse archaïque du déchirement de l'espace par l'objet qui change de place et qui entraîne avec lui le morceau d'espace qu'il occupe : la place est le contenant de l'objet ; le contenu est alors vécu comme destructeur du contenant ;

– le travail psychanalytique sur les signifiants formels contribue à la construction du Moi et à l'intelligibilité de ses failles en rapport avec les distorsions du cadre psychanalytique et avec ce que Christian Guérin a appelé le transfert de conteneur.

Voici un exemple de signifiant formel chez une patiente qui a traversé une phase autistique dans sa vie. Nathalie m'écrit pour me demander une rencontre en vue d'entreprendre avec moi une troisième psychanalyse, les deux précédentes l'ayant dégagée d'une façon notable mais à ses yeux insuffisante de cette phase et mon travail sur le Moi-peau lui paraissant apte à l'aider.

Je lui réponds en lui proposant un rendez-vous pour en parler. Au reçu de ma lettre, elle rêve la nuit suivante qu'elle est dans mon bureau et que je lui donne une nappe ou un foulard de soie bleue, rêve qu'elle me rapporte lors de notre entretien et qui me décide à engager avec elle une psychothérapie psychanalytique en face à face centrée sur ses enveloppes psychiques. Nous interprétons en effet de concert ce rêve. Elle note que le foulard sert à envelopper le corps et je suggère que « la soie » est mise à la place de « le Soi », la soie bleue métaphorisant le Soi idéal qu'elle vient chercher dans sa cure pour se sentir « nappée ».

Les premières séances sont occupées par l'inventaire des angoisses nombreuses, diverses et intenses dont elle souffre. Puis survient l'image désolante qu'elle ressent d'elle-même : une algue qui flotte entre deux eaux et qui s'enfonce. Ce signifiant formel traduit l'inconsistance de son Soi, la régression à une vie végétale (quand elle n'est pas obligée d'aller travailler, elle reste allongée à lire et à écouter de la musique), la crainte de l'effondrement. Mais j'interprète aussi les aspects positifs : l'algue capte l'énergie solaire et se meut dans l'eau, faisant allusion à deux activités physiques qu'elle m'a décrites comme vitales pour elle : les bains de soleil et la natation.

Après plusieurs semaines de travail sur ses angoisses et sur ce signifiant formel, elle rapporte une rêverie où elle a eu la vision d'un cèdre au tronc épais (auquel elle peut s'adosser fermement) avec de larges branches parallèles au sol (l'horizontalité des branches tempère la verticalité du tronc). Son Moi se redresse et se fixe sur des racines. Mais la métaphore reste du domaine végétal : le Moi n'est pas encore assez différencié pour mettre à profit les éventuelles forces pulsionnelles disponibles en elle à l'état de stase.

Paliers de la construction de l'enveloppe psychique et du Moi

Le Moi-enveloppe se construit en corrélation avec l'objet primordial, par un processus qu'on a pu décrire comme une spirale interactive. L'autonomie du Moi, jamais complète ni définitive, passe par des paliers successifs qui me semblent, sans prétendre être exhaustif, être les suivants.

L'enveloppe utérine. Elle correspond à l'émergence de la conscience et à l'ébauche d'un système peception-conscience. Des fragments de conscience apparaîtraient chez le fœtus. L'utérus maternel, qui est le contenant anatomique du fœtus, fournit l'ébauche d'un contenant psychique. Ce contenant anatomo-psychique indifférencié est le contenant originaire. L'utérus est vécu comme le sac qui maintient ensemble des fragments de conscience. Le pare-excitation est constitué par le corps de la mère, plus spécialement par son ventre. Un champ de sensibilité commun au fœtus et à la mère se développe. D'où la nostalgie d'un retour au sein maternel, où l'on serait non seulement tenu, nourri, chauffé, dans un bien-être permanent, mais où l'on serait également conscient confusément de ce bien-être, condition pour pouvoir en jouir. L'existence d'une telle enveloppe utérine imaginaire est bien connue des thérapeutes traditionnels dans les sociétés dites primitives (*cf*. Cl. Lévi-Strauss, sur l'efficacité symbolique du shaman ; repris pour la psychothérapie des immigrés par T. Nathan). Le tricotage par la mère de la layette pour son bébé représente un substitut de cette enveloppe utérine et un soutien de la « rêverie » maternelle (Michel Soulé).

L'enveloppe maternante. Elle a été nommée comme telle par Brazelton : les soins donnés au tout-petit par la mère et l'entourage constituent une « enveloppe » de sensations et de gestes, plus active, plus unifiante que l'enveloppe utérine. Winnicott la rattache à la sollicitude maternelle primaire qui prévient et comble au fur et à mesure les besoins de l'enfant (fusion des psychés et des corps mère-enfant sur un mode prédominant olfactivo-gustatif dans une unité dyadique, dont les interruptions produisent une détresse dite originaire). Cette fusion peut bloquer le développement séparé du Soi et du Moi.

L'enveloppe habitat. Nommée ainsi par D. Houzel, elle correspond à l'acquisition par le bébé de la distinction des besoins corporels et des besoins psychiques, et des types de communications correspondants (unité d'un Soi psychique et d'un Soi corporel différenciés et intégrés, avec les deux expériences inverses de moments de non-intégration et de moments de résidence de la psyché dans le corps).

L'enveloppe narcissique accompagne la distinction des parties miennes et non miennes (soi global narcissique formant un tout homogène par simple juxtaposition des parties, chaque partie ayant même structure que le tout) (*cf*. les objets « fractals » en mathématiques et en physique).

L'enveloppe individualisante imaginaire assure la formation du Moi au sein du Soi et celle d'un sentiment d'individualité grâce à ce qui est renvoyé en écho à l'enfant par le miroir visuel et sonore du visage et des gestes de la mère et de l'entourage et du bain de paroles (expérience de la symétrie inversée, verticale et horizontale).

L'enveloppe transitionnelle est paradoxale. Elle assure à la fois la séparation et l'union de la peau de la mère et de la peau de l'enfant. Elle atténue le fantasme d'arrachage et apporte à l'enfant le sentiment de confiance dans sa propre existence et dans celle d'un monde extérieur maîtrisable (expérience de l'aire transitionnelle) ; l'enveloppe est réversible : le monde environnant m'enveloppe, je peux envelopper le monde.

L'enveloppe « tutélaire » est corrélative de l'acquisition du sentiment de continuité de soi (*cf.* l'expérience « winnicottienne » d'être seul en présence d'une personne familière qui respecte et protège ma solitude). Par la suite, cette enveloppe, introjection d'une telle personne, garantit une présence symbolique rassurante et tolérante « d'ange gardien » au sein de l'appareil psychique.

La peau qui chante

Le conte qui suit peut être considéré comme une variante arabe du mythe grec de Marsyas[1].

> Un homme avait deux filles, toutes deux jeunes et jolies. Sa femme un jour tomba malade. Elle suspendit au plafond une « amana », ce dépôt précieux que l'on confie à ceux que l'on aime quand on s'en va pour longtemps et, après avoir fait promettre à son mari de ne pas se remarier avant que leurs filles ne soient assez grandes pour l'atteindre, elle mourut.
> Le veuf avait une voisine, veuve encore appétissante et qui souhaitait se remarier. Tous les jours par les terrasses, elle venait retrouver les deux fillettes dans la maison de leur père. Elle les lavait, les épouillait, les peignait et entretenait leur linge. Aussi les orphelines retrouvaient-elles auprès d'elle un peu de l'affection maternelle qui leur manquait.
> Un soir, l'aînée demanda à son père pourquoi il n'épouserait pas une femme aussi généreuse et qui les aimait tant. Le père invoqua la promesse faite à la morte et refusa.
> La voisine en conçut un grand dépit mais ne le montra pas ; au contraire, elle se fit plus empressée et plus serviable que de coutume. Un matin cependant, elle eut recours à une ruse qui allait lui permettre d'arriver à ses fins. Elle hissa sur ses épaules la plus jeune des deux enfants, qui put ainsi attraper l'amana.
> Le soir, la fillette triomphante montra à son père la petite bourse qu'elle avait décrochée.
> « Tu vois bien, père, lui dit-elle, nous sommes maintenant assez grandes. Tu peux te marier. »

---

1. Je suis reconnaissant à Mme Leila Cherkaoui-Benjeloun, psychologue à Casablanca de m'avoir fait connaître ce conte

Vaincu, le père accepta et le mariage se fit.
La nouvelle épouse, qui était maligne, continua pendant un temps à se montrer aimable et dévouée. Un jour enfin où elle crut avoir pris assez d'empire sur son mari, elle lui intima :
« Il faut choisir, homme ! tes filles ou moi ! »
Mais elle avait parlé trop tôt. Le mari n'était pas encore asservi comme elle le croyait et refusa de se séparer de ses filles et contraignit sa femme à rester dans sa maison.
« Vous resterez ici toutes les trois. C'est un ordre ! » Quand il parlait ainsi, il n'y avait plus à protester.
La femme se tut mais changea d'attitude. Sa gentillesse disparut et elle devint méchante avec les deux fillettes, les bousculant sans cesse, les accablant de travail et parfois même les frappant pendant l'absence de leur père. En sa présence au contraire, elle continuait son rôle de mère tendre et affectueuse. Les deux enfants n'osaient se plaindre, sachant bien ce qu'on leur dirait.
Les jours passèrent… les nuits passèrent… ils demeurèrent longtemps ainsi…
Un jour, le travail vint à manquer dans le pays et le père dut prendre la route pour aller chercher de l'ouvrage et gagner la vie de sa famille.
La femme, restée seule avec les deux fillettes, donna libre cours à sa méchanceté. Elle ne leur laissa plus un moment de répit ; leur donnant à faire tout le travail de la maison, les envoyant puiser de l'eau à la source et chercher le bois du feu, n'offrant pour toute nourriture que la pâtée de son des poules. Les deux enfants devenaient chaque jours plus tristes et plus misérables. Bientôt la marâtre ne put supporter plus longtemps leur présence et résolut de s'en débarrasser. Une nuit, pendant qu'elles dormaient, elle égorgea les deux fillettes. Elle enterra l'aînée sous la maison et, parce qu'elle était cruelle, voulut se venger de la cadette qui, plus vive et plus intelligente, se laissait dominer moins facilement que sa sœur. Elle lui ôta la peau et s'en servit de cale pour l'axe de la porte qui jouait dans son trou. Mais le soir, lorsqu'elle voulut fermer la porte et que l'axe, en tournant, grinça sur la peau, celle-ci se mit à chanter :
« Hday, hday, ya mart bâ… Hday, hday, ya mart bâ
Ana aala ourikat l'hanna… Qad dmoui talou. »
« Arrête, arrête ô ma belle-mère !
Je suis sur les petites feuilles de henné
Et j'ai déjà bien trop pleuré ! »
La méchante femme, un moment interdite, voulu s'assurer du prodige ; elle ouvrit et referma la porte, se baissa pour examiner la cale ; chaque fois, la peau à peine effleurée reprenait sa chanson
« Hday, hday, ya mart bâ… Hday, hday, ya mart bâ… »
Irritée par ce refrain qui revenait sans cesse, la marâtre arracha la peau et la jeta au loin.
Le vent qui soufflait du désert l'emporta dans un tourbillon et alla la déposer dans les jardins du sultan.
Or ce roi – qu'Allah lui donne longue vie – avait un fils unique que tout le peuple chérissait, c'était un jeune homme avenant et sans morgue qui ne dédaignait pas d'entrer dans les demeures et de partager en ami les joies et les peines des sujets de son père. Tous les Kasbah l'aimaient et l'honoraient.
Ce jour-là, le prince errait dans les jardins du palais quand il vit cette peau gisant sur l'herbe verte. Étonné, il la ramassa et, à peine l'eut-il touchée du bout des doigts, qu'il entendit chanter :

« Hda, hda, ya ould Sältan... !
Arrête, arrête, ô fils du Sultan !
Je suis sur les petites feuilles du henné
Et je pleure depuis longtemps ! »
Le prince, émerveillé et ravi, décida de garder secret le prodige ; il dissimula la peau sous son burnous et, une fois dans sa chambre, en recouvrit une « tara [1] » qu'il emporta désormais partout ; chaque fois qu'il était seul dans ses appartements privés ou dans un coin retiré du jardin, il frappait doucement la peau pour la faire chanter.
Dans la Kasbah, on prit l'habitude de le voir passer, sa tara sous le bras, et personne ne s'en étonnait.
Les jours passèrent... les nuits passèrent...
Ils demeurèrent longtemps ainsi.
Un jour, le père revint. Les enfants qui l'aperçurent coururent prévenir sa femme, chacun voulant l'informer le premier pour avoir la plus grosse part des pois chiches grillés et des bonbons qu'il ne manquerait pas de leur distribuer.
La femme, prévenue, attendait son mari, ayant préparé sa réponse. Aussi, quand il s'enquit : « Où sont donc mes deux filles ? », ce fut sans trouble qu'elle répondit : « L'aînée est à la source ; l'autre est partie chercher le "chtab [2]". »
Le père, rassuré, n'insista pas davantage.
Bientôt la petite maison fut pleine de voisins et d'amis venus souhaiter la bienvenue au voyageur. Tous voulaient le voir et entendre de sa bouche le récit de ses aventures.
Le père répondait à tous aimablement, mais sa pensée était ailleurs. Il songeait à ses filles et s'inquiétait de ne pas les voir de retour.
Comme il allait de nouveau interroger sa femme, la porte s'ouvrit et le fils du sultan entra. Il venait, lui aussi, saluer cet homme qu'il connaissait bien et qu'il estimait. Pendant qu'ils échangeaient les salutations d'usage, le prince, sans y prendre garde, effleura la tara de sa main : aussitôt le chant prodigieux se fit entendre :
« Hda, hda, ya ould Sältan... !
Arrête, arrête, ô fils du Sultan ! »
Le père, intrigué et croyant reconnaître l'écho d'une voix familière, pria le prince de lui prêter la tara. Après une légère hésitation, le jeune homme la lui tendit. Impatient d'écouter encore la voix douce qui l'avait ému, l'homme en frotta doucement la peau de la paume de sa main grande ouverte et la complainte s'éleva de nouveau :
« Hda, hda, ya biyi ! »
« Arrête, arrête, cher petit père !
Je suis sur les petites feuilles du henné
et je pleure depuis longtemps ! »
Le père sut alors que ses filles étaient mortes. Il regarda sa femme, vit ses craintes et son affolement et lut dans ses yeux qu'elle était coupable. Mais il ne dit rien.

1. Sorte de tambour plat recouvert d'un seul côté d'une peau de chèvre ou de mouton, pour en jouer, on le tient de la main gauche, le pouce est passé dans le trou prévu à cet usage et on frappe de la main droite et des doigts libres de la main gauche.
2. Plantes résistantes qui poussent en touffes dans le désert et dont on se sert pour nourrir les bêtes ou pour faire du feu.

Le soir, au coucher du soleil, quand les visiteurs s'en allèrent, la marâtre voulut sortir. Le père la retint et d'un geste brutal la poussa vers le lit :
« Reste là femme j'ai tout compris. »
Se voyant perdue, elle essaya de l'attendrir. Elle se jeta à ses pieds en pleurant, le suppliant de l'épargner, mais le père, tout entier possédé par le désir de vengeance, ne se laissa pas fléchir. D'une main qui ne tremblait pas, il égorgea la mégère et découpa son corps en morceaux qu'il entassa dans les panier du « chouari [1] », dissimulant soigneusement tout au fond la tête, les mains, les pieds et les seins.
Le lendemain, sans lui en révéler le contenu, il demanda à un de ses amis de porter le chouari à ses beaux-parents, le priant de ne pas manquer de leur dire :
« Ha salam n'esibkoum, votre gendre vous salue. »
L'ami s'acquitta de la commission et les beaux-parents, surpris mais heureux de cette attention de leur gendre, le comblèrent de remerciements.
Ensuite, comme le veut la coutume, ils commencèrent à distribuer à leurs proches des morceaux de viande saignante.
« Un morceau pour la grand-mère...
Un morceau pour la cousine...
Un autre pour la tante... »
Les paniers se vidaient peu à peu et bientôt apparurent les sinistres restes : la tête, les mains, les pieds, les seins. Horrifiés, les parents reconnurent leur fille.
La joie alors devint deuil et l'allégresse devint tristesse.
Tous ceux qui s'étaient réjouis se lamentèrent et c'est dans la plus grande désolation, au milieu des cris et des gémissements des femmes, qu'ils ramassèrent les macabres morceaux. Ils les lavèrent pieusement et, après les avoir enveloppés et cousus dans un linceul, ils les enterrèrent selon les rites.
Quant tout fut fini, ils allèrent trouver leur gendre et exigèrent des explications.
« Bach ktalt tmout a malik l'mout », répondit-il.
« Ange de la mort, tu mourras de la façon dont tu as fait mourir les autres. »
Et il ajouta durement :
« C'est moi le plus à plaindre, j'ai tué votre fille, mais elle avait tué les miennes. Si vous n'êtes pas contents, il y a le cadi. »
Les beaux-parents, atterrés par la perfidie et la cruauté de leur fille, ne dirent mot, sans attendre, ils sortirent et repartirent chez eux.
Ainsi s'achève mon conte.

1. Deux grands paniers reliés par une sangle que l'on met sur les ânes et les mules.

TABLE DES OBSERVATIONS

Les cas dont les pseudonymes ne sont suivis d'aucun nom d'auteur sont tirés de ma pratique personnelle. Pour les autres, j'indique entre parenthèses le nom de la personne à qui je dois ou j'emprunte l'observations.

Alice (E. Bick) 220
Armand (E. Moutin) 230
Edgar (P. Federn) 116
Éléonore (C. Destombes) 88
Erronée 201
Fanchon (M. Enriquez) 234
Frau Emmy Von N. (S. Freud) 164
Gérard 224
Gethsémani 203
Irma (S. Freud) 164
Janette 174
Juanito (collègue anonyme) 87
Marie 270
Marsyas 184
Mary (E. Bick) 220
Monsieur M. (M. de M'Uzan) 132
Nathalie 271
Pandora 141
Paulette (E. Moutin) 231
Rodolphe 213
Sébastienne 157
Zénobie 243

BIBLIOGRAPHIE

Le présent ouvrage est composé environ pour moitié de textes inédits et pour moitié d'articles précédemment publiés et qui ont été ici plus ou moins remaniés, redécoupés ou fusionnés. Je remercie les éditeurs des revues qui m'ont autorisé à reprendre tout ou partie de mes articles.

Dans la première partie, *Découverte*, les chapitres 2 (« Quatre séries de données ») et 3 (« La notion du Moi-peau ») ont utilisé en les complétant les textes suivants : – Mon article princeps, *Le Moi-peau* (*Nouv. Rev. Psychanal.*, 1974, n° 9, 195-208),

– *De la mythologie particulière à chaque type de masochisme* (*Bulletin de l'Association Psychanalytique de France*, juin 1968, n° 4, 84-91),

– *La peau : du plaisir à la pensée* (in D. ANZIEU, R. ZAZZO, et coll., *L'attachement*, Delachaux et Niestlé, 1974).

La deuxième partie, *Structure, Fonctions, Dépassement*, contient une reproduction plus ou moins complète des textes suivants :

– *Quelques précurseurs du Moi-peau chez Freud* (*Rev. franç. Psychanal.*, 1981, XLV, n° 5, 1163-1185) : repris dans mon chapitre 6.

– *Actualidad de FEDERN (in P. FEDERN : La psicologia del yo y las psicosis,* Amorrortu, Buenos-Aires, 1984) : repris et développé dans mon chapitre 6.

– *Fonctions du Moi-peau L'information psychiatrique*, 1984, n° 8, pp. 869-875 : repris et complété dans mon chapitre 7.

– *Altérations des fonctions du Moi-peau dans le masochisme pervers* (*Revue de médecine psycho-somatique*, 1985, n° 2) : repris dans mon chapitre 7.

– L'observation de Pandora (chapitre 8) est extraite (avec des compléments) de *L'échange respiratoire comme processus psychique primaire. À propos d'une psychothérapie d'un symptôme asthmatique.* (*Psychothérapies*, 1982, n° 1, 3-8.)

– *Machine à décroire : sur un trouble de la croyance dans les états limites* (*Nouv. Rev. Psychanal.*, 1978, n° 18, 151-167) : cet article a été entièrement repensé pour aboutir à mon chapitre 9.

Mon chapitre 10 combine trois articles :

– *Le corps de la pulsion* (*in* Actes du Colloque : *La pulsion, pour quoi faire ?*, Association Psychanalytique de France, 1984),
– *Le double interdit du toucher* (*Nouv. Rev. Psychanal.*, 1984, n° 29, 173-187),
– *Au fond du Soi, le toucher* (*Rev. franç. Psychanal.*, 1984, n° 6, 1385-1398).

Dans la troisième partie, *Principales configurations*, le chapitre 11 reprend *L'enveloppe sonore du Soi* (*Nouv. Rev. Psychanal.*, 1976, n° 13, 161-179).

Le chapitre 18 reprend des passages de *L'Épiderme nomade et la peau psychique*, Apsygée, 1990.

ABRAHAM M. (1978), *L'Écorce et le noyau*, Paris, Aubier-Montaigne.

ANGELERGUES R. (1975), Réflexions critiques sur la notion de schéma corporel, in *Psychologie de la connaissance de soi*, Actes du symposium de Paris (septembre 1973), PUF.

ANZIEU A. (1974), Emboîtements, *Nouv. Rev. Psychanal.*, n° 9, p. 57-71.

ANZIEU A. (1978), De la chair au verbe, in D. ANZIEU et coll., *Psychanalyse et langage*, 2e éd., Paris, Dunod.

ANZIEU A. (1987), L'enveloppe hystérique, in ANZIEU P et coll. *Les enveloppes psychiques*, Dunod, p. 114-137.

ANZIEU A. (1989), *La femme sans qualité. Esquisse psychanalytique de la féminité*, Paris, Dunod.

ANZIEU D. (1970), Freud et la mythologie, *Nouv. Rev. Psychanal.*, n° 1, p. 114-145.

ANZIEU D. (1975*a*), *L'Auto-analyse de Freud*, 2 vol., nouv. éd. Paris, PUF.

ANZIEU D. (1975*b*), Le Transfert paradoxal, *Nouv. Rev. Psychanal.*, n° 12, p. 49-72.

ANZIEU D. (1979), La Démarche de l'analyse transitionnelle en psychanalyse individuelle, in KAËS R. et col. *Crise, rupture et dépassement*, Paris, Dunod.

ANZIEU D. (1980*a*), Du corps et du code mystiques et de leurs paradoxes, *Nouv. Rev. Psychanal.*, n° 22, p. 159-177.

ANZIEU D. (1980*b*), Les Antinomies du narcissisme dans la création littéraire, in Guillaumin J., *Corps Création, Entre lettres et Psychanalyse*, 2e partie, ch. 1, Presses Univ. de Lyon.

ANZIEU D. (1981*a*), *Le Corps de l'œuvre*, Paris, Gallimard.

ANZIEU D. (1981*b*), *Le Groupe et l'inconscient. L'imaginaire groupal*, nouv. éd., Paris, Dunod.

ANZIEU D. (1982*a*), Le Psychodrame en groupe large, in KAËS T. et coll. *Le travail psychanalytique dans les groupes*, tome 2, *Les Voies de l'élaboration*, Paris, Dunod.

ANZIEU D. (1982*b*), Sur la confusion primaire de l'animé et de l'inanimé. Un cas de triple méprise, *NRP*, n° 25, p. 215-222.

ANZIEU D. (1983*a*), Le Soi disjoint, une voix liante/l'écriture narrative de Samuel Beckett, *Nouv. Rev. Psychanal.*, n° 28, p. 71-85.

ANZIEU D. (1983*b*), À la recherche d'une nouvelle définition clinique et théorique du contre-transfert, in SZTULMAN H. et coll., *Le Psychanalyste et son patient*, Toulouse, Privat.

ANZIEU D. (1984), La Peau de l'autre, marque du destin, *Nouv. Rev. Psychanal.*, n° 30, p. 55-68.

ANZIEU D. (1985), Du fonctionnement psychique particulier à l'intellectuel, *Topique*, n° 34, p. 75-88.

ANZIEU D. (1987), « Les signifiants formels et le moi-peau », in D. ANZIEU et D. HOUZEL, *Les enveloppes psychiques*, Paris, Dunod, p. 1-22.

ANZIEU D. (1990), *L'épiderme nomade et la peau psychique*, Paris, Apsygée.

ANZIEU D. (1993*a*), « La fonction contenante de la peau, du moi et de la pensée : conteneur, contenant, contenir », in *Les contenants de pensée*, sous la direction de D. Anzieu, Paris, Dunod, p. 15-40.

ANZIEU D. (1993*b*), *Samuel Beckett et le psychanalyste*, Lausanne, L'Aire.

ANZIEU D. (1994*a*), *Le Penser*, Paris, Dunod.

ANZIEU D. (1994*b*), « L'esprit l'inconscient », in *Nouvelle revue de psychanalyse*, 48, p. 149-162.

ANZIEU D., MONJAUZE M. (1993), *Francis Bacon ou le portrait de l'homme désespéré*, Lausanne, L'Aire/Archambaud.

AULAGNIER P. (Voir aussi CASTORIADIS-AULAGNIER) (1979), *Les Destins du plaisir*, Paris, PUF.

AULAGNIER P. (Voir aussi CASTORIADIS-AULAGNIER) (1984), *L'Apprenti-historien et le maître sorcier*, Paris, PUF.

ATLAN H. (1979), *Entre le cristal et la fumée. Essai sur l'organisation du vivant*, Paris, Seuil.

BALINT M. (1965), *Amour primaire et technique psychanalytique*, tr. fr. Paris, Payot, 1972.

BALINT M. (168), *Le Défaut fondamental*, tr. fr. Paris, Payot, 1971.

BEAUCHESNE H. (1980), *L'Épileptique*, Paris, Dunod.

BELLER I. (1973), *La Sémiophonie*, Paris, Maloine.

BERENSTEIN I., PUGET J. (1984), Considérations sur la psychothérapie du couple : de l'engagement amoureux au reproche, in A. EIGUER et coll., *La Thérapie psychanalytique du couple*, Paris, Dunod.

BERGERET J. (1974), *La Personnalité normale et pathologique*, Paris, Dunod.

BERGERET J. (1975), *La Dépression et les états limites*, Paris, Payot.

BERGERET J. (1984), *La Violence fondamentale*, Paris, Dunod.

BETTELHEIM B. (1954), *Les Blessures symboliques*, tr. fr. Paris, Gallimard, 1971.

BETTELHEIM B. (1967), *La Forteresse vide*, tr. fr. Paris, Gallimard, 1970.

BICK E. (1968), L'Expérience de la peau dans les relations d'objet précoces, tr. fr. in MELTZER D. et coll., 1975, p. 240-244.

BION W.R. (1962), *Aux sources de l'expérience*, tr. fr. Paris, PUF, 1979.

BION W.R. (1963), *Éléments de psychanalyse*, tr. fr. Paris, PUF, 1979.

BION W.R. (1967), *Réflexion faite*, tr. fr. Paris, PUF, 1982.

BIVEN B.M. (1982), The role of skin in normal and abnormal development with a note on the poet Sylvia Plath, *Internat. Rev. Psycho-Anal.*, *9*, 205-228.

BLEGER J. (1966), *Psychanalyse du cadre psychanalytique*, tr. fr. in KAËS R. et coll. 1979a.

BONNET G. (1981), *Voir-Être vu*, 2 vol., Paris PUF.

BONNET G. (1985), De l'interdit du toucher à l'interdit de voir, *Psychanal. Univ. 10*, n° 37, p. 111-119.

BOTELLA C. et S. (1990), « La problématique de la régression formelle de la pensée et de l'hallucinatoire », monographies de la *Revue française de psychanalyse*, in *La psychanalyse : questions pour demain*, Paris, PUF, p. 63-90.

BOULERY L., MARTIN A., PUAUD A. (1981), Des enfants sourds-aveugles... et des grottes, *L'Évol. Psychiatr. 46*, n° 4, p. 873-892.

BOURGUIGNON O. (1984), *Mort des enfants et structures familiales*, Paris, PUF.

BOWLBY J. (1958), The nature of the child's tie to mother, *Internat. J. Psycho-Anal.*, *39*, 350-373.

BOWLBY J. (1961), L'Éthologie et l'évolution des relations objectales, tr. fr., *Rev. fr. Psychanal.*, *24*, n°s 4-5-6, p. 623-631.

BOWLBY J. (1969), *Attachement et perte*, tome 1 : *L'Attachement*, tr. fr. Paris, PUF, 1978.

BOWLBY J. (1973), *Attachement et perte*, tome 2 : *La Séparation*, tr. fr. Paris, PUF, 1978.

BOWLBY J. (1975), *Attachement et perte*, tome 3 : *La perte, tristesse et dépression*, tr. fr. Paris, PUF, 1982.

BRAZELTON T.B. (1981), Le Bébé : partenaire dans l'interaction, tr. fr. in BRAZELTON et coll., *La Dynamique du nourrisson*, Paris ESF, 1982, p. 11-27. Cet article contient une bibliographie détaillée des publications anglaises de Brazelton.

CACHARD C. (1981), Enveloppes de corps, membranes de rêve, *L'Évol. Psychiatr. 46*, n° 4, p. 847-856.

CASTORIADIS-AULAGNIER P. (1975), *La Violence de l'interprétation*, Paris, PUF.

CHAUVIN R. et coll. (1970), *Modèles animaux du comportement humain*, éditions du CNRS.

CHIVA M. (1984), *Le Doux et l'amer*, Paris, PUF.

CICCONE A., LHOPITAL M. (1991), *Naissance à la vie psychique*, Paris, Dunod.

CORRAZE J. (1976), *De l'hystérie aux pathomimies*, Paris, Dunod.

DENIS P. (1992), Emprise et théorie des pulsions, *Revue française de psychanalyse*, tome 41, p. 1297-1421.

DOREY R. (1992), Le désir d'emprise, *Revue française de psychanalyse*, tome 41, p. 1423-1432.

DORON J. (1987), « Les modifications de l'enveloppe psychique dans le travail créateur », in ANZIEU D. et coll., *Les enveloppes psychiques*, Paris, Dunod, p. 181-198.

DUYCKAERTS F. (1972), L'Objet d'attachement : médiateur entre l'enfant et le milieu, in *Milieu et développement*, Actes du symposium de Lille (septembre 1970), Paris, PUF.

ENRIQUEZ M. (1984), *Aux carrefours de la haine*, Paris, L'Épi.

FEDERN P. (1952), *La Psychologie du Moi et les psychoses*, tr. fr. Paris, PUF, 1979.

FISCHER S., CLEVELAND S.E. (1958), *Body images and personality,* Princeton, New York, Van Nostrand.

FRAZER J.G. (1890-1915), *Le Rameau d'or*, tr. fr., réduite en 4 vol., Paris, R. Laffont, 1981-1984.

FREUD S. (1887-1902), *La Naissance de la psychanalyse. Lettres à Wilhelm Fliess ; notes et plans*, édition orig. all. 1950 ; tr. fr., Paris, PUF, 1956.

FREUD S. (1891), *Contribution à la conception des aphasies*, tr. fr., Paris, PUF, 1983.

FREUD S. (1895*a*), Esquisse d'une psychologie scientifique, édition orig. all. 1950 ; tr. fr. in *La Naissance de la psychanalyse*, PUF, 1956.

FREUD S. (1895*b*) (avec Breuer J.), *Études sur l'hystérie*, tr. fr. Paris, PUF, 1955.

FREUD S. (1900), *L'Interprétation des rêves*, nouv. tr. fr. Paris, PUF, 1967.

FREUD S. (1905), *Trois essais sur la théorie de la sexualité*, nouv. tr. fr., Paris, Gallimard, 1968.

FREUD S. (1914), Pour introduire le narcissisme, tr. fr. in *La Vie sexuelle*, Paris, PUF, 1969.

FREUD S. (1915), L'inconscient, nouv. tr. fr. in *Métapsychologie*, Paris, Gallimard, 1968.

FREUD S. (1969), L'Inquiétante étrangeté, tr. fr. in *Essais de Psychanalyse appliquée*, Paris, Galliamrd, 1933.

FREUD S. (1920), Au-delà du principe du plaisir, nouv. trad. fr. in *Essais de Psychanalyse*, Payot, 1981.

FREUD S. (1923), Le Moi et le Ça, nouv. tr. fr. in *Essais de Psychanalyse*, Paris, Payot, 1981.

FREUD S. (1925), Notice sur le bloc magique, tr. fr. *Rev. franç. Psychanal.*, 1981, *45*, n° 5, p. 1107-1110.

FREUD S. (1933), *Nouvelles conférences d'introduction à la psychanalyse*, nouv. tr. fr., Paris, Gallimard, 1984.

GANTHERET F. (1984), *Incertitudes d'Éros*, Paris, Gallimard.

GEISSMANN P., GEISSMANN C. (1984), *L'Enfant et sa psychose*, Paris, Dunod.

GENDROT J.A., RACAMIER P.C. (1951), Fonction respiratoire et oralité, *L'Évol. Psychiat.*, *16*, n° 3, p. 457-478.

GIBELLO B. (1984), *L'Enfant à l'intelligence troublée*, Paris, Le Centurion.

GORI R. (1972), Wolfson ou la parole comme objet, *Mouvement Psychiatr.*, n° 3, p. 19-27.

GORI R. (1975), Les Murailles sonores, *L'Évol. Psychiatr.*, n° 4, p. 779-803.

GORI R. (1976), Essai sur le savoir préalable dans les groupes de formation, in KAËS R. et coll. *Désir de former et formation du savoir*, Paris, Dunod.

GORI R., THAON M. (1976), Plaidoyer pour une critique littéraire psychanalytique, *Connexions*, n° 15, p. 69-86.

GRAND S. (1982), The body and its boundaries : a psychoanalytic study of cognitive process disturbances in schizophrenia, *Internat Rev. Psycho-Anal.*, *9*, p. 327-342.

GRAVES R. (1958), *Les Mythes grecs*, tr. fr. Paris, Fayard, 1967.

GREEN A. (1984), *Narcissisme de vie, narcissisme de mort*, Paris, Éditions de Minuit.

GREEN A. (1990), *La folie privée, psychanalyse des cas limites*, Paris, Gallimard.

GREEN A. (1993), *Le travail du négatif*, Paris, Éditions de Minuit.

GROTSTEIN J.S. (1981), *Splitting and projective identification*, New York, Londres, Jason Aronson.

GRUNBERGER B. (1971), *Le Narcissisme*, Paris, Payot.

GUILLAUMIN J. (1979), *Le Rêve et le Moi*, Paris, PUF.

GUILLAUMIN J. (1980), La Peau du centaure, ou le retournement projectif de l'intérieur du corps dans la création littéraire, in Guillaumin J. et coll., *Corps Création – Entre Lettres et Psychanalyse*, 2e partie, chap. 7, Presses Univ. de Lyon.

HARLOW H.F. (1958), The nature of love, *Americ-Psychol.*, 13, 673-685.

JERBINET E., BUSNEL M. L. et coll. (1981), *L'Aube des sens*, Les Cahiers du nouveau-né, 5, Stock.

HERMANN I. (1930), *L'Instinct filial*, tr. fr., Pairs, Denoël, 1973.

HERREN H. (1971), La Voix dans le développement psychosomatique de l'enfant, *J. franç. oto-rhino-laryngol. 20*, n° 2, p. 429-435.

HOUZEL D. (1985*a*), L'Évolution du concept d'espace psychique dans l'œuvre de Mélanie Klein et de ses successeurs, in collectif *Mélanie Klein aujourd'hui*, Lyon, Éditions Césura.

HOUZEL D. (1985*b*), Le Monde tourbillonnaire de l'autiste, *Lieux de l'enfance, n° 3*, p. 169-183.

HOUZEL D. (1987), « Le concept d'enveloppe psychique », in D. ANZIEU et coll., *Les enveloppes psychiques*, Paris, Dunod, p. 23-54.

HOUZEL D. (1990), « Pensée et stabilité structurelle », in *Revue internationale de psychopathologie*, 3, p. 97-122.

IMBERTY M. (1981), *Les Écritures du temps. Sémantique psychologique de la musique*, tome 2, Paris, Dunod.

KAËS R. (1976), *L'Appareil psychique groupal*, Paris, Dunod.

KAËS R. (1979*a*), Introduction à l'analyse transitionnelle, in Kaës R. et coll. *Crise, rupture et dépassement*, Paris, Dunod.

KAËS R. (1979*b*), Trois repères théoriques pour le travail psychanalytique groupal : l'étayage multiple, l'appareil psychique groupal, la transitionnalité, *Perspectives Psychiatr.*, n° 71, p. 145-157.

KAËS R. (1982), La catégorie de l'intermédiaire chez Freud ; un concept pour la psychanalyse ? (inédit).

KAËS R. (1983), Identification multiple, personne conglomérat, Moi groupal. Aspects de la pensée freudienne sur les groupes internes, *Bull. Psychol.*, *37*, n° 363, p. 113-120.

KAËS R. (1984), Étayage et structuration du psychisme, *Connexions*, n° 44, p. 11-46.

KAFKA F. (1914-1919), *La Colonie pénitentiaire*, tr. fr. La Pléiade, Paris, Gallimard, tome 2, coll., *Crise, rupture et dépassement*, Paris, Dunod.

KAUFMAN I.C. (1961), Quelques implications théoriques tirées de l'étude du fonctionnement des animaux et pouvant faciliter la conception de l'instinct, de l'énergie et de la pulsion, *Rev. fr. Psychanal.*, 24, nos 4, 5, T, p. 633-649.

KERNBERG O. (1975), *Borderline conditions and pathological narcissism*, tr. fr. tome 1, *Les Troubles limites de la personnalité*, 1979 ; tome 2, *Les Personnalités narcissiques*, 1981, Toulouse, Privat.

KLEIN M. (1948), *Essais de psychanalyse*, tr. fr. Paris, Payot, 1968.

KOHUT H. (1971), *Le Soi. La psychanalyse des transferts narcissiques*, tr. fr. Paris, PUF, 1974.

LACOMBE P. (1959), Du rôle de la peau dans l'attachement mère-enfant, *Rev. fr. Psychanal.*, *23*, n° 1, p. 82-102.

LAPLANCHE J. (1970), *Vie et mort en psychanalyse*, Paris, Flammarion.

LAPLANCHE J., PONTALIS J.B. (1968), *Vocabulaire de la psychanalyse*, Paris, PUF.

LECOURT E. (1987), L'enveloppe musicale, in ANZIEU D. et coll., *Les enveloppes psychiques*, Dunod, p. 199-222.

LEWIN B.D. (1972), Le sommeil, la bouche et l'écran du rêve, tr. fr. in *Nouvelle revue de psychanalyse*, 5, p. 211-224.

LOISY D. de (1981), Enveloppes pathologiques, enveloppements thérapeutiques (le packing, thérapie somato-psychique), *L'Évol. Psychiat.*, *46*, n° 4, p. 857-872.

LORENZ K.Z. (1949), *Il parlait avec les mammifères, les oiseaux et les poissons*, tr. fr. Paris, Flammarion, 1968.

LUQUET P. (1962), Les Identifications précoces dans la structuration et la restructuration du Moi, *Rev. franç. Psychanal.*, *26*, n° spécial, p. 197-301.

MAC DOUGALL J. (1978), *Plaidoyer pour une certaine anormalité*, Paris, Gallimard.

MARCELLI D. (1983), La position autistique. Hypothèses psychopathologiques et ontogénétiques, *Psychiatr. enfant, 24*, n° 1, p. 5-55.

MASUD KHAN (1974*a*), *Le Soi caché*, tr. fr. Paris, Gallimard, 1976.

MASUD KHAN (1974*b*), La Rancune de l'hystérique, *Nouv. Rev. Psychanal.*, n° 10, p. 151-158.

MELTZER D. et coll. (1975), *Explorations dans le monde de l'autisme*, tr. fr. Paris, Payot, 1980.

MISSENARD A. (1979), Narcissisme et rupture, in R. KAËS et coll., *Crise, rupture et dépassement*, Paris, Dunod.

MONTAGU A. (1971), *La Peau et le toucher*, tr. fr. Paris, Seuil, 1979.

M'UZAN M. de (1972), Un cas de masochisme pervers, in ouvr. collectif, *La Sexualité perverse*, Paris, Payot ; repris in *De l'art à la mort*, Paris, Gallimard, 1977.

NASSIF J. (1977), *Freud, l'inconscient*, Galilée.

OLERON P. (1976), L'Acquisition du langage, *Traité de Psychologie de l'enfant*, tome 6, Paris, PUF.

PASCHE F. (1971), Le Bouclier de Persée, *Rev. fr. Psychanal.*, *35*, n°s 5-6, p. 859-870.

PINOL-DOURIEZ M. (1974), Les Fondements de la sémiotique spatiale chez l'enfant, *Nouv. Rev. Psychanal.*, n° 9, p. 171-194.

PINOL-DOURIEZ M. (1984), *Bébé agi, bébé actif*, Paris, PUF.

POMEY-REY D. (1979), Pour mourir guérie, *Cutis*, *3*, 2 février, p. 151-157.

PONTALIS J.B. (1977), *Entre le rêve et la douleur*, Paris, Gallimard.

RIBBLE M. (1944), Infantile experiences in relation to personality development, in HUNT J., Mc V., *Personality and the behavior disorders*, New York, Ronald Press, tome 2.

ROSOLATO G. (1969), *Essais sur le symbolique*, Paris, Gallimard.

ROSOLATO G. (1978), *La Relation d'inconnu*, Paris, Gallimard.

ROSOLATO G. (1984), « Le signifiant de démarcation et la communication non verbale », in *Art et fantasme*, Paris, Champ Vallon, p. 165-183.

ROUSSILLON R. (199), *Paradoxes et situations limites de la psychanalyse*, Paris, PUF.

RUFFIOT A. (1981), Le groupe-famille en analyse. L'appareil psychique familial, in RUFFIOT A. et coll., *La Thérapie familiale psychanalytique*, Paris, Dunod.

SAMI-ALI M. (1969), Étude de l'image du corps dans l'urticaire, *Rev. fr. Psychanal.*, *33*, n° 2, p. 201-242.

SAMI-ALI M. (1974), *L'Espace imaginaire*, Paris, Gallimard.

SAMI-ALI M. (1977), *Corps réel, corps imaginaire*, Paris, Dunod.

SAMI-ALI M. (1984), *Le Visuel et le tactile. Essai sur l'allergie et la psychose*, Paris, Dunod.

SAMI-ALI M. (1990), *Le corps, l'espace et le temps*, Paris, Dunod.

SEARLES H. (1965), *L'Effort pour rendre l'autre fou*, tr. fr. Paris, Gallimard, 1977.

SEARLES H. (1979), *Le Contre-transfert*, tr. fr. Paris, Gallimard, 1981.

SCHILDER P. (1950), *L'Image du corps*, tr. fr., Paris, Gallimard, 1968.

SEGAL H. (1957), Notes sur la formation du symbole, tr. fr. *Rev. fr. de Psychanal.*, 1970, 34, n° 4, 685-696.

SOULÉ M. (1978), L'Enfant qui venait du froid : mécanismes défensifs et processus pathogènes chez la mère de l'enfant autiste, in *Le Devenir de la psychose de l'enfant*, Paris, PUF, p. 179-212.

SPITZ R. (1965), *De la naissance à la parole. La première année de la vie*, tr. fr. Paris, PUF, 1968.

STERNE D. (1993), « L'enveloppe pré-narrative », IVe Colloque de Monaco, 1992, in *Journal de la psychanalyse de l'enfant*, n° 14, p. 13-65.

TAUSK V. (1919), De la genèse de « l'appareil à influencer » au cours de la schizophrénie, tr. fr. in *Œuvres psychanalytiques*, Paris, Payot, 1976.

THOM R. (1972), *Stabilité structurelle et morphogénèse. Essai d'une théorie générale des modèles*, New York, Benjamin.

TINBERGEN N. (1951), *L'Étude de l'instinct*, tr. fr. Paris, Payot, 1971.

THEVOZ M. (1984), *Le Corps peint*, Genève, SKIRA.

TRISTANI J.L. (1978), *Le Stade du respir*, Paris, Éd. de Minuit.

TURQUET P.M. (1974), Menaces à l'identité personnelle dans le groupe large, *Bull. Psychol.*, n° spécial « Groupes : Psychologie sociale et psychanalyse », p. 135-158.

TUSTIN F. (1972), *Autisme et psychose de l'enfant*, tr. fr. Paris, Seuil, 1977.

TUSTIN F. (1981), *Austistic states in children*, Londres, Routledge and Kegan.

VINCENT F. (1972), Réflexions sur le tégument des Primates, *Ann. Fac. Sciences Cameroun*, n° 10, p. 143-146.

WIENER P. (1983), *Structure et processus dans la psychose*, Paris, PUF.

WINNICOTT D. (1951), Objets transitionnels et phénomènes transitionnels, tr. fr. in *Jeu et réalité*, Paris, Gallimard, 1975, ch. 1.

WINNICOTT D. (1958), La Capacité d'être seul, tr. fr. in *De la pédiatrie à la psychanalyse*, Paris, Payot, 1969, chap. 16.

WINNICOTT D. (1962*a*), L'Intégration du Moi au cours du développement de l'enfant, in *Processus de maturation chez l'enfant*, tr. fr., Paris, Payot, 1970, chap. 1.

WINNICOTT D. (1962*b*), L'Enfant en bonne santé et l'enfant en période de crise. Quelques propos sur les soins requis, in *Processus de maturation chez l'enfant*, tr. fr. Payot, 1970.

WINNICOTT D. (1969), Les Aspects positifs et négatifs de la maladie psychosomatique, tr. fr. *Rev. Méd. Psychosomatique*, 11, n° 2, p. 205-216.

WINNICOTT D. (1971), Le Rôle du miroir de la mère et de la famille dans le développement de l'enfant, tr. fr. in *Jeu et réalité*, Paris, Gallimard, 1975, ch. 9.

ZAZZO R. (1972), L'Attachement. Une nouvelle théorie sur les origines de l'affectivité, in *L'Orientation scolaire et professionnelle*, p. 101-128.

ZAZZO R. (1974) (en collab.), *L'Attachement*, Neuchâtel, Delachaux et Niestlé.

INDEX

Abraham N., 31-32, 45, 241, 242
accolement, 122-124, 173, 176, 211, 247, 262
agressivité, 221
Ajuriaguerra J. (d'), 79
Angelergues R., 54
Anzieu A., 154-155, 242, 248, 264, 265
appareil à influencer, 61, 111, 126
appareil à penser, 59, 86, 89, 107, 246, 259, 261
appareil psychique, 61, 93, 96-98, 104-105, 107-109, 111, 119, 124-125, 148-149, 161, 170, 191, 238, 260, 261
Atlan H., 27
attachement, voir Bowlby
attachement négatif, 145
auto-immune, 129-131

Bacon F., 122
Balint A et M., 45, 58
Balzac H. de, 74
barrière de contact, 84, 93, 96, 98-104, 128
Beauchesne H, 128
Beckett S., 123
Beller I., 192
Benetini, 42
Berenstein I., 81
Bergeret J., 82, 147, 208
Bettelheim B., 129
Bible (la), 41
Bick E., 59, 126, 219-221, 222, 255, 257, 264
Bidloo, 42
Bion W.R., 28, 45, 59, 60, 85, 98, 100, 107, 111, 123, 124, 157, 158, 183, 193, 207, 219, 246, 261, 265
Birch, 192
Biven B.D., 40-42
Bleger J., 33
Bohr N., 259
Bouvet, 165
bouche, 41, 57-61, 141, 188, 196, 211, 224
Bowlby J., 34, 44-47, 52, 58, 145, 189
Bonnet G., 162, 168
Borges J.-L., 150, 239
Bourguignon O., 228
Brazelton T.B., 77-79, 82, 85, 272
Breuer J., 163
Bridgman L., 41
Butterfield, 189

Cachard C., 136
cadre analytique, 259-260, 271
Caffey, 189
Carroll L., 261
Casares B., 150-154
Castoriadis-Aulagnier P., 81, 82, 83, 128, 229, 233
catatonie, 200
Chabert C., 260-261
chair du moi, 264

CHARCOT J.-M., 162
CHAUVIN R., 50
CHIVA M., 79
christianisme, 169
CICCONE A., 257
CLEVELAND S.E., 53-54
clivage, 51, 122, 156-157, 207, 209, 223, 257
compétence du bébé, 81, 264
conscience, 262
CONSOLI S., 66
contenance, 27, 33, 58, 71, 107, *124-125*, 133, 154, 158, 207, 219, 224, 228, 257, 261, 262, 272
contenant/conteneur, 60, 124, *265*, 268
contre-transfert, 207-208, 210, 211
corps écorché, 63, 71, 134-135
corps démembré, 63
corps du texte, 234
CORRAZE J., 55
CORRÈGE (Le), 167
cramponnement, 45-46, 120
création, 113, 136, 156, 200-201, 234
cri, 188, 191

DAUSSET J., 129
DEBRU C., 253
dedans-dehors, 149-150, 257, 261, 269
DEJOURS C., 253
DENIS P., 34
détresse originaire, 104, 272
DIATKINE G., 95
DIDEROT D., 166
différenciation, 27, 29-30, 54, 83, 111, 113, 148, 156, 197, 228, 261, 262, 266
dilemme vital, 141, 144
DOREY R., 34
DORON J., 263
DOURIEZ-PINOL M., 48
DUYCKAERTS F., 50

eczéma, 56, 130, 268-269
empreinte, 44-45
ENRIQUEZ M., 232-235, 265
enveloppe, 31-32, 41, 53, 61, 65, 72, 82, 84, 101, 106, 149-150, 151, 206, ch. 18
enveloppe autistique, 85, 126, 267
enveloppe de contrôle, 79
enveloppe d'excitation, 248-249
enveloppe habitat, 273
enveloppe hystérique, 264-265
enveloppe individualisante imaginaire, 273
enveloppe maternante, 272
enveloppe narcissique, 273
enveloppe perverse, 267
enveloppe sonore/tactile, 68-69, 73, 124, 166, ch. 11, 236, 242
enveloppe transitionnelle, 273
enveloppe tutélaire, 273
enveloppe utérine, 272
enveloppe visuelle/tactile, 121, 242, 258
érotisation de la peau, 60-61, 75, 127-128
état-limite, 29-30, 45-46, 109, ch. 9, 165-166, 216, 232-233, 258, 263-264, 269
excitation/information (signification), 64-65, 206, *258*-260, 261, 264-267, 269

fantasmatisation, 266
fantasme, 26, 33, 48, 62-66, 71, 81, 82-83, 85-87, 120, 154-156, 172, 199, 205, 210, 215, 231-232, 257, 261
FEDERN P., 54, 61, 110-118, 250
feedback, 36, 77-80, 82, 85, 179, 190, 193
FENICHEL O., 140
FISCHER S., 53-54
FLIESS W., 96, 98, 102, 110, 238
fragilité du Moi-peau, 149
FRAZER J.-G., 68, 70
FREUD, A, 44, 45
FREUD S., 27, 28, 29, 34, 44, 45, 57, 75, 81, 84, 93-110, 112, 119, 120, 125, 126, 140, 161, 162-166, 171, 191-192, 207, 227, 238-242, 252-253, 255-257, 259, 269

GANTHERET F., 29
GARMA A., 253
GENDROT J.-A., 140
GIBELLO B., 261
GORI R., 197, 222
GRACIANSKY (de), 56
GRAND S., 179
grattage, 42
GRAVES R., 68, 70
GREEN A., 237, 266
GROTSTEIN J.S., 122-123
GRUNBERGER B., 59
GUÉRIN C., 271
GUILLAUMIN J., 74, 237, 253

HALL E.T, 263
HAMBURGER J., 129
handling, 52, 58, 124
HARLOW H.F., 46-47, 49, 52, 58
HEGEL G.W.F., 178
HERMANN I., 34, 45, 120
HERREN H., 187
holding, 52, 58, 121, 220
honte, 42, 55, 158, 205, 249
horizontalité/verticalité, 70-71, 122, 271-272, 273
HOUZEL D., 58, 86, 130, 273

idole, 153
illusion gémellaire, 81
illusion groupale, 113, 136, 154
image du corps, 54, 110, 126, 185, 192, 238, 260
inceste, 50, 73, 164, 171, 177, 211
individuation, 126, 133, 253, 273
inquiétante étrangeté, 126, 151-152, 192, 268
inscription, 32, 62, 69, 109, *128-129*, 134, *221*, 228, 236, 238, 242, *258*, 265, *267-269*
interdiction/interdit, 171-172, 173, 174
interdit œdipien, 171, 172, 177, 178
interdit de la vision, 165
interdit du toucher, 33, 40, 86, 127, 145, ch. 10, 217, 224, 259
interface, 58, 61, 63, 81, 84-87, 104-107, 111, 130, 150, 154, 171, 256, *258*
invagination, 32
ISAKOVER O., 250

JACKSON H., 94, 119
JEAN (saint), 167
JOUVET M., 253

KAËS R., 26, 30, 60, 97, 124, 228, 265
KAFKA F., 129, 268
KASPI R., 145
KAUFMAN I.C., 47
KELLER H., 41
KERNBERG O., 147-148
KHAN M., 240, 249
KLEIN G., 197
KLEIN M., 28, 44, 45, 58, 60, 172, 219
KOHUT H., 28, 29, 147-148, 183

LACAN J., 28, 134, 150, 183, 184
LAPLANCHE J., 43, 119
LECOURT E., 191, 192
LEE, 192
LEVI-STRAUSS C., 272
LÉVY A., 202
LEWIN B.D., 250
LHOPITAL M., 257
lien, 51, 192
LORENZ K., 44
LOISY D. (de), 136
LUC (saint), 167, 203
LUQUET P., 62, 179

MAHLER M., 87
maintenance, 121-124, 160, 220, 228, 261, 264
MALLARMÉ S., 200
MARC (saint), 167
MARTINET A., 189
masochisme, 62-66, 132-135, 201, 233
MATTHIEU (saint), 167
MAUFRAS DU CHATELLIER A., 123
MELTZER D., 59, 86, 127, 234
mémoire, 103, 109, 125
MESMER F.A., 162
MIRBEAU O., 71
MISSENARD A., 156
métonymie, 58, 255
MOFFIT, 189
moi pensant, 162, 175-178, 271
moi psychique/moi corporel, 61, 110-111, 114, 115-116, 136, 145, 149, 156, 161, 165, 206-207, 209, 216, 223, 224, 227, 244, 250
MONTAGU A., 39-40
morcellement, 51, 127
MOUTIN E., 230-231
mutilation, 42, 55, 133, 268
M'UZAN M. (de), 132
mystique, 113, 136

narcissisme, 29-30, 51, 62-66, 73, 85, 87, 117, 128, 134, ch. 9, 165-166, *194*, 200, 215-216, 233, 248, 261
NASSIF J., 94
NATHAN T., 272
normalité du Moi-peau, 148

OLÉRON P., 187

OMBREDANE, 189

PALACI J., 147
paradoxalité, 39, 65, *130-131*, 159, 195, 201-202, 206-207, 215, 258, 268, 273
pare-excitation, 32, 37, 38, 56, 65, 71-72, 101-103, 123, *125-126*, 133, 154, 158, 160, 195, 200, *221*, 228, 237, 240, 241, 242, *258*, 265, *267*, 272
PASCAL B., 122
PASCHE F., 121, 128
pathomimie, 55
peau commune, 63-66, 81, 85, 123, 149, 199, 206, 232, 261, 270
peau de mots, 231
peau passoire, 84, 88-89, 125, 132, 206, 268
peau-protection/peau-danger, 66, 69, 74, 85
peau seconde, 82, 84, 126, 149, ch. 15, 257, 264
peinture, 19, 40
pénétration, 46, 53-54, 56, 155
PERRAULT C.,73, 206
PETOT J.-M., 99
PINOL-DOURIEZ M., 77
PLATH S., 41-42
pli, 263
POMEY-REY D., 56
PONTALIS J.-B., 43
pré-moi corporel, 80-81, 260
projection, 51, 53-54, 58, 82, 87, 122, 220, 257
psychanalyse transitionnelle, 30, 31, 33
psychophysiologie, 25-26
psychose, 110-111, 115, 130, 135-137, 154, 234, 260-261, 263-264
PUGET J., 81
pulsion, 34, 73, 104, 109, 120, 122, 125, 170-171, 200, 206, 216, 239-240, 242, *248*, 258

RACAMIER P.-C., 140
recharge libidinale, 128, 160
réflexivité tactile, 84, 107
REICH W., 126, 220
REMMELINI J., 42
représentation d'enveloppe, 270
représentation de mot, 94-95, 97, 101, 121, 261, 270
représentation d'objet, 94-95, 116, 121, 179, 261, 270
rêve, 26, 110, 114, 115-116, 117, 123, 164, 215, ch. 17
RIBBLE M., 140
ROBBE-GRILLET A., 250
ROSOLATO G., 28, 216, 261
ROUSTANG F., 141

sac, 61, 88, 106, 121, 124, 130, 220-221, 255, 266, 268
SACHER-MASOCH, 64, 73, 74-75
SAMI-ALI M., 59, 122, 196, 242, 262
SCHECKLEY R., 222-223
SCHILDER P., 43, 111, 112
schizophrénie, 118, 126, 130, 179, 194
SCHULZ, 57
SCHWARZHOGLER R., 42
SCOTT C., 140
SEARLES H., 84
séduction, 64, 124, 163, 170, 211, 243, 247
sens commun, 88, *127*, 133, *178-180*, 254, 261, 264
SERRES M., 196
SHAKESPEARE W., 166
SHERRINGTON C., 99
signifiant formel, 261, 269-272
SOPHOCLE, 166
SOULÉ M., 78, 272
soutien de l'excitation sexuelle, 127-128, 133
SPITZ R., 44, 45, 56, 58, 130, 171, 204
sport, 221
stade oral, 57-61
structuralisme, 26-27, 43
structure allergique, 268
suicide, 41, 234
surmoi, 108, 114, 115, 121, 129, 171, 191-192, 215, 216, 223
symbolisation, 127, 161, 166, 184, 187, 191, 231, 242, 245

TAUSK V., 61, 111
temps, 109, 113-114, 183
THAON M., 222
THEVOZ M., 35
THOM R., 30, 111, 112, 263
TINBERGEN N., 44
TISSERON S., 42

TOMATIS A., 192
toxicité du Moi-peau, 131, 134
toxicomanie, 126, 130, 268
transfert, 33, 131, 148, 166, 187, 204, 209-210, 216, 235, 243
transfert de conteneur, 271
transfert paradoxal, 201-202
TRISTANI J.-L., 140-141
TURQUET P.-M., 51-52
TUSTIN F., 59, 267

unicité, 84, 157

VALÉRY P., 82
VAN DER SPIEGHEL, 42
VARLEY J., 175-177
vêtement, 221
VICQ D'AZY F., 42
VINCENT F., 37, 131
VINCENT M., 95

WALDEYER W., 99
WALLON H., 52, 60, 190
WHITE K., 263
WIDLÖCHER D., 34
WIENER P., 130
WINNICOTT D.W., 28, 44, 47-48, 52-53, 58, 81, 84, 121, 128, 130, 156-157, 184, 193, 199, 241, 272
WOLFF, 188
WOODBURY, 135

XENAKIS, 195

ZAZZO R., 50

STEDI, 1, boulevard Ney, 75018 Paris - Tél. 01.40.38.65.40
Dépôt légal, Imprimeur, n° 5270
Dépôt légal : novembre 1997
Imprimé en France
Dépôt légal 1re édition : 3e trimestre 1985